RÉUSSITE ASSP

Bac Pro ASSP

Bloc 2

NOUVEAU RÉFÉRENTIEL

2de | 1re | Tle

Soins d'hygiène & de confort

Véronique Maillet, IEN honoraire SBSSA

Catherine Bacquet, PLP STMS, académie d'Amiens
Claire Bergeron, PLP STMS, académie de Grenoble
Rémy Clémencier, PLP STMS, académie de Montpellier
Michèle Delomel, IEN SBSSA honoraire
Laurence Galland, IEN SBSSA, académie de Rouen
Annabelle Genthon, PLP STMS, académie de Mayotte
Bénédicte Jaminon, PLP STMS, académie de Reims
Valérie Lebraud, IEN SBSSA, académie de Limoges
Mélanie Lemay Fayard, DDFPT, académie de Reims
Nathalie Nanot, PLP STMS, académie de Limoges
Nathalie Schuller, PLP STMS, académie de Strasbourg
Muriel Teyssier, PLP STMS, académie de Grenoble
Ophélie Thiébaut, PLP STMS, académie de Strasbourg

FOUCHER

Crédits iconographiques

p. 9 ph © Matton Images ; **p. 66** ph © Chassenet/BSIP ; **pp. 75 et 76** ph © Matton Images ; **pp. 83 et 84** ph © Matton Images ; **p. 87** ph © B. Boissonnet/BSIP ; **pp. 88 à 90** ph © Matton Images ; **pp. 93-94** ph © Matton Images ; **p. 100 (A à G)** ph © Matton Images ; **p. 104** ph © Matton Images ; **pp. 105, 106 et 110** ph © Chassenet/BSIP ; **p. 116** ph © www.decubitus.be ; **p. 128** ph © Chassenet/BSIP ; **pp. 137 à 139** ph © B. Boissonnet/BSIP ; **p. 140** ph © Matton Images ; **pp. 143 et 144** ph © B. Boissonnet/BSIP ; **pp. 147 et 148** ph © Chassenet/BSIP ; **pp. 159 à 162** ph © Chassenet/BSIP ; **pp. 169, 170 et 172** ph © Chassenet/BSIP ; **p. 174** ph © Matton Images ; **pp. 175 à 177** ph © Matton Images ; **p. 184 (milieu bas)** ph © www.hug.ch ; **pp. 185 à 188** ph © Matton Images ; **p. 195** ph © Chassenet/BSIP ; **p. 195 (4)** ph © Pascal Deloche/Godong/BSIP ; **p. 197 (2)** ph © Arno Massé/Science Photo Library/BSIP ; **p. 198 (1)** ph © Chassenet/BSIP ; **p. 200 (2)** ph © A. NOOR/IMAGE POINT FR/BSIP ; **p. 200 (3)** ph © SPL/BSIP ; **p. 200 (4)** ph © Chassenet/BSIP ; **p. 200 (5)** ph © Arno Massé/Science Photo Library/BSIP ; **p. 210** ph © Matton Images ; **p. 214** ph © Matton Images ; **pp. 221 et 222** ph © Matton Images.

Autres crédits : photos auteurs et stock.adobe.com

Conception graphique : Anne-Danielle Naname/ADN
Composition : STDI
Infographies : Florence Olle

ISBN 978-2-216-16585-8

Savoirs associés des techniques professionnelles du Bloc 2

Les autres savoirs associés de ce bloc (Entretien-Service-Nutrition, Sciences médico-sociales, Biologie-Physiopathologie) sont développés dans les autres ouvrages de la collection.

TECHNIQUES PROFESSIONNELLES
Connaissances
L'hygiène professionnelle
Tenue professionnelle
Hygiène des mains
Précautions standard et complémentaires
Impact environnemental des activités de soin, de service
L'entretien de l'environnement de la personne*
Techniques d'entretien et de bionettoyage
Matériels et appareils d'entretien des locaux et des équipements
Techniques de stérilisation
Tri du linge
Principes d'organisation des circuits dans les locaux
Les techniques de services des repas, des collations*
Formes de distribution des repas et collations
Matériels et appareils de remise en température
Modes de distribution des repas et collations : service à table, service au lit
Installation et aide à la prise des repas – Matériels d'aide aux repas
Les techniques de soins d'hygiène et de confort
Raisonnement clinique, démarche clinique, démarche de soins
Transmissions – Transmission ciblée – Dossier patient
Soins d'hygiène corporelle de l'adulte
Soins d'hygiène corporelle de l'enfant
Aide à l'élimination – Matériel d'aide à l'élimination
Prévention des risques d'alitement prolongé
Risques biologiques liés aux soins
Élimination des déchets d'activités de soins à risques infectieux et des déchets assimilables aux ordures ménagères
Habillage et déshabillage
Réfection d'un lit
Différents lits : berceaux maternité, lits enfants, lits adulte, lits médicalisés
Accessoires du lit : potences, barrières, arceaux, linge de lit
Installation au lit, au fauteuil
Accompagnement à la mobilité – Matériel d'aide à l'accompagnement à la mobilité
Portage et mobilisation de l'enfant
La surveillance de l'état de santé de la personne
Paramètres de surveillance de l'état de santé de l'enfant, de la personne
Observation des signes cliniques
Douleur
Observation du comportement relationnel ou social de l'enfant, de la personne
Aide à la prise de médicaments

* *Ces savoirs sont développés dans l'ouvrage Entretien-Service-Nutrition de la collection.*

Sommaire

L'hygiène professionnelle

Chapitre 1 L'hygiène professionnelle

Les techniques en soins d'hygiène et de confort

Chapitre 2 Le raisonnement clinique

Chapitre 3 Les transmissions

Chapitre 4 L'aide à la toilette de l'adulte

Sommaire

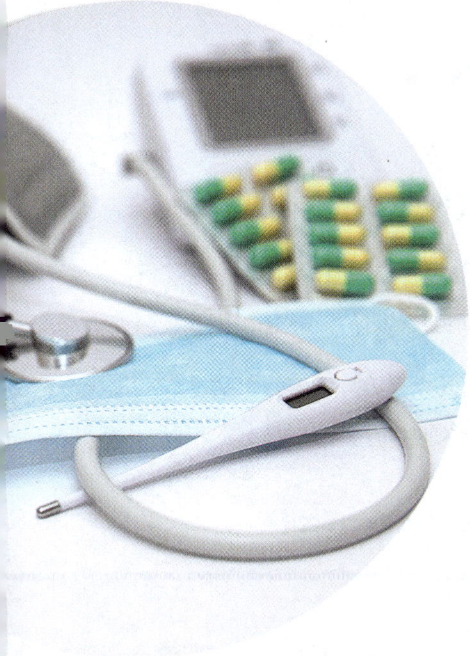

La surveillance de l'état de santé de la personne

Chapitre 16 Les paramètres vitaux

Chapitre 17 Les signes cliniques et la douleur

Chapitre 18 L'aide à la prise de médicaments

Les ressources numériques

Des liens vers des vidéos	Des liens pour enrichir les documents du manuel.	#vidéo — Une démarche de développement durable (4'59") — foucherconnect.fr / 22soins03
40 exercices interactifs	Des exercices supplémentaires de fin de chapitre disponibles sous forme interactive pour bien réviser.	Le + numérique — foucherconnect.fr / 22soins58 — Quiz — Exercice interactif
18 synthèses rédigées **18 synthèses audios**	Des synthèses rédigées disponibles également en version MP3 pour mieux mémoriser.	Le + numérique — foucherconnect.fr / 22soins59 — Synthèse rédigée et audio

LES LIENS FOUCHERCONNECT

Le manuel papier s'enrichit de ressources numériques

foucherconnect.fr

- GRATUIT !
- Accessible SANS INSCRIPTION.
- EN LIGNE sur www.foucherconnect.fr

L'hygiène des mains

TD 1
Bloc 2

OBJECTIFS 1. Justifier l'intérêt de l'hygiène des mains en secteur professionnel 2. Caractériser les différentes méthodes d'hygiène des mains 3. Indiquer les produits d'hygiène des mains et énoncer leurs modalités d'utilisation 4. Justifier les caractéristiques d'un poste de lavage des mains

Activité 1 L'intérêt de l'hygiène des mains

1 Justifier la nécessité d'appliquer un protocole d'hygiène des mains dans les activités de soins.

....

....

2 Cocher les différentes activités enrichissant la flore des mains.

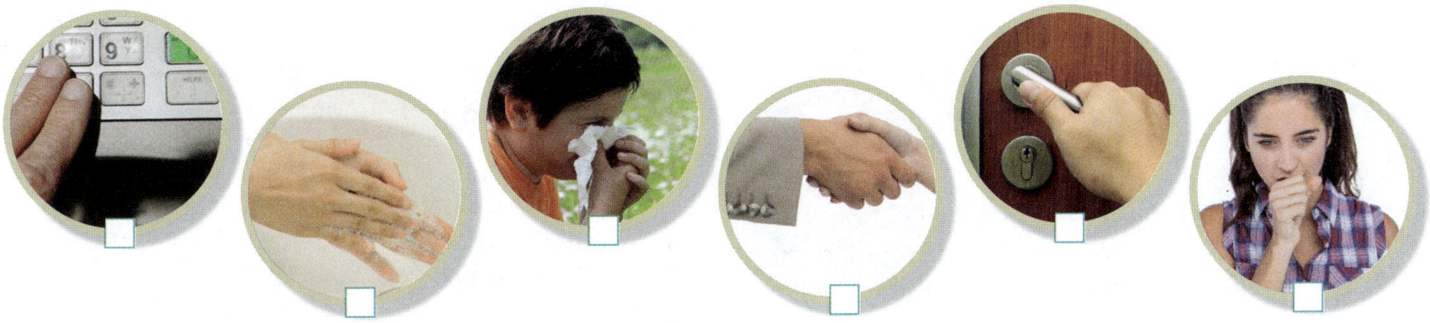

☐ ☐ ☐ ☐ ☐ ☐

DOC 1 Les flores de la peau

La surface de la peau comporte de nombreux micro-organismes qui peuvent être classés en deux groupes : la flore résidente et la flore transitoire.

- La **flore résidente** est un ensemble de micro-organismes qui se développe au niveau des couches superficielles et profondes de la peau. Cette flore est rarement pathogène et est très difficile à éliminer.
- La **flore transitoire** est un ensemble de micro-organismes qui se développe superficiellement sur la peau. Ils sont issus de l'environnement et se déposent sur la peau lors des différents contacts. Cette flore peut être pathogène et peut être éliminée par une technique d'hygiène des mains.

DOC 2 Les 5 indications de l'hygiène des mains – OMS

1 Avant de toucher un patient

2 Avant un geste aseptique

3 Après un risque d'exposition à un liquide biologique

4 Après avoir touché un patient

5 Après avoir touché l'environnement d'un patient

Activité 2 Les méthodes et les produits d'hygiène des mains

3 Identifier la (ou les) méthode(s) d'hygiène des mains à adopter pour chacune des activités suivantes.

Après un contact accidentel avec du sang → ……………………………………………………
……………………………………………………

Soin d'hygiène sur une peau saine → ……………………………………………………
……………………………………………………

Après application d'une huile de massage au patient → ……………………………………………………
……………………………………………………

DOC 3 Les différentes techniques d'hygiène des mains

L'hygiène des mains

Friction hydro-alcoolique
- Élimine la flore transitoire et réduit la flore résidente
- Utilisation de solution hydro-alcoolique

Lavage simple
- Utilisation de savon doux
- Réduit la flore transitoire et élimine les salissures

Lavage chirurgical
- Utilisation de savon antiseptique à large spectre + brosse
- Élimine la flore transitoire et réduit la flore résidente, élimine les salissures

Lavage antiseptique
- Utilisation de savon antiseptique
- Élimine la flore transitoire et réduit la flore résidente, élimine les salissures

4 Réaliser une étude comparative du savon doux et de la solution hydro-alcoolique.

	Propriétés sur les micro-organismes	Modalités d'utilisation
Savon doux	....	....
Gel hydro-alcoolique	....	....

DOC 4 Aniosafe Savon Doux Haute Fréquence HF Anios

Lavage simple des mains (niveaux de risque infectieux bas) et toilette générale. Recommandé pour les peaux sensibles et usages répétés par ses propriétés surgraissantes et hydratantes.

- **Propriétés microbiologiques :** bactériostatique (limitation de la multiplication bactérienne) et fongistatique (limitation du développement des champignons) vis-à-vis de la contamination microbienne (staphylocoque, pseudomonas, serratia…). Conforme à la Pharmacopée française, note 289.
- **Propriétés bactériologiques :** bactéricide (destruction de bactéries) et fongicide (destruction de champignons responsables des mycoses) vis-à-vis de contamination microbienne. Savon doux à la glycérine.
- **Mode d'emploi du Aniosafe Savon Doux Haute Fréquence HF Anios :** se mouiller les mains (pas de bijoux ni de vernis), déposer une dose au creux de la main, se savonner pendant au moins 30 secondes sans oublier le bout des doigts, les espaces interdigitaux et le haut des poignets. Rincer abondamment à l'eau de réseau. Sécher soigneusement par tamponnement à l'aide d'essuie-mains à usage unique. Si nécessaire, fermer le robinet sans le toucher, à l'aide de l'essuie-mains avant de jeter ce dernier.
- **Dose :** 2 ml.
- **Précaution d'emploi :** produit d'usage externe. Ne pas avaler. Voie cutanée exclusivement. Éviter le contact avec les yeux. Rincer immédiatement les yeux si le produit entre en contact avec ceux-ci. Stocker entre + 5 °C et + 35 °C.

DOC 5 Le gel Aniosgel

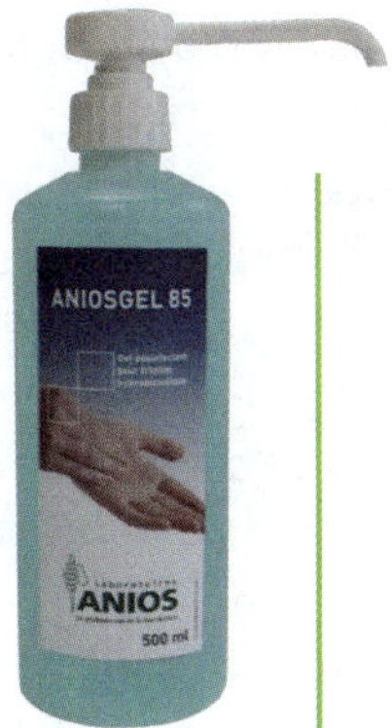

Le **gel Aniosgel 85 NPC** est un gel hydro-alcoolique destiné à la désinfection des mains en l'absence de point d'eau.

- **Action :** bactéricide, tuberculocide, fongicide, virucide.
- **Dose d'emploi :** l'Aniosgel 85 NPC est prêt à l'emploi. Le produit doit être bien réparti jusqu'à séchage complet.
Aucun rinçage n'est nécessaire. 2 pressions de pompe = 3 ml.
– Traitement hygiénique : 3 ml/30 secondes.
– Désinfection chirurgicale : 2 x 3 ml/2 x 45 secondes.
- **À noter :** la durée de conservation de l'Aniosgel 85 NPC, une fois le flacon ouvert, est de 6 mois.
- **Points forts :**
– Formule hypoallergénique.
– Désinfection hygiénique et chirurgicale.
– Sans colorant et sans parfum (NPC : Non Parfumé, Non Coloré).
– Formule hypoallergénique.

5 Justifier la recommandation de la Société française d'hygiène hospitalière.

....

....

....

....

DOC 6
Recommandation de la Société française d'hygiène hospitalière

La friction hydro-alcoolique est recommandée en remplacement d'un lavage des mains et en l'absence de souillures visibles des mains.

Activité 3 Le poste de lavage des mains

6 Souligner les caractéristiques du poste de lavage des mains dans le document 7.

7 Compléter le tableau en justifiant les caractéristiques des éléments du poste de lavage des mains.

Éléments du poste de lavage des mains	Justifications de leurs caractéristiques
Distributeur d'essuie-mains à usage unique	
Collecteur pour la récupération des essuie-mains usagés à commande non manuelle	

DOC 7
Caractéristiques du poste de lavage des mains

L'emplacement du poste de lavage des mains doit être soigneusement étudié pour faciliter l'organisation du travail et l'ergonomie.

- La vasque doit être d'une grandeur et d'une profondeur suffisante pour éviter les projections lors du lavage des mains. […] Les matériaux employés doivent être résistants aux produits désinfectants.
- Le distributeur de savon liquide doit contenir une recharge permettant l'écoulement par gravité du liquide ; la dernière goutte ne doit pas être aspirée à l'intérieur de la cartouche pour éviter sa contamination.
- Les systèmes de commande à retenir sont au coude, au genou ou par détection de la présence des mains (cellule photo-électrique).
- Pour l'essuyage des mains, un distributeur d'essuie-mains non tissés à usage unique, absorbants et non pelucheux doit être prévu.
- Un collecteur pour la récupération des essuie-mains usagés doit être installé à proximité du poste de lavage des mains. La commande d'ouverture du collecteur est non manuelle.

Extraits : Hygiène des mains, Guide de bonne pratique, CCLIN Paris-Nord.

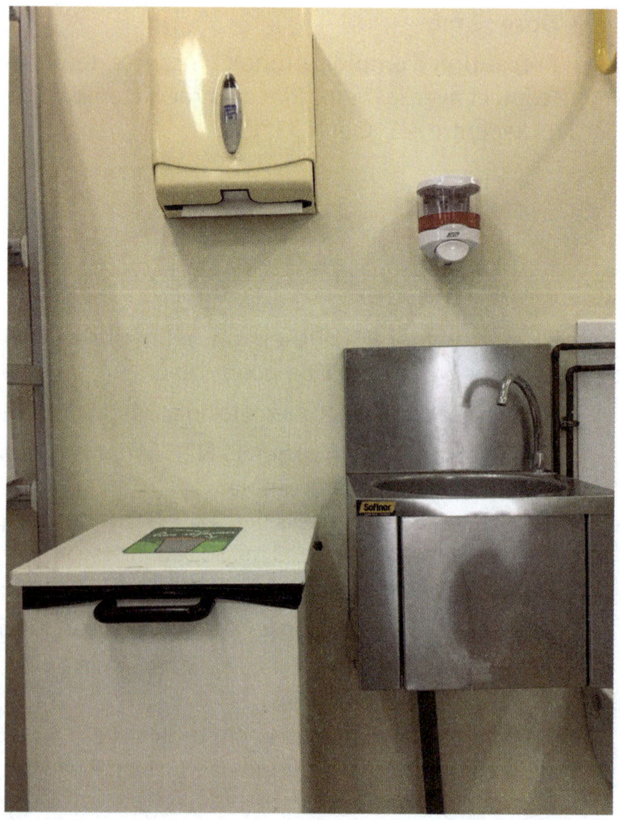

Assurer l'hygiène des mains

FICHE TECHNIQUE 1

OBJECTIFS DU SOIN
Lavage simple → Éliminer les salissures • Éliminer la flore transitoire • Éviter la contamination manuportée
Lavage par friction hydro-alcoolique → Éliminer la flore transitoire • Éviter la contamination manuportée

1 Le lavage simple

#vidéo
Le lavage simple (1'43")
foucherconnect.fr / 22soins01

Matériels
- Poste de lavage des mains avec une cellule photo-électrique ou qui s'active avec le coude, le pied ou le genou
- Poubelle avec commande non manuelle

Produits
- Savon doux liquide
- Essuie-mains à usage unique en distributeur

Durée du lavage simple des mains : de 30 secondes à 1 minute

	Techniques	Justifications
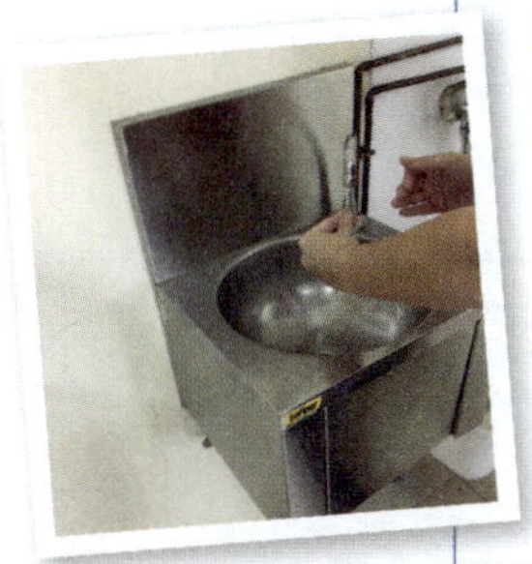	> **Enlever** bagues, bracelets et montres. > **Actionner** le robinet (par une cellule photo-électrique ou par un moyen mécanique : coude, pied, genou). > **Mouiller** les mains.	> .... > S'assurer que les mains soient bien mouillées.
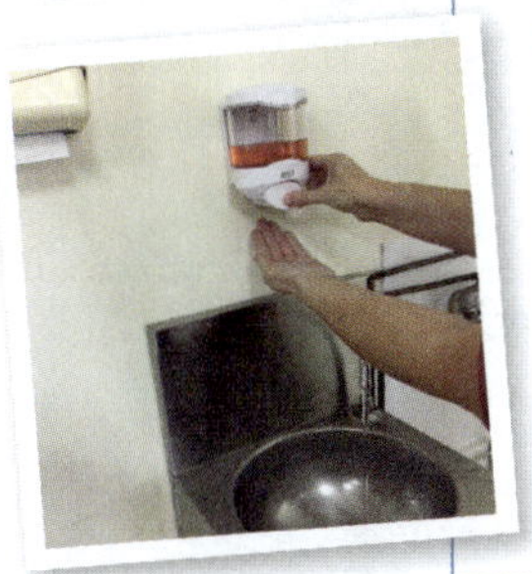	> **Appliquer** une dose de savon.	
	> **Masser** les mains paume contre paume.	
	> **Insister** sur les espaces interdigitaux.	

Techniques	Justifications
 > **Frotter** le pourtour des ongles et la pulpe des doigts.	
 > **Masser** le dos de la main.	
 > **Laver** les poignets.	
 > **Rincer** abondamment du bout des doigts jusqu'au poignet, toujours dans le même sens.	> Éviter une nouvelle contamination par l'avant-bras.
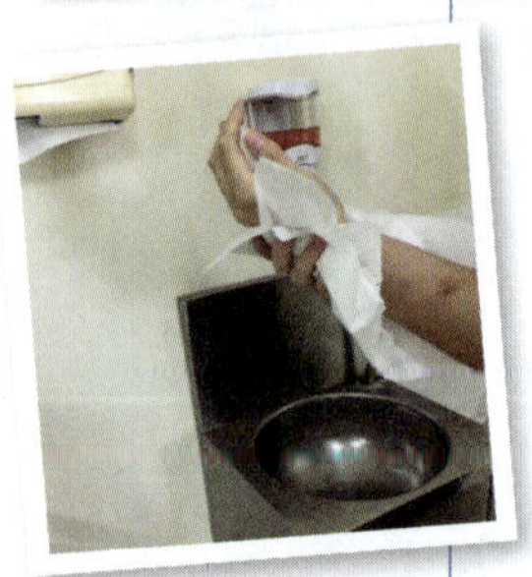 > **Sécher** par tamponnement les mains puis les poignets avec 2 essuie-mains.	> Limiter les irritations de la peau.
 > **Évacuer** les essuie-mains dans la poubelle sans la toucher.	> ....

2 Le lavage par friction hydro-alcoolique

Produit

Solution hydro-alcoolique (SHA)

#vidéo
La friction hydro-alcoolique (1'09")
foucherconnect.fr/22soins02

Durée de la friction hydro-alcoolique : environ 30 secondes. À réaliser uniquement sur mains sèches, non souillées de salissures, non poudrées.

Techniques

- **Enlever** bagues, bracelets et montres.
- **Prendre** 1 ou 2 doses de solution.
- **Répartir** le produit sur les 2 mains.

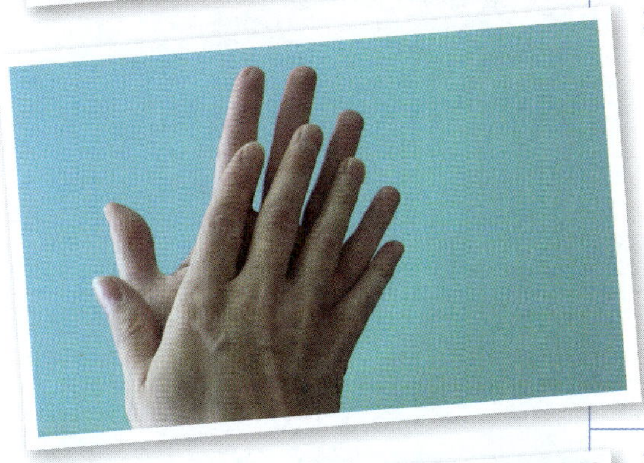

- **Frictionner** paume contre paume par mouvements de rotation.

- **Frictionner** les dos des mains d'avant en arrière en alternant les mains.

- **Frotter** les espaces interdigitaux, paume contre paume, doigts entrelacés.

Techniques

> **Frotter** les pouces.

> **Couvrir** les ongles de produit.

> **Faire pénétrer** le produit sous les ongles.

> **Frotter** les poignets.

> Les mains sont sèches en fin de friction.

La tenue professionnelle

TD 2
Bloc 2

OBJECTIFS **1.** Justifier l'importance d'une tenue professionnelle **2.** Caractériser les différents éléments de la tenue professionnelle **3.** Justifier l'usage de la tenue professionnelle en fonction de la situation **4.** Justifier l'usage des équipements de protection individuelle

Activité 1 La tenue standard

1 Indiquer les particularités de la tenue professionnelle standard par rapport à une tenue de ville.

....

....

....

....

....

....

....

....

....

DOC 1 Les différents éléments de la tenue standard

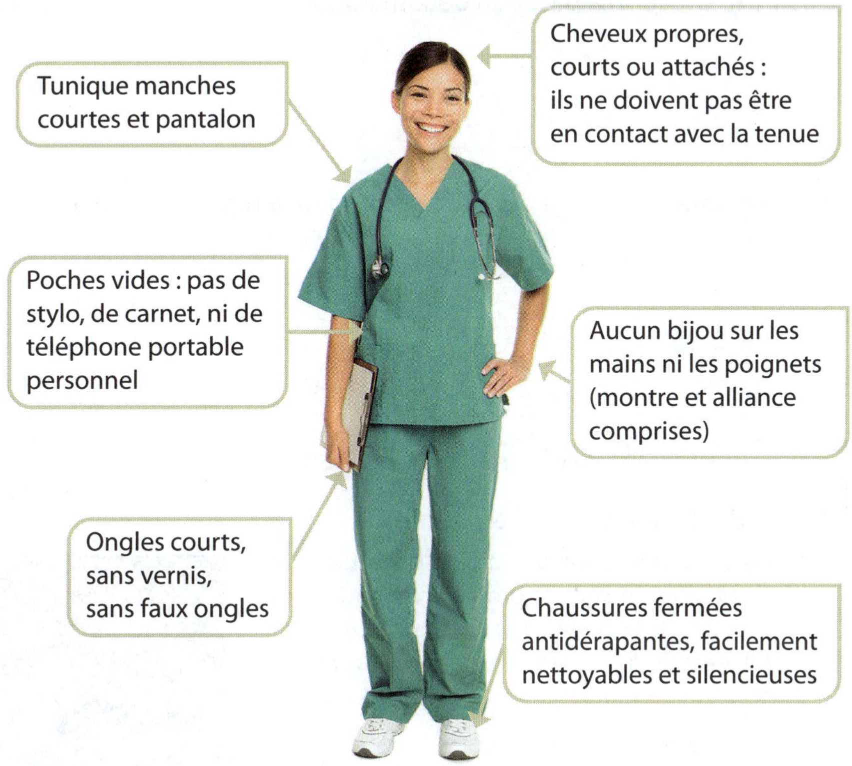

2 Justifier les caractéristiques de la tenue professionnelle.

Éléments de la tenue professionnelle	Justifications
Tenue à manches courtes	....
Code couleur	....
Lavage à haute température sur le lieu de travail	....
Changement quotidienne de la tenue	....
Tenue professionnelle : 65 % polyester et 35 % coton	....

DOC 2 La tenue professionnelle

La tenue professionnelle englobe, dans le secteur des soins de manière élargie, les vêtements portés, mais aussi l'hygiène du soignant.

Elle permet l'identification des professionnels grâce à un code couleur propre à chaque établissement ou grâce à un badge avec le nom, prénom de l'employé ainsi que sa catégorie professionnelle.

La tenue standard est composée d'une tunique à manches courtes pour permettre une bonne technique d'hygiène des mains, d'un pantalon sans poches composé d'un mélange de polyester et de coton (le plus souvent 65 %/35 %), résistant au lavage haute température (qui émet peu de particules et présente une moindre adhérence aux micro-organismes que le coton).

Cette tenue doit être changée quotidiennement et dès qu'elle est souillée. Le traitement des tenues est pris en charge par l'établissement.

3 Décrire la situation à partir du document 3.

....

....

....

4 Justifier l'interdiction du port de bijoux en milieu professionnel.

....

....

....

DOC 3 Les bijoux, le vernis à ongles et les faux ongles

Port de faux ongles et vernis interdit !

Les faux ongles sont des nids à bactéries qui peuvent se loger entre la prothèse et l'ongle. Ces mêmes bactéries peuvent se coller sur le vernis et y proliférer. Pour cette raison, il est obligatoire de porter les ongles courts et sans vernis ni faux ongles.

Une expérience sur les bijoux

Des professionnels de santé ont déposé leurs bijoux sur des boîtes de gélose. Ces prélèvements ont été mis en culture au laboratoire de microbiologie. Les photos ont été réalisées suite à la dépose et après trois jours d'incubation.

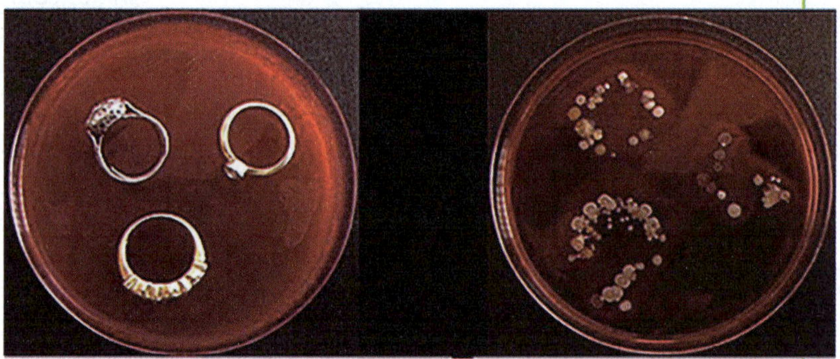

Activité 2 La tenue complémentaire

5 Citer et justifier les différents éléments constituant la tenue complémentaire et pouvant être ajoutés à la tenue de base.

....

....

....

....

....

....

DOC 4 Les différents éléments de la tenue complémentaire

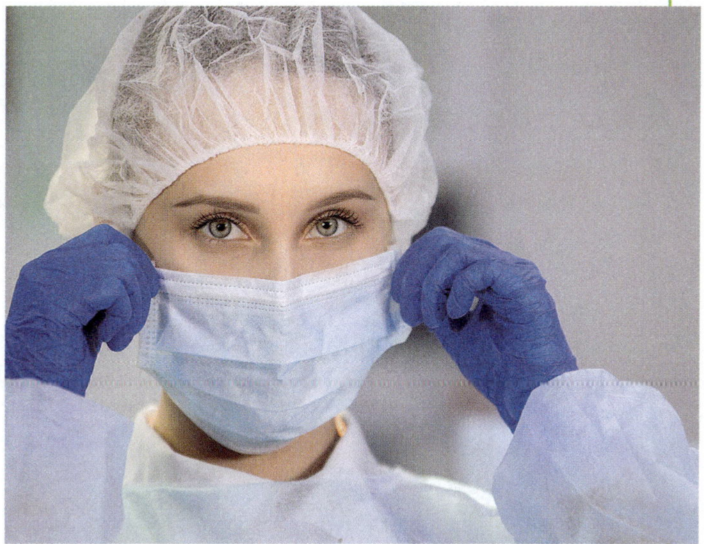

À la tenue de base, le personnel soignant peut ajouter une tenue complémentaire en fonction des situations et des EPI (équipements de protection individuelle) : gants, tablier ou surblouse à usage unique, masque, lunettes de protection, charlotte, surchaussures.

Par exemple, lors de la pandémie liée au Covid-19, les soignants d'un patient classé « cas possible » ou « cas confirmé » ont dû ajouter aux précautions standard des précautions complémentaires de type « air » et de type « contact », selon les modalités suivantes :

- la protection de sa tenue professionnelle par une surblouse à manches longues à usage unique : cette surblouse sera imperméable si on réalise des soins mouillants ou souillants ;
- le masque anti-projection « chirurgical » destiné à éviter la projection de secrétions des voies aériennes supérieures lors de l'expiration de celui qui le porte ou la projection de salive pouvant contenir des agents infectieux transmissibles ;
- **ou** le masque filtrant « FFP 2 », destiné à protéger le porteur contre les risques d'inhalation d'agents infectieux transmissibles par voie aérienne ;
- la prévention d'une éventuelle projection dans les yeux par le port systématique de lunettes de protection ;
- les gants à usage unique, dont les indications de port restent limitées aux situations de contact ou de risque de contact avec du sang, des liquides biologiques, une muqueuse ou la peau lésée ;
- le port d'une protection complète au niveau de la chevelure (charlotte, calot couvrant…) ;
- des surchaussures, qui peuvent également être portées dans des cas particuliers (lieux stériles, isolement protecteur, blocs opératoires).

Activité 3 Les gants à usage unique

6 Préciser dans quels cas l'utilisation de gants à usage unique est indispensable.

....

....

....

....

DOC 5 Indication des gants à usage unique

Les gants médicaux à usage unique sont indispensables pour la protection croisée soignant-patient.
Les gants médicaux sont des dispositifs à usage unique utilisés lors des procédures de soins pour prévenir la transmission croisée, c'est-à-dire la transmission de micro-organismes de personne à personne, par contact direct ou indirect, plus rarement par voie aérienne.

Ils ont deux objectifs barrières principaux :

- protéger le patient contre une souillure ou une infection transmise par les mains du soignant ;
- protéger le soignant d'une souillure ou d'une infection transmise par contact avec des liquides biologiques (sang, salive, larmes…) ou d'une plaie ou une muqueuse lésée du patient, *a fortiori* si les mains du soignant présentent des lésions.

Les gants médicaux sont en matière naturelle ou synthétique, sont souples et élastiques, plus ou moins résistants et d'épaisseur fine : de quelques dizaines de micromètres (µm) à quelques dixièmes de millimètres (mm).

« Gants médicaux », *Revue Porphyre*, mai 2020.

7 Justifier les étapes du protocole de retrait des gants à usage unique.

....

....

....

DOC 6 Le retrait des gants à usage unique

Ordre	Étapes	Justifications
1	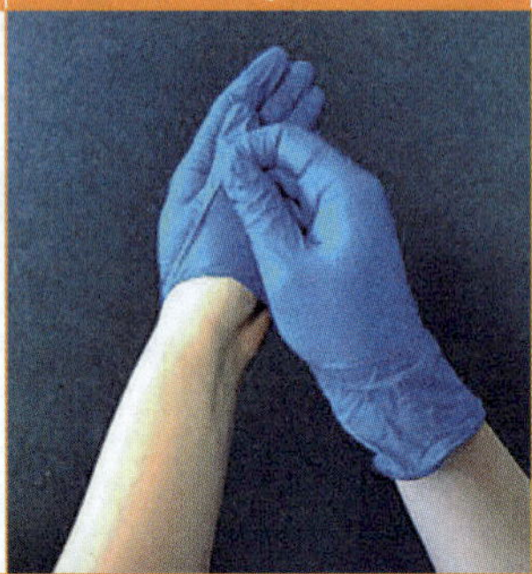	Pincer la surface extérieure du premier gant au niveau du poignet en le retournant et le retirer sans toucher la peau de l'avant-bras.
2	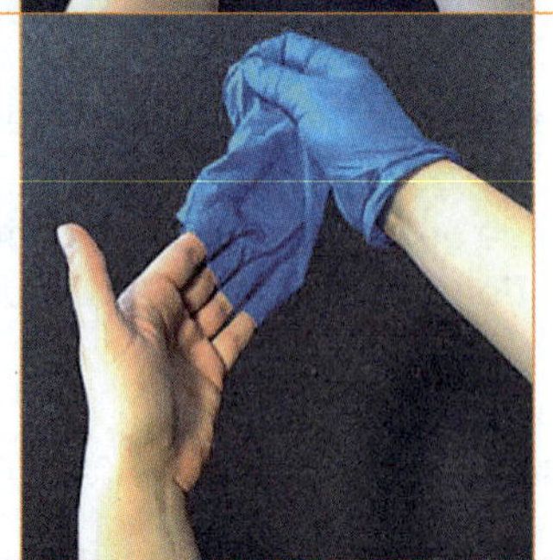	Retirer le premier gant en prenant soin de ne pas toucher l'extérieur du gant.
3	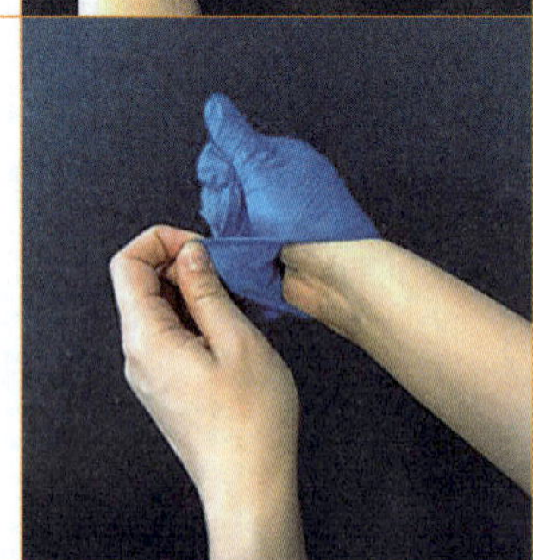	Garder le gant sale dans la paume de la main gantée, glisser vos doigts à l'intérieur du second gant en évitant de toucher l'extérieur du gant.
4	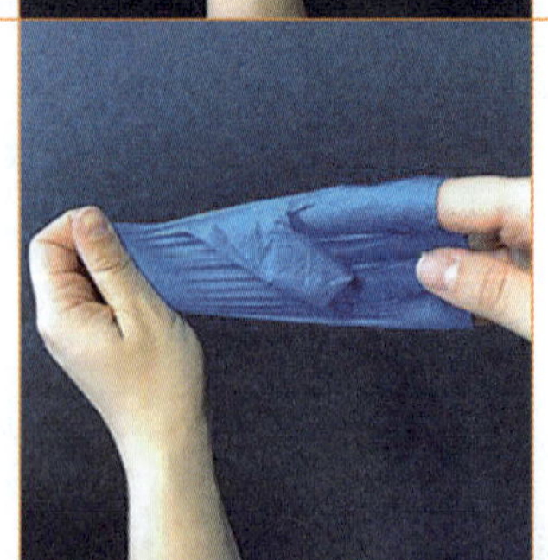	Enlever le second gant en le retournant depuis l'intérieur sur la main, de façon à ce que la surface interne se retrouve à l'extérieur, tout en enveloppant le gant déjà retiré.
5	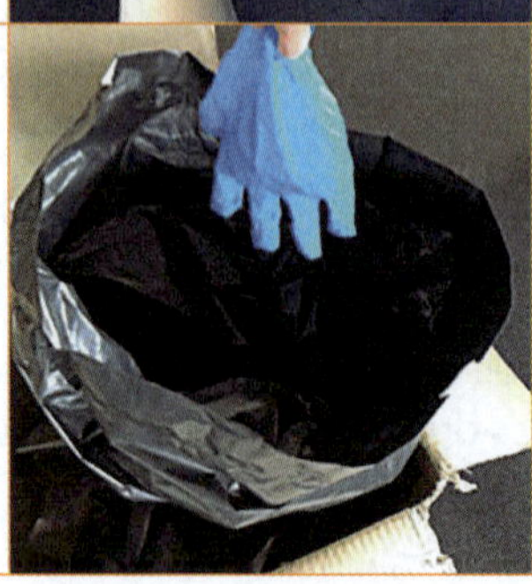	Jeter les gants usagés dans une poubelle dédiée. Pratiquer une hygiène des mains par un lavage simple des mains ou avec une SHA (solution hydro-alcoolique).

www.jdmt.ch.

Se mettre en tenue professionnelle

FICHE TECHNIQUE 2

OBJECTIF DU SOIN Vêtir une tenue professionnelle propre à chaque prise de poste en respectant les règles d'hygiène et les codes du service

Matériels

- Une tunique à manches courtes
- Un pantalon, des chaussures adaptées : plates, antidérapantes
- Un élastique pour cheveux, si besoin
- Un point d'eau avec savon ou SHA pour la réalisation d'un lavage des mains

	Techniques	Justifications
	> **Enlever** les vêtements personnels et les mettre dans un vestiaire.	> ....
	> **Enlever** les bijoux (bracelets, montres, bagues). Les ongles doivent être courts, sans vernis, sans faux ongles.	> .... > Éviter les accidents → ....
	> **Attacher** les cheveux s'ils sont longs.	> ....

Techniques	Justifications
> **Réaliser** un lavage simple des mains. FT 1 	> …………………………………
> **Revêtir** chaque jour une nouvelle tenue professionnelle : tunique et pantalon. Il est indispensable de les laver et les désinfecter quotidiennement. 	> ………………………………… > …………………………………
> **Mettre** des chaussures spécifiques à l'activité : – lavables ; – confortables ; – fermées. 	> …………………………………
> **Réaliser** un lavage des mains avant de se rendre dans le service. 	> Éviter les contaminations manuportées entre le vestiaire et l'entrée au service.

Les précautions standard et complémentaires

TD 3
Bloc 2

OBJECTIFS **1.** Préciser l'objectif des précautions standard et complémentaires **2.** Repérer les précautions standard et les précautions complémentaires et justifier leur mise en œuvre

#vidéo
Formation hospitalière : les précautions en hygiène (jusque 4'07")
foucherconnect.fr/22soins40

Activité 1 Les précautions standard

1 Citer l'objectif des précautions standard.

....

....

2 Nommer sous chaque image la précaution standard à mettre en place.

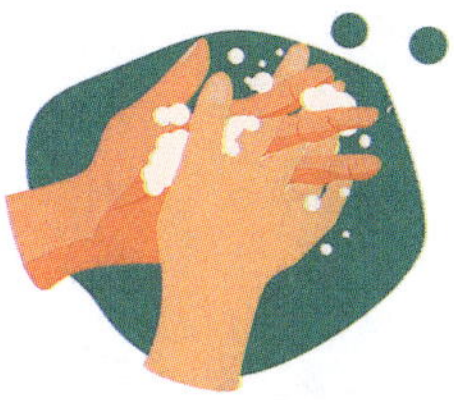		
....	....	....

....	....	....

3 Justifier l'intérêt de ces précautions.

....

....

DOC 1 Les précautions standard

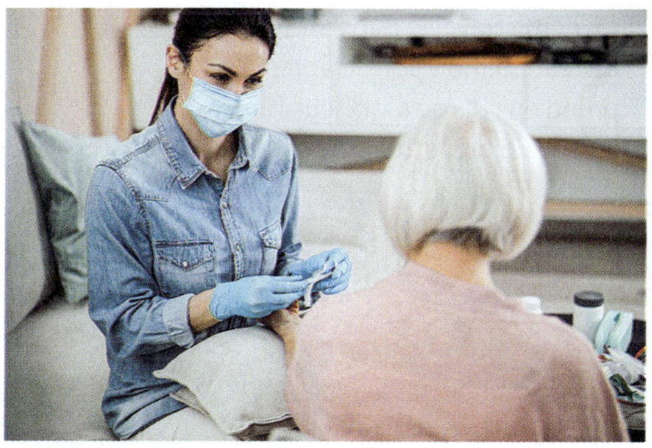

Les précautions standard sont un ensemble de mesures visant à diminuer le risque de transmission croisée des agents infectieux entre soignants, entre les soignés et l'environnement proche du patient ou par exposition à un produit biologique d'origine humaine.
Les précautions standard doivent être systématiquement appliquées par les soignants et les patients.
Elles concernent :
- l'hygiène des mains ;
- les équipements de protection individuelle comme les gants (changement de gants à chaque patient), la tenue et la surblouse ou le tablier, le masque, les lunettes ;
- l'élimination des déchets souillés ;
- l'élimination des objets piquants ou tranchants, dans un collecteur adapté ;
- la prévention des accidents avec exposition au sang ou tout produit biologique d'origine humaine.

4 Indiquer en les justifiant les précautions standard à mettre en place pour chaque situation.

Situation 1 : Madame Rose Vous travaillez en service de chirurgie digestive. Madame Durand, infirmière, doit faire une prise de sang à Madame Rose qui présente des douleurs en fosse iliaque droite. Elle vous demande de préparer le matériel qui sera à utiliser dans le cadre des précautions standard.	....
Situation 2 : Monsieur Durand Vous travaillez dans l'EHPAD les Rosiers. Manon, votre collègue aide-soignante, vous demande de déposer le plateau repas dans la chambre de Monsieur Durand, atteint de la Covid-19. Vous devez l'aider à s'installer sur sa table de chambre pour qu'il puisse déjeuner.	....
Situation 3 : Madame Myrtille Vous travaillez dans un service de médecine. Vous devez changer les draps de Madame Myrtille, atteinte d'une méningite à méningocoques, une maladie infectieuse bactérienne qui se transmet par gouttelettes.	....

Activité 2 Les précautions complémentaires

5 Souligner l'objectif des précautions complémentaires dans le document 2.

6 Compléter le tableau.

Situations	Précautions complémentaires à mettre en place	Type de transmission
Mathilde, âgée de 12 ans, est hospitalisée pour une gale, infection transmissible par contact, avec une surinfection. Marie, aide-soignante, doit l'aider à faire sa toilette.	....	....
Mariama travaille dans un service de réanimation polyvalente. Elle prend en charge Monsieur Ting, âgé de 45 ans, atteint de la Covid-19.	....	....
Adrien doit porter le repas à Madame Fatima, atteinte de la coqueluche. Madame Fatima est installée dans une chambre individuelle.	....	....

7 Numéroter dans l'ordre les étapes d'intervention de Marie, aide-soignante, avant de rentrer dans la chambre de Mathilde.

Les étapes	Numéros
Mise en place des gants	....
Lavage des mains	....
Mise en place de la surblouse	....

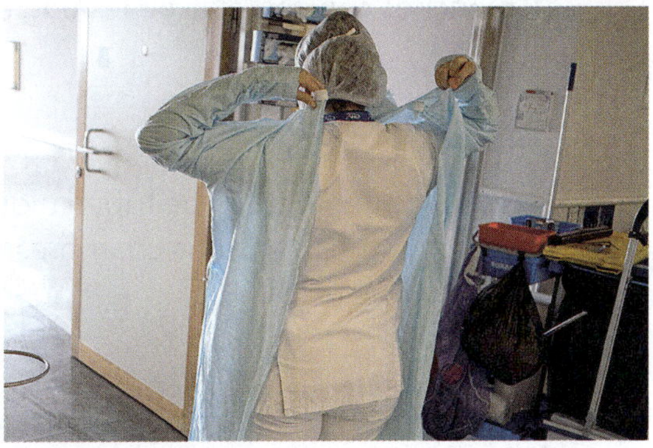

8 Indiquer et justifier les précautions standard ou complémentaires conseillées dans les situations suivantes.

Situations	PS*	PC*	Justifications
Monsieur Dupond, atteint de la maladie d'Alzheimer, est très perturbé car il est obligé de rester dans sa chambre depuis qu'il a été diagnostiqué positif au Covid-19 (infection virale transmise par l'air).	☐	☐	
Madame Palou est résidente en EHPAD. Elle présente un zona (infection virale transmise par contact direct avec les vésicules).	☐	☐	
Madame Mamalou est hospitalisée pour une infection au virus Ebola (infection très contagieuse transmise par contact).	☐	☐	
Julien, 25 ans, est hospitalisé à la suite d'une complication. Il est atteint du SIDA (maladie transmise par contact direct : voie sexuelle ou anale et transfusion sanguine).	☐	☐	
Marie est suivie à l'hôpital car elle présente une hépatite B (infection transmise par contact).	☐	☐	

*PS : précautions standard.
*PC : précautions complémentaires.

9 Relier les situations décrites aux différents types de précaution.

a. Le personnel doit porter une tunique ou une blouse à manches courtes, et avoir les ongles courts sans vernis, sans bijou.

b. Un patient atteint de tuberculose pulmonaire a été placé dans une chambre individuelle, porte fermée.

c. Le personnel effectue toujours un lavage des mains avant et après chaque soin.

d. Un patient atteint de grippe saisonnière est hospitalisé. L'infirmière porte un masque chirurgical pour les soins, et un masque FFP2 pour les soins à risque d'aérolisation.

e. Le personnel porte des gants s'il y a risque d'exposition au sang ou à un liquide biologique.

- Précaution standard
- Précaution complémentaire AIR
- Précaution complémentaire
- Précaution complémentaire CONTACT
- Précaution complémentaire GOUTTELETTES

DOC 2

Les précautions complémentaires

Les précautions complémentaires viennent en plus des précautions standard. Elles permettent d'établir des « barrages » à la transmission de microorganismes d'un patient à un autre patient, du personnel soignant à un patient, et des patients et soignants à l'environnement.
Il existe trois types de précautions complémentaires : au niveau du contact, des gouttelettes et de l'air.

Contact	Gouttelettes	Air
À l'entrée dans la chambre, avant le contact direct : - hygiène des mains ; - surblouse ; - masque de soin ; - gants.	**Avant d'entrer dans la chambre :** - masque de soins ; - hygiène des mains ; - surblouse ; - gants.	**Avant d'entrer dans la chambre :** - masque FFP2.
Avant la sortie de la chambre : - élimination de la tenue et hygiène des mains.		En dehors de la chambre : - retrait du masque FFP2 et hygiène des mains.

L'impact environnemental des activités de soin

TD 4

Bloc 2

OBJECTIFS 1. Définir et justifier la notion d'écoresponsabilité dans sa pratique professionnelle 2. Indiquer l'impact des activités de soin et de service sur l'environnement et repérer des mesures individuelles et collectives pour le diminuer

Activité 1 La notion d'écoresponsabilité

1 Compléter le schéma.

Démarche écoresponsable
↓
....
....

ÉCORESPONSABILITÉ

= ....
....
....

DOC 1 L'écoresponsabilité

L'écoresponsabilité désigne l'ensemble des actions visant à limiter les impacts sur l'environnement de l'activité quotidienne des individus, des collectivités, des entreprises.

Les enjeux de l'écoresponsabilité sont importants. Par exemple, un agent d'une collectivité territoriale produit en moyenne 80 kg de papier par an, dont 17 % seulement sont recyclés. Les émissions totales de CO_2 des collectivités territoriales – pour les fonctions bâtiments, éclairage public, parc automobile – atteignent plus de 2 millions de tonnes par an.

Une démarche écoresponsable passe par une modification des pratiques et des comportements. Elle nécessite de nouveaux choix de gestion, d'achats, d'organisation du travail, par des investissements et par la sensibilisation et la formation du personnel.

ademe.fr.

Activité 2 Diminuer l'impact environnemental

2 Repérer les axes d'amélioration d'un établissement de santé en termes de développement durable.

Diminuer l'impact environnemental de l'hôpital

....
....

....
....

....
....

....
....

....
....

....
....

....
....

Prise en compte des personnels et des patients

DOC 2 Vers l'écoresponsabilité : les axes de progrès

Quelles sont les bonnes pratiques et idées pour rendre son hôpital durable, en France, en Europe, aux États-Unis ? Comment manager un établissement soutenable et écologique ?
Comment éco construire ? Économiser l'eau et l'énergie ? Gérer son empreinte carbone ? Comment identifier les substances toxiques contenues dans les bâtiments, ou utilisées pour les soins et les actions quotidiennes ?
Comment s'épargner les effluents toxiques* et les rejets médicamenteux ?
Comment trier ses déchets en respectant l'environnement ?
Comment prendre mieux soin de ses employés et de ses patients ?

* Résidus de médicaments, produits liquides de stérilisation, produits d'entretien.

Guide des pratiques vertueuses – Développement durable (Comité de développement durable santé), 2012.

Activité 3 Les mesures collectives

#vidéo Une démarche de développement durable (4'59") foucherconnect.fr/22soins03

3 Relier les actions aux axes visés.

Volet développement durable – Projet d'établissement CHU X

Actions	Principaux axes
Achats éco responsables, achats durables	La maîtrise du circuit du papier
Chauffage des locaux à l'aide d'une chaudière à récupération de chaleur	Le tri et la valorisation de déchets dans des filières dédiées
Limitation des impressions papier au strict nécessaire	L'accompagnement à la mobilité durable
Remplacement des ampoules par des leds	Le déploiement d'une logistique responsable
Incitation aux déplacements en vélo ou en transports en commun pour se rendre à l'hôpital	Une politique d'achat durable
Tri des déchets médicaux et des déchets ménagers	La gestion des énergies
Gestion des stocks centralisée	

Activité 4 Les mesures individuelles

4 Pour chaque situation, indiquer comment Délia contribue aux différents axes de progrès écoresponsables proposés par l'EHPAD où elle travaille.

Axes de progrès	Actions de Délia
Gestion des déchets	....
Sensibilisation/ information des personnels	....
Économie d'énergie	....
Qualité de l'air	....

DOC 3 Les actions de Délia

Délia est aide-soignante à l'EHPAD Les beaux jours. Elle est particulièrement sensible au respect de l'environnement et essaie, dans la mesure du possible, de veiller à l'impact de son activité.

Délia se trouve dans le local à linge pour préparer le chariot. En sortant, elle veille à éteindre la lumière.

Pour bionettoyer les tables après le repas, Délia veille à limiter la diffusion du produit en projetant le spray sur sa chiffonnette.

Au moment de refaire le lit, Délia prévient la résidente et lui propose d'aérer la chambre.

Quand elle procède à l'entretien du chariot de soins, elle trie les déchets et les déverse dans les sacs appropriés.

Délia a pris connaissance du programme de formation de l'établissement et souhaite s'inscrire à l'action « S'informer sur la conséquence sanitaire et environnementale du traitement des déchets ménagers et médicaux ».

Se tester

Le + numérique
foucherconnect.fr/22soins58
Quiz
Exercice interactif

Exercice 1 Annoter et justifier les différents éléments complémentaires de la tenue.

....
....
....
....
....

....
....
....
....
....

....
....
....
....
....

....
....
....
....
....

Exercice 2 Indiquer si les situations sont vraies ou fausses en justifiant votre réponse.

Situations	Vrai	Faux	Justifications
Marie doit réaliser la toilette intime de Madame Dupond qui présente une diarrhée ; elle doit porter des gants.	☐	☐	....
Ludovic doit déposer le repas de Monsieur Dupond atteint de la Covid. Il doit porter un masque chirurgical, des gants et une surblouse.	☐	☐	....
Mathilde doit enfiler des gants sans se laver les mains avant de faire la toilette au lit de Monsieur Dupond.	☐	☐	....
Madame Vitre est hospitalisée pour une grippe. Manon, l'aide-soignante, peut procéder à la réfection du lit de Madame Durand, sa voisine de chambre.	☐	☐	....

À retenir

Le + numérique foucherconnect.fr/22soins59

Synthèse rédigée et audio

L'hygiène des mains

La peau est vectrice de nombreux micro-organismes. En effet, elle comporte une **flore résidente** très difficile à éliminer et rarement pathogène ainsi qu'une **flore transitoire** qui varie selon les contacts et qui peut être pathogène.

4 méthodes

Lavage simple	Lavage antiseptique	Lavage chirurgical	Friction hydro-alcoolique
Eau + savon doux	Eau + savon antiseptique	Eau + savon antiseptique	Solution hydro-alcoolique

La tenue professionnelle

- Tunique à manches courtes et pantalon sans poches
- Chaussures antidérapantes, silencieuses, fermées et facilement nettoyables
- Cheveux courts ou attachés
- Pas de bijoux
- Ongles propres, courts, sans vernis ni faux ongles

Les précautions standard et complémentaires

Précautions standard

Mesures visant à diminuer le risque infectieux entre soignants, entre les soignés et l'environnement proche du patient ou par exposition à un produit biologique d'origine humaine.

Précautions complémentaires

En plus des précautions standard, mesures qui créent des « barrages » à la transmission de micro-organismes par contact, air ou gouttelettes.

L'impact environnemental des activités de soin

Un projet d'établissement → Actions collectives / Actions individuelles → EFFETS POSITIFS : Économie d'énergie, achats responsables, qualité de l'air, gestion de l'eau, gestion des déchets, sensibilisation/formation

ÉCORESPONSABILITÉ

Ensemble des actions visant à limiter les impacts sur l'environnement de l'activité quotidienne des individus, des collectivités, des entreprises

Les intérêts et processus du raisonnement clinique

TD 5
Bloc 2

OBJECTIFS 1. Définir et mettre en lien le raisonnement clinique, la démarche clinique et la démarche de soins 2. Décrire les différentes étapes du processus

Activité 1 Quelques définitions

1 Surligner la définition du raisonnement clinique, souligner en rouge la définition de la démarche clinique, et en vert celle de la démarche de soins.

2 Encadrer les liens existant entre raisonnement clinique, démarche clinique et démarche de soins.

DOC 1 Du raisonnement clinique à la démarche de soins

La personne qui raisonne effectue une série de déductions mais n'exprime que le résultat de son raisonnement. Le raisonnement clinique se construit donc en partant des données recueillies lors de l'observation de la personne. Le raisonnement prend en compte des signes et symptômes, des risques et des émotions. L'opération mentale principale est le questionnement qui s'active dès que le soignant repère un indice chez l'usager. Le raisonnement clinique fait donc intervenir des connaissances (le savoir), des pratiques (le savoir-faire) et des aptitudes relationnelles (le savoir-être).

La démarche clinique, à partir de l'identification des problèmes de santé réels et/ou potentiels d'une personne, l'analyse de ses capacités, de son autonomie, permet de problématiser le tout et de mettre en place des objectifs de soins adaptés.

La démarche de soins permet l'adaptation du soin à la personne grâce à une méthode de résolution de problèmes. Elle est l'adaptation d'un soin, par exemple l'accompagnement à la réalisation de la toilette pour l'aide-soignant. Le soignant adopte une stratégie globale des soins en prévoyant les actions à court, moyen et long terme.

Le raisonnement, la démarche clinique et la démarche de soins sont complémentaires et évoluent constamment en alternance. Au cours du soin, le soignant repère des signes, des symptômes, en lien avec la pathologie, les risques qui y sont liés ou qui le sont aux effets secondaires des traitements, ou encore les réactions physiques et psychologiques du patient. La mise en évidence du problème oriente à nouveau la décision de soins. La démarche de soins utilise le raisonnement et la démarche clinique et permet d'élaborer un projet de soins individualisé.

Adapté à partir de Thérèse Psiuk, *Soins* n° 751, Masson, décembre 2010, et de Thérèse Psiuk, « Le modèle clinique trifocal, fondement du raisonnement clinique partagé », www.infirmier.com, avril 2021.

Activité 2 Le processus du raisonnement clinique

3 Compléter le tableau en indiquant chronologiquement les étapes de la démarche clinique et leur description.

Ordre	Étapes	Description
1	....	....
2	....	....
3	Vérification des hypothèses	Expliquer, donner un sens grâce aux connaissances théoriques.
4	....	....

Ordre	Étapes	Description
5		
6		
7		

DOC 2 Les étapes du processus de la démarche clinique

La démarche clinique est un processus qui suit des étapes précises.

Le recueil de données permet de recenser les informations ayant une importance essentielle pour la prise en soins de la personne : il nous renseigne sur qui est le patient, ce dont il souffre, son environnement, ses habitudes de vie. Il nous aide à identifier les conséquences de la survenue de sa pathologie.

L'analyse des informations permet de formuler des problèmes de santé et d'aboutir à des hypothèses permettant d'expliquer le problème. Cette analyse demande la mobilisation de connaissances théoriques.

Grâce aux informations recueillies et aux connaissances du soignant, ce raisonnement clinique débouche sur l'identification de différents problèmes de santé, qui permet à son tour l'élaboration du plan de soins. Le plan de soins détermine les soins à proposer au patient afin de résoudre les problèmes posés ; des objectifs de soins sont clairement définis.

Les actions découlant du plan de soins ont pour objectif la disparition du ou des problèmes. Ces actions sont mises en œuvre en respectant tous les critères d'un soin : efficacité, confort, organisation, responsabilité, sécurité, économie, transmission…

Quand ces actions sont terminées, elles doivent faire l'objet de transmissions orales et/ou écrites selon le protocole du service.

La dernière étape est celle de l'évaluation, qui consiste à vérifier que l'objectif de soin est atteint. Si cet objectif n'est pas entièrement atteint, il est nécessaire d'envisager des réajustements.

DOC 3 L'approche trifocale du raisonnement clinique

Lors des interactions avec l'usager, le professionnel de santé perçoit des indices, des signes et des symptômes qui, à partir de ses connaissances et du raisonnement hypothéticodéductif, prennent un sens soit avec la pathologie, soit avec des complications liées à la pathologie ou aux effets secondaires de traitement, soit avec une réaction humaine physique ou psychologique. Le modèle clinique trifocal est centré sur trois aspects.

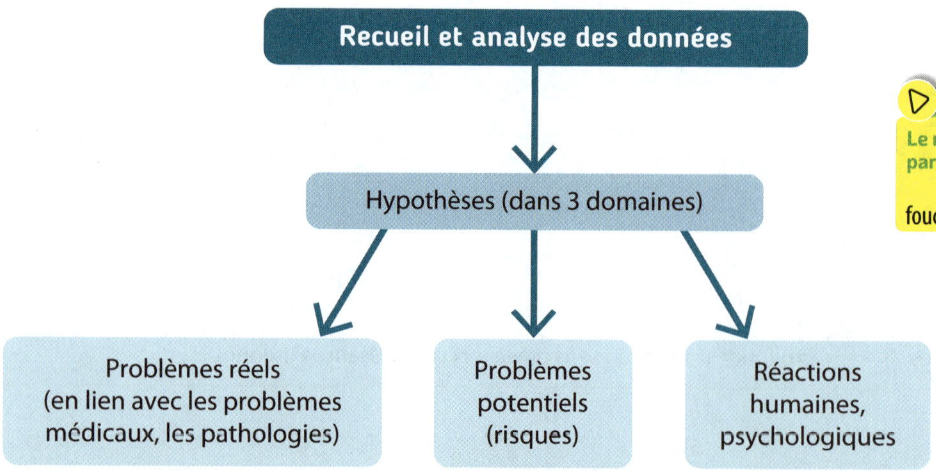

#vidéo
Le modèle clinique trifocal, par Thérèse Psiuk (4'41")
foucherconnect.fr/ 22soins62

4 Surligner la définition d'un problème de santé.

DOC 4 La formulation des problèmes de santé

Un problème de santé correspond à l'énoncé d'un jugement clinique sur l'état de santé d'une personne.

- Un problème de santé est réel lorsqu'il présente au moins une manifestation concrète d'altération, de dysfonctionnement : il nécessite alors la mise en œuvre d'actions (soit sur prescription médicale, soit à partir du rôle propre du soignant). Il a toujours une cause et des signes ou symptômes présents.
- Un problème de santé est potentiel lorsque l'état de santé est susceptible de présenter une manifestation d'altération : le problème n'existe pas concrètement, il n'y a pas de signes, ni de symptômes, mais seulement des facteurs de risques.

5 Pour chaque problème de santé, cocher s'il s'agit d'un problème réel ou potentiel.

Problèmes	Étiologies (causes)	Signes	Problème de santé réel	Problème de santé potentiel
Douleur	liée à l'intervention chirurgicale	se manifestant par une EVA à 8 sur 10	☐	☐
Risque d'escarre	lié à un alitement prolongé		☐	☐

Activité 3 Les objectifs de soins

6 Formuler l'objectif de soin de Madame A.

....

....

DOC 5 L'hospitalisation de Madame A.

Madame A., âgée de 88 ans, est hospitalisée pour constipation sévère. Elle est alitée et souffre de douleurs abdominales. Les soignants réalisent sa toilette partielle au lit. Depuis quelques jours, son transit intestinal fonctionne et elle arrive à aller à la selle dans le bassin que les soignants lui proposent dans le lit. Depuis hier, elle se lève et reste assise une heure au fauteuil le matin et une heure l'après-midi. Elle désire pouvoir enfin réaliser sa toilette seule au lavabo. Le médecin, après la visite de ce jour, confirme qu'elle pourra le faire dès demain matin.

7 Cocher s'il s'agit ou non d'une action de soin.

Actions	Il s'agit d'une action de soin	Il ne s'agit pas d'une action de soin
Aider Monsieur X. à effectuer son rasage.	☐	☐
Demander à Madame B. de sortir dans le jardin.	☐	☐
Penser à dire à Monsieur K. de se laver les dents.	☐	☐
Effectuer la réfection du lit de Madame J.	☐	☐

DOC 6 La proposition des actions

Après avoir défini les objectifs, il s'agit de proposer des soins dans le but de résoudre ou pallier les problèmes de santé, grâce à des objectifs de soins. Un objectif se formule avec un verbe d'action et un délai. Il doit être évaluable. Il est axé essentiellement sur la personne, et parfois également sur son entourage.

Les actions de soins visent le mieux-être, le confort de la personne soignée, et doivent pallier ce que le patient ne peut pas faire seul. Le but est de conserver un degré optimal d'autonomie.

8 Proposer une démarche de soins pour Madame M. en complétant le tableau ci-dessous.

Problème (réel ou potentiel)	lié à... (cause)	se manifestant par... (signes)	Objectif(s)	Action(s)
Difficulté à se déplacer	liée à son hémiplégie	l'utilisation d'un déambulateur	Que Madame M. puisse se déplacer	Lui laisser le déambulateur à sa disposition
....	....	....	....	....
....	....	....	....	....
....	....	....	....	....
....	....	....	....	....

DOC 7 La démarche clinique auprès de Madame M.

Madame M., 89 ans, est entrée en EHPAD après une convalescence à la suite d'un accident ischémique transitoire (AIT) ayant entraîné une hémiplégie droite dont elle a des séquelles visibles lors de la marche et une difficulté à utiliser ses bras (raideur). Elle se déplace en déambulateur sans trop de difficulté mais elle n'arrive cependant pas à marcher correctement par manque de confiance. Elle présente d'ailleurs des troubles de l'équilibre. Elle mange en texture normale, en quantités suffisantes. Elle présente un surpoids dû à une alimentation déséquilibrée (mangeait trop de charcuterie). Elle est triste en raison de son état qui la diminue sur le plan de l'autonomie, elle n'arrive ni à se laver seule et ni à s'habiller. Elle se sent seule et ne participe à aucune activité d'animation.

Le raisonnement clinique : liens et outils

TD 6
Bloc 2

OBJECTIFS **1.** Justifier l'intérêt du raisonnement clinique partagé par l'équipe pluriprofessionnelle **2.** Présenter quelques outils d'évaluation de la qualité du soin, quelle que soit la technique mise en œuvre

Activité 1 Les intérêts du raisonnement clinique partagé

1 Dégager les principaux intérêts du raisonnement clinique partagé par une équipe pluriprofessionnelle.

....

....

....

....

....

....

....

....

....

....

DOC 1 Un raisonnement partagé

Dans une équipe pluriprofessionnelle, les soignants participant à la prise en soins d'une personne jouent un rôle important dans l'observation des signes et dans leurs transmissions. Ainsi, ils ont besoin d'échanger et partager des informations pour garantir la qualité et la sécurité de l'accompagnement des patients. À partir d'un raisonnement clinique, les soignants structurent et simplifient les transmissions en se centrant sur la personne malade plutôt que sur la maladie tout en évitant des retranscriptions répétitives, sources d'erreurs. Il s'agit de gagner du temps, de faciliter l'organisation des soins et d'améliorer la prise en charge interdisciplinaire lors des relèves. Les transmissions ciblées permettent de faire des synthèses sur l'évolution de la personne soignée. Partager les informations est indispensable pour la continuité et la qualité des soins.

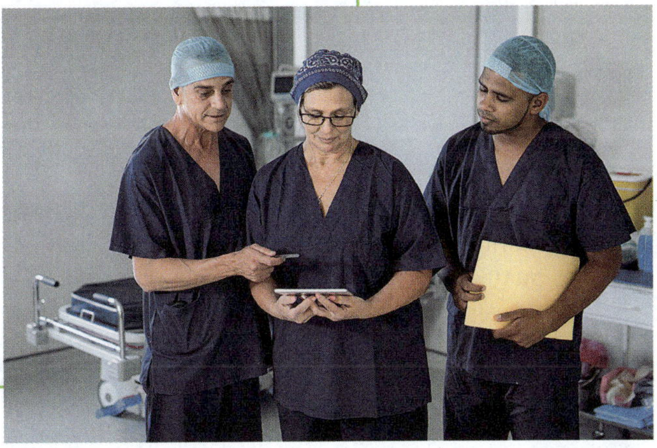

Activité 2 Un outil d'évaluation de la qualité du soin

2 Préciser la nécessité d'évaluer la qualité d'un soin.

....

....

....

....

....

....

DOC 2 L'évaluation de la qualité des soins

L'évaluation de la qualité des soins est, selon l'OMS, « une démarche qui permet de garantir à chaque patient des actes diagnostiques et thérapeutiques assurant le meilleur résultat en termes de santé conformément à l'état actuel de la science médicale au meilleur coût pour le meilleur résultat, et pour sa plus grande satisfaction en termes de procédures, de résultats et de contacts humains à l'intérieur du système de soins. »

La Haute autorité de santé (HAS) préconise l'évaluation des pratiques professionnelles (EPP) en référence à des recommandations et selon une méthode validée comportant la mise en œuvre et le suivi d'actions d'amélioration des pratiques. L'EPP, d'abord médicale, peut être transférable aux soins d'accompagnement, en référence aux critères de qualité des soins : efficacité, confort, organisation, sécurité, économie, sans oublier la dimension relationnelle.

3 En prenant comme exemple un soin pédiluve, citer les critères relatifs aux différentes phases du PDCA.

P	**Prévoir**	– fixer les objectifs – prévoir les ressources nécessaires – définir l'organisation
D	**Exécuter**	………………………………
C	**Vérifier**	………………………………
A	**Améliorer**	………………………………

DOC 3 La roue de Deming

La roue de Deming est une méthode de travail basée sur la notion d'amélioration continue. Il s'agit de partir d'un soin existant et de l'améliorer en répétant les quatre phases successives PDCA (*plan*, *do*, *check*, *act* : prévoir, exécuter ; vérifier, améliorer) en respectant l'ordre jusqu'à obtenir un résultat satisfaisant. Le système d'amélioration continue repose sur la notion d'expérience qui est représentée par une cale qui empêche la roue de revenir en arrière.

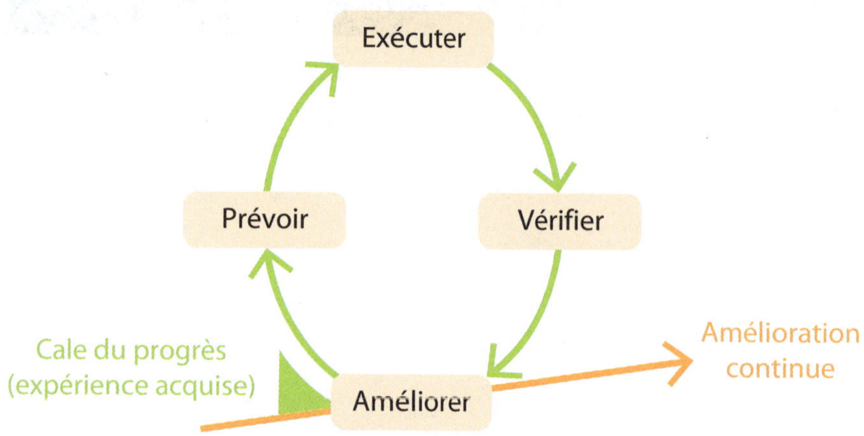

▷ #vidéo
PDCA_Roue de Deming (0'40")
foucherconnect.fr/ 22soins63

Se tester

Le + numérique
foucherconnect.fr/22soins41
Quiz
Exercice interactif

Exercice 1 Relier chaque terme à sa définition.

Problème de santé	État d'un problème de santé qui présente au moins une manifestation d'altération
Problème de santé réel	Cause d'un problème de santé
Problème de santé potentiel	Énoncé d'un jugement clinique sur l'état de santé d'une personne
Étiologie	Le problème n'existe pas mais il y a un risque qu'il se révèle
Signe	Manifestation concrète d'un problème de santé réel

Exercice 2 Compléter le schéma en expliquant les différentes phases de la roue de Deming pour un soin.

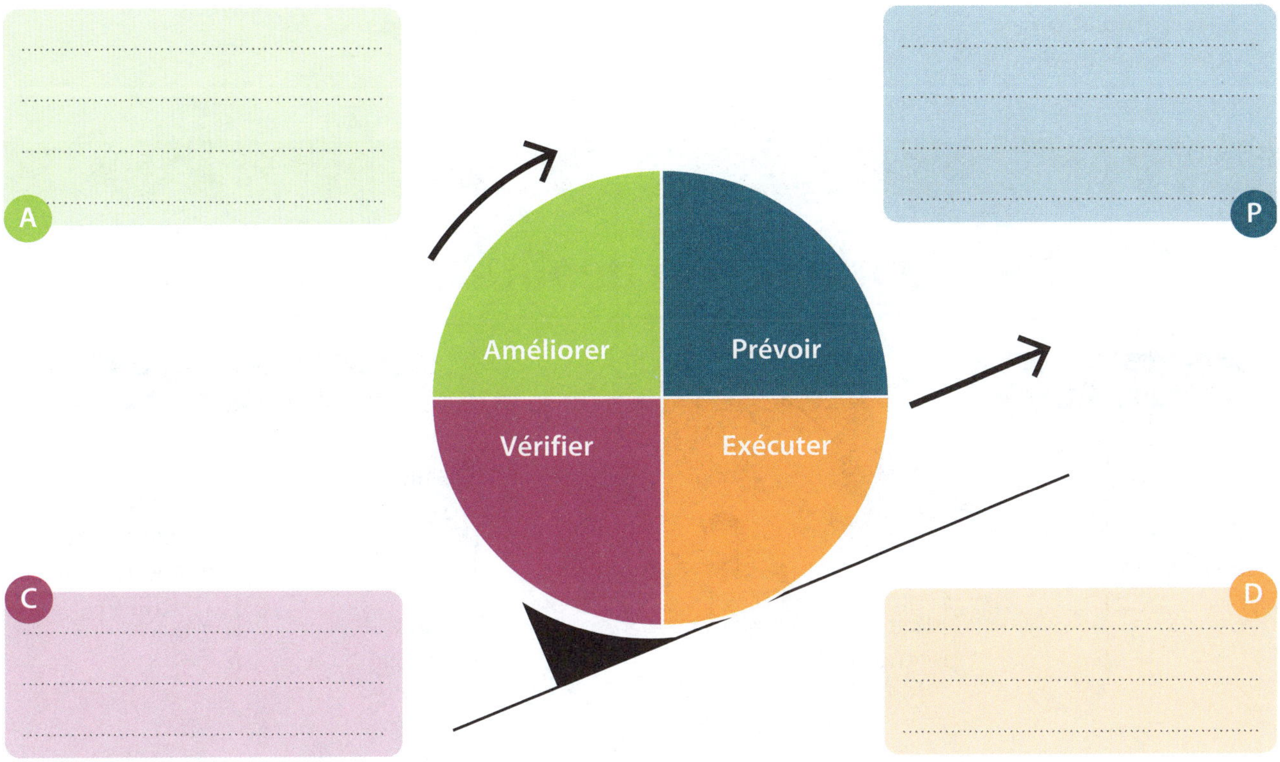

CHAPITRE 2

À retenir

Le + numérique foucherconnect.fr/22soins42

Synthèse rédigée et audio

La démarche clinique partagée

Le modèle clinique trifocal est issu du raisonnement collectif basé sur une approche globale humaniste et personnalisée du patient. Partager les informations est indispensable pour la continuité et la qualité des soins.

Partage d'informations

La démarche clinique	Le projet de soins
Processus d'identification de l'ensemble des problèmes de santé réels et potentiels d'une personne, mais également de ses capacités.	Processus d'adaptation du soin à la personne.

Le projet de soins

	Formulation des problèmes de santé	Formulation des objectifs de soins		
Collecte de données	Analyse	Planification des actions	Réalisation des actions	Évaluation
Modèle trifocal avec formulation des problèmes			Projet de soins individualisé	

L'évaluation de la qualité des soins

Vue de l'usager

Mesure de satisfaction

Qualité attendue

Qualité perçue

Vue du professionnel

Qualité voulue

Qualité accomplie

Évaluation de la pratique professionnelle (EPP)

Les différentes transmissions

TD 7
Bloc 2

OBJECTIFS 1. Préciser les différentes modalités de transmission, justifier l'intérêt de chacune 2. Énoncer les intérêts des transmissions et de la traçabilité : pour l'usager, pour la famille, pour le service et la structure

Activité 1 Les différentes modalités de transmission

1 Compléter le schéma.

Transmission	Type	Objectifs	Quand ?
....	....	....	....
	....	....	....

2 Indiquer le type de transmission correspondant à chacune des situations.

	Transmission
Sophie, aide-soignante, vient de terminer la toilette de Mme Benadi, 89 ans. Elle a constaté que celle-ci est très fatiguée et présente des rougeurs au niveau du sacrum.	....
À la fin de la journée, Doriane échange avec les parents de Naëlle sur sa journée à la crèche.	....

DOC 1 Les transmissions écrites et orales

Les transmissions sont un ensemble de moyens destinés à faire passer des informations entre les différents professionnels concernés par les soins ou l'accompagnement apportés aux personnes (patient, résident, enfant).

- Les transmissions écrites sont réalisées après chaque soin ou après toute observation concernant la personne. Elles permettent la traçabilité des soins et ont une valeur juridique.
- Les transmissions orales se font entre professionnels ou entre professionnels et usagers. Elles complètent les transmissions écrites.

En établissement sanitaire ou médicosocial, les transmissions ont pour objectif d'assurer la continuité des soins.

- Les transmissions écrites ont pour support le dossier du patient, les outils de planification, ou tout autre document nécessaire à la prise en charge.
- Les transmissions orales se font dès que nécessaire, au cours des réunions interéquipes ou au changement d'équipe. Elles complètent les transmissions écrites.

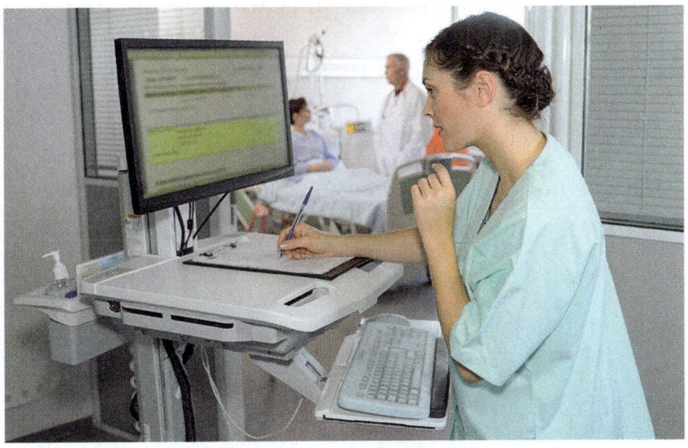

Pour les professionnels de la petite enfance, les transmissions orales permettent, matin et soir, de partager des informations sur le vécu de l'enfant chez lui et à la crèche ou chez l'assistante maternelle.

Les soins, les changes, les repas, les temps de sommeil, les activités sont aussi notés sur un cahier de transmission propre à l'enfant ou sur une application accessible aux professionnels et aux parents.

Activité 2 Les intérêts des transmissions

3 Préciser à quelle fonction de transmission correspond chacune des situations.

Au moment de sa toilette, Monsieur Durand ressent une vive douleur dans son mollet.	Les parents de Léa, 2 ans et demi, demandent à Sonia, auxiliaire de puériculture, de contrôler la température de leur fille, car hier soir, elle avait 38,9 °C.	Pour contrôler l'efficacité de son nouveau traitement, l'infirmière vérifie la glycémie de Madame Ramoni trois fois par jour.
....	....	....

DOC 2 Les trois fonctions des transmissions

Alerte	Surveillance	Évaluation
Noter tout signe potentiellement révélateur d'une anomalie de l'état de santé du malade. Nécessite observation du patient et analyse de sa situation.	Avertissement, alarme signifiant une situation préoccupante, un danger immédiat ou potentiel nécessitant une intervention rapide. Faire le lien entre les signes anormaux observés et l'urgence de la situation.	Appréciation, estimation, mesure d'un état de santé, d'un comportement…

Activité 3 Les transmissions et la traçabilité

4 Souligner les rôles et objectifs de la traçabilité.

DOC 3 La traçabilité des soins : à quoi ça sert ?

Toute prise en soins d'un patient s'accompagne d'un **document de traçabilité** comprenant les transmissions, intitulé le dossier de soins, ayant une valeur juridique en cas de différend entre le patient et les soignants/l'établissement.

Ce document obligatoire permet :	… dans le but :
– d'assurer le suivi des actes infirmiers ; – d'apporter une preuve en cas de litige ; – d'identifier le patient et le personnel soignant.	– de protéger les patients et les acteurs de la santé ; – d'améliorer la qualité et le contrôle des soins ; – de faciliter la recherche d'informations.

Activité 4 La rédaction des transmissions

5 Compléter la fiche de transmission de Monsieur Florimont.

Chirurgie orthopédique - CHU D.	Nom : .... Prénom :	Âge : ....
Motif hospitalisation :	Opéré le : .... Prothèse de hanche	
Date/heure	**Transmission**	**Nom – Prénom – Fonction**
4/3/N 7 h 30	Douleur 7/10 → XXXXXX 5 ml / 500CC G5 %	Sara Derbi – IDE
....	....	....
....	....	....

DOC 4 La situation de Monsieur Florimont

M. Adrien Florimont, 80 ans, hospitalisé en service de chirurgie orthopédique, a été opéré hier à la suite d'une fracture du col du fémur gauche. Le chirurgien lui a posé une prothèse de hanche. Aujourd'hui, à 10 heures, Julio Garcia, aide soignant, procède à la toilette au lit de Monsieur Florimont. Ce dernier est peu communicatif et semble fatigué. Julio évalue la douleur ressentie par Monsieur Florimont sur l'échelle numérique et note un indice de 4/10. À 16 heures, la douleur est évaluée à 3/10. Julio et le kinésithérapeute, Florent Lafleur, procèdent au premier lever. Monsieur Florimont se montre participatif.

Les transmissions ciblées

TD 8
Bloc 2

OBJECTIFS 1. Définir la notion de cible, de macrocible, de transmission ciblée 2. Présenter les objectifs des transmissions ciblées en lien avec le raisonnement clinique partagé 3. Énoncer les critères attendus d'une transmission 4. Identifier les problèmes réels rencontrés par la personne, en déduire la cible, recenser les données, proposer des actions, évaluer les résultats

Activité 1 Les définitions

1 Souligner, dans le document 1, la démarche préalable à l'identification des cibles.

2 Énoncer les objectifs des transmissions ciblées.

....

....

....

3 Indiquer, pour chaque support, s'il s'agit d'une transmission ciblée, d'une cible, d'une macrocible, ou d'un diagramme de soins.

2/3/N 18 h	Hyperthermie	T° : 39°2 (D) – Frissons Médecin prévenu ⟶ 3 hémocultures faites Traitement antipyrétique administré (A)	XXX – IDE

....

Date						
		Jour	Nuit	Jour	Nuit	…
HYGIÈNE						
Autonome						
Aide au lavabo	partielle					
	totale					
Aide à la cuvette	partielle					
	totale					
Toilette complète au lit						
....						
PETITS SOINS						
Soins de bouche						
Rasage						
Capiluve						
Pédiluve						

....

Admission service Chirurgie orthopédique :
3 mars N – 16 h

- **Maladie** : fracture du poignet droit suite à la chute d'un escabeau, sans antécédent, hospitalisé ce jour à 16 h, arrive des urgences
- **Présentation** : Monsieur Norbert, 38 ans
- **Thérapeutiques** : pas de traitement en cours ; antalgique prescrit et administré aux urgences
- **Vécu** : première hospitalisation. Rassuré par la présence de sa femme. Plutôt calme.

[…]

....

Service : Chirurgie		BERNARD Antoine – 35 ans	CH 20
Date/Heure	**Cibles**	**Transmission**	**Signature – Fonction**
2/3/N 18 h	Hyperthermie	T° : 39°2 – Frissons (D) Dr M. prévenu. ⟶ 3 hémocultures faites Traitement antipyrétique administré (A) Contrôler la température à 21 h	XXX - IDE
21 h	Hyperthermie	T° : 37°2 (R)	YYY- AS
3/3/N	Éruption cutanée	Plaques rouges sur tout le corps après injection d'antibiotiques (D) ⟶ IDE et médecin prévenu	YYY- AS

....

4 Indiquer à quel élément des transmissions ciblées correspondent ces situations.

Situation	Données	Actions	Résultats
Vésicules sur tout le corps et démangeaisons	☐	☐	☐
Traitement antibiotique démarré	☐	☐	☐
Proposer à boire toutes les deux heures	☐	☐	☐
Rougeurs au niveau du sacrum	☐	☐	☐
Tension artérielle redevenue normale après repos – 13/8	☐	☐	☐

DOC 1 Les composantes de la transmission ciblée

Les transmissions ciblées sont une méthode d'organisation des transmissions écrites centrée sur les problèmes (les cibles) du patient de manière précise, simplifiée et structurée.
Elles permettent :
– de comprendre la situation du patient en visualisant rapidement ses problèmes ;
– d'orienter le choix des interventions ;
– d'évaluer l'efficacité des actions.

Elles sont la résultante d'un raisonnement clinique.

Une macrocible est une synthèse de l'ensemble des informations recueillies à une étape de la prise en soins du patient (macrocible à l'entrée, macrocible intermédiaire, macrocible à la sortie). Elle lie à la fois des données et des actions. Il s'agit donc d'une présentation globale de la situation à un moment précis, permettant d'en assurer le suivi et la traçabilité.

La macrocible se rédige en 5 critères :
- **M**aladie : circonstance, motif, sémiologie, antécédents
- **T**hérapeutique : traitements antérieur et actuel, prescriptions médicales, capacité à gérer ses thérapeutiques
- **V**écu du patient : expression verbale ou non verbale, ressenti
- **E**nvironnement : situation sociale, familiale, culturelle
- **D**éveloppement (évolution) : bilan infirmier, diagnostics infirmiers qui en découlent, autonomie, habitudes de vie, le devenir…

Élaborée à partir d'un raisonnement clinique, **une cible** permet, par un mot ou un groupe de mots précis et explicite, d'identifier un problème centré sur le patient et d'exprimer les actions et les résultats qui ont découlé de celui-ci.
La cible peut être un symptôme, un comportement, un événement dans la vie du patient, un changement de l'état de santé, un diagnostic infirmier, une réaction à la maladie, aux soins, aux traitements. Elle est exprimée par trois étapes : les données (ce que je vois), les actions (ce que j'ai fait), les résultats (ce qui a changé).

Le diagramme de soins est un tableau de bord prédéterminé à l'avance qui permet de cocher des activités régulières, des surveillances répétées. Diagramme et transmissions ciblées sont complémentaires. La qualité des transmissions ciblées nécessite l'utilisation conjointe des diagrammes, des macrocibles et des cibles.

#vidéo
Les transmissions ciblées
(1'35")
foucherconnect.fr/ 22soins04

Activité 2 Les critères attendus d'une transmission

5 Souligner les critères attendus d'une transmission.

6 Indiquer le ou les critères non respectés dans chacune des transmissions et justifier la réponse.

Transmission	Critère non respecté	Justification
A mal à la jambe.	....	....
Changement de position à 18 h – Jacques	....	....
Semble anxieuse.	....	....

DOC 2 La qualité des transmissions

Les transmissions doivent être lisibles, claires, précises, complètes, exactes, objectives, pertinentes et concises.
Il faut noter les observations et soins de façon chronologique (date et heure précise), avec la possibilité d'identifier le soignant qui les a rédigées (nom et prénom écrits lisiblement) et le patient concerné (nom du patient présent sur chaque feuille, recto-verso, du dossier patient).
Les transmissions peuvent être notées par tous les membres de l'équipe soignante (IDE, AS, AMP…).

Activité 3 La rédaction d'une transmission ciblée

7 Souligner dans le document les éléments à prendre en compte pour la transmission.

8 Compléter la transmission ciblée correspondant à la situation de Maria R.

Soins de suite et réadaptation	Nom : .... Âge : .... Prénom :	Entrée le ....

Motif : .... **Intervention :** ....

Date/Heure	Cible	Transmissions	DAR	NOM/Fonction
....	Récupération de l'amplitude de l'épaule droite	....	....	....
....	Récupération de l'amplitude de l'épaule droite	....	....	....

DOC 3 La rééducation de Maria R.

Maria R., 58 ans, a été opérée le 5 janvier N pour une prothèse totale de l'épaule droite. Elle est admise en soins de suite et de réadaptation le 10/01/N pour entreprendre une rééducation de l'épaule droite.
Le 24 février à 10 heures, lors de sa séance quotidienne avec José D., kinésithérapeute, Maria parvient à lever le bras droit à la verticale sans aide. José la félicite.
Il envisage de poursuivre la rééducation sur l'objectif de récupération de l'amplitude de l'épaule droite et demande à la patiente de mobiliser son bras plusieurs fois au cours de la journée. Il évaluera les effets de ces actions dans deux jours.
Le lendemain, Sonia L., aide-soignante, lit la transmission de José. Elle constate que Madame R. arrive à se coiffer, après la toilette. Cette dernière s'en montre très fière.

Activité 4 Du raisonnement clinique aux transmissions ciblées

9 Justifier le lien entre le raisonnement clinique et l'identification de la cible dans la situation d'Océane.

....

....

DOC 4 La bonne cible

Dans le service de pédiatrie, la petite Océane, 5 ans et demi, pleure. Jeanne, auxiliaire de puériculture, analyse la situation et recherche la raison de ses pleurs. A-t-elle peur, mal ? S'ennuie-t-elle ? Dans ce raisonnement clinique, Jeanne ne se contente pas de consoler l'enfant mais recherche l'origine des pleurs afin d'agir sur le vrai problème. La transmission ciblée ne se fera qu'après avoir confirmé la bonne hypothèse. Dans ce processus, la cible n'est pas ce que l'on voit (les pleurs) mais la cause identifiée à partir du raisonnement : douleur, peur ou ennui. Les pleurs seront notés dans les données avec les autres éléments du recueil de données.

10 Après analyse de la situation et des données recueillies, identifier le ou les problèmes de santé rencontrés par Madame Mondor. Justifier les propositions.

Problèmes	....	....
↑	↑	↑
Justification	....	....

11 Déduire la ou les cibles qui permettront de répondre aux problèmes identifiés et proposer le DAR (données – actions – résultats) correspondant à la situation.

Cible	Heure	Données	Actions	Résultats
....	....	....	....	....
....	....	....	....	....

DOC 5 La situation de Madame Mondor

Madame Mondor, 82 ans, est résidente depuis 6 mois de l'EHPAD des Lilas, où vous travaillez comme aide-soignant(e). Depuis son entrée, elle est cohérente et orientée mais a du mal à s'habituer à son nouveau logement et regrette sa maison. Elle est souvent triste en fin de journée.

Elle souffre de pneumopathie et dispose d'un crachoir car elle est encombrée, ses expectorations sont claires.

Ce matin, à 9 h 30, quand vous entrez dans la chambre, vous trouvez Madame Mondor habillée, avec son sac à la main. Elle vous dit qu'elle doit sortir, qu'elle a rendez-vous avec sa fille pour acheter un cadeau d'anniversaire à son mari, pourtant décédé depuis deux ans. Elle ne sait pas où elle se trouve. Vous lui expliquez qu'avant de s'habiller, il faut faire sa toilette, et lui rappelez qu'elle vit maintenant à l'EHPAD.

Elle est essoufflée (dyspnée) et tousse beaucoup. Vous constatez que son crachoir contient des expectorations épaisses et jaunâtres.

La patiente accepte de faire sa toilette mais, au moment de l'accompagner au lavabo, vous constatez que sa peau est chaude.

Vous décidez de vérifier sa température. Vous prenez également son pouls et sa tension artérielle :

T° : 38°5C – π : 92 – TA : 14/8

Vous proposez à Madame Mondor de faire sa toilette au fauteuil en raison de sa dyspnée et de sa fatigue. Avant de quitter la chambre, vous donnez un verre d'eau à Madame Mondor.

Vous informez Marielle, infirmière, de vos observations.

Le dossier patient

TD 9
Bloc 2

OBJECTIF Énoncer la composition et l'intérêt du dossier patient

Activité 1 La composition et l'intérêt du dossier patient

1 Souligner les trois éléments constituant le dossier patient.

2 Compléter le tableau en précisant le type d'informations recueillies ou établies.

Informations formalisées recueillies
…………………………………………
…………………………………………
…………………………………………
…………………………………………
Informations formalisées établies
…………………………………………
…………………………………………
…………………………………………
…………………………………………

3 Préciser les objectifs du dossier patient.

…………………………………………
…………………………………………
…………………………………………
…………………………………………
…………………………………………

4 Justifier la phrase surlignée.

…………………………………………
…………………………………………
…………………………………………
…………………………………………

DOC 1 La définition du dossier patient, son contenu, ses intérêts

Selon la Haute autorité de santé, « le dossier du patient est le lieu de recueil et de conservation des informations administratives, médicales et paramédicales, formalisées* et actualisées, enregistrées pour tout patient accueilli, à quelque titre que ce soit, dans un établissement de santé ».

Le dossier du patient comprend un dossier administratif, le dossier médical du patient, le dossier de soins.

Son contenu est précisé par l'article R112-2 du code de la santé publique :

- Informations formalisées recueillies lors des consultations externes dispensées dans l'établissement, lors de l'accueil au service des urgences ou au moment de l'admission et au cours du séjour hospitalier (lettre du médecin qui adresse le patient ; motifs d'hospitalisation ; recherche d'antécédents et de facteurs de risques…).
- Informations formalisées établies pendant et à la fin du séjour (observation médicale, prescriptions, résultats d'examens, compte rendu opératoire, d'hospitalisation, lettre de liaison…).
- Informations recueillies auprès de tiers n'intervenant pas dans la prise en charge thérapeutique ou concernant de tels tiers.

La bonne tenue du dossier contribue à la continuité, la sécurité, la traçabilité et l'efficacité des soins. La responsabilité de chacun est engagée dans la tenue du dossier : « ce qui n'est pas écrit n'est pas fait ».

Il contient l'ensemble des informations produites par les professionnels de santé (médecins, paramédicaux, psychologues, travailleurs sociaux…) et permet de les partager entre ces différents acteurs. Le dossier patient continue grandement à la qualité des soins.

L'écrit sur support électronique a la même force probante que l'écrit sur support papier.

* Les documents « formalisés » au sens de la loi du 4 mars 2002 sont les documents qui sont communicables lors des demandes de communication du dossier par le patient.

Activité 2 Le dossier patient informatisé (DPI)

5 Déduire les intérêts du dossier patient informatisé.

…………………………………………
…………………………………………
…………………………………………
…………………………………………
…………………………………………

DOC 2 Les composantes du DPI

Dossier patient informatisé : partagé par tous les hôpitaux tout en assurant la confidentialité et la sécurité des données

- **Volet administratif** : Identification du patient, Données sociodémographiques
- **Volet pharmacie** : Dotation du service, Historique médicamenteux du patient, Alerte et mise en garde sur le traitement
- **Volet médical** : Ensemble des informations recueillies et produites par les professionnels médicaux
- **Volet GED** : Gestion électronique des documents : compte rendu imagerie, résultats laboratoire
- **Volet soignant** : Ensemble des informations recueillies et produites par les soignants, paramédicaux, psychologues…
- **Volet social et médicosocial** : Droits sociaux, Évaluations, demandes
- **Volet agenda du patient** : Gestion des rendez-vous du patient et insertion dans le plan de soins

Le DPI doit permettre d'établir un suivi précis de toutes les étapes de la prise en charge, afin de répondre aux besoins de traçabilité et de partage de l'information (entre praticiens et avec les patients).

#vidéo
Le dossier patient informatisé de l'AP-HM (4'07")
foucherconnect.fr/22soins05

Activité 3 Le dossier de soins

6 Indiquer à quel type de document du dossier de soins correspondent chacune de ces propositions.

8 h 30 : Toilette quotidienne effectuée	Amoxicilline : 1 g – 3fs/j	Rendez-vous pédicure ce jour, à 16 h	C : Fièvre D : 39,2 °C à 15 h A : IDE prévenue Verre d'eau proposé Prescription médicale : 1 g de paracétamol R : 37,5 °C à 17 h	Monsieur Dupont, 45 ans Marié, 2 enfants Entrée le 4/3/22 pour fracture de l'humérus Pas d'antécédents	**Besoins perturbés :** – Boire et manger : en lien avec l'immobilisation du bras droit (broches et plâtre) – Se mouvoir : idem – …
....	....	....	....	....	....

DOC 3 Les éléments du dossier de soins

Dossier de soins

- **Fiche d'accueil et d'identification du patient :** situer la personne soignée dans son environnement social et familial, préciser le type de prise en charge
- **Fiche de recueil de données** permettant de repérer les besoins de la personne
- **Projet de soins** (objectif des soins, programmation des soins infirmiers, des actes de rééducation…)
- **Fiche de prescriptions médicales :** traitements médicaux, examens prescrits
- **Fiche de traitement :** nom des médicaments, dosage, posologie, date et heure
- **Fiche d'observation et de transmission :** transmissions simples et ciblées
- **Diagramme de soins :** tableau de bord des soins répétitifs et réguliers
- **Fiche de surveillances spécifiques :** changements de position, surveillance du diabète…
- **Synthèse et fiche de liaison**

Se tester

Le + numérique
foucherconnect.fr/22soins06
Quiz
Exercice interactif

Exercice 1 Préciser si l'élément évoqué est une cible ou non. Justifier la réponse en utilisant les termes suivants :

Jugement de valeur – Diagnostic infirmier – Changement de l'état clinique – Diagnostic médical – Changement de comportement – Acte de soins

	Cible ? (oui/non)	Justification
Constipation	....	....
Leucémie aiguë	....	....
Hyperthermie	....	....
Patient agité	....	....
Patient désagréable	....	....
Injection intramusculaire	....	....
Trouble de la déglutition	....	....
Pansement	....	....
Infarctus du myocarde	....	....

Exercice 2 Reporter le numéro de chaque phrase correspondant aux items MTVED de la macrocible.

Situation	Maladie	Thérapeutique	Vécu	Environnement	Développement
Madame Solange	....	....	....	....	....
Hawa	....	....	....	....	....

1. Madame Solange, âgée de 81 ans, adressée par les urgences, est admise dans le service d'orthopédie SAU suite à une fracture du col du fémur droit. Elle a chuté dans les escaliers chez elle. Un début de démence a été diagnostiqué il y a 3 mois.
2. Madame Solange est veuve, sa fille unique est sa voisine et s'occupe d'elle au quotidien.
3. Elle était autonome avant sa chute mais semble un peu désorientée aux dires de sa fille en raison de sa démence et de l'hospitalisation.
4. Elle ne signale pas de douleurs (EVA : 0) Elle est accompagnée par sa fille.
5. Madame Solange est perfusée. La douleur est traitée par Tramadol et Paracétamol IV. Elle est à jeun pour bloc opératoire demain.

1. Hawa vit avec ses parents et ses trois frères et sœurs dans un appartement de type F4. Elle est scolarisée en CE2.
2. Maintien d'une voie veineuse pour injection d'antalgique et antibiothérapie.
3. Hawa est rassurée par la présence de sa maman. Elle n'apprécie pas de devoir rester allongée.
4. Hawa, 8 ans, est entrée dans le service de chirurgie pour appendicectomie. Elle est adressée par son médecin traitant. Elle se plaint de douleurs dans l'épigastre droit depuis la veille et présente une fièvre modérée.
5. Au retour du bloc, Hawa est agitée et douloureuse (EVA 6/10).

À retenir

Le + numérique foucherconnect.fr/22soins07
Synthèse rédigée et audio

Les différentes transmissions

TRANSMISSIONS ÉCRITES
→ continuité et traçabilité des soins

← **Les transmissions sont l'ensemble des moyens destinés à faire passer des informations entre les différents membres de l'équipe soignante afin d'assurer la continuité des soins.** →

TRANSMISSIONS ORALES
→ complètent les transmissions écrites

La cible

CIBLE	DONNÉES	ACTIONS	RÉSULTATS
Problème du patient, réel ou potentiel Réaction	Manifestations, signes	Ce qui est à faire, est fait, reste à faire	Ce qui a changé Résultat obtenu

La macrocible

- À l'entrée
- Intermédiaire
- À la sortie

Synthèse de la situation du patient →

- Maladie
- Thérapeutique
- Vécu
- Environnement
- Développement

Les transmissions ciblées

Raisonnement clinique
- Identifier les indices de problèmes
- Formuler une hypothèse de problèmes (problème réel, risque, réaction humaine)
- Questionner une hypothèse de problème

→ RECUEIL DE DONNÉES →

Démarche clinique
- Analyse de la situation
- Planification des soins
- Réalisation des soins
- Évaluation et réajustement

← Macrocibles / Problèmes de santé →

Cible →
Cible →
Cible →
Cible →

Transmissions ciblées :
Données
Actions
Résultats

Le dossier patient

- Traçabilité
- Continuité, suivi et évaluation des soins
- Communication, information, coordination
- Parcours de soins

=

QUALITÉ DES SOINS

←

Administratif
Médical
Soins →

SOINS
- Fiche d'identification
- Recueil de données
- Projet de soins
- Fiche de transmissions
- Diagramme de soins
- Feuilles de surveillance
- Fiche de prescriptions médicales
- Fiche de traitement
- Fiche de liaison

La toilette du visage

TD 10
Bloc 2

OBJECTIFS 1. Énoncer les propriétés des différents produits d'hygiène 2. Justifier le choix, les modalités d'utilisation et les éventuelles précautions d'emploi des produits et matériels

Activité 1 Les produits d'hygiène

1. Souligner la définition relative aux soins d'hygiène.
2. Relever les deux rôles principaux des produits d'hygiène.

....

....

DOC 1 La toilette, un soin de partage

Les soins d'hygiène corporelle et de propreté sont définis comme « un ensemble d'actes que chaque personne effectue en vue d'assurer son bien-être physique et mental et de préserver l'intégrité de ses téguments ». L'aide à la toilette est donc la réponse à un besoin physiologique de base, être propre, une composante majeure de l'intégrité et de l'estime de soi mais aussi du bien-être et de la qualité de vie. L'hygiène limite la transmission de germes, réduit le risque d'infection, de maladies de peau ou de complications d'une plaie. Une bonne hygiène corporelle passe par un nettoyage soigné afin d'éliminer les impuretés, la transpiration et le sébum accumulés sur la peau. La toilette du visage est un moment de détente, de bien-être et de confort.

3. Compléter le tableau.

	Nettoyant	Purifiant	Émollient	Hydratant	Surgras
Nettoie, apaise, adoucit et prévient le dessèchement des peaux fragiles.	☐	☐	☐	☐	☐
Adoucit la peau.	☐	☐	☐	☐	☐
Apaise et hydrate la peau.	☐	☐	☐	☐	☐
Débarrasse la peau des impuretés et favorise l'élimination des imperfections.	☐	☐	☐	☐	☐
Élimine les impuretés.	☐	☐	☐	☐	☐

DOC 2 Quel produit pour quel résultat ?

Produits	 Pain de savon de Marseille à l'huile d'olive	 Savon liquide surgras	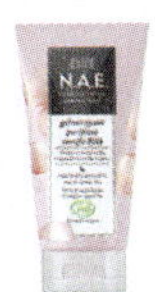 Gel nettoyant purifiant	 Gel nettoyant émollient	 Gel hydratant micellaire	 Pain dermatologique, surgras
Propriétés	Nettoient le visage et le corps en éliminant les impuretés et le maquillage.		Débarrasse la peau des impuretés et favorise l'élimination des imperfections.	Spécial peaux sensibles, sans savon et sans paraben, adoucit la peau.	Sans savon, apaise et hydrate la peau.	Nettoie, apaise, adoucit et prévient le dessèchement des peaux fragiles.

Activité 2 L'hygiène bucco-dentaire

4 Souligner les intérêts de l'hygiène bucco-dentaire.

5 Noter ci-dessous les recommandations de l'UFSBD.

....

....

....

....

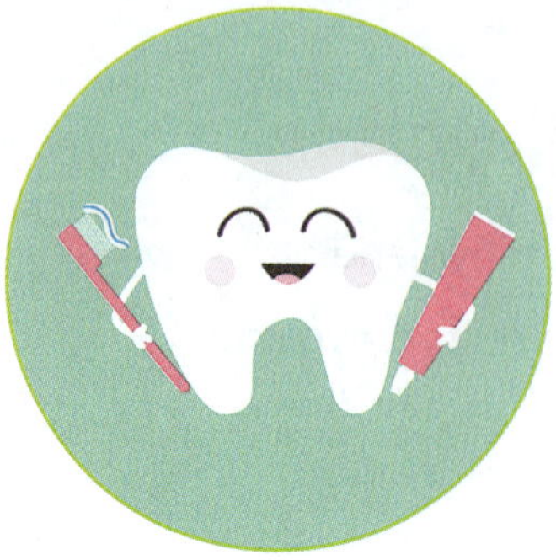

....

....

....

....

....

....

DOC 3 Brossage des dents, quelles préconisations ?

Le brossage des dents consiste en des gestes quotidiens préventifs visant à éliminer la plaque bactérienne, les débris alimentaires sur les dents, les muqueuses et les prothèses. Cette action prévient les pathologies infectieuses, entretient les prothèses, diminue l'halitose (mauvaise haleine), améliore les conditions d'alimentation et préserve l'image de soi et la relation à l'autre.

L'Union française pour la santé bucco-dentaire (UFSB) conseille cinq recommandations à réaliser à chaque brossage. ; se brosser les dents au moins deux fois par jour : le matin, le soir et si possible le midi, pendant deux minutes, à l'aide d'un dentifrice fluoré et d'une brosse à dent, en respectant bien le sens du brossage. La brosse à dent doit être changée tous les 2-3 mois.

Activité 3 Le rasage

6 Sélectionner le matériel le mieux adapté et justifier votre réponse.

	Rasage électrique	Rasage mécanique	Justifications
Pour Monsieur Rodriguez, se raser est une corvée : il veut que ça aille vite.	☐	☐	....
Monsieur Abad est très coquet, il aime être rasé de près.	☐	☐	....
Monsieur Yong a une peau très fragile et irritée.	☐	☐	....
Monsieur Barbier est très sensible à la nécessité de recycler et de favoriser le développement durable.	☐	☐	....

DOC 4 Les différents types de rasoirs

Rasoir électrique

Le rasoir électrique permet un rasage rapide sur une peau sèche (sans savon, ni eau, ni mousse à raser). Il limite les risques de coupure car les lames sont protégées, et les risques d'irritation car le rasage est rapide. Cependant, la qualité du rasage est moins nette qu'avec un rasoir manuel. Le rasage s'effectue à contresens de la pousse du poil. Il diminue les risques de coupure. Cela nécessite d'avoir un branchement électrique durant le temps du rasage ou en amont d'avoir effectué une recharge de la batterie. Certains rasoirs électriques peuvent être onéreux à l'achat. Ils conviennent aux peaux sèches et facilement irritables.

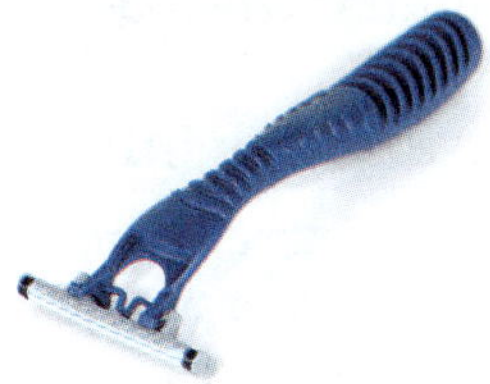

Rasoir mécanique

Aussi appelé « rasoir à lames interchangeables », le rasoir mécanique permet un rasage précis et efficace. Il permet d'obtenir une peau parfaitement nette, douce et soignée. Il s'utilise avec un produit d'aide au rasage sur une peau humide. Le rasage s'effectue dans le sens de la pousse du poil afin d'éviter la formation de poils incarnés. La peau doit être tendue. Il est recommandé de raser avec prudence sans insister afin d'éviter les irritations. La durée de vie d'une lame ou d'un rasoir jetable est d'environ 5 à 7 rasages, ce qui représente un budget mensuel non négligeable.
Il n'existe à ce jour pas de filière de traitement des déchets issus de ces rasoirs jetables et de ces lames.

7 Compléter le tableau.

Produits	Type de produits	Rôle	Utilisation
A			
B			

8 Lister trois autres produits qui peuvent être utilisés lors du rasage.

DOC 5 Exemples de produits d'aide au rasage et à l'après-rasage

A

Crème à raser homme ultra apaisante à l'huile de graine de chanvre bio 200 ml, protège la peau des irritations liées au rasage, pour une sensation de confort quotidien.
Elle réduit les signes de stress cutané : sécheresse, irritations, traits tirés. Sa formule vegan à base d'huile de graines de chanvre 100 % biologiques et de vitamine E assouplit la barbe. Convient à toutes les peaux, même les plus sensibles. Son flacon pompe, pratique d'utilisation, est fabriqué à 97 % avec du plastique recyclé, et sans gaz propulseur. Testé sous contrôle dermatologique.
D'autres produits conditionnés sous une autre forme existent, tels que le gel de rasage, la mousse de rasage, l'huile de rasage, le savon à barbe.

B

Pierre d'Alun après-rasage antiseptique, se définit par un double usage : cette pierre est un excellent antiseptique et un anti-saignement. Le rasage est réussi. La pierre est 100 % naturelle. Elle sert à apaiser et hydrater la peau après un rasage. Bien humidifier la pierre avant de l'appliquer sur la zone rasée. Rincer la pierre après utilisation.
Il se trouve d'autres formes de produits après-rasage : les baumes après-rasage, les lotions après-rasage, les solutions alcoolisées, les eaux de toilette…

Activité 4 Les produits de maquillage

9 Souligner quatre intérêts à se maquiller.

DOC 6 Le rituel beauté quotidien

Se maquiller chaque matin ou pour de grandes occasions constitue souvent un moyen d'affirmer sa personnalité. À l'inverse, se maquiller peut devenir un camouflage pour cacher des problèmes de peau : rosacée, couperose, hémangiome, ou pour se glisser dans son « personnage » et masquer ses émotions. Le maquillage peut également être un moyen de faire coïncider l'image que l'on a de soi avec celle que l'on veut renvoyer aux autres, ou tout simplement de se plaire. Enfin, le maquillage peut représenter une appartenance à un groupe, être une signature (exemple : le look gothique).

10 Positionner les rôles de chaque produit dans le tableau.

Souligne les lèvres en les colorant ou non –Colore et recourbe les cils – Unifie le teint du visage en le colorant légèrement et masque les imperfections – Unifie et matifie le teint – Nettoie et démaquille le visage – Maquille, colore et recourbe les paupières

Nature du produit	Rôle
 Rouge à lèvres	
 Fond de teint	
 Poudre	
 Fard à paupière	
 Mascara	
 Lait démaquillant Eau micellaire	

Réaliser une toilette du visage et un rasage

FICHE TECHNIQUE 3

OBJECTIFS DU SOIN • Conserver la peau en parfait état de propreté • Procurer détente et confort • Permettre à la personne de conserver une bonne image d'elle-même

1 La toilette du visage

Matériels

- Bassine
- 2 serviettes
- Gant de toilette
- Brosse ou peigne
- Miroir
- Réniforme

Produits

- Savon ou autre produit dermatologique selon les habitudes et les goûts de la personne
- Mouchoirs jetables
- Crème hydratante, produits de maquillage, parfum selon les habitudes de la personne
- Cotons-tiges avec embouts de sécurité

ÉTAPES PRÉALABLES

- Recueillir les données de la personne et identifier les risques (lésions de la peau…) au niveau de l'équipe et dans le dossier de soins
- Informer la personne qu'on va l'aider à réaliser sa toilette du visage
- Se renseigner sur ses habitudes et ses goûts, recenser le matériel personnel (savon, crème hydratante, produits de maquillage…), évaluer son état de fatigue et ses capacités d'autonomie
- Assurer l'hygiène des mains FT2
- Se mettre en tenue professionnelle FT1
- Assurer le bionettoyage du chariot, des équipements et du matériel
- Vérifier l'organisation de l'environnement (présence allumée, produits personnels de la personne)

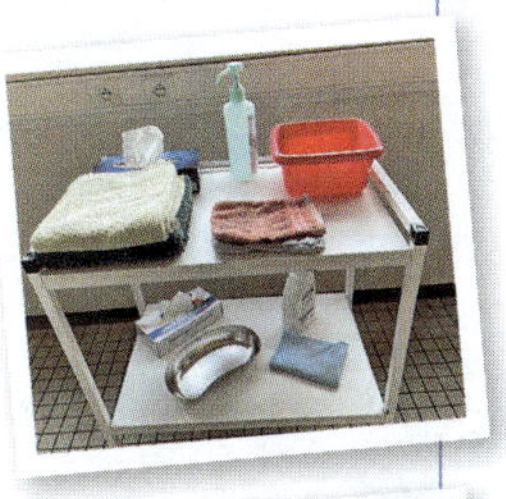

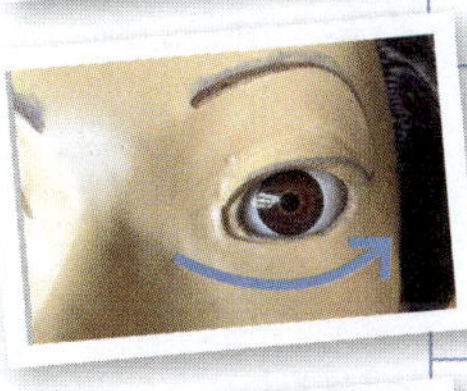

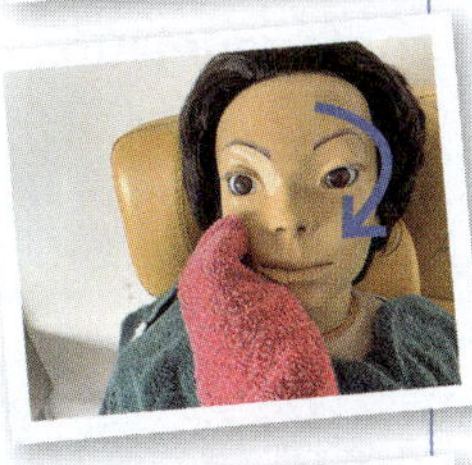

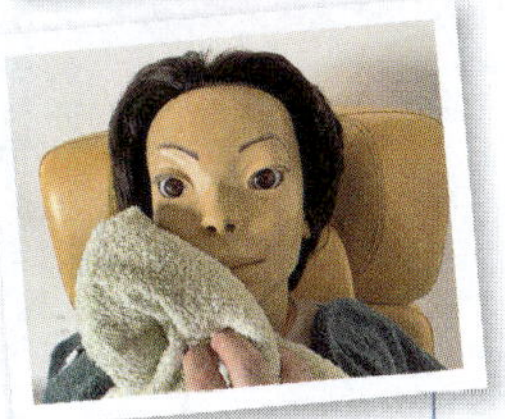

Techniques	Justifications
> **Préparer** le matériel et les produits sur le chariot de soin. > **Proposer** à la personne d'aller aux toilettes avant de débuter le soin. > **Installer** confortablement la personne. > **Placer** une serviette de toilette autour de son cou. > **Proposer** à la personne de se moucher.	> …………………………… …………………………… > …………………………… ……………………………
> **Nettoyer** les yeux de l'angle interne vers l'angle externe à l'eau claire avec le gant de toilette. > **Rincer** le gant de toilette.	> …………………………… …………………………… ……………………………
> **Humidifier** un coton-tige et nettoyer le cartilage de chaque oreille. > **Savonner** le gant de toilette > **Nettoyer** le front, les joues, le nez, le menton puis le pourtour de la bouche. > **Rincer** le gant.	
> **Savonner** le cou. > **Rincer** et essuyer par tamponnement le visage et le cou. > **Proposer** une crème hydratante pour le visage, un rasage, un maquillage ou une hygiène bucco-dentaire si cela n'a pas déjà été effectué. > **Coiffer** la personne. > **Présenter** le miroir face à son visage.	> …………………………… > …………………………… ……………………………

2 Le rasage mécanique de la barbe

Matériels

- Bassine ou cuvette
- Serviette
- Gant de toilette
- Réniforme
- Gants à usage unique (en cas de lésions de la peau)
- Rasoir mécanique (rasoir personnel ou rasoir à usage unique)
- Miroir

Produits

- Gel ou mousse à raser
- Lotion après-rasage

ÉTAPES PRÉALABLES

> Recueillir les données de la personne et identifier les risques (personne à risques hémorragiques ou à risques infectieux) au niveau de l'équipe et dans le dossier de soins

> Informer la personne qu'on va l'aider à réaliser le rasage de sa barbe

> Se renseigner sur ses habitudes et ses goûts, recenser le matériel personnel (rasoir électrique ou mécanique), évaluer son état de fatigue et ses capacités d'autonomie

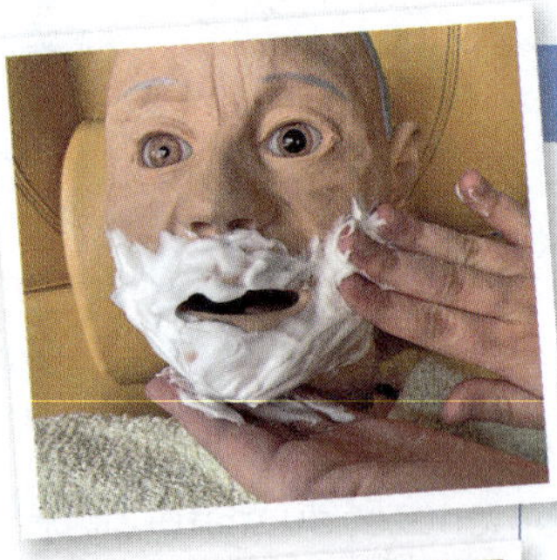

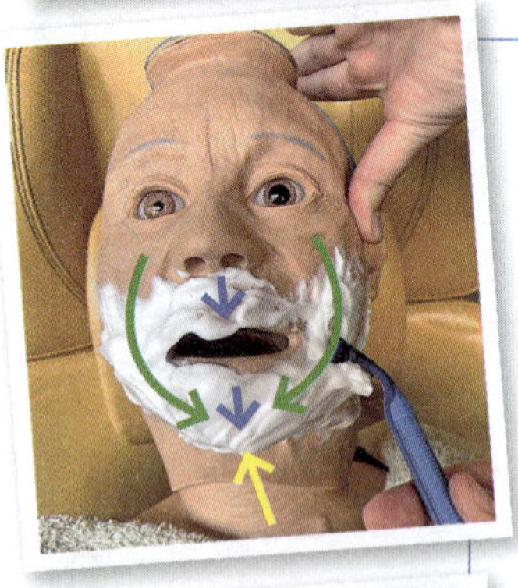

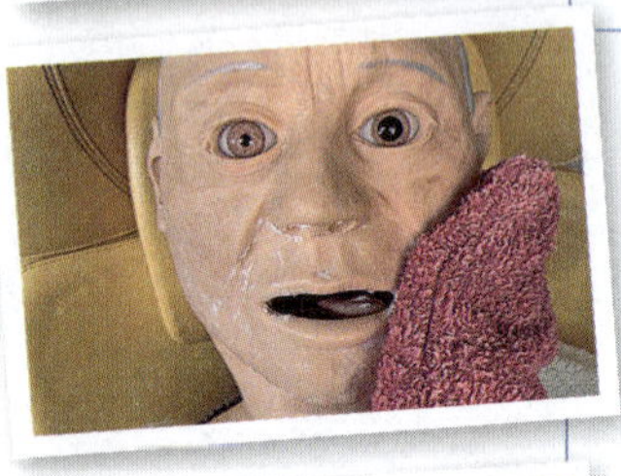

Techniques	Justifications
> **Préparer** le matériel et les produits sur le chariot de soin en assurant une bonne organisation. > **Remplir** le réniforme d'eau chaude. > **Dégager** le cou de la personne et placer une serviette de toilette autour de son cou et sur son thorax. > **Appliquer** le produit de rasage sur les parties du visage concernées.	
> **Tendre** la peau pour raser, dans le sens de pousse du poil : – des joues vers le menton ; – au-dessus de la lèvre supérieure et sous la lèvre inférieure (du nez vers le menton) ; – du cou vers le menton. Le rasoir doit être légèrement incliné.	> ....
> **Rincer** aussi souvent que nécessaire le rasoir dans l'eau contenue dans le réniforme.	> ....
> **Rincer** le visage avec le gant afin d'éliminer le reste du produit de rasage. > **Sécher** le visage par tamponnements.	
> **Appliquer** la lotion après-rasage si souhaitée par la personne. > **Ranger** le rasoir personnel ou évacuer le rasoir à usage unique dans un conteneur jaune rigide pour les DASRI. TD 21	

PROTOCOLE DE FIN DE SOINS

> Réinstaller la personne selon ses souhaits (sonnette, téléphone, adaptable à disposition)

> Demander à la personne si elle a d'autres besoins

> Assurer l'hygiène des mains FT 2

> Assurer le bionettoyage du chariot, des équipements et du matériel

> Effectuer les transmissions orales et écrites sur le dossier de soins : soin, autonomie de la personne, attitude, paroles et observations physiques (saignement, rougeur, coupure, sécheresse, œdème…)

Réaliser une hygiène bucco-dentaire

FICHE TECHNIQUE 4

OBJECTIFS DU SOIN • Assurer le confort de la personne en maintenant une cavité buccale propre • Prévenir le développement de germes et l'apparition de caries • Permettre à la personne d'avoir une bonne haleine

1 L'aide au brossage des dents

#vidéo
Comment bien se brosser les dents (1'37")
foucherconnect.fr/ 22soins08

Matériels

- Brosse à dents de la personne
- Verre d'eau
- Serviette de toilette
- Gant de toilette
- Réniforme

Produit

- Dentifrice

ÉTAPES PRÉALABLES

> Recueillir les données de la personne et identifier les risques (mycose, irritation des muqueuses) au niveau de l'équipe et dans le dossier de soins
> Informer la personne que l'on va l'aider à se laver les dents et/ou à entretenir sa prothèse dentaire
> Se renseigner sur ses habitudes et ses goûts, recenser le matériel personnel (brosse à dents, dentifrice, prothèse dentaire, produit nettoyant pour appareil dentaire, crème fixatrice…), évaluer son état de fatigue et ses capacités d'autonomie
> Assurer l'hygiène des mains FT 2
> Se mettre en tenue professionnelle FT 1
> Assurer le bionettoyage du chariot, des équipements et du matériel
> Vérifier l'organisation de l'environnement (présence allumée, produits personnels de la personne)

Le brossage des dents doit durer 2 à 3 minutes.

Techniques	Justifications
> **Préparer** le matériel et les produits sur le chariot de soin en assurant une bonne organisation.	> ....
> **Placer** une serviette de toilette autour du cou de la personne.	> ....

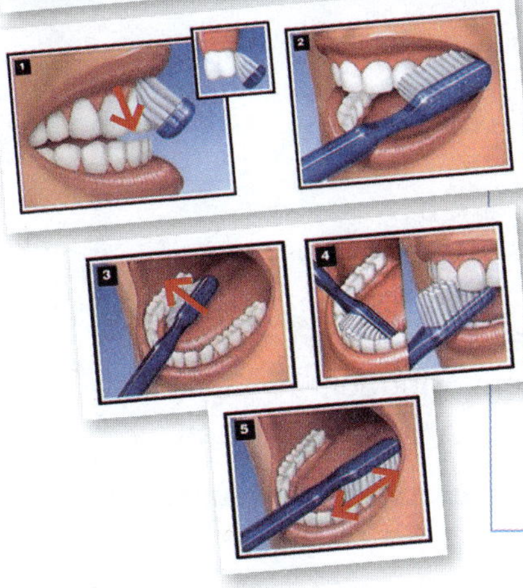

> **Déposer** une dose de dentifrice sur la brosse à dents mouillée.
> **Commencer** par le brossage des dents du haut et finir par les dents du bas 1.
> **Effectuer** des mouvements rotatifs de la gencive vers la dent 2.
> **Brosser** l'intérieur de chaque dent 3 et 4.
> **Brosser** toutes les surfaces de mastication 5.
> **Faire** rincer la bouche à l'aide du verre rempli d'eau.
> **Nettoyer** le pourtour de la bouche avec le gant de toilette et l'essuyer avec la serviette.

2 L'entretien de la prothèse dentaire

#vidéo
Nettoyage des prothèses dentaires (4'38")
foucherconnect.fr / 22soins09

Matériels

- Brosse à dents de la personne
- Verre d'eau
- Gants à usage unique
- Boîte à prothèse dentaire
- Serviette de toilette
- 2 réniformes

Produits

- Dentifrice
- Pastilles effervescentes antiseptiques
- Crème fixatrice d'appareil dentaire

Ce soin se réalise lorsque la personne a besoin d'une aide partielle ou totale.

Techniques

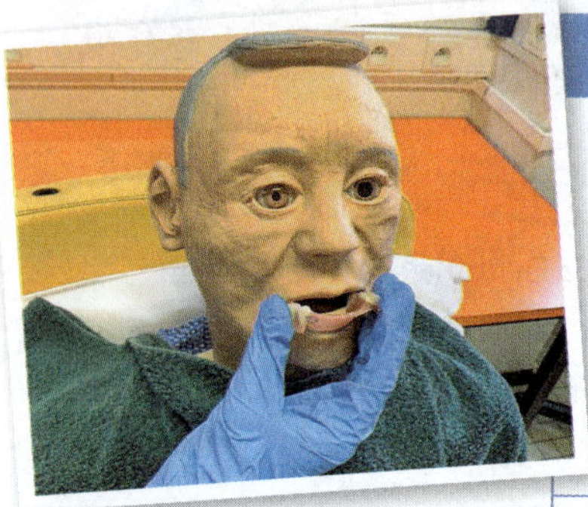

- **Installer** la personne et placer une serviette de toilette autour son cou.
- **Mettre** des gants à usage unique.
- **Commencer** par aider la personne à retirer sa/ses prothèse(s) dentaire(s), en effectuant des mouvements de rotation.

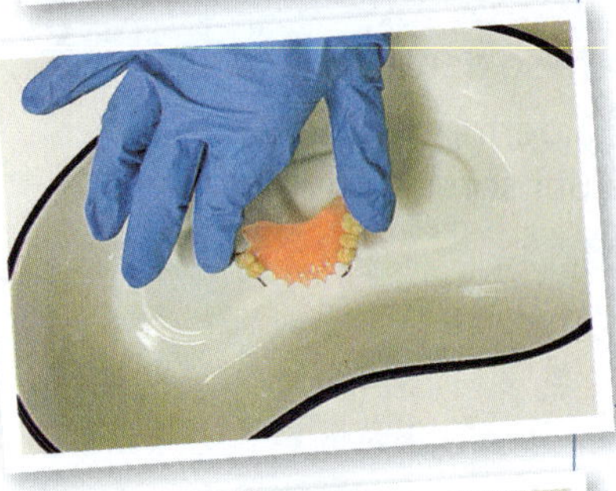

- **Placer** la/les prothèse(s) dans le réniforme.
- **Proposer** à la personne de se rincer la bouche et la faire cracher dans le deuxième réniforme.

- Dans la salle de bain, **rincer** la/les prothèse(s) à l'eau.

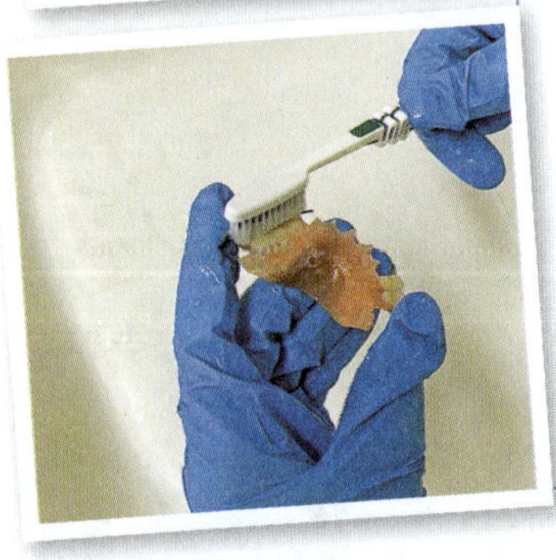

- **Brosser** méticuleusement toutes les faces de la/des prothèse(s) avec la brosse à dents et du dentifrice pendant 2 minutes.
- **Rincer** et sécher la/les prothèse(s).
- **Appliquer** la crème fixatrice sur la/les prothèse(s) en petite quantité.
- En journée, **replacer** la/les prothèse(s) dans la bouche en appuyant fermement et en la/les tenant en place pendant quelques instants.
- Le soir, **mettre** la(les) prothèse(s) dans la boîte prévue à cet effet avec de l'eau et le produit antiseptique pour prothèse dentaire.

PROTOCOLE DE FIN DE SOINS

- Réinstaller la personne selon ses souhaits (sonnette, téléphone, adaptable à disposition)
- Demander à la personne si elle a d'autres besoins
- Assurer l'hygiène des mains
- Assurer le bionettoyage du chariot, des équipements et du matériel
- Effectuer les transmissions orales et écrites sur le dossier de soins (soin, état des dents, prothèse dentaire adaptée à la mastication, apparition de mycose, saignement, rougeur, plainte de la personne, odeur de l'haleine…)

La toilette au lavabo, le pédiluve

TD 11
Bloc 2

OBJECTIFS **1.** Énoncer les conduites à tenir pour respecter la pudeur, le confort et la sécurité de la personne, en tenant compte de ses capacités et de son autonomie **2.** Repérer et justifier les zones sensibles nécessitant une attention particulière lors du pédiluve

Activité 1 Le respect de la pudeur et de l'autonomie

1 Souligner les attitudes et les gestes du soignant pour respecter la pudeur de la personne âgée.

2 Encadrer la conduite à tenir pour respecter la sécurité de la personne.

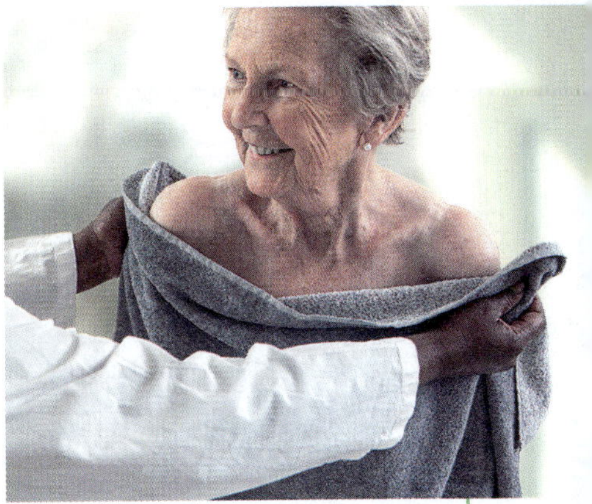

DOC 1 La pudeur et l'autonomie lors des soins chez une personne âgée

L'aide à la toilette d'une personne âgée ne se résume pas à un simple acte d'hygiène et de propreté. C'est un acte intrusif au cours duquel le soignant entre dans la sphère intime de la personne. L'environnement instauré est primordial pour son bon déroulement. Ne pas respecter la pudeur de la personne peut engendrer une sensation de gêne ou de honte. Le soignant doit en être conscient et préserver au maximum son intimité par des techniques adaptées (serviettes, paravents, sortie potentielle des autres personnes). Il dénude les régions du corps au fur et à mesure, avec l'accord du patient et lui couvre les parties intimes. Il peut proposer à la personne âgée de faire elle-même sa toilette génito-anale (quand cela est possible), sortir de la salle d'eau et rester à proximité afin de pouvoir intervenir au moindre problème. Il indique sa présence dans la chambre (présence mise) et ferme la porte. Le soignant est à l'écoute de la personne et a de la considération pour ses demandes. Les échanges doivent être rassurants.

3 Préciser ce que garantit l'article 8 de la Charte des droits et des libertés de la personne âgée dépendante.

....

4 Indiquer la conduite à tenir pour respecter l'autonomie de la personne.

....

....

....

....

....

DOC 2 La prévention de la dépendance

La prévention de la dépendance et la préservation de l'autonomie sont un droit pour toute personne âgée dépendante. Il est clairement exprimé dans l'article 8 de la Charte des droits et des libertés de la personne âgée dépendante.

L'aide à la toilette doit respecter les capacités de la personne âgée. Le soignant doit toujours garder à l'esprit son degré d'autonomie pour apporter une aide adaptée à la personne : la laisser faire ou faire avec elle, avec bienveillance, les soins non réalisés.

Le soignant doit amener la personne âgée à être actrice de son soin d'hygiène en contribuant à sa participation active. Il la stimule, l'encourage et valorise ses efforts et ses progrès. Il doit favoriser une relation de soutien permettant l'expression de ses difficultés et de ses choix.

Activité 2 Le pédiluve et l'attention portée au pied du diabétique

5 Souligner, dans le document 3, les éléments justifiant la nécessité de porter une attention particulière aux pieds d'un patient diabétique lors d'un pédiluve.

6 Compléter le tableau.

Recommandations	Justifications
....	Éviter les brûlures en cas d'affection touchant les nerfs du pied provoquant une perte de sensibilité. Empêcher la macération et l'apparition de mycose.
....	Signaler toute infection interdigitale, plaie, rougeur, crevasses. Repérer les cors, les durillons.
....	Éviter la pousse d'ongles incarnés, source d'infection et de gangrène en limant les ongles avec une lime en carton ou les coupant à angles droits légèrement arrondis, pas trop courts.
....	Conserver la souplesse de la peau sans appliquer la crème entre les orteils.
....	Éviter les irritations et maintenir une bonne sensibilité plantaire.
....	Éviter les frottements contre le pied.

7 Nommer le professionnel pratiquant les soins des orteils et des ongles et qui est chargé de la prévention et du traitement des affections des pieds.

....

DOC 3 La surveillance de l'état cutané du patient diabétique

Le diabète peut provoquer des dommages au niveau des vaisseaux sanguins et des nerfs, qui peuvent avoir des répercussions sur la peau, en particulier au niveau des membres inférieurs. La circulation sanguine dégradée rend la peau plus fragile et plus encline aux plaies, aux infections cutanées à staphylocoques (érysipèle, furoncles) ou aux mycoses ; le diabète déséquilibré favorise leur éclosion.

Le déséquilibre glycémique peut également induire une dégénérescence des nerfs du système autonome ainsi que des nerfs périphériques, notamment ceux des membres inférieurs, ce qui altère la sensibilité à la douleur. Ainsi en cas de choc ou de coupure, les lésions ne seront découvertes que tardivement, car indolores. Cela mène parfois à l'apparition d'un mal perforant plantaire (plaie profonde pouvant entraîner une gangrène, voire une amputation).

[Le pédicure-podologue est le spécialiste à consulter pour détecter et suivre ces complications.]

« Le diabète, un accompagnement pluridisciplinaire », Philippe Mével, *Aide-soignante* N° 224, février 2021 © Elsevier Masson SAS. All rights reserved.

DOC 4 Les recommandations à suivre chez un patient diabétique

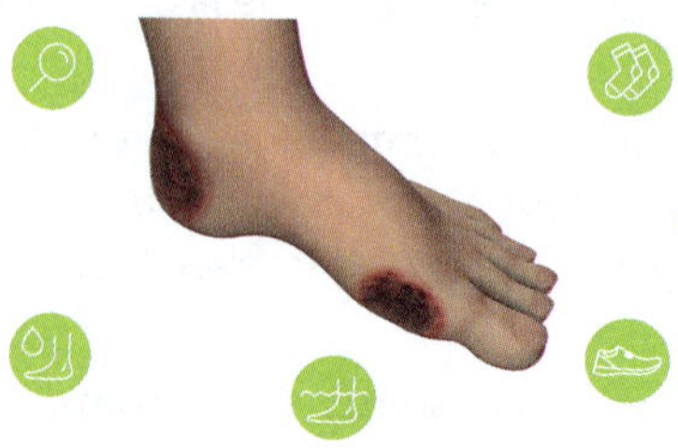

Réaliser un pédiluve au fauteuil

FICHE TECHNIQUE 5

OBJECTIFS DU SOIN • Assurer la propreté des pieds • Faciliter le soin des ongles • Participer au bien-être physique et psychologique de la personne

Matériels

- ☑ Chariot de soins
- ☑ Alèse plastifiée, alèse à usage unique (ou autre moyen de protection du sol)
- ☑ Chaise ou fauteuil
- ☑ Tabouret bas
- ☑ Récipient réniforme
- ☑ Sac à linge sale
- ☑ Pédiluve ou cuvette de taille adaptée
- ☑ 2 brocs
- ☑ 2 serviettes, 1 gant de toilette, 2 compresses non stériles
- ☑ Gants à usage unique (en cas de mycose)
- ☑ Bas ou chaussettes propres

Produits

- ☑ Solution hydro-alcoolique (SHA)
- ☑ Savon liquide
- ☑ Crème hydratante ou huile de massage, selon les usages de la personne ou du service

ÉTAPES PRÉALABLES

> Recueillir les données de la personne et identifier les risques (lésions aux pieds, problèmes d'ongles…) au niveau de l'équipe et dans le dossier de soins
> Prévenir la personne qu'on va lui faire un pédiluve et convenir d'un horaire avec elle
> Se renseigner sur ses habitudes et ses goûts, recenser le matériel personnel (crème hydratante ou huile de massage), évaluer son état de fatigue et ses capacités d'autonomie
> Assurer l'hygiène des mains FT 2
> Se mettre en tenue professionnelle FT 1
> Assurer le bionettoyage du chariot
> Vérifier l'organisation de l'environnement (présence allumée, fenêtre fermée, espace suffisant)

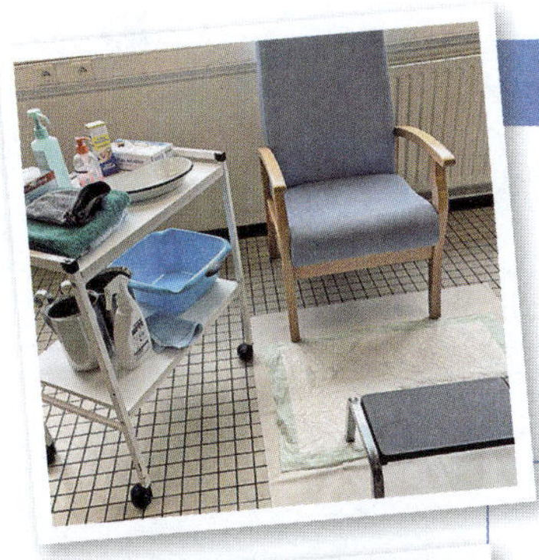

Techniques	Justifications
> **Préparer** le matériel et les produits sur le chariot de soin en assurant une bonne organisation. > **Protéger** le sol avec les alèses plastifiées à usage unique. > **S'assurer** que le sol ne soit pas mouillé.	> .... > ....
> **Proposer** à la personne d'aller aux toilettes avant de débuter le pédiluve. > **Installer** confortablement la personne dans le fauteuil. > **Remonter** le pantalon ou la jupe jusqu'aux genoux et positionner une serviette au niveau de l'entrejambe. > **Remplir** aux deux tiers le pédiluve. > **Faire** tester la température de l'eau. > **S'asseoir** sur le tabouret face à la personne. > **Mettre** en place le pédiluve.	> .... > ....

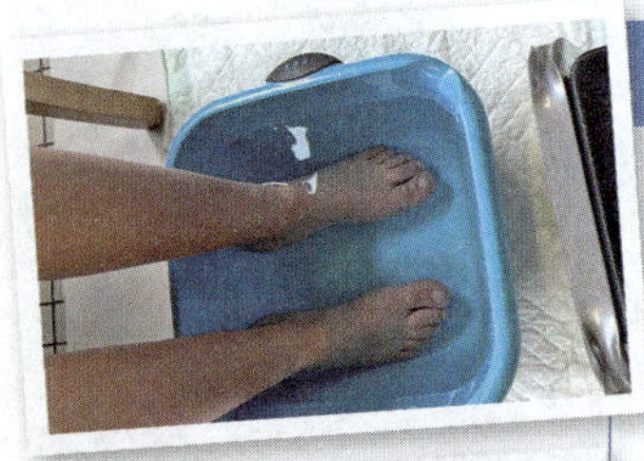

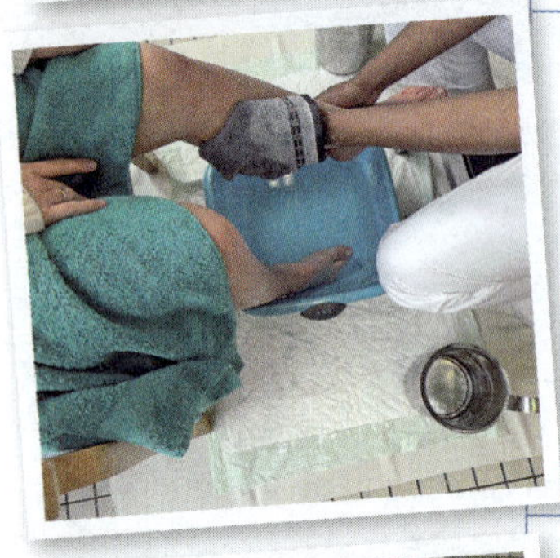

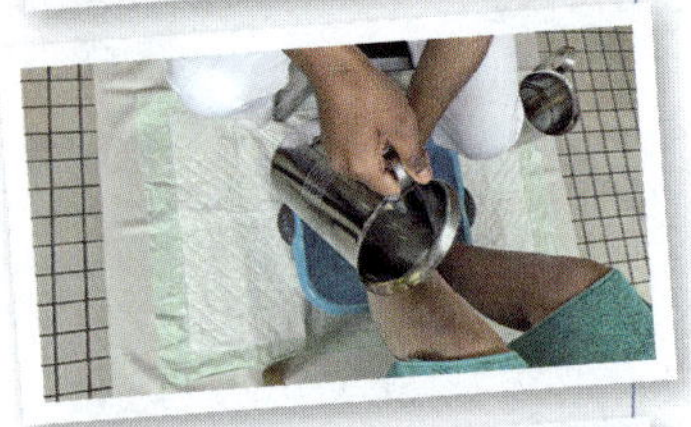

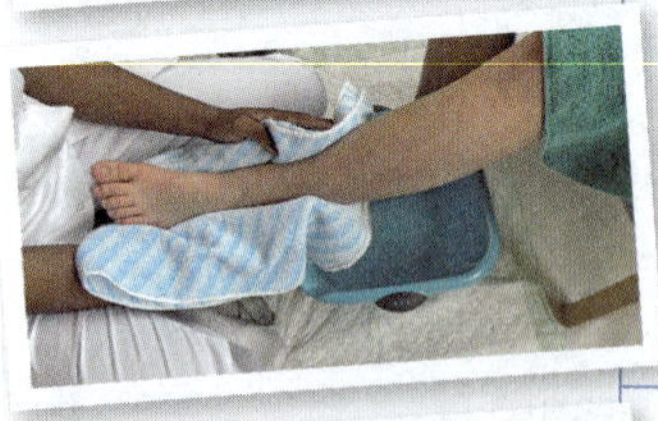

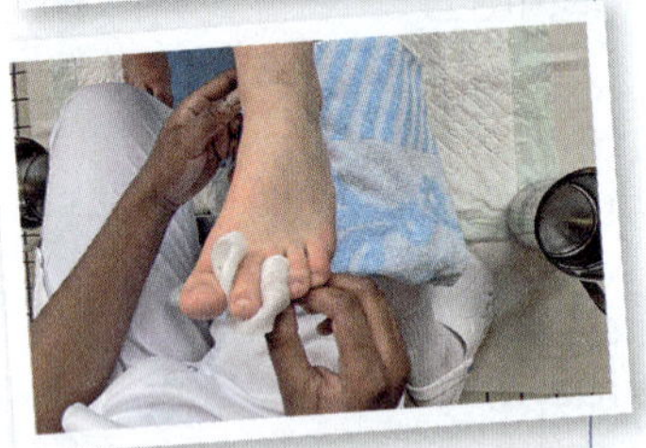

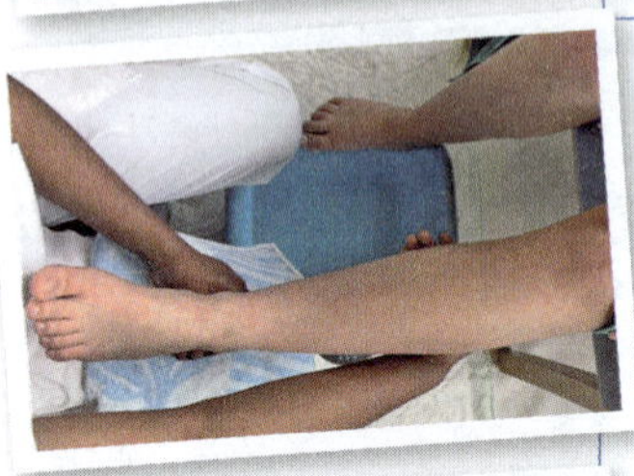

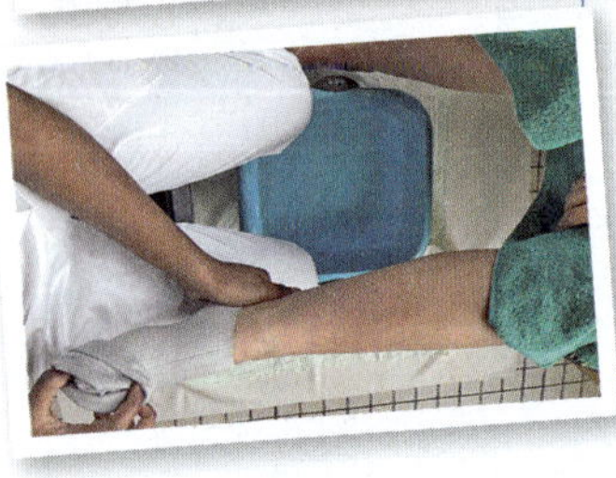

Techniques	Justifications
> **Faire tremper** les pieds 5 à 10 minutes suivant le désir de la personne. > **Remplir** les brocs pour le rinçage. > **Mouiller** le gant de toilette avec l'eau du broc.	> Décoller les peaux mortes et ramollir les ongles.
> **Se placer** face au pédiluve et à la personne. > **Laver** genou, jambe, pied en : – lavant du plus propre au plus sale et de haut en bas ; – assurant une friction de la jambe ; – insistant sur les espaces interdigitaux ; – massant les talons et malléoles ; – soutenant la jambe sous le talon avec la paume de la main sans serrer.	> Stimuler le retour veineux.
> **Poser** le gant sur le bord du pédiluve. > **Rincer** soigneusement avec le broc, en douchant à partir du genou jusqu'aux orteils hors de l'eau sale. > **Reposer** le broc sur le chariot sans lâcher la jambe. > **Essuyer** la jambe par tamponnements, le talon posé sur le genou du soignant protégé par le bord de la serviette. > **Poser** le pied sur l'alèse. > **Rincer** le gant avec l'eau du broc et effectuer le même soin avec l'autre jambe.	> Éviter que le gant ne soit mouillé avec l'eau de trempage.
> **Ôter** le pédiluve et le placer sur la partie basse du chariot. > **Sécher** en insistant sur les parties interdigitales à l'aide d'une ou de plusieurs compresse(s) pliée(s) en accordéon, la/les retourner régulièrement. > **Vérifier** l'état des pieds (rougeurs).	> Éviter la macération entre les orteils.
> **Appliquer** une crème hydratante ou une huile selon les habitudes de la personne. > **Masser** du bas vers le haut pour stimuler le retour veineux. > Si la personne porte des bandes ou des bas de contention, **laisser** les jambes surélevées avant la pose.	
> **Chausser** la personne. > **Réinstaller** la personne selon ses souhaits (sonnette, téléphone, adaptable à disposition). > **Demander** à la personne si elle a d'autres besoins. > **Évacuer** le linge sale dans le sac à linge sale.	

PROTOCOLE DE FIN DE SOINS

> Ranger les produits

> Assurer le bionettoyage du chariot, des équipements et du matériel

> Assurer l'hygiène des mains FT2

> Effectuer les transmissions orales et écrites sur le dossier de soins (soin, comportement et/ou plainte de la personne), coloration et état cutané (peau fragile, ecchymoses, pli cutané, irritation au talon, mycose, œdème…), état des ongles (ongles incarnés), besoin ou non de pédicure…

Réaliser une toilette au lavabo

FICHE TECHNIQUE 6

OBJECTIF DU SOIN Permettre à la personne de réaliser sa toilette en respectant son autonomie, sa sécurité, son confort et sa pudeur

Matériels

Pour la toilette

- ☑ 1 chaise avec protection (serviette ou alèse) + protection pour le sol
- ☑ 2 serviettes de toilette, 2 gants de toilette (utiliser ceux de la personne)
- ☑ Peigne, brosse, rasoir
- ☑ Protection si besoin
- ☑ Brosse à dents, verre à dents
- ☑ Mouchoirs
- ☑ Vêtements propres choisis par la personne

Pour le bionettoyage

- ☑ Lavette

Produits

- ☑ Savon ou produits dermatologiques spécifiques, eau de toilette ou parfum et/ou crème, lotion selon l'habitude de la personne (utiliser ceux de la personne)
- ☑ Mousse à raser
- ☑ Dentifrice ou solution nettoyante pour appareil dentaire si besoin
- ☑ Solution hydro-alcoolique (SHA)
- ☑ Détergent désinfectant

ÉTAPES PRÉALABLES

- > Assurer l'hygiène des mains FT 1
- > Prendre connaissance du soin à réaliser et s'informer sur les besoins, les habitudes, l'autonomie de la personne
- > Informer la personne du soin
- > Préparer le matériel nécessaire et l'environnement
- > Se relaver les mains
- > Aider la personne à se lever
- > Lui proposer d'aller aux toilettes
- > Faire ôter les lunettes, les prothèses auditives et les bijoux

PRINCIPES DE BASE

- > Commencer par le plus propre et finir par le plus sale (sauf si la personne est souillée)
- > Un soin de qualité = respect des règles d'hygiène, du confort du soigné (pudeur), du soignant (ergonomie) et de la sécurité

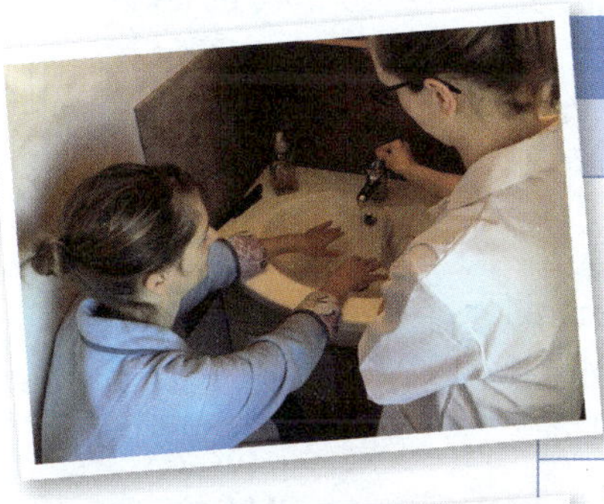

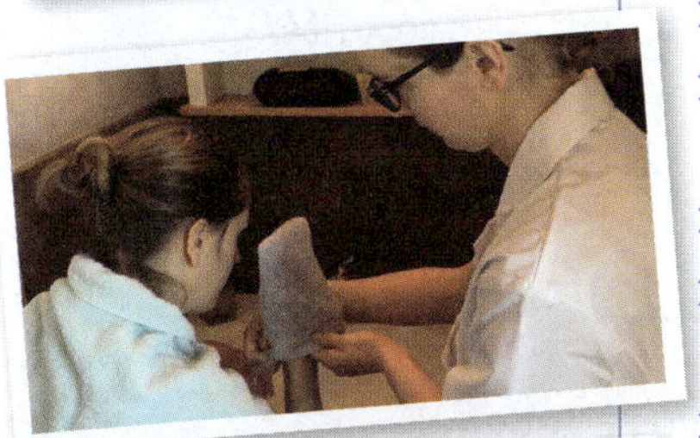

Techniques	Justifications
Toilette du haut du corps	
> **Aider** la personne à s'installer sur la chaise devant le lavabo. > **Faire** couler l'eau à la température souhaitée par le patient. > **Proposer** à la personne de se laver les mains.	> .... > ....
> **Installer** la serviette du haut du corps autour du cou. > **Stimuler** la personne pour se laver, rincer et essuyer le visage, le cou (toilette du visage FT 3). > **L'aider** à se déshabiller le haut du corps. > **Stimuler** la personne pour se laver, rincer et essuyer les bras, le thorax, les aisselles. > **Mettre** la serviette sur le thorax de la personne, lui laver le dos, rincer, sécher. > **Frictionner** à l'eau de toilette selon les habitudes de la personne. > **Veiller** au séchage minutieux des dessous des seins, des bras. > **Aider** à habiller le haut du corps.	> Éviter les refroidissements. > Respecter les règles d'hygiène. > Respecter la pudeur. > Respecter les habitudes. > Éviter les irritations.

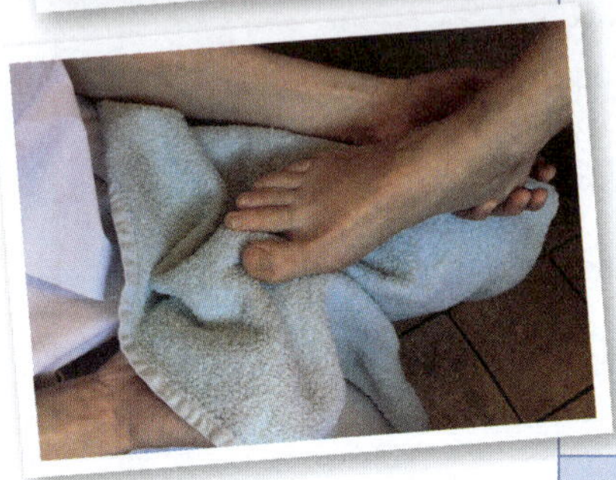

Techniques	Justifications
Toilette des membres inférieurs et des pieds	
> **Aider** à déshabiller le bas du corps.	> Éviter les chutes.
> **Placer** une alèse sous les pieds de la personne et la déchausser. > **Laver,** rincer, sécher les jambes l'une après l'autre en allant du genou vers les pieds (bien sécher les espaces interdigitaux). > **Proposer** un effleurage des talons. > **Remettre** les chaussettes et les chaussons.	> Respecter les règles d'hygiène. > Vérifier l'état cutané. > Éviter les chutes.
Toilette génito-anale	
> **Changer** de gant et de serviette. > **Laisser** faire la toilette intime après avoir mis la personne debout ou l'aider en s'assurant de son équilibre. > **Sortir** du cabinet de toilette en restant à proximité. > **Sinon,** faire la toilette génitale et du siège FT8. > **Rincer,** sécher en insistant bien sur les plis de l'aine. > **Aider** à habiller le bas du corps.	> Respecter les règles d'hygiène. > Respecter la pudeur. > Éviter les irritations et la macération.
Soins annexes	
> **Protéger** la poitrine avec la serviette de toilette. > **Proposer** à la personne de se laver les dents, de se coiffer, et/ou raser (si besoin), de se mettre de la crème de jour, du parfum…	> Respecter le bien-être, le confort et les habitudes de la personne.
> **Raccompagner** la personne dans sa chambre et la réinstaller. > Lui **mettre** à disposition les objets de première nécessité (verre d'eau, livre, sonnette, lunettes, aide technique à la marche…).	> Respecter les souhaits. > Respecter la sécurité.

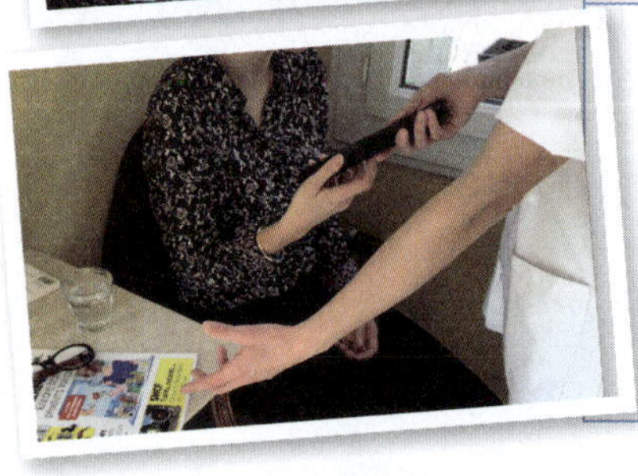

PROTOCOLE DE FIN DE SOINS

- > Évacuer les déchets dans la poubelle et le linge sale dans les sacs prévus à cet effet
- > Ranger et vérifier le matériel et les produits
- > Nettoyer, désinfecter son poste de travail
- > Se laver les mains
- > Effectuer les transmissions écrites et/ou orales

Se tester

Le + numérique
foucherconnect.fr/22soins56
Quiz
Exercice interactif

Exercice 1 Relier chaque propriété à son rôle.

Propriété	Rôle
Nettoyant	Apaise et hydrate la peau
Purifiant	Élimine les impuretés et le maquillage
Hydratant	Nettoie, apaise, adoucit et prévient le dessèchement des peaux fragiles
Surgras	Adoucit la peau
Émollient	Débarrasse la peau des impuretés et favorise l'élimination des imperfections

Exercice 2 Retrouver dans la situation les conduites à tenir pour respecter la pudeur.

Situation

Le respect de la pudeur au cours d'une toilette au lit

À l'EHPAD, Madame Robert et Madame Roger occupent une chambre double, la chambre 12. Il est 7 h 30, Pierre et Djamila, aides-soignants, commencent les toilettes. Ils démarrent par cette chambre et par la toilette de Madame Robert. Djamila allume la présence et ferme la porte. Avant de débuter leur soin, Ils s'assurent du consentement de Madame Robert, la première de la chambre à recevoir les soins. Pierre rassemble les produits et le matériel de soins pour réaliser la toilette au lit. Pendant ce temps-là, Djamila installe l'environnement de la chambre, tire les rideaux et se positionne entre les deux lits pour faire elle-même paravent. Les deux aides-soignants ne déshabillent pas complètement Madame Robert mais la dénudent région par région.

....
....
....

À retenir

Le + numérique foucherconnect.fr / 22soins57

Synthèse rédigée et audio

CRITÈRES QUALITÉ

pour une toilette partielle
(Aide au lavabo)

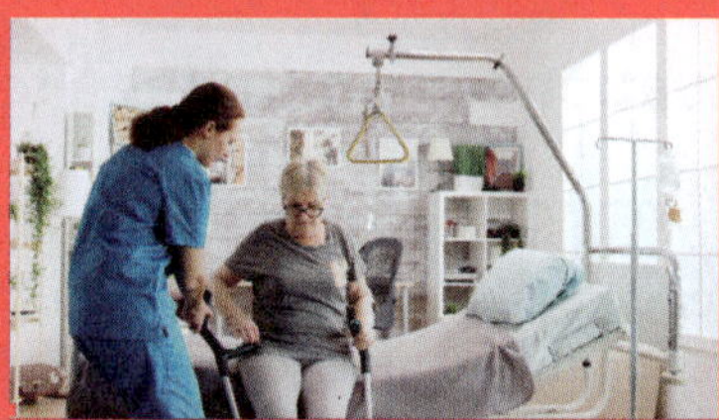

pour une toilette complète
(Pour personnes alitées)

ORGANISATION PERTINENTE

Observer la personne et son environnement

S'insérer dans une équipe pluriprofessionnelle

Planifier ses activités

COMMUNICATION

Établir une relation de confiance avec la personne en adaptant son comportement, ses gestes et son écoute

Assurer la continuité des soins avec les transmissions

RESPECT DE LA PUDEUR

Préserver au maximum l'intimité de la personne
Techniques adaptées, présence mise, porte fermée

RESPECT DE L'AUTONOMIE

Faire participer la personne de manière active, avec bienveillance en gardant à l'esprit son degré d'autonomie

ÉCONOMIE

De matériel
Anticiper le matériel nécessaire aux soins

De temps
Maîtriser les gestes professionnels

De gestes
Recueillir les éléments sur les besoins de prise en charge de la personne

ERGONOMIE

Respecter les consignes afin de diminuer les risques de dorsalgie et de lombalgie
Mettre à son niveau la hauteur du lit, s'installer correctement lors des soins

SÉCURITÉ

Supprimer les risques de chute
S'assurer que le sol n'est pas mouillé, utiliser une aide à la marche si besoin, proposer des chaussures adaptées

Réduire les risques d'atteinte de l'intégrité de la peau
Contrôler la température de l'eau, sécher minutieusement la peau par tamponnements, prévenir l'apparition d'escarres au niveau des points d'appui

CONFORT

Installer correctement la personne
Positions adaptées, température de l'eau, fenêtres fermées, installation de manière adaptée à la fin du soin

HYGIÈNE

Du soignant
Appliquer les précautions standards et complémentaires

De l'environnement
Désinfecter le matériel et l'environnement
Nettoyer et ranger le matériel

De la personne
Ôter montre et bijoux
Savonner, rincer, sécher minutieusement toutes les régions du corps
Réaliser l'hygiène bucco-dentaire, des oreilles, des ongles

La toilette au lit, le change

TD 12
Bloc 2

OBJECTIFS 1. Justifier le choix des matériels et produits utilisés 2. Énoncer les conduites à tenir pour respecter la pudeur, le confort et la sécurité de la personne

Activité 1 Les étapes de la toilette

1 En suivant le principe d'hygiène, commencer par la zone la plus propre et finir par la zone considérée comme la plus sale. Pour réaliser la toilette au lit, numéroter les étapes de la toilette sur le schéma et indiquer les numéros de gant de toilette sur les zones indiquées FT 10.

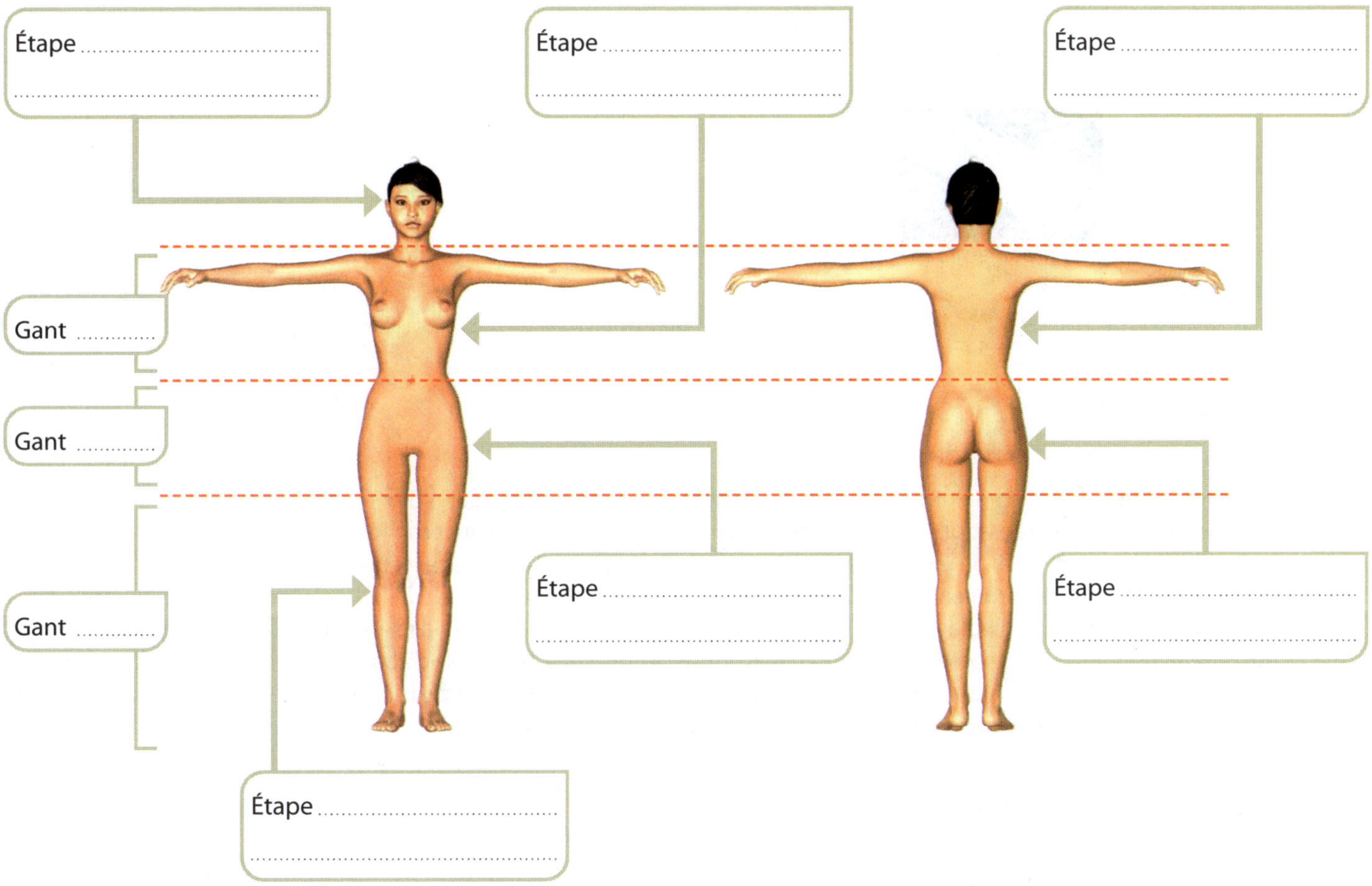

2 Justifier l'intérêt de l'utilisation du drap de pudeur lors de la toilette au lit FT 7.

....

....

....

....

....

....

....

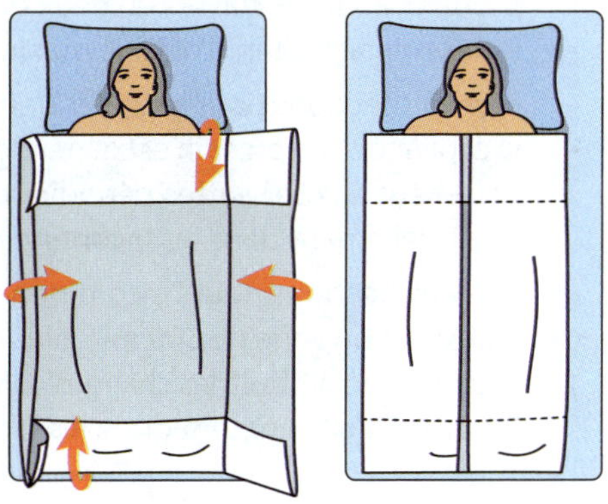

Activité 2 Le change

3 Compléter le tableau ci-dessous.

Types de protection	Niveaux d'autonomie	Types d'incontinence
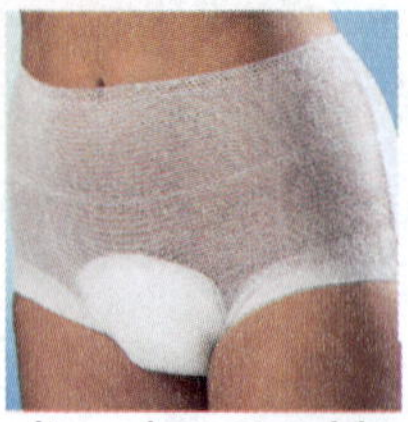 slip culotte jetable  protection anatomique 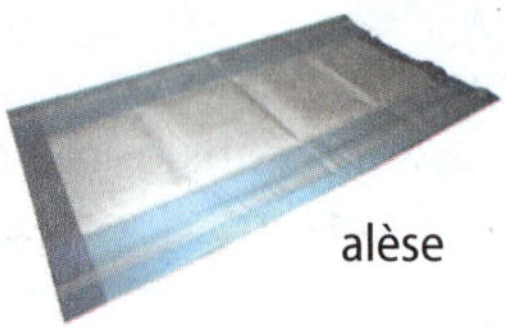 alèse	....	– Incontinence modérée à forte – Incontinence d'urgenturie – Incontinence mixte
 serviette périodique 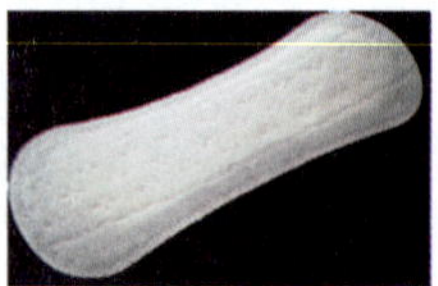 protège-slips	....	– Incontinence légère – incontinence d'effort

DOC 1 Choisir une protection adaptée

Pour sélectionner la protection urinaire la mieux adaptée, il faut prendre en considération trois critères : le degré d'autonomie mictionnelle et de mobilité de la personne, le type de fuite urinaire, la corpulence de la personne.
On distingue trois niveaux d'autonomie. Le 1er niveau concerne la personne autonome. Le 2e niveau d'autonomie concerne les personnes qui ont besoin d'une aide pour s'habiller, s'essuyer ou se rhabiller, mais qui ont la capacité de se rendre seules aux toilettes.
Le 3e niveau concerne les personnes dépendantes, qui ne peuvent se déplacer seules aux toilettes ou qui ne peuvent pas obtenir d'aide.
Le type de fuite urinaire est déterminant pour choisir la bonne protection capable d'absorber le volume de la fuite urinaire.
Selon la corpulence de la personne, le professionnel choisira un change de taille adaptée.

DOC 2 L'incontinence et les protections

Les formes d'incontinence nécessitent pour chacune d'entre elles des produits adaptés classés en deux grandes catégories liées au degré de fuites urinaires, afin d'offrir le maximum de confort à l'utilisateur.

- Les protections pour les fuites urinaires et l'incontinence légères dont la capacité d'absorption est généralement inférieure à 500 ml. Elles s'apparentent aux serviettes périodiques ou protège-slips et sont utilisées essentiellement dans les incontinences par regorgement ou d'effort.
- Les protections pour l'incontinence modérée à forte dont la capacité d'absorption varie de 500 ml à plus de 2 000 ml. On identifie dans cette catégorie de produit, les changes complets, les protections avec ceinture, les protections anatomiques, les slips culottes et les alèses.

Sphère santé.

Réaliser la toilette complète au lit

FICHE TECHNIQUE 7

OBJECTIFS DU SOIN
- Assurer l'hygiène corporelle et le confort
- Surveiller et prévenir les risques d'escarre
- Observer l'état général de la personne
- Favoriser le bien-être physique et psychologique de la personne

Matériels

Un chariot de soin propre : plateau supérieur
- ☑ 3 gants de toilette ou 2 gants et 1 gant de soin de toilette jetable pour la toilette génitale
- ☑ 2 servlettes
- ☑ Vêtements propres
- ☑ 2 draps et une taie d'oreiller
- ☑ Une alèse
- ☑ Une paire de gants à usage unique
- ☑ Un tablier ou une surblouse (suivant le protocole du service)

Un chariot de soin propre : plateau intermédiaire
- ☑ 1 ou 2 cuvettes (ou utilisation du lavabo)
- ☑ Brosse à dents et verre
- ☑ Peigne, brosse, rasoir, miroir
- ☑ Poubelle avec sac
- ☑ Sac à linge sale dans le couloir

Produits

- ☑ Savon
- ☑ Eau chaude
- ☑ Dentifrice et/ou produit pour appareil dentaire
- ☑ Mousse à raser
- ☑ Eau de toilette
- ☑ Crème hydratante…

ÉTAPES PRÉALABLES

- Repérer les besoins de la personne
- Informer la personne du soin, s'assurer de son accord et lui proposer le bassin
- Préparer le matériel et les produits (utiliser le matériel et les produits de la personne)
- Mettre le tablier ou la surblouse
- Assurer l'hygiène des mains FT1 Se mettre en tenue professionnelle FT2
  Maîtriser la technique de bionettoyage du matériel
  Réaliser la toilette du visage FT3, le change FT8
- Vérifier l'organisation de l'environnement (mettre la présence, fermer les fenêtres, vérifier la température de la pièce, mettre un paravent entre les 2 personnes si la chambre contient 2 lits)

PRINCIPES DE BASE

- Laver du plus propre au plus sale
- Monter le lit à hauteur de hanches
- Changer l'eau de la cuvette aussi souvent que nécessaire
- Tourner le gant de toilette entre chaque geste
- Utiliser des gants à usage unique en présence de liquide biologique

1 L'organisation de la toilette

Si la personne ne peut pas s'asseoir	Si la personne peut s'asseoir	Personne incontinente
> **Visage** > **Membres** supérieurs, thorax, abdomen, membres inférieurs > **Toilette** génitale > **Dos** > **Siège**	> **Visage** > **Membres** supérieurs, thorax, abdomen, dos > **Membres** inférieurs > **Toilette** génitale > **Siège**	> **Organes** génitaux > **Siège** > **Dos** > **Visage** > **Membres** supérieurs, thorax, abdomen > **Membres** inférieurs

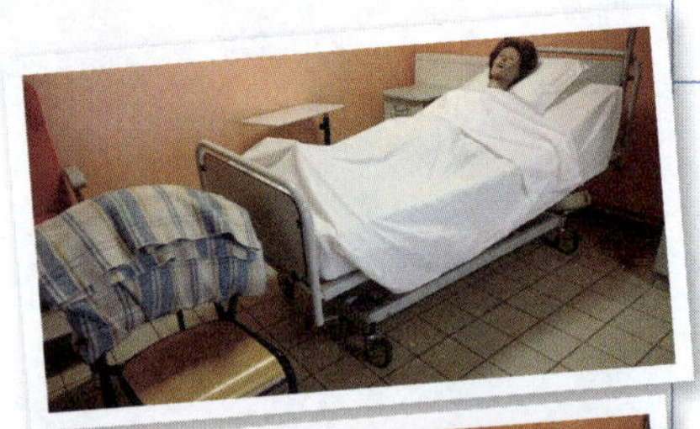
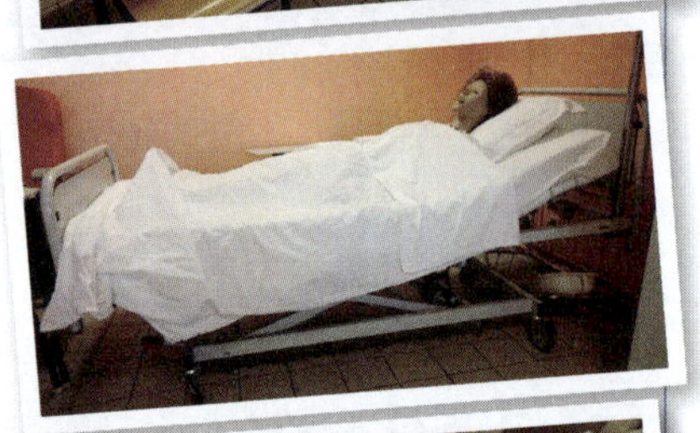
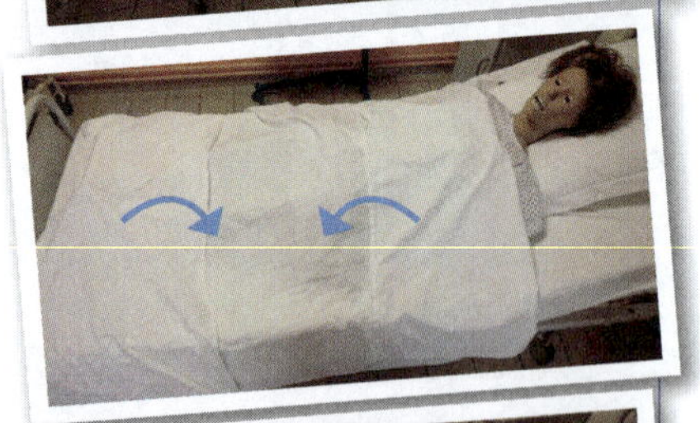
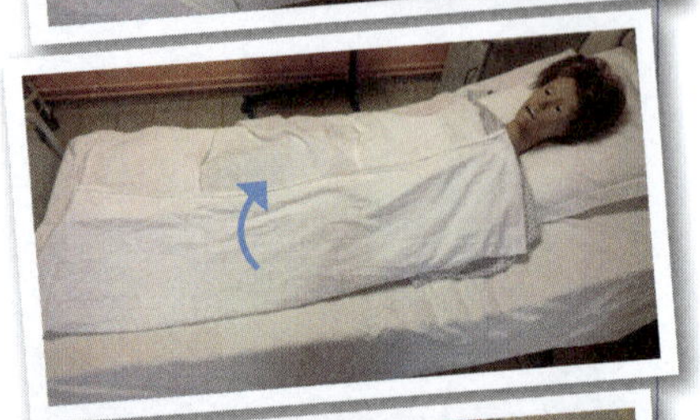
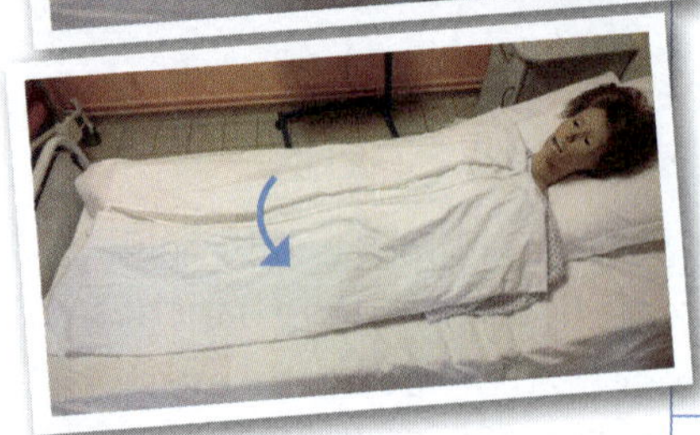

Techniques	Justifications
> **Installer** la personne en décubitus dorsal.	> ....
> **Demander** à la personne de retirer ses bijoux, ses appareils dentaires, auditifs, ses lunettes et les ranger le temps du soin.	> Pour ne pas les perdre et les mouiller.
> **Déborder,** plier le dessus-de-lit et la couverture, les mettre sur les chaises au pied du lit FT 19.	
> **Déborder** le drap mais le laisser sur la personne.	
> **Plier** le drap de pudeur sur la personne.	> Respecter sa pudeur.
> **Proposer** à la personne de se laver les mains.	> ....
Toilette du visage FT 3	

2 La toilette des membres supérieurs et du torse

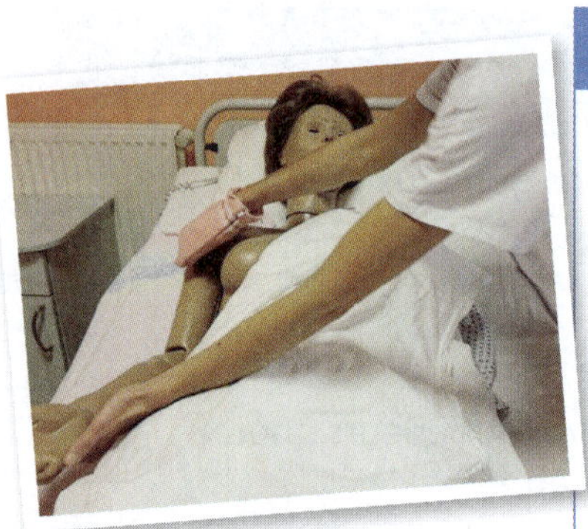

Techniques	Justifications
> **Retirer** le haut du pyjama.	
> **Placer** la serviette du haut sous le bras le plus éloigné du soignant.	> Ne pas mouiller le drap.
> **Mouiller** et savonner le **gant 1**.	
> **Laver** le bras et l'hémitorse en insistant sur les plis (débuter par les avant-bras puis l'épaule, l'hémitorse, les aisselles).	> ....
> **Rincer** et sécher en tamponnant.	

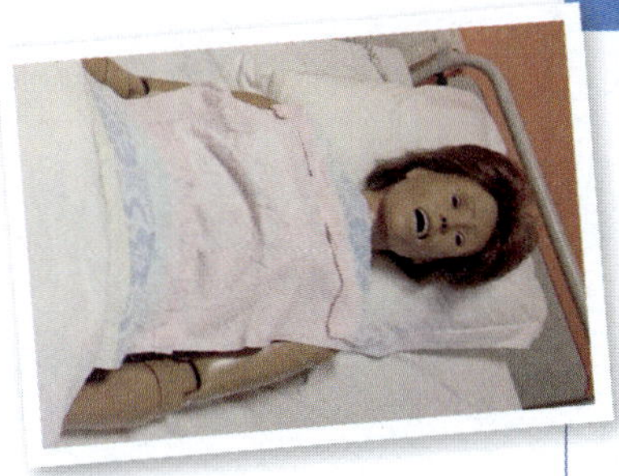

Techniques	Justifications
> **Placer** la serviette sous le bras le plus proche du soignant.	> Respecter l'ergonomie.
> **Procéder** de la même façon pour laver, rincer et sécher le 2e bras et l'hémitorse.	> ....
> **Dégager** l'abdomen, laver, rincer, sécher en insistant au niveau du nombril.	> ....
> **Recouvrir** la personne avec la serviette du haut et le drap de pudeur.	

3 La toilette du bas du corps

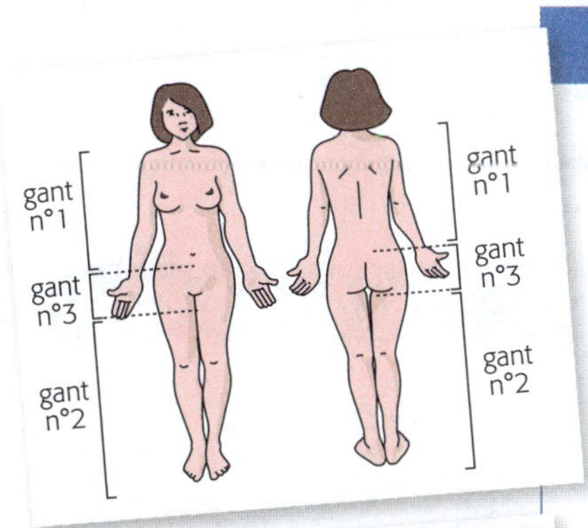

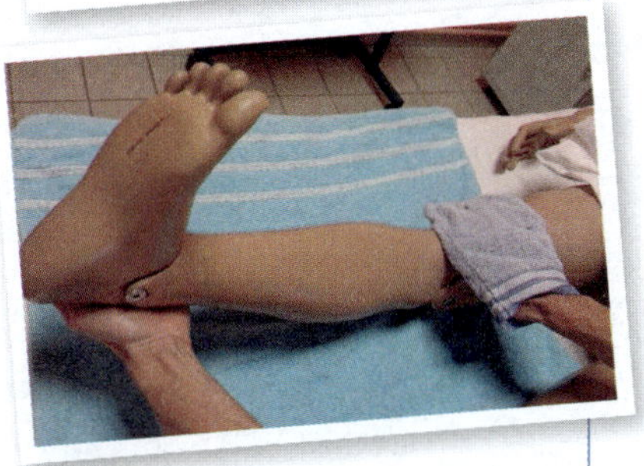

Techniques	Justifications
> **Retirer** le bas de pyjama.	> ....
> **Replier** le drap de pudeur vers le haut pour laver les membres inférieurs.	
> **Mettre** la serviette du bas sous la jambe la plus éloignée du soignant.	
> **Mouiller** et savonner le **gant 2**.	
> **Laver,** rincer de la cuisse vers le pied.	
> **Sécher** en insistant au niveau des plis et des espaces interdigitaux.	> ....
> **Placer** la serviette sous le membre inférieur le plus proche du soignant.	
> **Procéder** de la même façon pour laver, rincer et sécher.	
> **Vérifier** l'état cutané et les points d'appui (talons, mollets, malléoles).	> ....
> **Recouvrir** la personne avec le drap de pudeur.	

4 La toilette des parties génitales

Techniques	Justifications
> **Demander** à la personne de plier les jambes et de les écarter. > **Mettre** des gants à usage unique. > **Enlever** si besoin les selles avec le papier toilette. > **Observer** les selles et les urines (quantité, couleur…). > **Mouiller** et savonner le **gant 3** (ou de toilette jetable), l'essorer. > **Laver** du plus propre au plus sale : région pubienne vers région anale, sans revenir en arrière. > **Tourner** le gant entre chaque geste.	> Éviter la bio-contamination et les infections urinaires.
> **Pour la femme :** savonner et rincer le pubis, les plis de l'aine et en tenant les lèvres écartées avec l'autre main, la vulve de haut en bas, les grandes lèvres, les petites lèvres, le méat urinaire, l'orifice vaginal. > **Pour l'homme :** savonner et rincer le pubis, les plis de l'aine, les bourses et la verge. Décalotter le gland, nettoyer et recalotter.	
> **Rincer** le gant aussi souvent que nécessaire. > **Enlever** et jeter les gants à usage unique. > **Sécher** soigneusement en tamponnant et en insistant au niveau des plis avec la serviette du bas. > **Friction** hydro-alcoolique.	> .... > ....

5 La toilette du dos

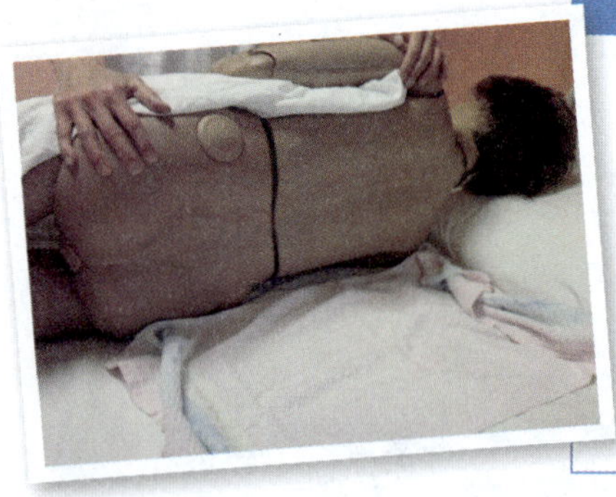

Techniques	Justifications
> **Installer** la personne en décubitus latéral (avec la barrière ou une aide) FT 17.	> ....
> **Rouler** l'alèse sale vers le dos et mettre la serviette du haut sur le lit à hauteur du dos.	
> **Mouiller** et savonner le **gant 1**.	
> **Laver,** rincer de la nuque vers le bas du dos.	
> **Sécher** en tamponnant.	> ....

6 La toilette du siège

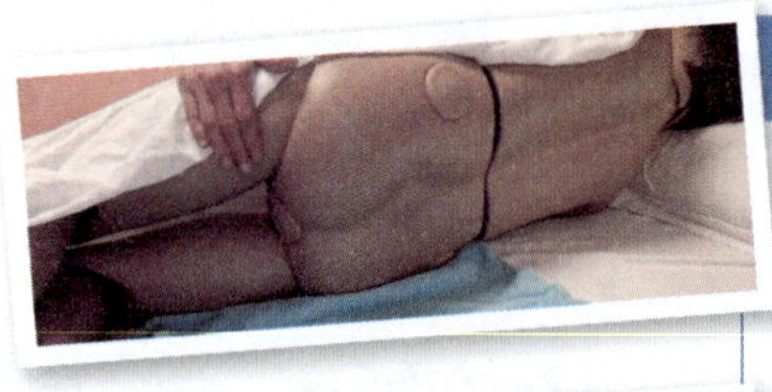

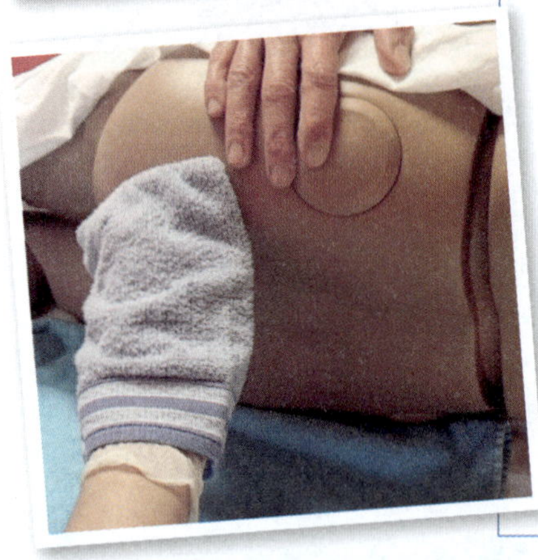

Techniques	Justifications
> **Mettre** des gants à usage unique.	
> **Mettre** la serviette du bas au niveau des fesses.	
> **Mouiller** et savonner le gant jetable.	
> **Laver** et rincer le bas du dos, une fesse puis l'autre, le pli interfessier du bas du dos vers l'anus.	
> **Terminer** par une virgule de l'anus vers le pli interfessier.	
> **Enlever** et jeter les gants à usage unique.	
> **Sécher** en insistant sur les plis.	> ....
> **Vérifier** l'état cutané au niveau des points d'appuis FT 17.	> .... > ....
> **Friction** hydro-alcoolique.	....

7 La réfection du lit occupé FT 19

Techniques	Justification
> **Remettre** la personne doucement sur le dos.	
> **Friction** hydro-alcoolique.	> ....

PROTOCOLE DE FIN DE SOINS

- Réinstaller la personne selon ses souhaits
- Ranger les produits
- Mettre les 3 gants de toilette et les serviettes au linge sale
- Jeter le gant de toilette à usage unique
- Nettoyer, décontaminer et ranger le matériel (cuvettes ou lavabo adaptable, chaises…)
- Assurer l'hygiène des mains FT 1.
- Effectuer les transmissions (comportement ou plainte de la personne, degré de participation, état cutané, présence ou non d'urine et/ou de selles, œdème…)

Réaliser le change de l'adulte

FICHE TECHNIQUE 8

OBJECTIFS DU SOIN
• Assurer l'hygiène corporelle et le confort • Surveiller et prévenir les risques d'escarre
• Favoriser le bien-être physique et psychologique de la personne

Matériels

Un chariot de soin propre :

Plateau supérieur

- ☑ 2 gants + 1 serviette
- ☑ Change complet de taille adaptée ou protection
- ☑ Alèse à usage unique
- ☑ Gants à usage unique
- ☑ Papier toilette

Plateau intermédiaire :

- ☑ 2 cuvettes si on ne dispose pas d'un lavabo
- ☑ Poubelle avec sac
- ☑ Sac à linge sale dans le couloir

Produits

- ☑ Savon
- ☑ Eau chaude
- ☑ Solution hydro-alcoolique (SHA)

ÉTAPES PRÉALABLES

- > Repérer les besoins de la personne et son degré d'autonomie
- > Informer la personne du soin, s'assurer de son accord
- > Lui proposer le bassin
- > Préparer le matériel et les produits (utiliser le matériel et les produits de la personne)
- > Assurer l'hygiène des mains FT1 Se mettre en tenue professionnelle FT2 Réaliser le bionettoyage du matériel

PRINCIPES DE BASE

- > Monter le lit à hauteur de hanches
- > Laver du plus propre au plus sale
- > Changer l'eau de la cuvette aussi souvent que nécessaire
- > Tourner le gant de toilette après chaque geste
- > Utiliser des gants à usage unique en présence de liquide biologique

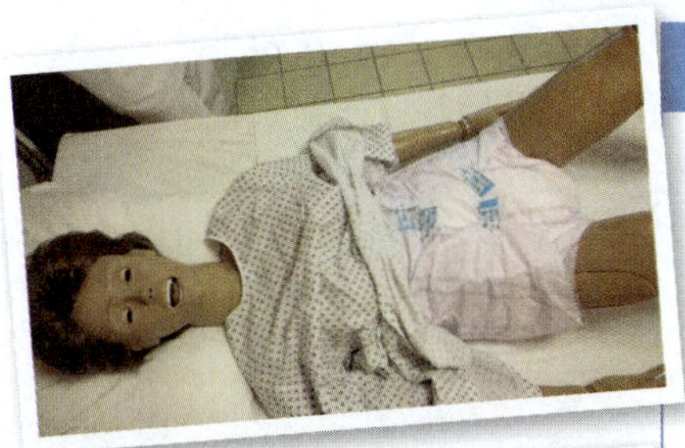

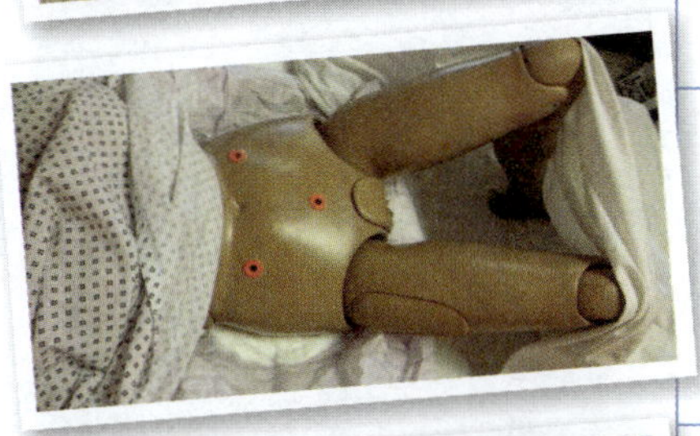

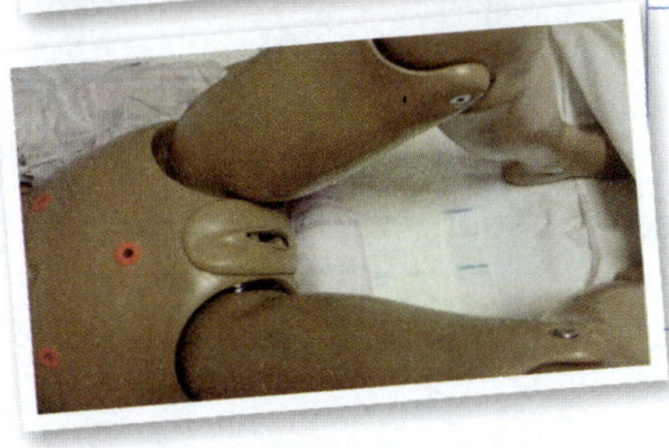

Techniques	Justifications
> **Installer** la personne en décubitus dorsal. > **Replier** le dessus-de-lit et la couverture au bas du lit sans déborder. > **Garder** le drap de pudeur FT7. > **Mettre** des gants à usage unique. > **Dégrafer** le change.	> .... > ....
> **Demander** à la personne de plier les jambes et de les écarter. > **Monter** le drap de pudeur sur les genoux entre chaque geste. > **Ouvrir** le change souillé.	> ....
> **Replier** si possible le change et l'alèse (côté souillé à l'intérieur) sous les fesses. > **Enlever** si besoin les selles avec le papier toilette. > **Observer** les selles et les urines (quantité et couleur).	> .... > ....

Techniques	Justifications
> **Mouiller** et savonner le gant, l'essorer. > **Laver** du plus propre au plus sale : région pubienne vers région anale, sans revenir en arrière. > **Faire** tourner le gant après chaque geste.	> ....
> Pour la femme, **savonner** et **rincer** le pubis, les plis de l'aine et, en tenant les lèvres écartées avec l'autre main, la vulve de haut en bas, les grandes lèvres, les petites lèvres, le méat urinaire, l'orifice vaginal.	
> Pour l'homme, **savonner** et **rincer** le pubis, les plis de l'aine, les bourses et la verge. > **Décalotter** le gland, le nettoyer et recalotter.	
> **Laver** et rincer le gant aussi souvent que nécessaire. > **Sécher** soigneusement en tamponnant et en insistant au niveau des plis.	
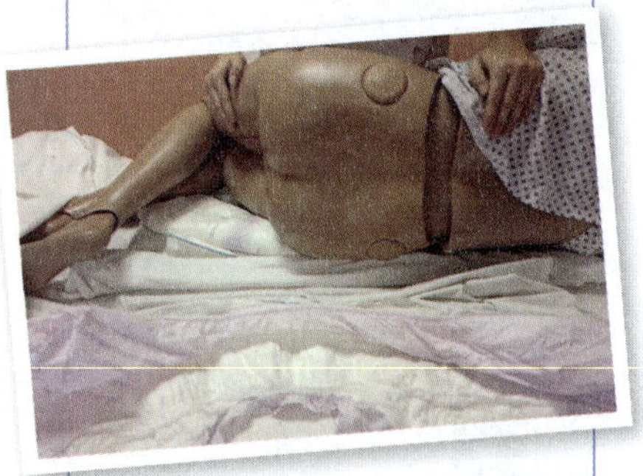 > **Installer** la personne en décubitus latéral. > **Enlever** le change souillé. > **Enrouler** l'alèse souillée FT 19. > **Mouiller** et savonner le 2e gant de toilette. > **Laver** le bas du dos, une fesse puis l'autre, le pli inter-fessier, du bas du dos vers l'anus. > **Terminer** par une « virgule » de l'anus vers le pli inter-fessier.	> Éviter la contamination du méat urinaire.
> **Enlever** et jeter les gants à usage unique. > **Sécher** en tamponnant et en insistant sur les plis. > **Se laver** les mains ou FHA.	> .... > ....
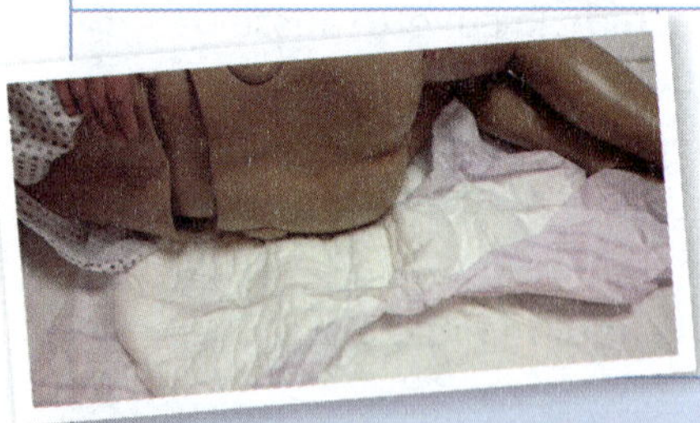 > **Vérifier** l'état cutané au niveau du dos, des omoplates, du sacrum et des hanches. > **Effleurer** avec un produit adapté si besoin. > **Mettre** le change propre sous les fesses. > **Changer** l'alèse si besoin FT 19.	> ....
Réfection du lit occupé FT 19	
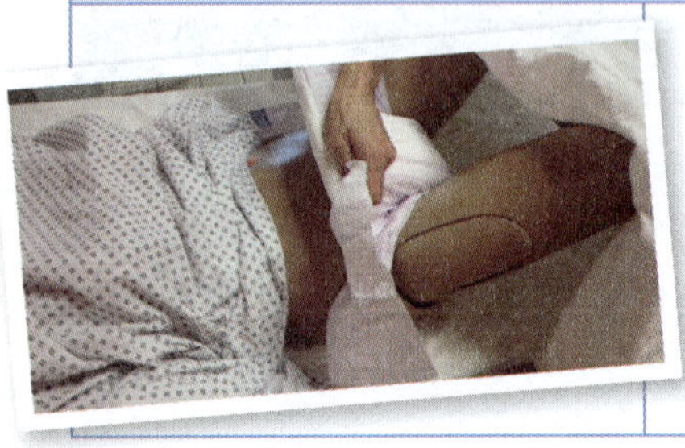 > **Ramener** doucement la personne sur le dos. > **Ajuster** le change. > **Rhabiller** le bas du corps. > **Vérifier** l'absence de plis. > **Remettre** le drap du dessus, la couverture et le dessus de lit FT 19.	> Assurer le confort et la sécurité. > ....

PROTOCOLE DE FIN DE SOINS

> Réinstaller la personne selon son désir en veillant à ce qu'il ne lui manque rien (sonnette, télécommande, eau, livre, verre…)

> Ranger les produits, mettre les gants de toilette et les serviettes au sale

> Réaliser le bionettoyage du matériel

> Assurer l'hygiène des mains FT 1

> Effectuer les transmissions (comportement ou plainte de la personne, degré de participation, état cutané, présence ou pas d'urine et/ou de selles…)

Se tester

Le + numérique
foucherconnect.fr/22soins10
Quiz
Exercice interactif

Exercice 1 Répondre par Vrai ou Faux.

Justine est en formation d'aide à la personne et doit réaliser une aide à la toilette au lit d'une personne qui est autonome pour la toilette du haut du corps. Vérifier les affirmations suivantes en entourant la bonne réponse.

a. Laver du plus sale au plus propre.	Vrai	Faux
b. Monter le lit à hauteur de hanches.	Vrai	Faux
c. Changer l'eau de la cuvette deux fois.	Vrai	Faux
d. Tourner le gant de toilette entre chaque geste.	Vrai	Faux
e. Ne pas utiliser des gants à usage unique en présence de liquide biologique	Vrai	Faux
f. Conserver le drap de dessus et le plier en deux.	Vrai	Faux
g. Recouvrir la personne avec le drap lors de la toilette du haut du corps.	Vrai	Faux
h. Enlever le drap de pudeur lors de la toilette intime.	Vrai	Faux
i. Rincer et sécher en tamponnant et avec précaution, surtout au niveau des plis cutanés, n'évite pas la macération.	Vrai	Faux
j. Observer et transmettre l'état cutané au niveau des points d'appui (sacrum, talons…).	Vrai	Faux
k. La prévention d'escarres ne se fait pas pendant la toilette.	Vrai	Faux

Exercice 2 Relier les affirmations et les justifications appropriées.

Le soignant doit s'informer sur le degré d'autonomie mictionnelle et de mobilité de la personne, le type de fuite urinaire, la corpulence de la personne. •

Pour la toilette intime, laver du plus propre au plus sale, de la région pubienne vers la région anale, sans revenir en arrière. •

Pour la toilette, le soignant met des gants à usage unique en présence de liquides biologiques. •

Pour la toilette du siège, le soignant lave le bas du dos, une fesse puis l'autre, le pli interfessier du bas du dos vers l'anus et termine de l'anus vers le pli interfessier. •

• Pour éviter la contamination manuportée.

• Pour sélectionner la protection urinaire la mieux adaptée en cas de besoin.

• Pour éviter les infections urinaires.

CHAPITRE 5

À retenir

Le + numérique foucherconnect.fr/22soins11

Synthèse rédigée et audio

La toilette au lit : les principes

- Commencer par le plus propre et finir par le plus sale, sauf si la personne est souillée.
- Changer l'eau des cuvettes aussi souvent que nécessaire.
- Réaliser la toilette au lit à deux pour assurer le soin en toute sécurité.
- Assurer tout au long du soin le confort et la sécurité (barrières, lève-personne si besoin…).
- Éviter le refroidissement et respecter la pudeur de la personne en positionnant le drap de pudeur.
- Être attentif aux besoins non exprimés de la personne (autonomie, douleur, pudeur, apparence, état cutané…).
- Profiter de ce soin intime pour échanger et créer une relation privilégiée avec le patient, surtout en cas d'absence de communication verbale.

La toilette au lit : les critères de qualité

- Respect de l'autonomie
- Respect de l'intimité et de la pudeur
- Douceur et confort
- Efficacité et rapidité (20 minutes max.)
- Communication
- Séchage par tamponnements
- Sécurité du patient (psychologique et physique)
- Observation de l'état cutané et prévention d'escarres

Les critères de qualité

Le change de l'adulte

Incontinences ou alitement prolongé

Les techniques de change	Les types de protections
• Changer le plus souvent possible • Effectuer la toilette intime en lavant du plus propre au plus sale pour éviter les infections urinaires • Prévenir les escarres	• Selon le degré d'autonomie mictionnelle et de mobilité • Selon le type d'incontinence • Selon la corpulence de la personne

Les accessoires de l'habillage et les adaptations

TD 13
Bloc 2

OBJECTIF Présenter et justifier l'utilisation de vêtements, d'accessoires facilitant l'habillage ou le déshabillage en respectant la pudeur, la culture, les souhaits de la personne

Activité 1 Concilier assistance et autonomie

1 Citer et justifier les critères de choix des vêtements pour la personne.

....

....

....

....

DOC 1

L'image de soi

Le choix des vêtements : accorder confort et plaisir

Se déshabiller et s'habiller, matin et soir, peut sembler quasiment banal pour les personnes autonomes. Mais ces actes se révèlent bien plus problématiques pour les personnes en cas de douleurs, de difficultés de préhension ou d'amplitude de mouvements ou lors de certaines pathologies. Or, le fait de s'habiller soi-même constitue un geste important. Il est indispensable à la propreté et à la dignité des personnes ; il permet également de poser des repères dans la journée. De plus, impliquer les personnes dans le choix des vêtements leur permet de continuer à prendre soin de leur image. Si les habits sélectionnés doivent être confortables et adaptés à la température ambiante, ils doivent aussi correspondre à leur goût et à leur envie. Ils contribuent au confort physique et jouent un rôle majeur dans l'état de bien-être psychologique de la personne. Il s'agit d'un moyen de communication non verbale.

Comment accompagner l'habillage ?

Dans la mesure où elle relève de l'intimité, l'aide à l'habillage gagne à encourager au maximum l'autonomie. Il s'agit donc de « faire avec » avant d'essayer de « faire pour », en respectant le temps, parfois long, mais nécessaire aux personnes pour s'habiller seules.

Cet accompagnement, à adapter au cas par cas, peut se limiter à certains détails comme présenter les vêtements au fur et à mesure, fermer les boutons difficiles à manipuler, ou faciliter le passage de membres douloureux. Il s'agit en outre de favoriser l'image corporelle et l'esthétique dans le choix des formes et des couleurs, ajuster les vêtements pour qu'ils soient plaisants sur le corps : ne pas laisser les jupons dépasser, les bas « tirebouchonnés », les braguettes mal fermées… et stimuler les personnes qui manifestent un désintérêt pour leur apparence physique.

Des astuces techniques pour faciliter l'habillage

De nombreux vêtements ou aides techniques à l'habillage adaptés à la dépendance se développent : ils permettent, soit de prolonger l'autonomie des personnes en facilitant leurs gestes d'habillage (boutons aimantés ou auto-agrippants, zip manipulable avec un seul doigt…), soit d'alléger les gestes des aidants (vêtements entièrement ouvrables et fermés latéralement).

April, www.april.fr/informations/les-bons-gestes-dependance-aider-a-s-habiller

2 Justifier l'accompagnement à l'habillage.

Activité 2 Les différentes aides à l'habillage et leurs intérêts

3 Justifier l'utilisation d'aides techniques à l'habillage.

4 Replacer, au-dessus de chaque image, les différentes aides techniques :

Lacets élastiques – Enfile-collant – Accroche-soutien-gorge – Enfile-bouton – Ferme-chemise – Chausse-pied – Clips d'aide à l'habillage – Crochet de préhension

5 Relier les différentes aides techniques à leurs intérêts en reportant le ou les numéros sous chaque illustration.

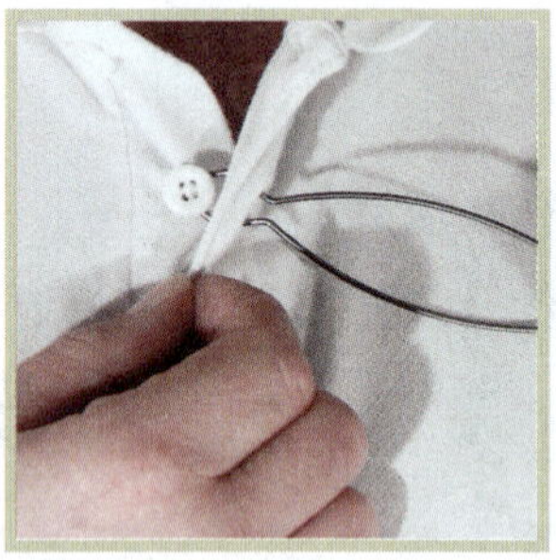
N° :

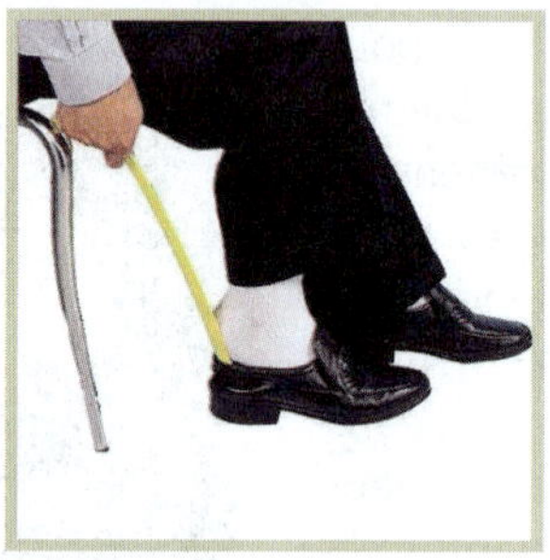
N° :

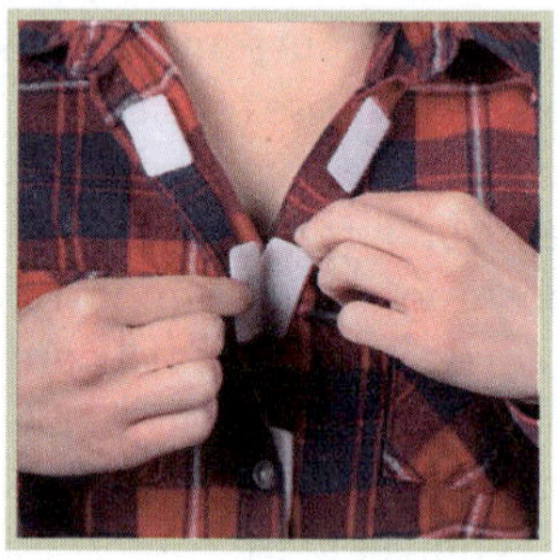
N° :

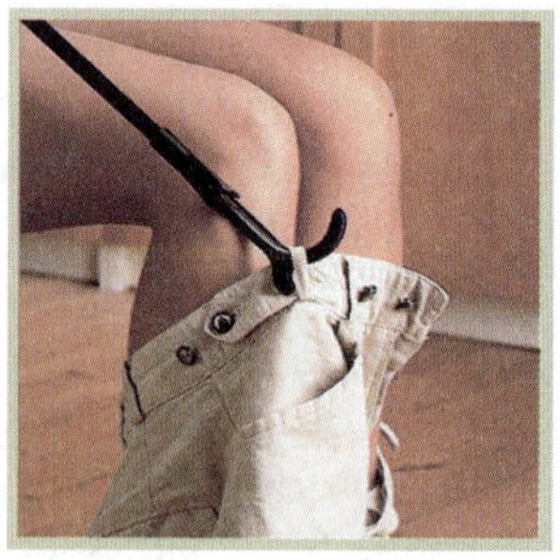
N° :

1 Facilite l'habillage d'une seule main.

2 Pour les personnes ayant des problèmes de motricité et/ou mal de dos.

3 Pour les personnes qui rencontrent des difficultés à se baisser

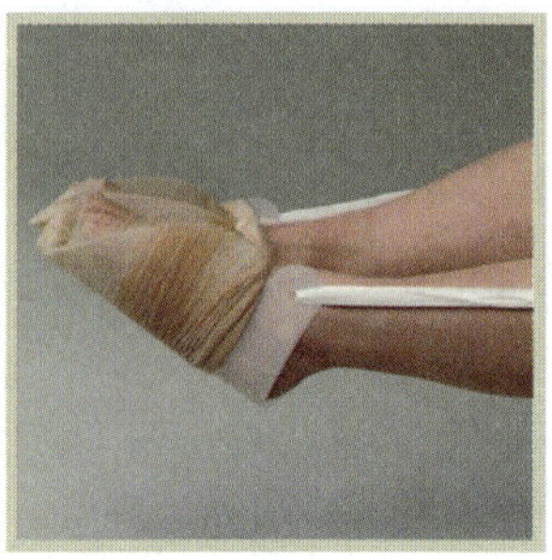
N° :

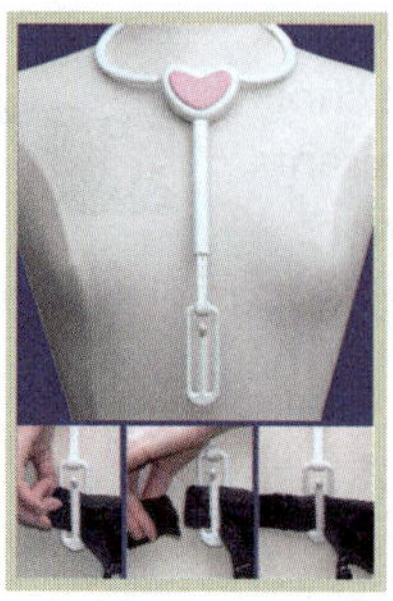
N° :

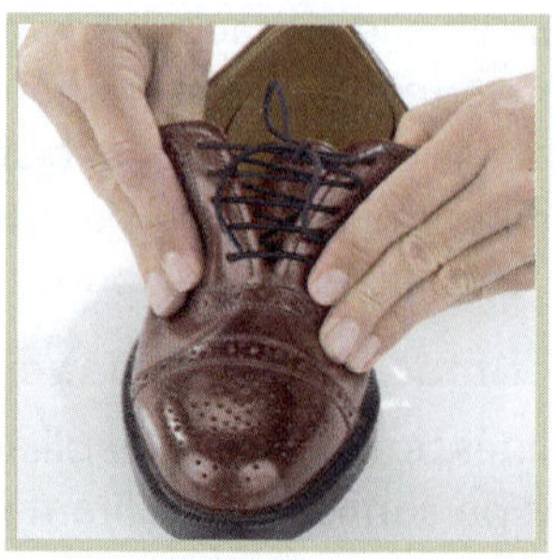
N° :

N° :

Aider à l'habillage de la personne adulte

FICHE TECHNIQUE 9

OBJECTIF DU SOIN Permettre à la personne de se vêtir en respectant son autonomie, sa sécurité, son confort et sa pudeur

Matériels
- ☑ Une chaise, si besoin
- ☑ Vêtements propres et choisis par la personne
- ☑ Aides techniques à l'habillage
- ☑ Un peigne, une brosse.

Produit
- ☑ Solution hydro-alcoolique (SHA)

ÉTAPES PRÉALABLES
- Assurer l'hygiène des mains FT 1
- Prendre connaissance du soin à réaliser et s'informer sur les besoins, les habitudes, l'autonomie de la personne, les activités prévues
- Informer la personne du soin
- Préparer le matériel nécessaire (vêtements pliés dans l'ordre de l'habillage et aides techniques)
- Préparer l'environnement (chaise, présence…)
- Proposer à la personne d'aller aux toilettes
- Effectuer un lavage des mains

PRINCIPES DE BASE
- Déshabiller en dernier et habiller en premier un membre handicapé douloureux et/ou immobilisé
- Utiliser des aides techniques à l'habillage lorsque c'est possible
- Faire choisir des vêtements et des chaussures adaptés à la personne (taille et capacités motrices) et à la saison

#vidéo
L'enfile soutien-gorge (0'45")
foucherconnect.fr/22soins12

	Techniques	Justifications
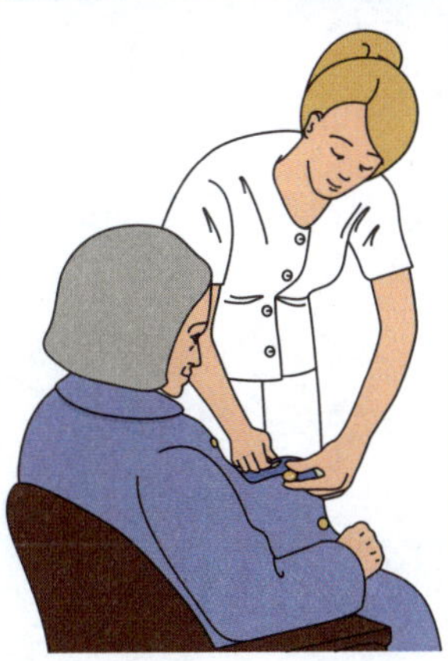	> **Aider** la personne à s'installer sur la chaise. > **Dévêtir** le haut de la personne. > **Aider** à l'habillage du haut : sous-vêtements, vêtements passés par la tête ou les bras ; fermeture sur le corps (boutonnage, fermeture éclair…). > **Aider** au déshabillage du bas du corps en proposant à la personne de se lever (vigilance sur l'équilibre). > **Aider** à mettre les chaussettes, les bas, les collants en position assise.	> …………… > …………… > ……………
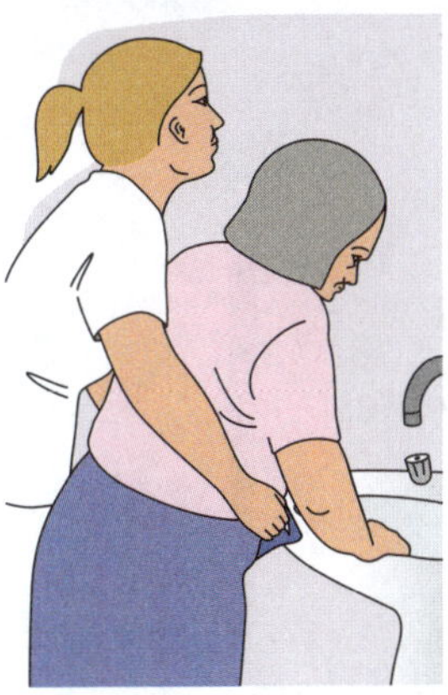	> **Aider** à l'habillage du bas : vêtements passés par le bas du corps (fermeture des ceintures, bretelles, pressions). > **Aider** à mettre les chaussures. > **Vérifier** l'absence de plis. > **Proposer** un miroir.	> Vérifier l'état cutané. > …………… > …………… > ……………

Techniques

Enfiler une combinaison, un maillot de corps, une robe, un pull

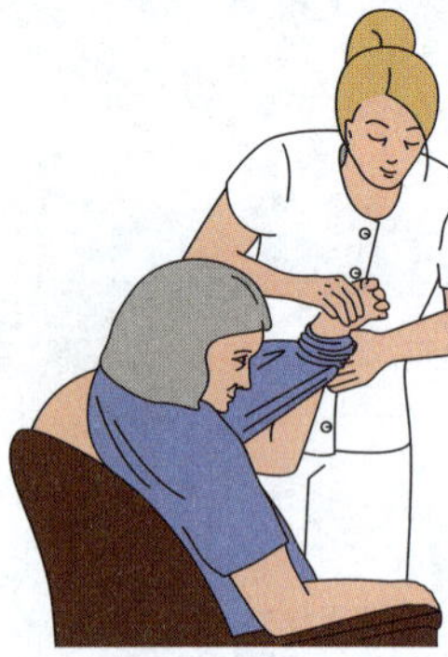

- **Passer** d'abord la tête en élargissant l'encolure avec les deux mains.
- **Plier** une manche en accordéon, passer la main dedans pour saisir la main de la personne.
- **Faire glisser** le vêtement le long du bras.
- **Enfiler** la seconde manche de la même façon.
- **Faire pencher** la personne légèrement en avant en la maintenant au niveau de la poitrine pour ajuster ou fermer le vêtement dans le dos.

Enfiler une chemise et/ou un gilet

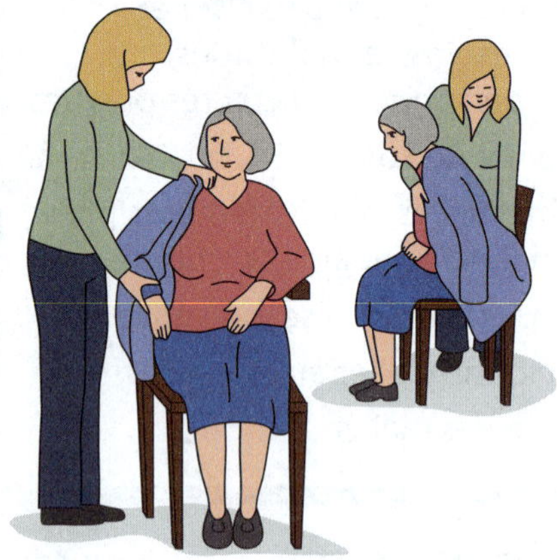

- **Enfiler** le bras le plus faible, douloureux ou immobilisé.
- **Remonter** la manche le long du bras jusqu'à l'épaule.
- **Faire pencher** la personne légèrement en avant pour ajuster le vêtement dans le dos.
- **Enfiler** la seconde manche en gardant le bras en avant de l'épaule.

Enfiler un pantalon, une jupe ou un slip/culotte

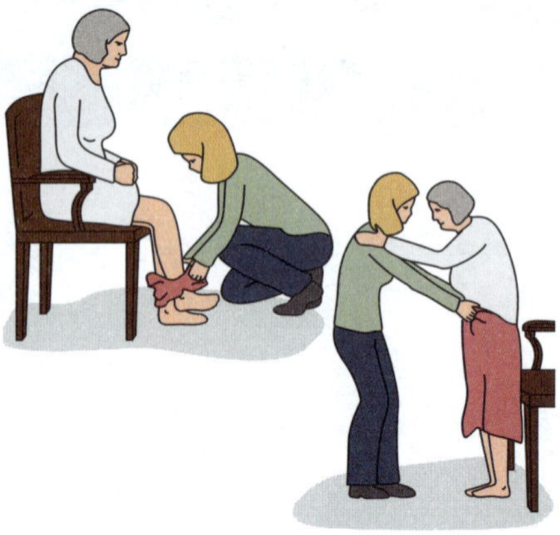

- **Aider** la personne à passer les pieds l'un après l'autre dans le vêtement.
- **L'aider** à se mettre debout et remonter le vêtement quand la personne est stable sur ses jambes.
- **Aider** à fermer la fermeture ou les boutons.

Soins annexes

- **Proposer** à la personne de se coiffer, de mettre ses bijoux.

PROTOCOLE DE FIN DE SOINS

- Raccompagner la personne et la réinstaller selon ses souhaits
- Lui redonner les objets de première nécessité (verre d'eau, livre, sonnette, lunettes…)
- Vérifier l'état du linge et évacuer le linge sale
- Assurer l'hygiène des mains FT1
- Faire les transmissions écrites et/ou orales

Aider à la pose des bas de contention

FICHE TECHNIQUE 10

OBJECTIF DU SOIN Aider la personne à mettre ses chaussettes ou bas de contention en assurant sa sécurité, son confort et sa pudeur

Matériel

- Chaussettes ou bas de contention de taille adaptée et propres

#vidéo
Enfile bas de contention (0'46")
foucherconnect.fr/22soins13

ÉTAPES PRÉALABLES

- Assurer l'hygiène des mains FT 1
- Prendre connaissance du soin à réaliser et s'informer sur les besoins, les habitudes, l'autonomie de la personne
- Informer la personne du soin
- Préparer le matériel nécessaire et l'aide technique à l'enfilage des bas
- Préparer l'environnement
- Se relaver les mains

PRINCIPES DE BASE

- La contention s'applique le matin au lit sur une jambe propre et reposée
- Enlever les bas ou collants de contention le soir au coucher

Techniques			Justifications
> Si la personne n'est pas en décubitus, **l'installer** en position demi-assise au lit et attendre quelques minutes. > **Se placer** debout, dos à la personne, au niveau de ses genoux.			> Éviter la dilatation veineuse. > …………………… > ……………………
Pose de chaussettes de contention			
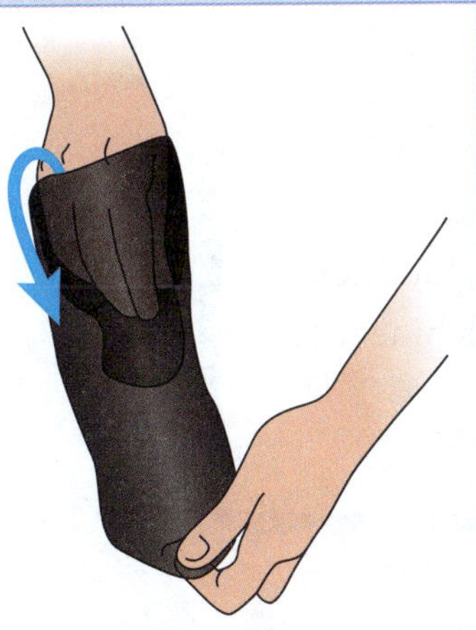	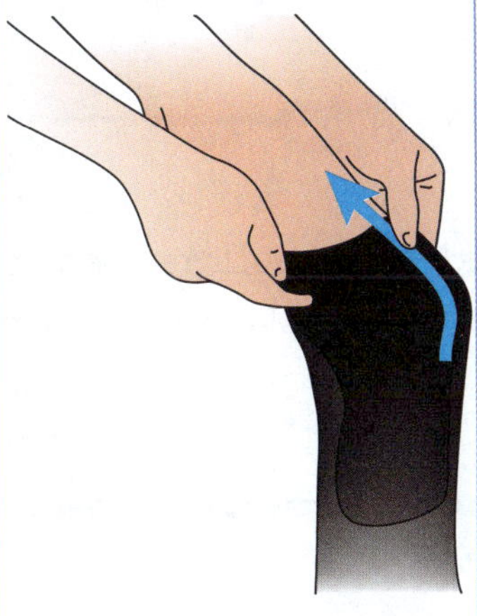	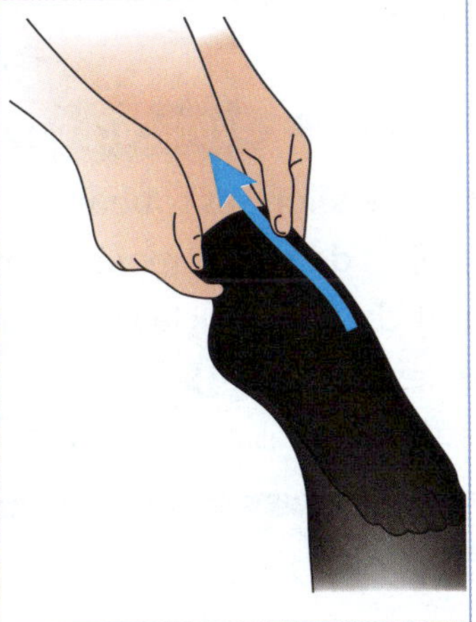	
> **Introduire** la main à l'intérieur de la chaussette. La retourner sur l'envers jusqu'au talon (pied à l'endroit, reste de la chaussette à l'envers).	> Au niveau des orteils, **saisir** avec les deux mains la partie double et l'**amener** à la cheville.	> **Enfiler** la chaussette jusqu'au talon.	> …………………… > ……………………

Techniques		Justifications
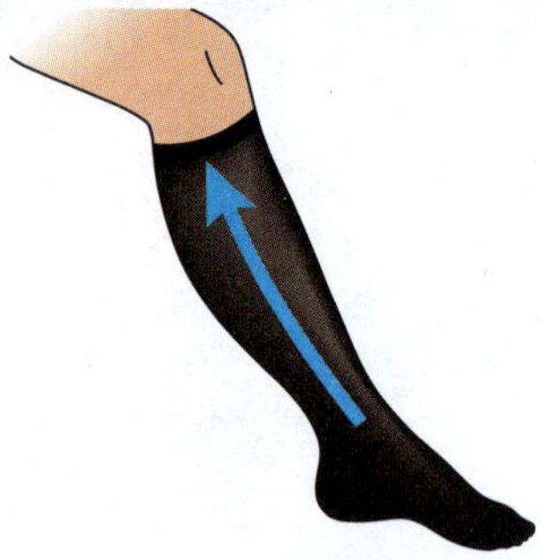	> **Saisir** à nouveau la partie en double et remonter ainsi petit à petit la chaussette jusque sous le genou. > **Tirer** sur la pointe pour libérer les orteils. > **Éliminer** les plis en lissant avec la main.	> ....

Pose de bas de contention

> Technique identique, remonter le bas jusque sur la cuisse.
> **Ajuster** sans tirer et vérifier que le talon est bien mis en place sous le pied.

Pose de bas de contention avec aide technique

	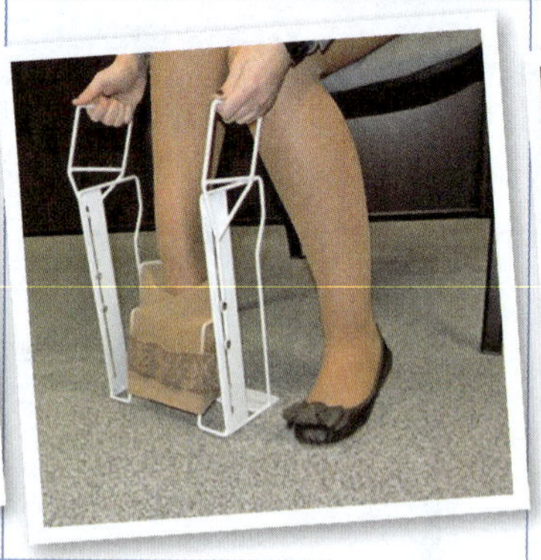	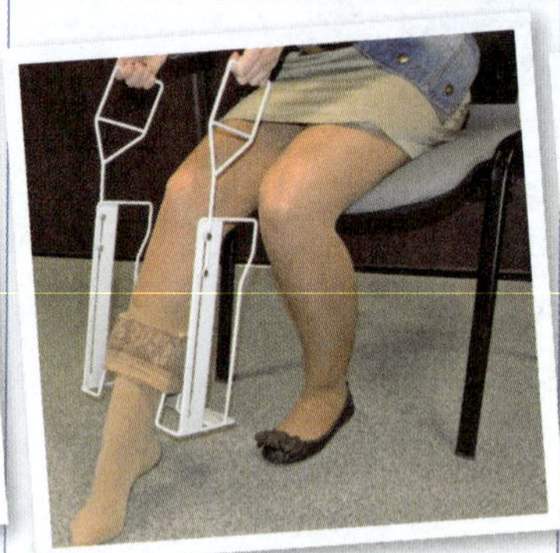	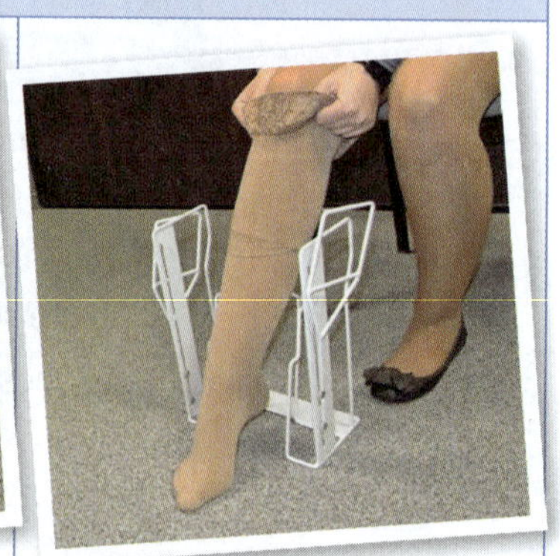
> **Placer** le bas sur le tunnel jusqu'à ce que le talon soit au niveau de la barre supérieure.	> **Placer** l'enfile-bas de façon à ce qu'il repose sur le sol. En position assise et en maintenant les poignées, **insérer** le pied à l'intérieur du bas jusqu'à ce que les orteils atteignent l'extrémité du bas.	> À l'aide des poignées, **tirer** sur l'enfile-bas et sur le bas en le montant le long de la jambe.	> Une fois que le bas a été mis en place, **repousser** l'enfile-bas vers le sol pour le séparer du bas.

PROTOCOLE DE FIN DE SOINS

> Réinstaller la personne selon ses souhaits
> Lui redonner les objets de première nécessité (verre d'eau, livre, sonnette, lunettes…)
> Entretien des bas et chaussettes : lavage tous les jours à la main ou en machine à 40 °C
> Assurer l'hygiène des mains FT1
> Faire les transmissions écrites et/ou orales

Se tester

Le + numérique
foucherconnect.fr/22soins14
Quiz
Exercice interactif

Exercice 1 Relier le matériel adapté pour faciliter l'habillage à la situation correspondante.

Madame Elisabeth, 89 ans, a des difficultés pour se chausser : elle ne peut pas se baisser en raison de douleurs aux hanches. •	• Enfile soutien-gorge
Madame Henriette, 83 ans, a beaucoup d'arthrose aux doigts et a du mal à fermer son chemisier. •	• Chausse-pied
Madame Fatiha, 79 ans, est coquette. Elle aime bien porter des jupes mais est frileuse et veut absolument mettre des collants. Actuellement, suite à une chute, elle n'y parvient plus seule. •	• Enfile bouton
Monsieur Roger, 75 ans, ne porte que des chaussures en cuir cirées. Ces derniers temps, il a de grandes difficultés pour les fermer car ses mains lui font mal et il ne peut plus se baisser. •	• Lacets élastiques
À la suite d'une chute dans sa salle de bains, Madame Michèle porte une attelle pour une entorse du poignet droit. Elle veut le moins possible d'aide pour s'habiller, mais mettre ses sous-vêtements est le plus compliqué pour elle. •	• Enfile collants

Exercice 2 Analyser la situation et répondre aux questions.

Situation

Les bas de contention de Madame Violette

Aline doit aider Madame Violette, qui a une hémiplégie droite, à mettre ses bas de contention et à s'habiller.

1. Citer les précautions à prendre pour aider Madame Violette à l'enfilage de ses bas de contention.

....

....

....

....

2. Citer les quatre précautions à prendre pour l'aider à s'habiller.

....

....

....

....

....

....

À retenir

Le + numérique foucherconnect.fr/22soins15
Synthèse rédigée et audio

L'aide à l'habillage de l'adulte

Utilisation des aides techniques pour développer l'autonomie

Vêtements adaptés aux activités de la journée et à la saison

Vêtements permettant la mobilité, faciles à mettre et à enlever lors du passage aux toilettes

Vêtements confortables n'entravant pas la digestion, la respiration et le sommeil

Vêtements à texture douce et confortable pour protéger la peau

Longueur des vêtements et laçage des chaussures vérifiés pour éviter les chutes

Respect des goûts de la personne en fonction de sa culture et ses croyances pour valoriser l'image de soi

Besoin de se vêtir et se dévêtir

Les aides techniques à l'habillage

Prolonger l'autonomie de la personne

\+

Faciliter les gestes d'habillage de la personne → Chausse-pied, enfile boutons…

\+

Alléger les gestes des aidants

La pose de bas de contention

Le port d'une contention à bon escient permet d'assurer un confort de vie chez les patients présentant une maladie veineuse.

Conseils

Vérifier l'état cutané des jambes avant la pose	Enfiler les bas, collants ou chaussettes de contention FT 10
Mettre les bas, les collants ou les chaussettes le matin, avant le lever ou, à défaut, allonger la personne quelques minutes avant de les mettre	Les laver à la main et ne pas les faire sécher en machine, les faire sécher à plat et loin des radiateurs pour ne pas abîmer les fibres élastiques

La toilette du visage, les produits

TD 14
Bloc 2

OBJECTIFS
1. Énoncer les propriétés des différents produits d'hygiène ou matériels utilisés pour la toilette du visage
2. Justifier leurs modalités d'utilisation

Activité 1 Le sérum physiologique

1. Donner la composition du sérum physiologique.

....

2. Énoncer les utilisations possibles lors de la toilette.

....

3. Préciser deux précautions d'emploi des unidoses de sérum physiologique.

....

....

....

DOC 1 Composition et utilisation du sérum physiologique

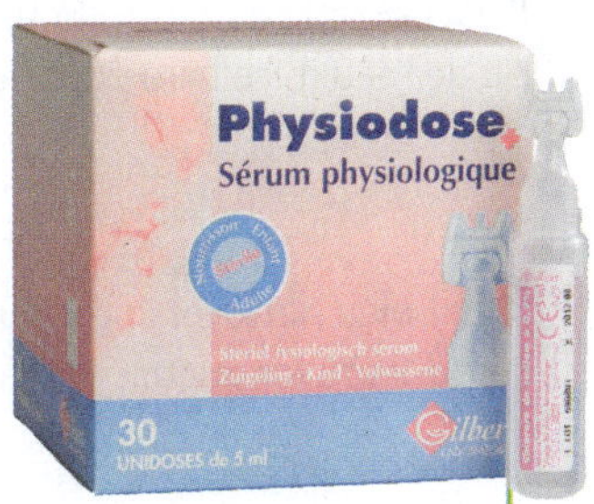

Le **sérum physiologique** est une solution isotonique d'eau purifiée et de chlorure de sodium dilué à 9 pour 1 000.
Cette solution, stérile, sans parfum ni conservateur, est utilisée lors de la toilette des nourrissons et des jeunes enfants pour le nettoyage des yeux, du nez et des oreilles.
Le sérum physiologique est vendu sous forme d'unidoses, de sprays ou de flacon.
Les dosettes sont d'utilisation aisée pour la toilette du jeune enfant et permettent d'éviter les contaminations potentielles.
Si elles ont une durée de conservation de 24 heures après ouverture, lors de la toilette chez les enfants il est conseillé de jeter le reste de la dosette après utilisation. De même, afin d'éviter les accidents liés à de la confusion, les dosettes de sérum physiologique seront conservées dans leur emballage d'origine, à l'écart d'autres produits pharmaceutiques (par exemple dosettes d'antiseptiques comme la Chlorhexidine).

Activité 2 L'eau micellaire pour bébé

4. Relever la composition de l'eau micellaire dans le document 2.

....

5. Compléter le tableau ci-dessous.

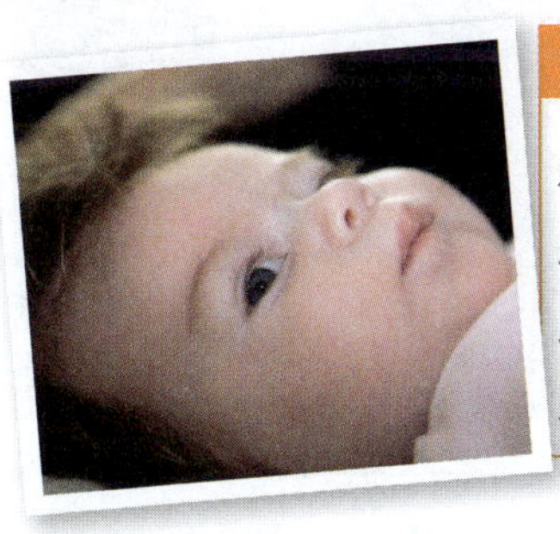

Quelles parties du corps ?	Comment l'utiliser ?	Propriétés

DOC 2 Qu'est-ce que l'eau micellaire ?

L'eau micellaire pour bébé, ou eau nettoyante, permet de nettoyer le visage (par exemple, après un biberon) ou d'éliminer les impuretés lors d'un change. Elle s'utilise avec un coton ou un gant, ne se rince pas ; un séchage minutieux, par tamponnements, doit être effectué.
Sa formulation, adaptée à la peau d'un nourrisson, ne comporte ni paraben, ni alcool. Cependant, certaines eaux micellaires contiennent des parfums qui peuvent être allergisants.
L'eau micellaire comporte des agents nettoyants et hydratants et n'altère pas le film hydrolipidique de la peau. Néanmoins, ses propriétés hydratantes sont moindres par rapport à celles du liniment oléo-calcaire.

Activité 3 Le nettoyage des oreilles

6 Compléter le tableau ci-dessous.

Affirmations	Vrai	Faux	Justification (si faux)
Les oreilles d'un nourrisson peuvent être nettoyées avec un coton-tige classique.	☐	☐	
Il est possible d'utiliser du sérum physiologique ou de l'eau micellaire pour humidifier le coton.	☐	☐	
Il faut bien nettoyer le conduit auditif sur toute sa longueur.	☐	☐	
Le nettoyage de l'oreille concerne la partie externe de l'oreille (pavillon) et le bord du conduit auditif.	☐	☐	

DOC 3 Comment nettoyer les oreilles de bébé ?

L'utilisation de cotons-tiges classiques doit être proscrite car très dangereuse ; on peut blesser le tympan de l'enfant, le cérumen risque d'être repoussé au fond du conduit auditif, formant alors un bouchon.
Le nettoyage des oreilles d'un nourrisson se fera soit avec un coton-tige spécifique pour bébé, soit avec un morceau de coton humidifié au sérum physiologique ou à l'eau micellaire. Seuls la partie externe de l'oreille et le bord du conduit seront ainsi nettoyés : ne jamais faire entrer le coton dans le conduit.

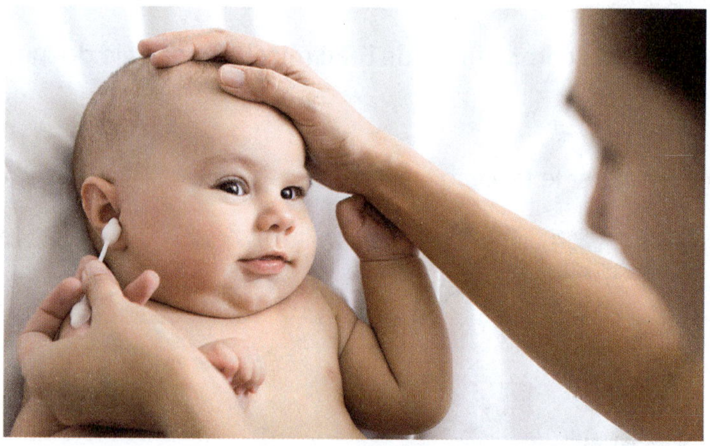

Réaliser la toilette du visage d'un enfant

FICHE TECHNIQUE 11

OBJECTIFS DU SOIN
• Assurer l'hygiène du visage selon les critères de qualité du soin • Prévenir les irritations (yeux et peau)
• Procurer du bien-être et du confort à l'enfant • Établir une relation sécurisante et privilégiée

Matériels

- ☑ Plan de change et point d'eau
- ☑ Poubelle
- ☑ Matériel pour entretien du plan de change
- ☑ Mouchoirs en papier, 2 compresses stériles, 2 cotons-tiges sécurité bébé
- ☑ 1 serviette, 1 gant de toilette
- ☑ Brosse ou peigne de l'enfant

Produits

- ☑ Solution hydro-alcoolique (SHA)
- ☑ Eau nettoyante ou micellaire
- ☑ Sérum physiologique

Selon les habitudes des parents :

- ☑ Crème hydratante
- ☑ Huile de soin
- ☑ Eau de toilette
- ☑ Savon surgras, spray auriculaire…

ÉTAPES PRÉALABLES

- > S'informer sur la tâche et repérer les besoins de l'enfant
- > Se mettre en tenue professionnelle FT2 Assurer l'hygiène des mains FT1 Réaliser le bionettoyage du poste de change
- > Vérifier l'organisation de l'environnement (préparer le matériel et contrôler la température de la pièce : au moins 20 °C)

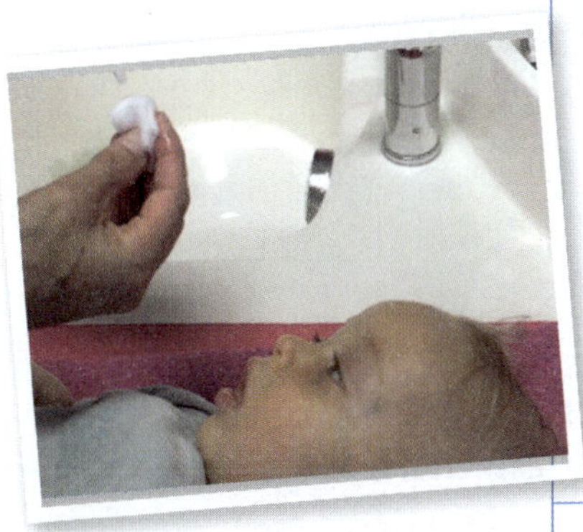

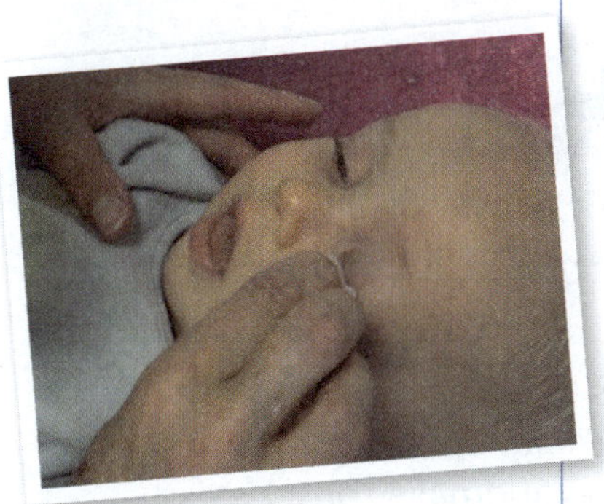

Techniques	Justifications
Disposer l'ensemble du matériel et des produits sur le plan de change	
> **Recouvrir** le tapis de change avec la serviette de l'enfant (sans pli).	> …………
> **Allonger** l'enfant en body sur le dos, prendre une compresse par un coin, la plier en rabattant chaque coin vers l'extérieur.	> Éviter la contamination manuportée de la compresse.
Nettoyer les yeux	
> **Imbiber** le centre de la compresse stérile de sérum physiologique.	
> **Nettoyer** l'œil du haut en bas de l'angle interne.	> Commencer par la partie la plus sensible aux irritations et infections.
> **Retourner** la compresse en rabattant chaque coin vers l'envers, puis nettoyer l'œil de l'angle interne vers l'angle externe.	> …………
> **Jeter** la compresse.	> …………
> **Reproduire** les mêmes gestes sur l'autre œil avec une autre compresse	

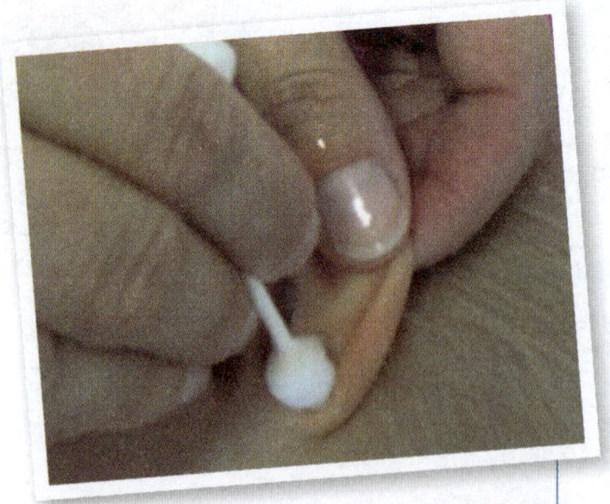
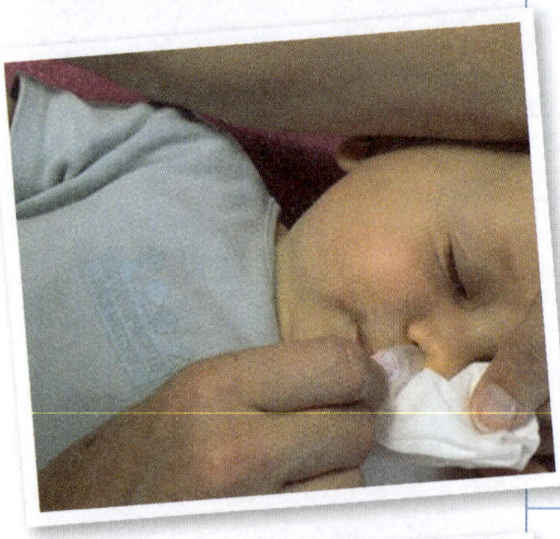
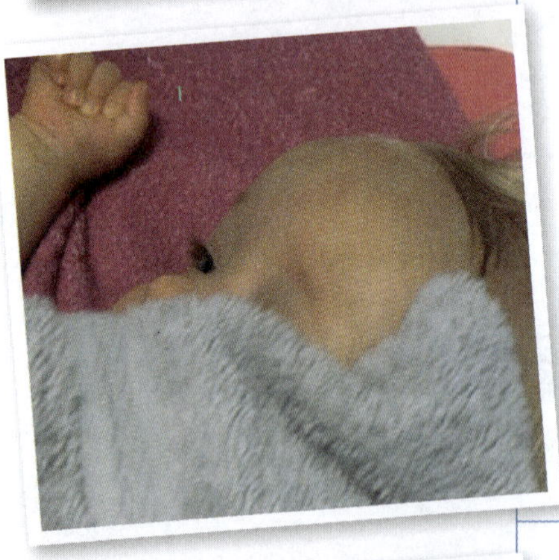
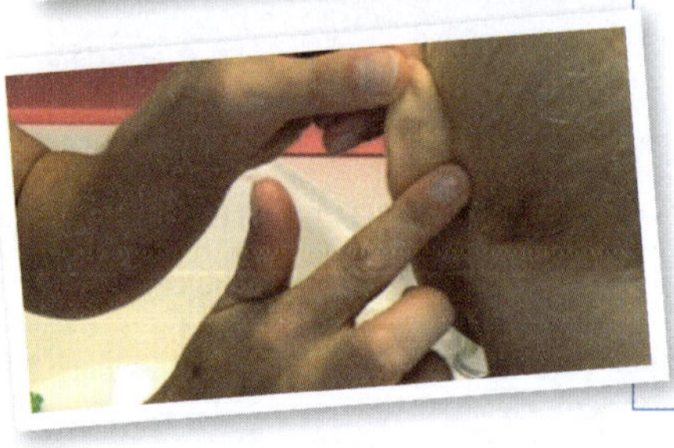

Techniques	Justifications
Nettoyer les oreilles dans l'ordre suivant en maintenant la tête de l'enfant > Le pavillon à l'aide d'une des extrémités du coton-tige sécurité imbibée de sérum physiologique ou d'eau nettoyante. > L'entrée du conduit auditif avec l'autre extrémité imbibée elle aussi. > **Jeter** le coton-tige. > **Reproduire** la même technique pour l'autre oreille avec l'autre coton-tige sécurité.	> …… > Décoller et ôter les salissures, l'excès de cérumen et les germes. > ……
Nettoyer le nez > **Tourner** la tête de l'enfant vers le côté et la maintenir. > **Placer** un mouchoir jetable sous le nez et injecter du sérum physiologique dans la narine du haut en le rassurant. > **Essuyer** l'excès de sérum et le mucus qui s'écoulent en félicitant l'enfant. > **Procéder** inversement pour l'autre narine. > **Jeter** le mouchoir.	> …… > Prévenir les rhinites : nettoyer, aseptiser et désencombrer le nez. > Assurer l'hygiène et le confort.
Laver le visage avec un gant imbibé d'eau nettoyante ou micellaire dans cet ordre > **Laver** le front, les tempes, les joues. > **Laver** l'arrière des oreilles puis le cou en contrôlant son état. > **Retourner** le gant et terminer par la bouche et le nez. > **Essuyer** l'ensemble dans le même ordre en tamponnant.	> Ordre hygiénique (du plus propre au plus sale). > …… > ……
Hydrater la peau et coiffer l'enfant > **Mettre** de l'huile de soin ou crème hydratante sur les zones desséchées observées si autorisation. > **Coiffer** l'enfant après lui avoir mis son pull. > **Mettre** l'enfant en sécurité.	> …… > Favoriser son confort esthétique et l'estime de soi.

PROTOCOLE DE FIN DE SOINS

- Ranger les produits
- Nettoyer, décontaminer et ranger le matériel
- Se laver les mains
- Effectuer les transmissions (heure et motif d'intervention, identité du soignant, comportement de l'enfant, signalement des anomalies observées : sécheresse cutanée, nez encombré, yeux infectés…)

Remarque : expliquer à l'enfant ce que l'on fait et ce qu'il se passe pendant le soin afin de le rassurer et de solliciter son acceptation. Il sera plus calme, ce qui facilitera le soin.

Le change, les différentes protections

TD 15

Bloc 2

OBJECTIFS **1.** Énoncer les propriétés de différents produits d'hygiène et des produits de prévention et de traitement des érythèmes **2.** Indiquer les différents types de change et justifier leur choix **3.** Énoncer les conduites pour respecter la pudeur

Activité 1 Les produits pour la toilette du siège

1 Préciser les propriétés des deux composants principaux du liniment oléo-calcaire.

2 Expliquer pourquoi ce produit a un effet protecteur.

3 Énoncer les modalités d'utilisation du liniment oléo-calcaire.

DOC 1 Le liniment oléo-calcaire

Le liniment oléo-calcaire est un produit très fréquemment utilisé pour la toilette du siège du nourrisson.

Le liniment oléo-calcaire est un mélange d'eau de chaux et d'huile végétale, le plus souvent de l'huile d'olive. Ces deux produits lui confèrent des propriétés nettoyantes, protectrices et émollientes.

L'eau de chaux a un pH alcalin (pH 9), ce qui neutralise l'acidité de l'urine et des selles, acidité très irritante pour la peau fragile des nourrissons. Cette neutralisation permet de rétablir le pH de la peau (pH 6 vers six mois). L'eau de chaux a également un effet apaisant sur les rougeurs éventuelles.

L'huile d'olive a des fonctions émollientes et isolantes : elle adoucit la peau et laisse sur celle-ci un film gras protecteur.

Utilisation

Mettre un peu de liniment oléo-calcaire sur un linge ou carré de coton et nettoyer en allant du pubis vers les fesses, sans oublier les plis. Le geste est à répéter autant de fois que nécessaire en changeant de linge ou de coton. La texture huileuse du produit permet de décoller les résidus de selles et adoucit la peau.

Le liniment oléo-calcaire ne se rince pas, ce qui permet de laisser sur la peau une fine couche d'huile qui constitue ainsi une barrière de protection.

Activité 2 L'érythème fessier

4 Souligner les facteurs favorisant l'érythème fessier.

5 Relever les moyens de prévention de l'érythème fessier.

....

....

....

....

....

DOC 2 Facteurs favorisants et moyens de prévention de l'érythème fessier

L'érythème fessier du nourrisson ou dermite du siège est une irritation de la peau qui se développe à l'endroit où la couche entre en contact avec la peau et se manifeste par une rougeur sèche ou suintante, avec ou sans petits boutons.

L'érythème fessier est souvent dû à la chaleur et l'humidité à l'intérieur des couches. Le contact prolongé avec l'urine et les selles fragilise le film lipidique de la peau.

L'érythème fessier peut aussi apparaître lors de poussées dentaires, de diarrhées.

Il peut également être favorisé ou aggravé par certains produits irritants ou allergisants contenus dans les lingettes, les couches, les produits de toilette…

La prévention de l'érythème fessier relève de mesures simples : des changes fréquents, l'utilisation de couches adaptées à l'enfant, pas trop serrées, l'utilisation de produits d'hygiène adaptés à la peau du nourrisson, un séchage minutieux, par tamponnements, surtout au niveau des plis.

La possibilité de laisser le bébé les fesses à l'air, au début de l'érythème, favorise le séchage et diminue les irritations. L'utilisation de cotocouche (couche 100 % coton) limite également l'aggravation de l'érythème et favorise la cicatrisation.

6 Expliquer les intérêts d'utilisation d'une pommade à l'oxyde de zinc pour l'érythème fessier.

....

....

....

....

DOC 3 Les pommades à base d'oxyde de zinc

Quand les moyens simples ne suffisent plus à apaiser l'érythème fessier, des pommades spécifiques peuvent être appliquées sur le siège du nourrisson. Ces produits apaisent et protègent la peau. Ils s'appliquent sur une peau propre, sèche et sans lésion.

Ce sont des pommades à base d'oxyde de zinc (par exemple Mitosyl®, Aloplastine®) qui sont fréquemment utilisées.

L'oxyde de zinc a des propriétés absorbantes et protectrices : il absorbe l'humidité et évite la macération, il permet d'isoler la peau de l'humidité.

En structure, la possibilité d'utilisation de ces pommades est dépendante des modalités retenues dans le règlement intérieur.

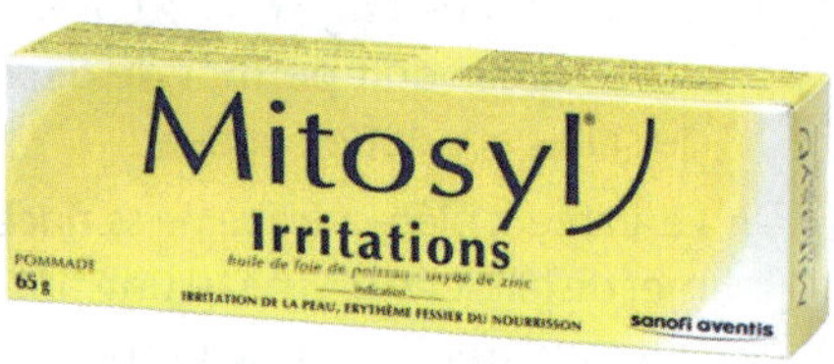

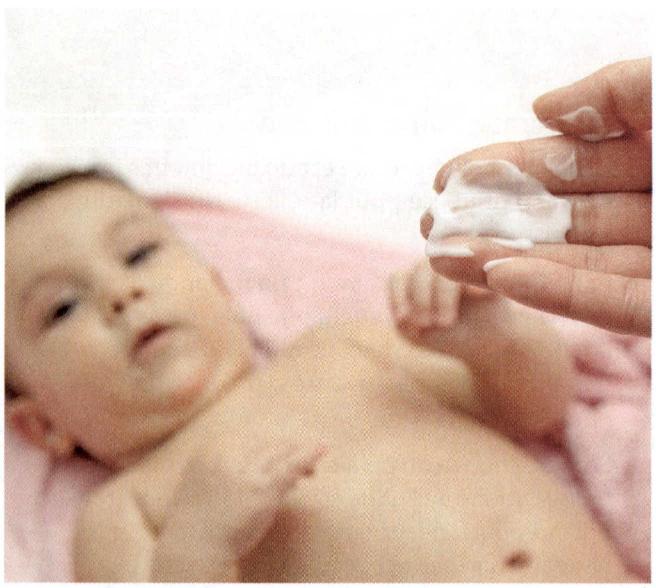

Activité 3 Les couches ou changes complets

7 Compléter le tableau.

Type de couche ou change	Intérêts	Inconvénients
 Couches jetables		
 Couche lavable		
 Culotte de propreté		

8 Énoncer les critères de choix d'un change jetable.

DOC 4 Les différents changes

Il existe sur le marché différents types de couches ou changes complets. Ces changes doivent être choisis en fonction du poids de l'enfant et non de son âge : à âge identique, la corpulence n'est pas toujours la même. D'autres critères tels que des scratchs extensibles, repositionnables, des barrières anti-fuites souples au niveau des cuisses peuvent être pris en compte.

Les couches jetables sont constituées d'une partie absorbante composée de cellulose et de différents gels chimiques, pour permettre l'absorption, et d'une partie plastique garantissant une certaine imperméabilité. Elles sont très faciles d'utilisation, nécessitent peu de manipulations et offrent un change rapide partout. Ces couches jetables sont cependant onéreuses – elles génèrent des déchets. En outre, certaines peuvent être source d'allergies ou d'irritations. Il existe désormais sur le marché des couches jetables « écologiques » sans parfum ni colorant.

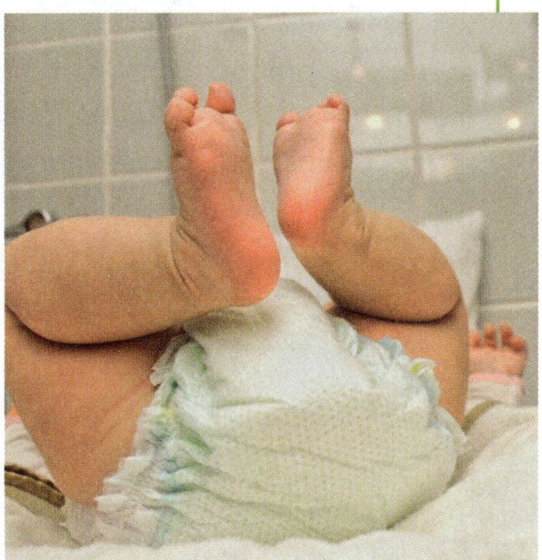

Les couches lavables, qui bénéficient depuis quelques années d'un nouvel engouement, sont en coton et souvent composées d'au moins deux parties : la couche en coton, lavable, et une partie extérieure imperméable dans laquelle se glisse la couche en coton.

Le coton est une matière naturelle, il y a donc moins de risques d'allergies ou d'irritations. Ces couches sont lavables en machines et réutilisables un grand nombre de fois. Elles ne génèrent donc pas de déchets et sont ainsi plus respectueuses de l'environnement. Elles sont cependant moins aisées à utiliser (par exemple lors de déplacements) et nécessitent des manipulations (lavage, séchage).

La culotte d'apprentissage à la propreté se présente comme une culotte et absorbe comme une couche. Elle nécessite de déshabiller tout le bas de l'enfant pour être changée. Elle est utilisée chez des enfants en cours d'acquisition de la propreté et pourrait favoriser leur motivation et autonomie dans cet apprentissage. Jetable, elle a les mêmes caractéristiques que les couches jetables.

Activité 4 Le change et la pudeur

9 Expliquer pourquoi la pudeur du petit Alexandre n'est pas respectée.

....

....

10 Comment la professionnelle peut-elle respecter la pudeur des enfants ?

....

....

....

....

....

DOC 5

Le respect de la pudeur

Observons ce qui se passe :

Dans l'espace de change, trois enfants sont installés sur le pot. Premiers apprentissages de la propreté à plusieurs, sous le regard peu aimable de la professionnelle. [...]

De l'autre côté, une professionnelle vérifie la couche du petit Alexandre, sous l'œil très inquiet de Paul et Leila. La pudeur des enfants n'est pas respectée. L'attention portée au corps de l'enfant semble banalisée.

Comment faire autrement ?

Le respect de l'intimité, de la dignité de l'enfant sont des valeurs incontournables dans les métiers de la petite enfance. Bien plus, elles vont accompagner le développement de son autonomie, de sa confiance en lui et envers les adultes qu'il rencontre.

La professionnelle peut vérifier la couche d'un enfant, mais loin du regard des autres et certainement pas au milieu de la pièce, dans l'axe de la porte d'entrée. L'apprentissage du pot peut se penser individuellement et, là encore, sous le regard bienveillant d'un adulte qui peut se mettre à la hauteur de l'enfant pour lui parler et rester disponible.

Métiers de la petite enfance, n° 230, février 2016.

Afin de respecter au maximum l'intimité et la pudeur de l'enfant, plusieurs éléments entrent en jeu :

- Les toilettes (même des plus petits) seront séparées par une petite cloison.
- Nous nous efforcerons d'être toujours dans une relation individuelle avec l'enfant lors du change (éviter de parler aux collègues, que les collègues et parents passent au-dessus de l'enfant qui est en train de se faire changer...).
- Nous proposerons systématiquement à l'enfant de changer sa couche par des paroles simples mais adressées directement à lui : « Veux-tu que je change ta couche ? ».
- L'équipe vérifiera si l'enfant a fait une selle toujours dans l'espace de change, et non pas au beau milieu de la salle, devant tous les adultes et enfants.
- Les stagiaires qui seront présents sur une période trop courte ne seront pas autorisés à effectuer un change.

Extrait du *Projet éducatif du multi-accueil intercommunal Barrès-Coiron*, 07400 Meysse.

Réaliser le change d'un enfant

FICHE TECHNIQUE 12

OBJECTIFS DU SOIN
• Assurer l'hygiène du siège selon les critères de qualité de soin • Repérer et prévenir les érythèmes fessiers
• Procurer du bien-être et du confort à l'enfant • Établir une relation sécurisante et privilégiée

Matériels

- Plan de change et point d'eau
- Poubelle, sac à linge sale
- Matériel pour entretien du plan de change
- Papier toilette, carrés de change, mouchoirs en papier, gants jetables (si selles).
- 1 serviette, 1 ou 2 gants de toilette
- Couche propre
- Vêtements de rechange (si besoin) et jouet

Produits

- Solution hydro-alcoolique (SHA)
- Savon liquide pH neutre, sérum physiologique
- Crème de change, si nécessaire, et avec autorisation parentale

Selon les habitudes des parents :

- Eau micellaire, liniment oléo-calcaire…
- Traitement pour érythème, si nécessaire (ordonnance et selon protocole)

ÉTAPES PRÉALABLES

> S'informer sur la tâche et repérer les besoins de l'enfant
> Assurer l'hygiène des mains FT1 Se mettre en tenue professionnelle FT2 Réaliser le bionettoyage du poste de change
> Vérifier l'organisation de l'environnement (préparer le matériel et contrôler la température de la pièce : au moins 20 °C)

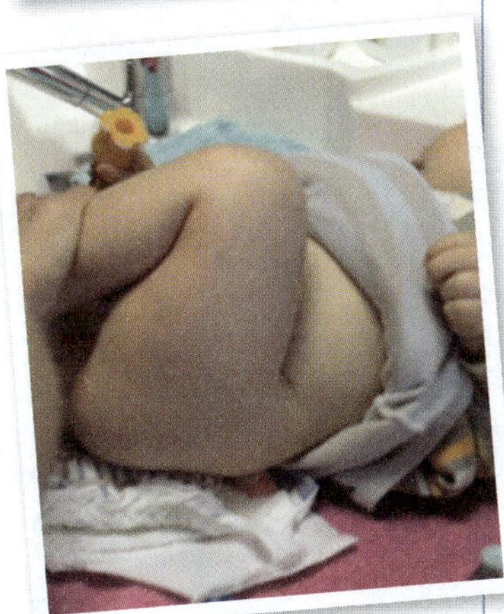

Techniques	Justifications
Disposer l'ensemble du matériel et des produits sur le plan de change > **Recouvrir** le tapis de change avec la serviette de l'enfant (sans pli), replier le bas de la serviette vers le haut. > **Effectuer** une friction avec SHA.	> Respecter les règles de confort, d'hygiène et de sécurité (ne jamais laisser l'enfant, même nourrisson, seul sur le plan de change).
Allonger l'enfant sur le plan de change et le déshabiller > **Essuyer** visage ou nez si nécessaire. > **Remonter** les vêtements du haut et ôter ceux du bas. > **Dégrafer** et replier le body sur le torse. > **Ouvrir** la couche et essuyer le siège avec les coins de la couche ou du papier toilette (placer le carré de change si selles). > **Replier** et fermer la couche, la jeter à la poubelle sans toucher celle-ci. > **Contrôler** la température de l'eau (avec le coude). > **Mouiller** le gant de toilette + savon liquide.	> Éviter de les souiller ou de les mouiller. > ……………………………… ……………………………… ……………………………… > ……………………………… ………………………………

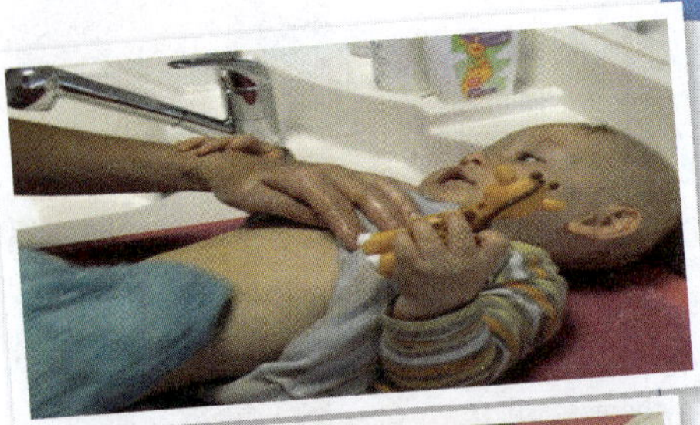
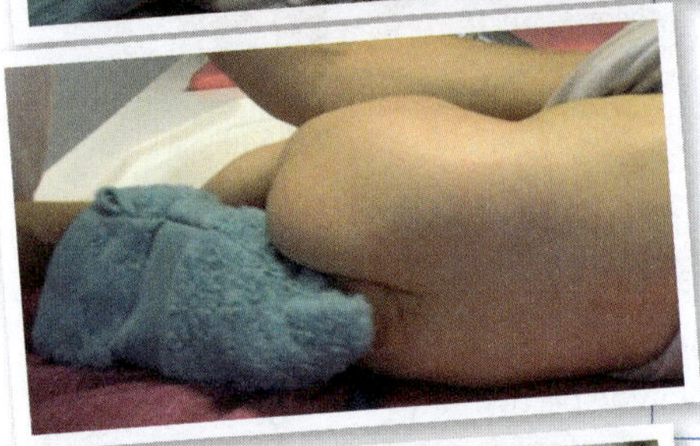

Techniques	Justifications
Laver le siège dans l'ordre suivant : > abdomen ; > haut des cuisses et plis inguinaux ; > organes génitaux externes (chez les filles, nettoyer délicatement les lèvres, ne pas décalotter les garçons). **Basculer l'enfant sur le côté par la hanche ou l'épaule :** > le bas du dos, haut des cuisses ; > les fesses, le sillon interfessier et région anale (ôter et jeter carré de change).	> .... > Éviter de disséminer les germes vers la vulve ou la verge (prévention des infections urinaires).

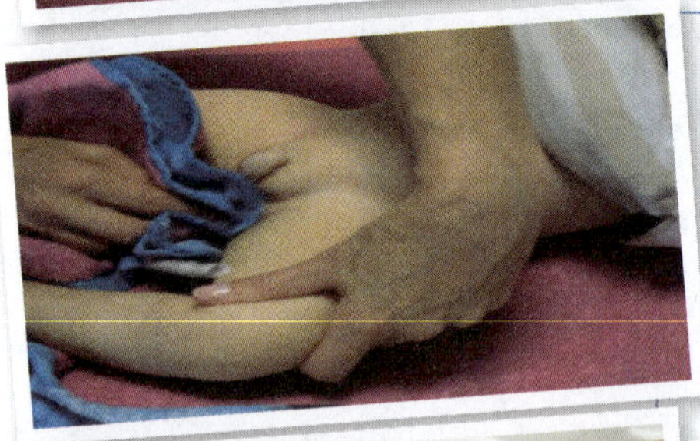
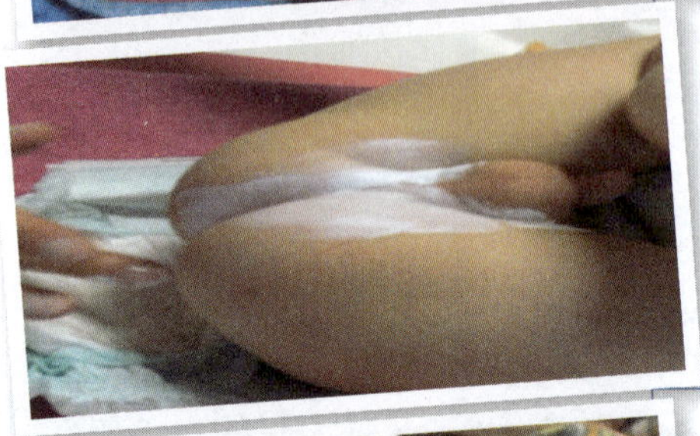

Techniques	Justifications
Rincer et sécher le siège > **Rincer** et retourner le gant en maintenant une main sur l'enfant (si selles, changer de gant). > **Rincer** le siège dans le même ordre que le lavage. > **Déplier** le bas de la serviette et sécher par tamponnement toujours dans le même ordre. > **Insister** particulièrement dans les plis et contrôler l'état de la peau. > **Après** séchage, **éviter** que l'enfant soit en contact avec les surfaces humides de la serviette.	> .... > .... > ....

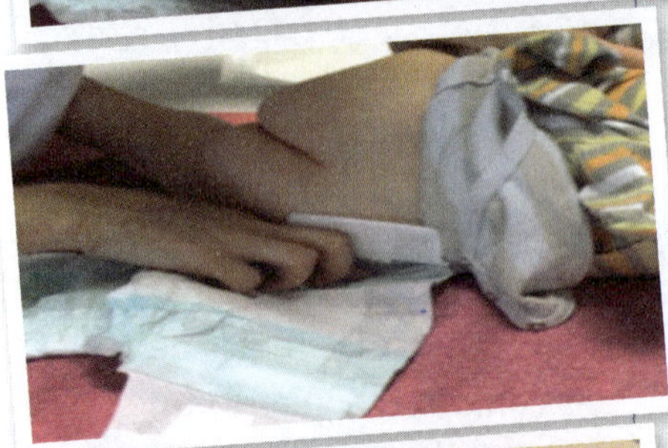
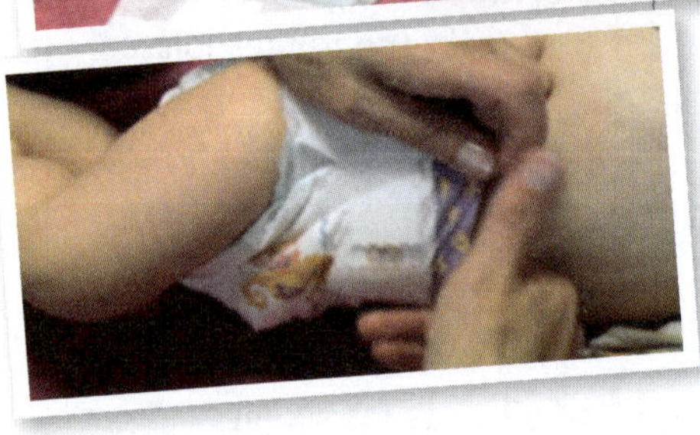

Techniques	Justifications
Mettre la couche et rhabiller l'enfant > **Glisser** la couche sous le siège en basculant l'enfant sur le côté. > **Appliquer** si nécessaire la crème de change. > **Placer** et refermer la couche sur l'abdomen grâce aux adhésifs. > **Vérifier** qu'elle ne soit pas trop serrée ou trop lâche (passage de 2 doigts entre l'abdomen et la couche). > **Rhabiller** l'enfant FT 15 puis le mettre en sécurité ou le confier à une collègue.	> .... > ....

PROTOCOLE DE FIN DE SOINS

- Ranger les produits
- Nettoyer, décontaminer et ranger le matériel
- Se laver les mains
- Effectuer les transmissions (heure d'intervention, contenu couche, comportement, signalement des anomalies observées : érythème ou altération cutanée, aspect des selles ou urines, fièvre… soins effectués et par quel membre de l'équipe)

Remarque : parler, jouer, chanter avec l'enfant pendant le soin, afin de le rassurer et de participer ainsi à son développement. Il sera plus calme, ce qui facilitera le soin.

La toilette sans bain, le bain de l'enfant

TD 16
Bloc 2

OBJECTIFS 1. Énoncer les précautions d'emploi des produits d'hygiène 2. Justifier l'importance des soins d'hygiène corporelle

Activité 1 Les soins et le bien-être chez l'enfant

1 Expliquer pourquoi les soins corporels sont importants dans la vie d'un jeune enfant.

....

....

....

....

....

DOC 1 L'importance des soins corporels

Les temps de soins corporels sont fondamentaux dans la vie d'un bébé et d'un jeune enfant.
Les soins corporels permettent de satisfaire ses besoins physiologiques tels que le bébé, du fait de sa grande dépendance, ne peut satisfaire seul. Ils représentent de longs moments dans la vie d'un jeune enfant. Ils sont l'espace privilégié de la rencontre enfant/adulte et répondent ainsi au besoin de relation, vital pour le bébé. [...]
Prendre soin du corps du bébé, c'est lui assurer un bien-être corporel et l'aider peu à peu à se découvrir, à se connaître, à « habiter » son corps. La façon dont l'adulte touche le corps de l'enfant, le porte et lui parle, va renvoyer à l'enfant une certaine image de lui.

« Vademecum, Soins et bien-être de l'enfant », Revue *L'Assmat*.

2 Citer les moyens de communication utilisés par l'auxiliaire lors du change.

....

3 Souligner les intérêts des échanges lors d'un soin.

DOC 2 Les échanges lors d'un soin

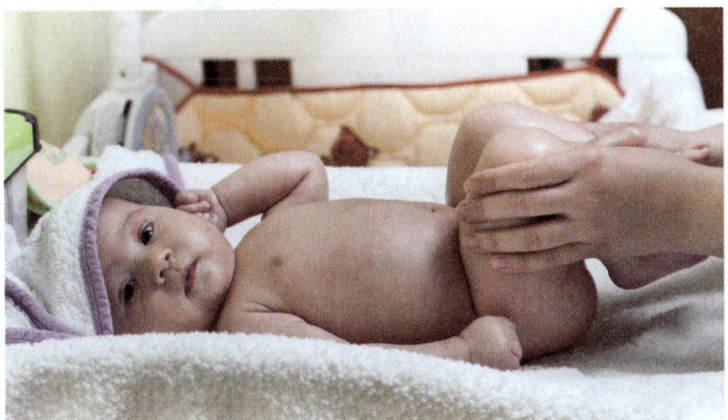

Lévi, auxiliaire de puériculture à la crèche Les Lutins, réalise le change de Jules, 4 mois.
Durant tout le soin, Lévi parle, chantonne, sourit, ce qui permet d'établir une communication permanente avec l'enfant. Jules répond par des « euh » et des sourires, il se sent en confiance. Avec une voix douce, Lévi explique ce qu'il va faire.
Lévi maintient un contact visuel avec Jules pendant tout le change.
L'auxiliaire laisse également une main posée sur l'enfant ; celui-ci essaye d'agripper les mains de Lévi.
Afin d'être attentif à l'enfant, l'auxiliaire de puériculture s'est consacré pleinement à ce soin, sans discuter avec d'autres collègues, sans regarder ailleurs.
Ces sollicitations permettent de stimuler les sens de l'enfant : l'ouïe, la vue, le toucher.
Toutes ces interactions instaurent un climat de confiance, rassurent l'enfant et contribuent à un déroulement serein du soin – soin qui ne doit jamais être seulement un acte technique.

Activité 2 Le choix des produits pour la toilette d'un jeune enfant

4 Expliquer en trois lignes pourquoi il est important de bien choisir les produits à utiliser pour les soins corporels chez le jeune enfant.

....

....

....

DOC 3 Protéger les enfants en évitant les substances toxiques

Le bébé, le jeune enfant, au cours de leurs soins d'hygiène corporelle, sont quotidiennement au contact des produits de toilette utilisés et des substances qu'ils contiennent. Un contact prolongé – par exemple lors du bain ou quand on applique une crème – favorise la pénétration dans l'organisme par la peau. Or, celle des enfants est non seulement plus fragile (la barrière cutanée n'est pas totalement formée), mais elle est aussi plus perméable. [...]

Les enfants sont plus sensibles à l'exposition à des substances chimiques, car leur organisme est en développement, donc immature. Or, la peau est une surface d'exposition importante, notamment lors des soins corporels. [...] Elle est aussi plus fragile, et des soins agressifs ou non appropriés risquent de provoquer l'apparition d'un terrain allergique ou eczémateux.

Wecf France est l'antenne française de Wecf, *Women Engage for a Common Future*, réseau international écoféministe d'organisations dont le but est de « construire avec les femmes un monde sain, durable et équitable ». www.wecf-france.org.

5 Énoncer les critères à prendre en compte pour le choix et l'utilisation d'un produit de toilette pour bébé.

....

....

....

....

....

6 Citer les inconvénients d'une utilisation régulière de lingettes jetables pour le jeune enfant et ses parents.

....

....

....

DOC 4 Choisir les produits d'hygiène corporelle pour bébé

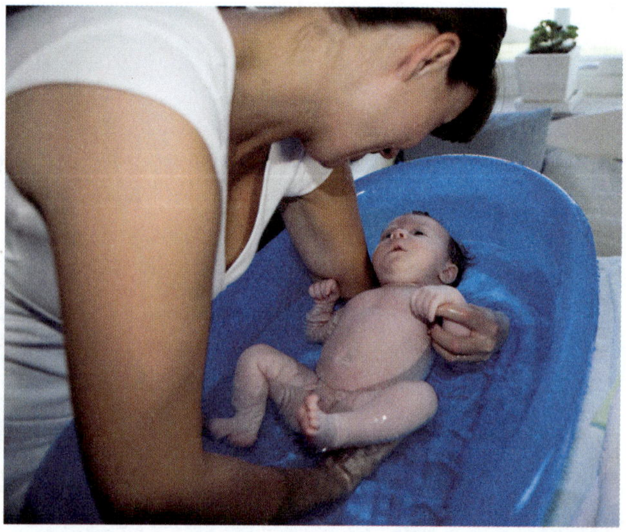

La peau de bébé est fragile : les produits utilisés pour la toilette doivent donc être appropriés à sa peau, non agressifs, non allergènes.

Les produits retenus doivent être spécifiques au nourrisson et au très jeune enfant : on n'utilisera pas de savon, de gel douche... destinés aux adultes. Les dates de péremption et les délais d'utilisation après ouverture doivent être respectés pour sécuriser l'utilisation de ces produits.

Les soins d'hygiène corporelle seront effectués avec le moins de produits possibles : l'eau du robinet, dès lors qu'elle n'est pas trop calcaire, convient parfaitement ; les mélanges de produits sont à proscrire.

Si des produits sont utilisés, il faut veiller à ce qu'ils ne contiennent pas de substances allergisantes, de perturbateurs endocriniens et de conservateurs (tels que le phénoxyéthanol). Il faut privilégier les produits contenant peu d'ingrédients et sans parfum.

Si les lingettes jetables sont très pratiques lors de déplacements, leur utilisation doit rester limitée ; elles contiennent souvent de nombreux composés qui peuvent être agressifs pour les peaux les plus fragiles. Elles sont, en outre, onéreuses et peu écologiques (production de déchets).

Réaliser la toilette complète sans bain

FICHE TECHNIQUE 13

OBJECTIFS DU SOIN • Assurer l'hygiène et la propreté du corps selon les critères de qualité du soin • Procurer du bien-être et du confort à l'enfant • Prévenir les irritations cutanées • Établir une relation sécurisante et privilégiée

Matériels

- ☑ Plan de change, point d'eau
- ☑ Poubelle
- ☑ Matériel pour entretien du plan de change
- ☑ Sac ou bassine à linge sale
- ☑ Mouchoirs jetables
- ☑ 2 serviettes, 1 ou 2 gants de toilette
- ☑ Vêtements (tenue complète) et jouet

Produits

- ☑ Solution hydro-alcoolique (SHA)
- ☑ Gel lavant corps et cheveux hypoallergénique, pH neutre pour bébé

Selon les habitudes des parents :

- ☑ Eau micellaire, liniment oléo-calcaire…
- ☑ Traitement pour érythème ou eczéma (cause fréquente de toilette sans bain) si nécessaire (ordonnance et selon protocole)

ÉTAPES PRÉALABLES

> S'informer sur la tâche et repérer les besoins de l'enfant
> Se mettre en tenue professionnelle FT2 Assurer l'hygiène des mains FT1
> Réaliser le bionettoyage du poste de change
> Réaliser le change FT12
> Vérifier l'organisation de l'environnement (préparer le matériel et contrôler la température de la pièce : au moins 20 °C, sans courant d'air)

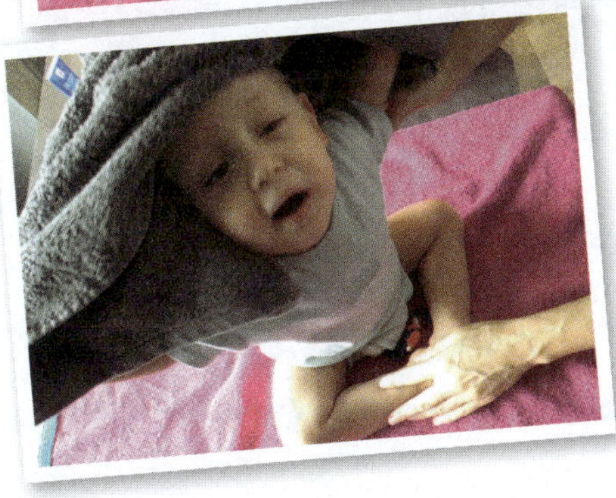

Techniques	Justifications
Disposer l'ensemble du matériel et des produits sur le plan de change	> …………………………
> **Recouvrir** le tapis de change avec la serviette de l'enfant (sans pli). > **Effectuer** une friction des mains avec SHA.	> Respecter les règles de confort, d'hygiène et de sécurité.
Installer l'enfant sur le plan de change et le mettre en body > **Asseoir** ou allonger l'enfant selon son âge et son humeur.	> ……………………………… ………………………………… …………………………………
Laver les cheveux > **Mouiller** le gant, l'essorer légèrement et y placer quelques gouttes de gel lavant. > **Savonner** l'ensemble des cheveux.	> ……………………………… …………………………………
Rincer les cheveux > **Rincer** à l'aide du gant à plusieurs reprises jusqu'à avoir ôté toute trace de gel lavant.	> Assurer l'hygiène et le confort.
Sécher les cheveux > **Sécher** en tamponnant doucement à l'aide de la 2e serviette.	> Limiter les irritations, les frottements et le refroidissement.

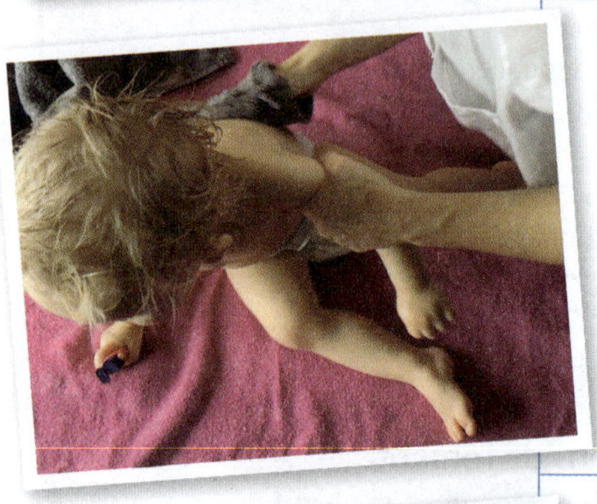

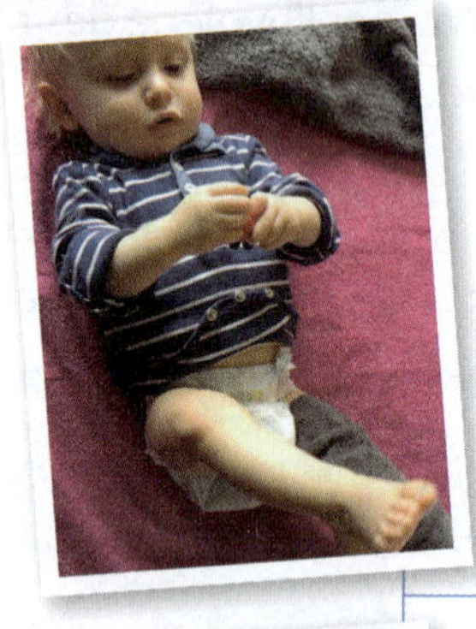

Techniques	Justifications
Laver le haut du corps > **Ôter** le body et le mettre avec le linge sale. > **Savonner** rapidement l'enfant à l'aide du gant et de gel lavant dans l'ordre suivant : – le cou, les aisselles, les bras puis les mains (y compris entre les doigts) ; – le torse puis l'abdomen (y compris le nombril) ; – le haut puis le bas du dos.	> Limiter les risques de refroidissements. > …………………………………… > ……………………………………
Rincer et sécher le haut du corps > **Rincer** le gant puis l'enfant dans le même ordre que le lavage (rincer le gant à plusieurs reprises si besoin). > **Sécher** l'enfant en tamponnant avec la serviette en insistant au niveau des plis cutanés. > **Enfiler** le body propre.	> Limiter les irritations ou démangeaisons. > Limiter la prolifération des germes. > Éviter le refroidissement.
Laver le bas du corps. **Allonger l'enfant sur le dos** > **Laver** à l'aide du gant et du gel lavant les cuisses, jambes et pieds (y compris entre les orteils).	> Respecter l'ergonomie et le confort de l'enfant. > Ôter les salissures et germes présents.
Rincer et sécher l'enfant > **Procéder** de la même manière que pour le haut du corps. > **Rincer** et sécher scrupuleusement au niveau des plis et entre les orteils. **Réaliser les soins du visage FT11 puis habiller l'enfant FT15**	> Assurer son confort et éviter les irritations cutanées. > Limiter la prolifération des germes.

Remarque : parler, jouer, chanter avec l'enfant pendant le soin, afin de le rassurer et de participer ainsi à son développement. Il sera plus calme, ce qui facilitera le soin.

PROTOCOLE DE FIN DE SOINS

- Ranger les produits
- Nettoyer, décontaminer et ranger le matériel
- Se laver les mains
- Effectuer les transmissions (heure d'intervention, identité du soignant, actions réalisées, signalement des anomalies observées : état cutané, altération de l'état, comportement de l'enfant)

Réaliser le bain d'un enfant

FICHE TECHNIQUE 14

OBJECTIFS DU SOIN • Assurer l'hygiène et la propreté du corps selon les critères de qualité du soin • Procurer du bien-être et du confort à l'enfant • Prévenir les irritations cutanées • Établir une relation sécurisante et privilégiée

Matériels

- Plan de change, baignoire et thermomètre de bain
- Poubelle, sac ou bassine à linge sale
- Matériel pour entretien du plan de change
- Papier toilette, carrés de change, mouchoirs en papier, gants jetables (si selles)
- 1 serviette et 1 sortie de bain, 1 gant de toilette
- Couche propre
- Vêtements (tenue complète) et jouet

Produits

- Solution hydro-alcoolique (SHA)
- Savon liquide pH neutre pour bébé
- Shampooing pour bébé

Selon les habitudes des parents :

- Eau micellaire, liniment oléo-calcaire…
- Traitement pour érythème, si nécessaire (ordonnance et selon protocole)

ÉTAPES PRÉALABLES

> S'informer sur la tâche et repérer les besoins de l'enfant
> Se mettre en tenue professionnelle FT 2
> Assurer l'hygiène des mains FT 1 Réaliser le bionettoyage du poste de change
> Vérifier l'organisation de l'environnement (préparer le matériel et contrôler la température de la pièce : au moins 22 °C, sans courant d'air)

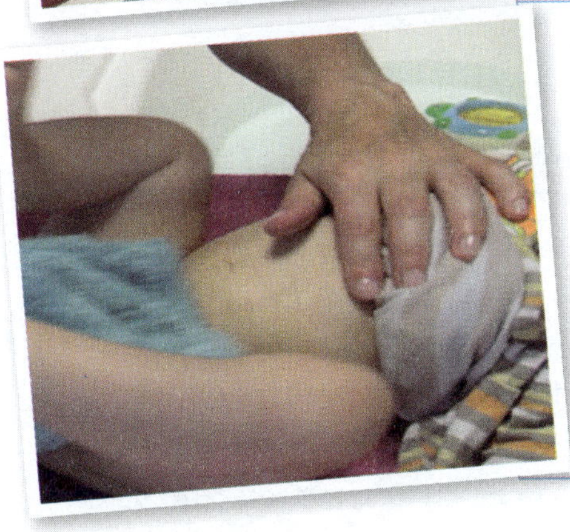

Techniques	Justifications
> **Disposer** l'ensemble du matériel et des produits sur le plan de change.	> ……………………
> **Remplir** la baignoire avec de l'eau à 38 °C (perte d'un degré pendant le déshabillage, le niveau d'eau couvrira le bassin de l'enfant). > **Recouvrir** le tapis de change avec la serviette de l'enfant (sans pli), replier le bas de la serviette vers le haut. > **Effectuer** une friction des mains avec SHA.	> Respecter la sécurité : eau à 37 °C au moment d'y immerger l'enfant : prévention contre les brûlures et l'inhalation d'eau.
Allonger l'enfant sur le plan de change et déshabiller le bas du corps	> Respecter les règles d'ergonomie et d'organisation.
> **Remonter** les vêtements du haut et ôter ceux du bas.	> ……………………
> **Réaliser** le nettoyage du siège FT 12 avec le gant de toilette humide + savon liquide, sans rinçage, et mettre le gant au sale.	> ……………………

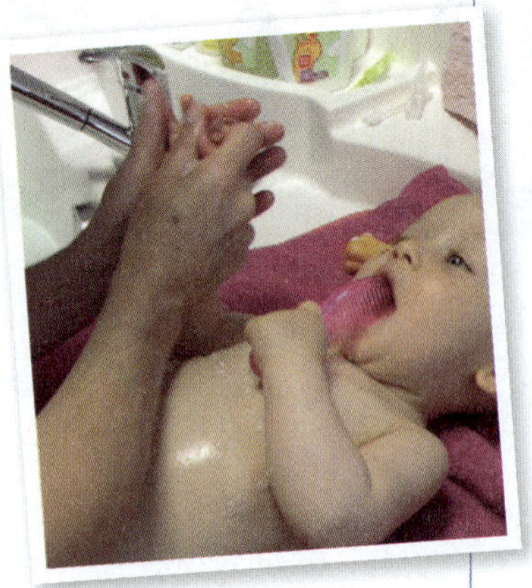

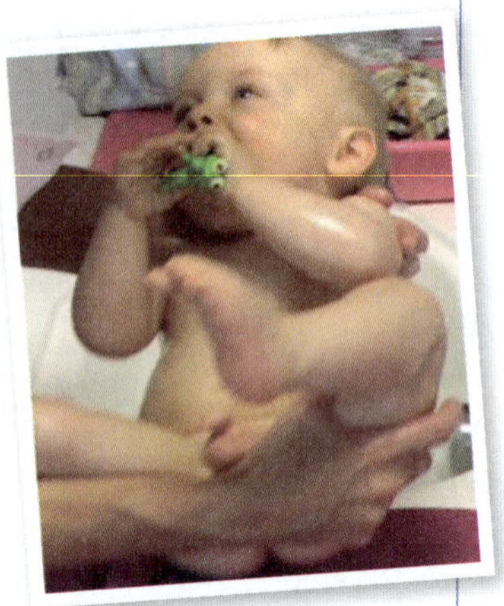

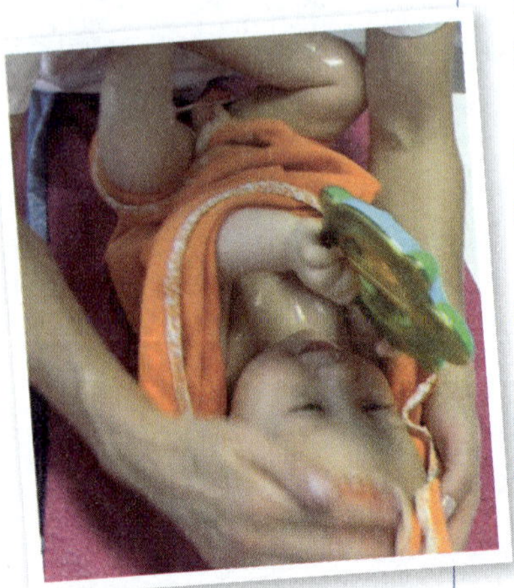

Techniques	Justifications
> **Déshabiller** le haut FT 15. > **Contrôler** la température du bain après avoir bien mélangé l'eau avec le thermomètre (37/37,5 °C). > **Savonner** rapidement l'enfant avec les mains dans cet ordre : – le cou, les aisselles, les bras puis les mains (y compris entre les doigts) ; – le torse, puis l'abdomen (y compris le nombril). > **Basculer** l'enfant sur le côté par la hanche ou l'épaule : – savonner le haut puis le bas du dos. > **Rebasculer** l'enfant sur le dos : – terminer par les cuisses, les jambes et les pieds (y compris entre les orteils).	> Respecter le confort thermique lors de l'immersion. > Respecter les règles d'hygiène et de sécurité. > Laver du plus propre au plus sale. > Mobiliser l'enfant de façon ergonomique et rassurante.
Mettre l'enfant dans le bain > Après avoir rincé vos mains, **maintenir** fermement l'enfant par l'épaule et de la cuisse. > Le **déposer** délicatement dans l'eau en observant sa réaction et en le rassurant. > Le **maintenir** d'une main, et de l'autre mouiller ses cheveux, y mettre quelques gouttes de shampooing et faire mousser. **Rincer l'enfant** > **Commencer** par la tête en évitant de faire couler la mousse sur le visage ou les yeux. > **Terminer** par le corps en insistant dans les plis. > **Laisser** l'enfant jouer.	> .... > Éviter un choc thermique. > Limiter le refroidissement de la tête. > ....
Préparer la sortie > **Placer** la sortie de bain sur le plan de change en maintenant l'enfant d'une main. **Sortir l'enfant du bain** > **Maintenir** l'enfant comme précédemment et le déposer sur la sortie de bain. > Le **recouvrir** complètement, y compris avec la capuche. **Sécher l'enfant** > **Sécher** par tamponnements du haut du corps (tête en premier) jusqu'au bas, en insistant dans les plis et interstices. **Habiller l'enfant** FT 15	> Organiser son travail. > .... > Prévenir les irritations et la prolifération de germes.

> **Remarque :** parler, jouer, chanter avec l'enfant pendant le soin, afin de le rassurer et de participer ainsi à son développement. Il sera plus calme, ce qui facilitera le soin.

PROTOCOLE DE FIN DE SOINS

- > Ranger les produits
- > Nettoyer, décontaminer et ranger le matériel
- > Se laver les mains
- > Effectuer les transmissions (heure d'intervention, identité du soignant, contenu de la couche, signalement des anomalies observées : érythème ou altération cutanée, aspect des selles ou urines)

L'habillage et le déshabillage d'un enfant

TD 17
Bloc 2

OBJECTIF Présenter et justifier l'utilisation de vêtements, d'accessoires facilitant l'habillage et le déshabillage d'un enfant

Activité 1 Les critères de choix des vêtements et des chaussures

1 Souligner les risques encourus par l'enfant lors de ses sorties.

DOC 1 La régulation thermique du jeune enfant

Du fait de son immaturité, l'enfant, et plus particulièrement sa peau et ses yeux, sont hypersensibles au froid, aux UV, aux intempéries et au vent qui peuvent provoquer dessèchement, rougeur, irritations, démangeaisons, crevasses… Les refroidissements favorisent la contraction d'infections diverses (rhinopharyngite, otite, conjonctivite, troubles intestinaux, bronchiolite…). La chaleur et le soleil entraînent de gros risques de brûlures à différents degrés, de déshydratation, d'insolation…

Des tenues appropriées aux circonstances météorologiques ou à la température des lieux de vie doivent compenser l'immaturité de la régulation thermique chez le jeune enfant. Pour maintenir sa température corporelle, l'enfant de moins d'un an doit être couvert avec une épaisseur de plus que l'adulte. L'utilisation d'accessoires vestimentaires permettra d'améliorer sa protection lors des sorties (bonnet, casquette, écharpe, gants, lunettes…).

2 Relier les critères de choix à leurs justifications.

Critères de choix	Justifications
Vêtements faciles à entretenir.	Faciliter les mouvements et favoriser le confort.
Vêtements qui permettent à la peau de respirer et ne provoquent pas de réactions cutanées (en coton ou en lin de préférence).	Assurer la sécurité (éviter les risques d'étouffement, d'étranglement et de pincements) et le confort.
Vêtements amples, faciles à enfiler et à enlever (boutons-pressions), solides, adaptés à l'activité de l'enfant.	Assurer un lavage régulier.
Vêtements sans lien, ficelle, ruban, bouton au niveau du cou. Éviter les laines à poils longs, les fermetures ou Velcro en contact avec la peau.	Protéger de l'hyper- ou de l'hypothermie.
Température ambiante. Tenir compte de la météo et de l'état de santé de l'enfant.	Limiter le déclenchement d'allergies.
Chaussures adaptées à la taille du pied de l'enfant, larges et légères, avec une voûte plantaire et un bout arrondi.	Respecter la morphologie naturelle du pied et sa croissance. Maintenir le pied, la cheville et faciliter la marche.

3 Citer cinq accessoires vestimentaires permettant de protéger l'enfant lors de sorties.

………………………………………………………………………………………………

………………………………………………………………………………………………

Activité 2 Présentation et intérêts des vêtements

4 Relier les images à leurs noms en reportant la lettre dans la case correspondante.

Noms des vêtements

Chaussettes et collant ....
Doivent tenir correctement sans que les élastiques compriment les mollets ou l'abdomen (en coton ou synthétique).

Brassière et culotte ....
- Sous-vêtement cache-cœur croisé sur l'abdomen, maintenu par des boutons-pressions (BP).
- Manches longues.
- Culotte maintenant la couche.

Pyjama ou grenouillère ....
En une seule pièce, couvre l'enfant des pieds jusqu'au cou avec BP dans le dos et l'entrejambe.

Tee-shirt et pull (sweat-shirt) ....
- Boutons ou BP sur l'épaule ou à l'encolure de préférence.
- Manches courtes ou longues.

Body ....
- Sous-vêtement en coton qui épouse le corps avec BP pour l'entrejambe.
- Manches longues ou courtes.

Pantalon et salopette (ou short) ....
- Confortables, adapté aux 2 sexes.
- Taille réglable et BP dans l'entrejambe.

Robe et jupe ....
Généralement attribuées aux filles (peu pratique lorsque l'enfant rampe).

Gilet ....
- Boutons ou fermeture sur le devant.
- Capuche optionnelle.

5 Reporter la lettre du vêtement dans le cadre des intérêts lui correspondant.

....
- Améliore le confort sous un pull ou un gilet.
- Le pull augmente la sensation de chaleur.

....
Facilite la prise de conscience de la différenciation des sexes.

....
Limite les manipulations et l'inconfort (pas d'enfilage par la tête).

....
- S'enfile et s'enlève facilement en cas de froid ou de chaleur.
- La capuche protège la tête (vent/froid).

....
- Facilite les mouvements, le déplacement et le développement moteur.
- Protège les genoux (froid, frottements, chutes).

....
- Maintient la température corporelle.
- Évite les refroidissements et l'inconfort lors des mobilisations ou des mouvements de l'enfant.
- Facilite le change.

Conseil : respecter la personnalisation et l'originalité de l'habillement de l'enfant en évitant le ridicule.

Habiller et déshabiller un enfant

FICHE TECHNIQUE 15

OBJECTIFS DU SOIN • Procurer du bien-être et du confort à l'enfant • Établir une relation sécurisante et privilégiée

Matériels

- ☑ Plan de change
- ☑ Sac à linge sale
- ☑ Matériel pour entretien du plan de change
- ☑ Mouchoirs en papier
- ☑ Serviette, peigne ou brosse
- ☑ Jouet
- ☑ Vêtements, chaussures

Produits

- ☑ Solution hydro-alcoolique (SHA)
- ☑ Savon liquide pH neutre

ÉTAPES PRÉALABLES

- > S'informer sur la tâche et repérer les besoins de l'enfant
- > Assurer l'hygiène des mains FT1
- > Se mettre en tenue professionnelle FT2
- > Assurer le bionettoyage des équipements et matériels
- > Vérifier l'organisation de l'environnement (préparer les vêtements et accessoires nécessaires à portée de main et contrôler la température de la pièce : au moins 20 °C)

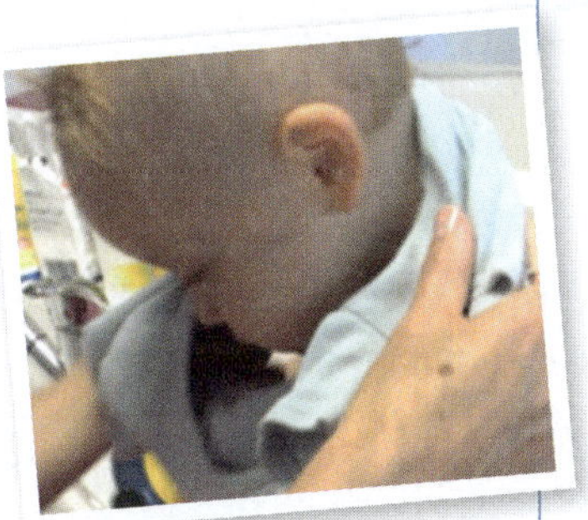

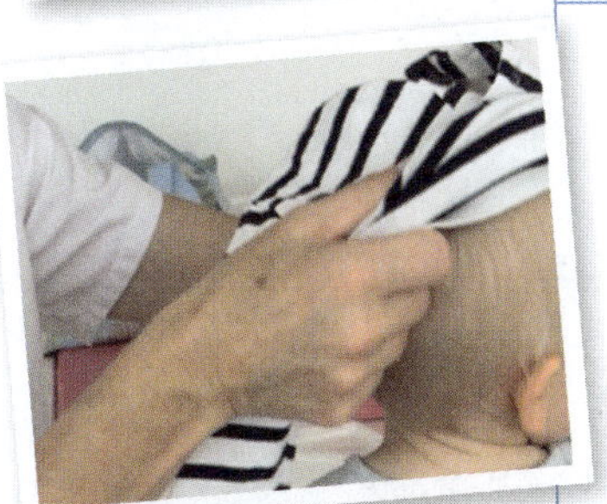

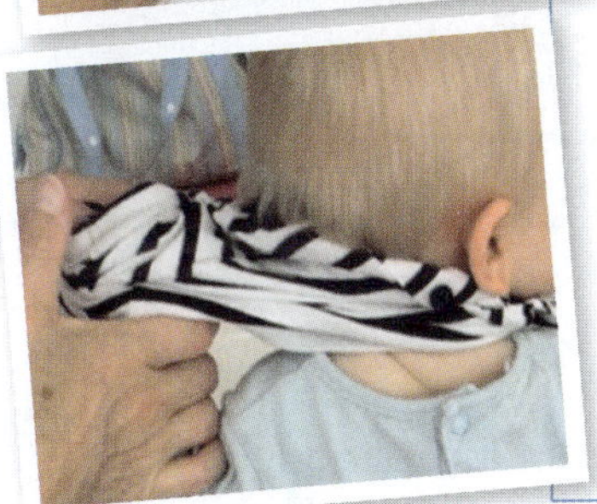

Techniques	Justifications
Aller chercher l'enfant > **L'installer** sur le plan de change (assis ou allongé selon l'âge). > **Lui parler** et lui expliquer ce que l'on fait. **Mettre le body** > **Enfiler** le body par la tête (ouverture maximale) puis enfiler les bras.	> Respecter ses possibilités motrices et son autonomie. > .... > ....
Habiller le haut > **Enfiler** le pull par la tête (penser au préalable à déboutonner l'encolure). > **Retrousser** une manche. > **Passer** la main à l'intérieur pour attraper celle de l'enfant. > **Tirer** doucement la main de l'enfant pour recouvrir le bras avec la manche. > **Reproduire** le même geste avec l'autre bras. Solliciter son aide quand c'est possible. > **Tirer** sur le bas du pull pour recouvrir le dos et l'abdomen. > **Boutonner** l'encolure.	> .... > Assurer le confort et la sécurité de l'enfant (limiter les risques de déboîtement d'épaule). > .... > ....

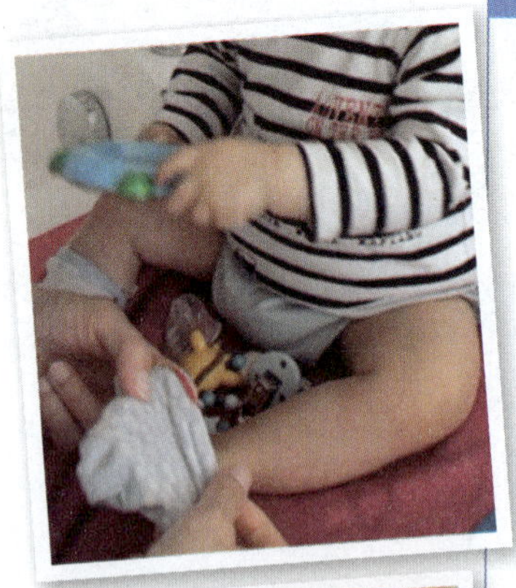

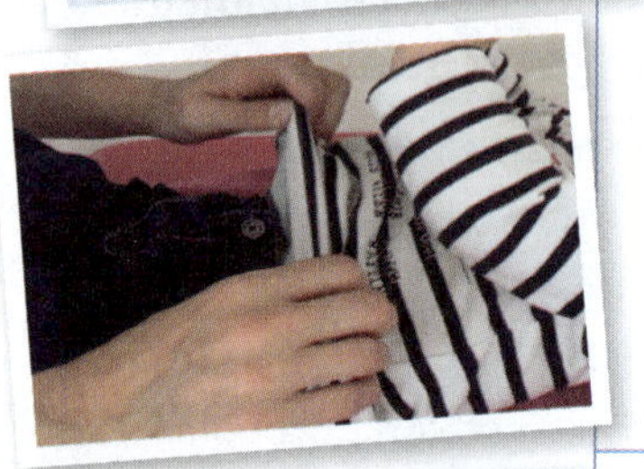
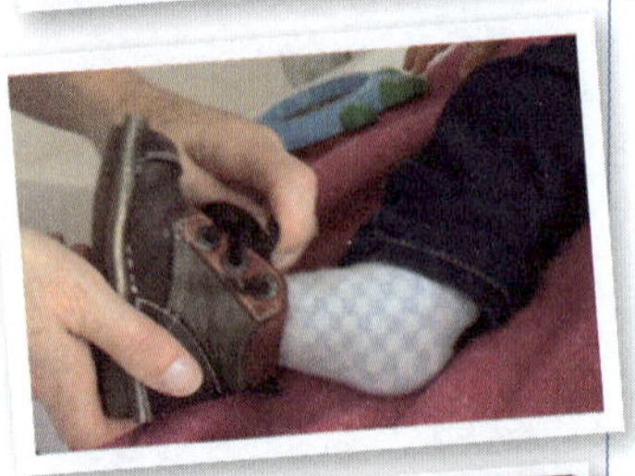
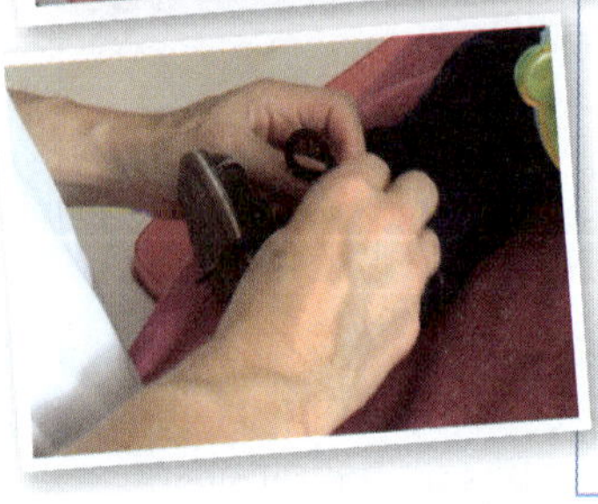

Techniques	Justifications
Habiller le bas	
Mettre les chaussettes ou les collants :	> Respecter un ordre logique (plus simple avant de mettre un pantalon).
> **Retrousser** la chaussette sur vos doigts pour atteindre l'extrémité du pied.	
> **L'enfiler** sur le pied jusqu'aux orteils.	
> **Dérouler** vers le talon.	
> **La remonter** le plus possible sur le mollet.	
> **Vérifier** que le mollet ne soit pas trop serré.	> ....
Mettre un pantalon :	
> **Allonger** l'enfant sur le dos sur le plan de change (il peut se retourner).	
> **Passer** la main dans la patte du pantalon.	
> **Attraper** le pied puis **enfiler** la patte sur la jambe ou **proposer** à l'enfant de passer son pied dans la patte du pantalon (selon capacité).	> Limiter la mobilisation.
> **Reproduire** le geste pour l'autre jambe.	> Favoriser votre ergonomie et celle de l'enfant.
> **Remonter** le pantalon jusqu'au bas du dos.	
> **Remettre** l'enfant sur le dos pour refermer le pantalon sur le ventre, après avoir vérifié qu'il n'y ait plus de plis inconfortables et que l'abdomen ne soit pas comprimé.	> ....
Mettre les chaussures	
> **Préparer** la chaussure (desserrer les lacets et l'ouvrir le plus possible).	> ....
> **Maintenir** la languette (sous les lacets), **enfiler** et **enfoncer** le pied (orteils non recroquevillés) dans le fond de la chaussure (talon contre le contrefort arrière).	> Assurer le confort et la sécurité, éviter les mauvaises positions du pied.
> **Tirer** la languette vers le haut, **serrer** modérément les lacets et **lacer** la chaussure (avec un double nœud).	> ....
> **Reproduire** les mêmes gestes pour l'autre pied.	
> **Effectuer** une friction à la SHA. **Coiffer** l'enfant si besoin.	> ....

Remarque : parler, jouer, chanter avec l'enfant pendant le soin pour le rassurer et favoriser son développement. Le déshabillage se fera selon les mêmes principes en inversant l'ordre des étapes.

PROTOCOLE DE FIN DE SOINS

> Ranger les produits

> Nettoyer, décontaminer et ranger le matériel

> Se laver les mains FT 1

> Effectuer les transmissions : heure et motif de l'intervention, par quel membre de l'équipe, comportement de l'enfant, anomalies observées (vêtements trop petits ou trop grands, réapprovisionnement en rechange…)

Les soins d'hygiène corporelle et de confort de l'enfant

Se tester

Le + numérique
foucherconnect.fr/22soins16
Quiz
Exercice interactif

Exercice 1 Cocher Vrai ou Faux, et justifier vos réponses.

Affirmations	Vrai	Faux	Justifications
La toilette du visage du nourrisson peut se faire avec un gel douche.	☐	☐	…………
Dès que le nourrisson tient assis, il peut être laissé seul dans son bain ou sur le matelas de change.	☐	☐	…………
Lors de la toilette du siège, le séchage doit être effectué par tamponnements.	☐	☐	…………
Des changes réguliers, dès que la couche est sale, est un moyen de prévenir l'érythème.	☐	☐	…………
L'habillage de l'enfant se réalise avec des vêtements adaptés à sa taille, faciles à enfiler et à enlever, d'entretien aisé, sans matière irritante.	☐	☐	…………

Exercice 2 Analyser la situation et répondre aux questions.

Situation

Les produits pour bébé

Monsieur et Madame Alam viennent d'avoir leur premier enfant. Ils s'interrogent sur les produits à utiliser pour les soins d'hygiène corporelle, notamment sur l'utilisation du sérum physiologique et du liniment oléo-calcaire.

1. Expliquer ce que sont ces deux produits et dans quelles situations les utiliser.

……………………………………………………………………

2. Donner deux critères pour choisir un produit pour la toilette de bébé.

……………………………………………………………………

À retenir

Le + numérique foucherconnect.fr/22soins17
Synthèse rédigée et audio

Les principes à respecter lors des soins d'hygiène et de confort

La sécurité : ne jamais laisser un enfant seul sur le plan de change ou dans le bain

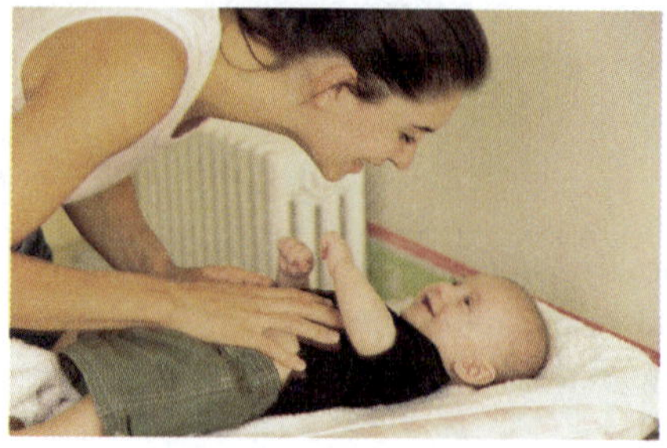

Le choix et l'utilisation des produits

Produits adaptés à la peau du nourrisson et du jeune enfant

Produits sans allergènes, sans parfum, avec le moins d'ingrédients possibles

Ne pas mélanger les produits

Conserver les produits selon les recommandations du fabricant
Vérifier la date de péremption

Les soins d'hygiène corporelle

La toilette du visage

Yeux : compresse + sérum physiologique, du coin interne vers l'extérieur

Nez : mouchoir en papier + sérum physiologique

Oreilles : coton tige sécurisé + sérum physiologique

Toilette du visage avec un gant + eau micellaire ou eau nettoyante

Du plus propre au plus sale

La toilette complète

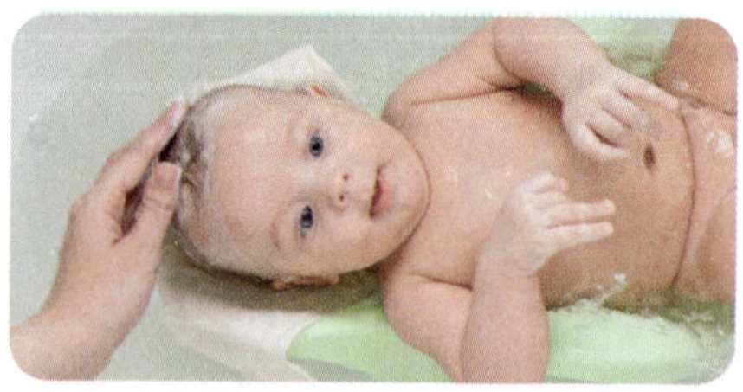

Avec ou sans bain, dans une pièce chauffée à 22 °C

Bain matin ou soir, à distance des repas.

Eau à 37 °C.

Ne pas prolonger le bain au-delà de 10 minutes

La pose de bassin, les matériels

TD 18

Bloc 2

OBJECTIF Présenter, pour chaque matériel, les caractéristiques, leurs intérêts pour la personne et le personnel, leurs conditions d'utilisation, les modalités d'entretien

Activité 1 Les besoins urinaux

1 Nommer chacun des matériels présentés ci-dessous.

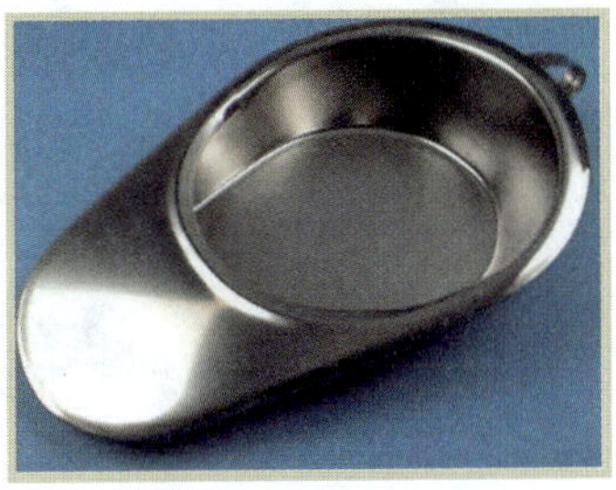

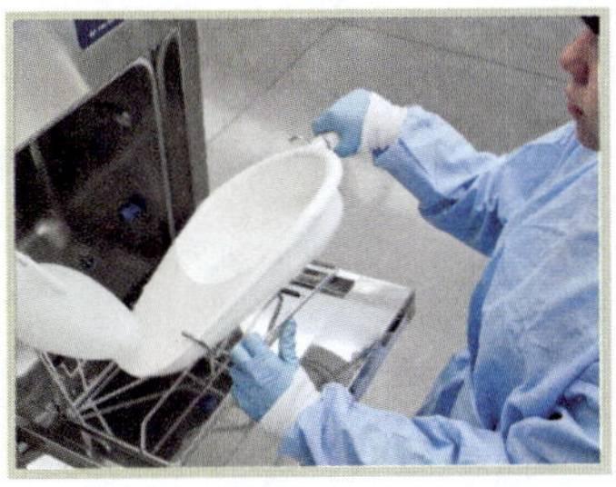

2 Justifier les indications et modalités d'utilisation de l'urinal et du bassin.

DOC 1 Les bassins, les urinaux

En fonction du degré d'autonomie de la personne et de sa pathologie, différents matériels lui seront proposés pour l'élimination. En effet, si la personne est alitée mais continente et ne peut se déplacer jusqu'aux toilettes, l'équipe soignante mettra à sa disposition un urinal féminin ou masculin pour les urines et un bassin pour les matières fécales (et les urines). Le professionnel veillera à placer le bassin sous le méat urinaire et l'orifice anal de la femme. Pour l'homme, il est préférable d'utiliser un urinal pour collecter les urines et un bassin lors de la défécation pour éviter de souiller le drap du dessous. Les professionnels proposeront l'urinal féminin pour collecter les urines de la femme. Il est important de vérifier le positionnement correct des urinaux entre les jambes.

Ces produits, totalement adaptés à une utilisation en milieu hospitalier, ont comme principales caractéristiques : la durabilité, même en cycle d'utilisation intensif, la simplicité d'utilisation grâce à une poignée, la sécurité avec la présence d'un couvercle pour éviter de le renverser ou muni d'un système anti-reflux, enfin la résistance.

Le médecin peut parfois demander que les urines soient quantifiées durant 24 heures et conservées pour des analyses biologiques. Les soignants conserveront donc les urines dans une cantine.

Les urinaux et bassins sont transportés couverts et acheminés par le personnel dans le vidoir du service pour être vidés, lavés et désinfectés dans un lave-bassin automatisé.

3 Citer le mode d'entretien du bassin et de l'urinal.

Activité 2 Les autres matériels

4 Compléter le tableau en précisant sous chaque schéma le nom de l'aide à l'élimination.

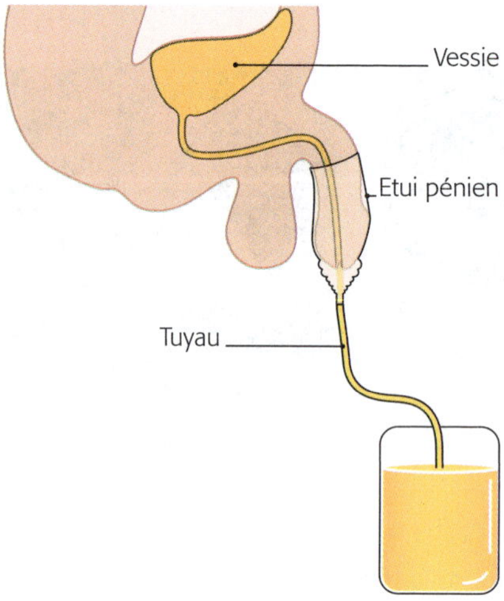	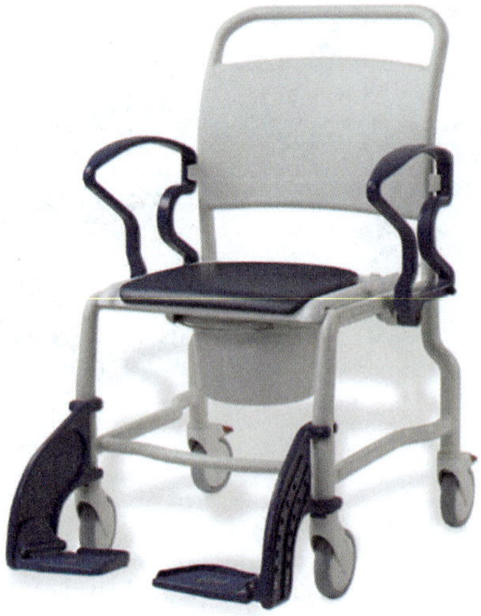	

DOC 2 Les autres matériels d'aide à l'élimination

A. L'étui pénien est un fourreau en latex (ressemblant à un préservatif troué), recouvrant la verge et relié à une poche collectrice d'urine par un tuyau.

B. La chaise garde-robe est très utile aux personnes à mobilité réduite qui ne peuvent pas se rendre aisément aux toilettes ; elle permet à un utilisateur de s'asseoir et, grâce à la découpe circulaire, de satisfaire ses besoins (uriner et déféquer).

C. Le rehausseur de toilettes sert aux personnes mobiles mais ayant des difficultés pour s'asseoir sur des toilettes classiques.

Poser un bassin

FICHE TECHNIQUE 16

OBJECTIFS DU SOIN • Assurer l'hygiène corporelle • Préserver la pudeur et le confort • Favoriser le bien-être physique et psychologique de la personne

Matériels

- Bassin et couvercle adapté
- Urinal
- Alèse à usage unique
- Gants à usage unique
- Papier toilette
- Poubelle avec sac
- Sac à linge sale dans le couloir

Produits

- Solution hydro-alcoolique (SHA)

ÉTAPES PRÉALABLES

- Repérer les besoins de la personne et son degré d'autonomie
- Informer la personne du soin, s'assurer de son accord
- Préparer le matériel et les produits
- Assurer l'hygiène des mains FT1
- Se mettre en tenue professionnelle FT2
- Réaliser le bionettoyage du matériel

PRINCIPES DE BASE

- Monter le lit à hauteur de hanches
- Utiliser des gants à usage unique en présence de liquide biologique

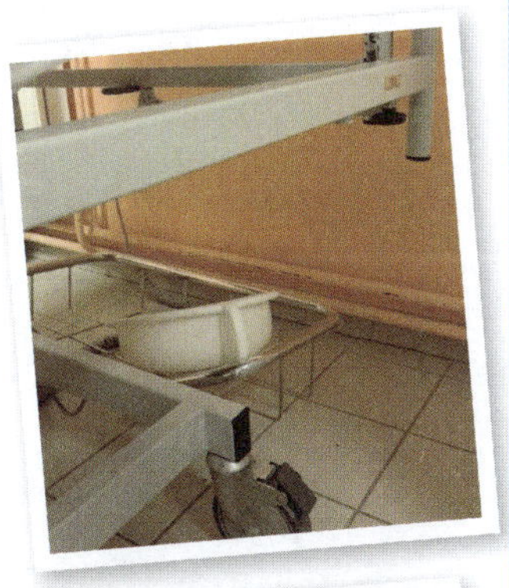

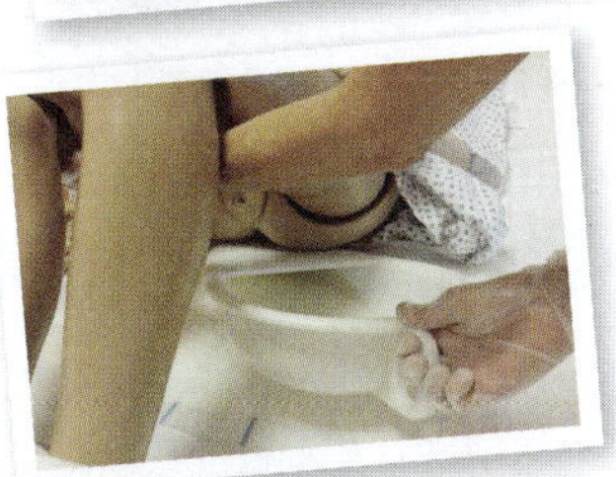

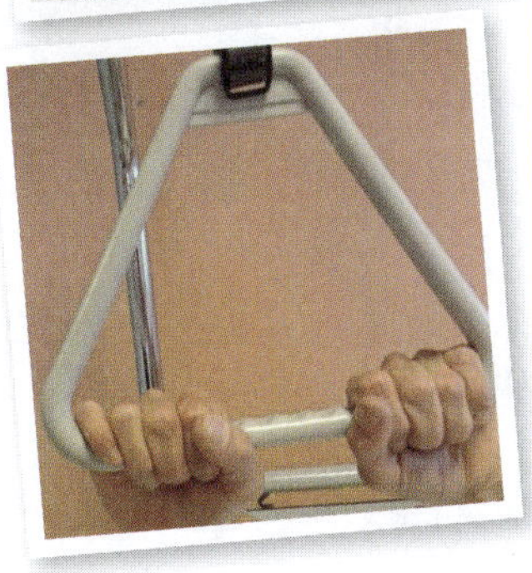

Techniques	Justifications
Installer un bassin	
> **Installer** la personne en décubitus dorsal, tête légèrement relevée. > **Vérifier** que la potence de lit est accessible pour la personne. > **Poser** le bassin sur le niveau inférieur du lit, poignée dirigée vers le soignant.	> .... > ....
> **Replier** le dessus-de-lit et la couverture au bas du lit sans déborder. > **Garder** le drap de pudeur FT7. > **Mettre** des gants à usage unique. > **Demander** à la personne de plier les jambes et de soulever le siège en appuyant sur les talons et en s'aidant de la potence saisie en pronation FT22. > Si la personne ne peut pas lever le siège, la **tourner** sur le côté FT8. > **Mettre** une alèse sur le drap. > **Glisser** rapidement le bassin sous le bas du dos.	> .... > .... > ....

	Techniques	Justifications
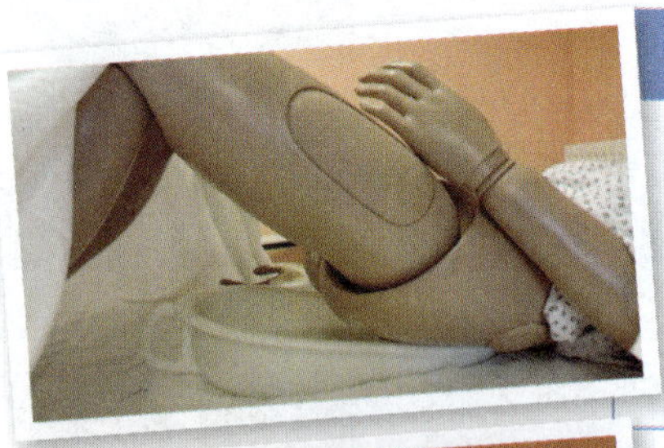	> **Veiller** à ce que le plat du bassin soit situé dans le bas du dos et le réceptacle du bassin sous l'anus. > **Mettre** le drap de pudeur sur les genoux pliés.	> ……………………………… ………………………………
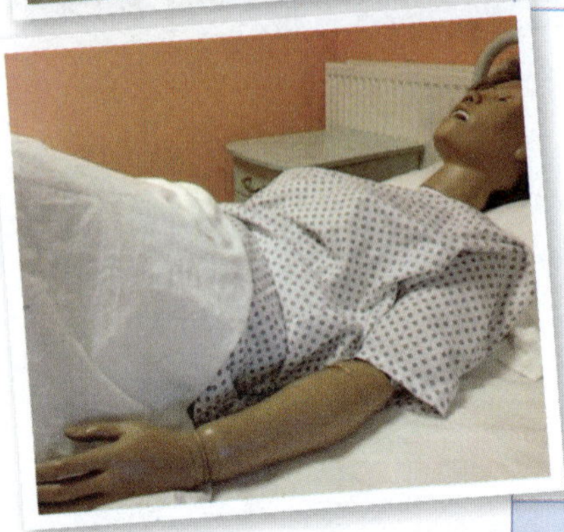	> **Laisser** la personne seule sur le bassin. > **Veiller** à être à portée de voix et laisser la sonnette d'appel à portée de main. > Quand la personne signale qu'elle a fini, **descendre** le drap de pudeur. > **Proposer** à la personne de s'essuyer ou l'essuyer des parties génitales vers l'anus (de haut en bas).	> ……………………………… > ……………………………… > Informer en cas d'anomalies. > ………………………………
	Installer un urinal	
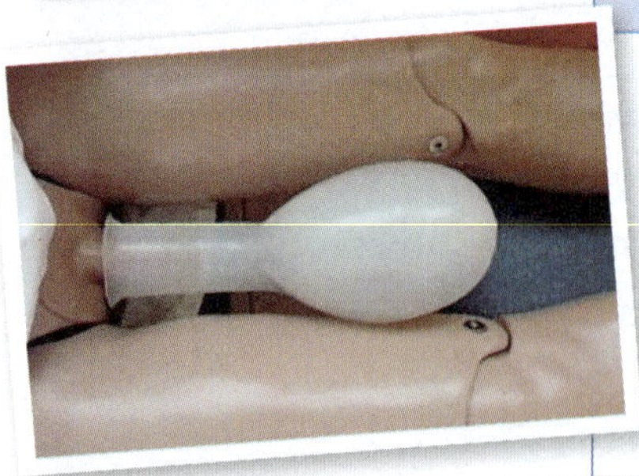	> **Demander** à la personne d'écarter les jambes. > **Lui proposer** de positionner seule l'urinal, ou l'aider. > **Pour l'homme :** vérifier que le sexe masculin soit dans l'urinal. > **Pour la femme :** vérifier que l'urinal féminin soit placé sous le sexe féminin.	> ………………………………
	Enlever un urinal ou un bassin	
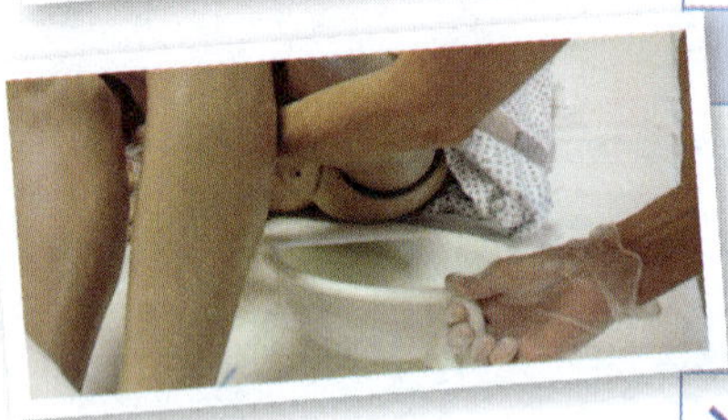	> **Enlever** le bassin ou l'urinal et l'alèse de la même façon que pour la pose.	> Éviter la bio-contamination.
	> **Vérifier** l'état cutané au niveau du sacrum et des hanches. > **Observer** les selles et/ou les urines (quantité et couleur).	
	> **S'il y a une prescription médicale, vider** les urines dans une cantine. > **Remettre** le drap de pudeur et la couverture. > **Poser** le couvercle sur le bassin ou envelopper l'urinal dans une alèse, **acheminer** l'urinal ou le bassin au lave-bassin, le **mettre** dans le lave-bassin comme prévu par le protocole, **lancer** le programme de lavage et désinfection. > **Enlever** ses gants. > FHA. **Prendre** un bassin ou un urinal propre et le **ramener** dans la chambre.	
	> **Proposer** une toilette intime FT8.	> Éviter les infections urinaires.
	Réfection du lit occupé FT 19	

PROTOCOLE DE FIN DE SOINS

- > Réinstaller la personne selon son désir en veillant à ce qu'il ne lui manque rien (sonnette, télécommande, eau, livre, verre…)
- > Ranger les produits
- > Assurer l'hygiène des mains FT 1
- > Effectuer les transmissions (comportement ou plainte de la personne, degré de participation, état cutané, présence ou pas d'urine et/ou de selles…).

Se tester

Le + numérique
foucherconnect.fr / 22soins18
Quiz
Exercice interactif

Exercice 1 Répondre par Vrai ou Faux.

Entourer la bonne réponse pour les précautions à prendre lors de la pose et de l'enlèvement du bassin, et pour vider les urines.

a. Observer et transmettre l'état cutané au niveau des points d'appui (sacrum, talons).	Vrai	Faux
b. Observer et transmettre la couleur des urines.	Vrai	Faux
c. Réaliser une toilette génitale et éviter la macération en rinçant, séchant en tamponnant avec précaution, surtout au niveau des plis cutanés.	Vrai	Faux
d. Le médecin prescrivant la quantification sur 24 heures, vider les urines dans une cantine mais ne pas les jeter.	Vrai	Faux
e. Préférer le bassin à l'urinal pour quantifier les urines facilement.	Vrai	Faux

Exercice 2 Relier le matériel adéquat pour éliminer à la situation correspondante.

Situation	Matériel
Madame Georgette, atteinte de sclérose en plaques, ne peut pas se lever la nuit mais souhaite pouvoir satisfaire son besoin d'éliminer. •	• Urinal
Monsieur Yassine, 83 ans, a la grippe depuis 2 jours. Il est atteint de Parkinson et est très fatigué, hyperthermique et incontinent temporairement. Il ne peut se lever et reste alité depuis. L'infirmière et le médecin proposent de lui poser un dispositif durant quelques jours pour qu'il puisse uriner en toute tranquillité sans se mouiller, et pour pouvoir quantifier ses urines. En effet, sa diurèse sur 24 heures est à surveiller. •	• Bassin
Monsieur Quentin, 79 ans, mesure 1,90 m et a beaucoup d'arthrose vertébrale. Il peut difficilement s'asseoir sur les toilettes standard du fait de sa grande taille. •	• Étui pénien
Madame Juliette, 75 ans, aime pouvoir être autonome la nuit pour satisfaire son besoin d'éliminer, mais elle ne se sent pas capable d'aller jusqu'aux toilettes dans sa salle de bain et ne veut pas déranger les veilleuses de nuit. En revanche, elle peut se lever seule pour s'asseoir dans son fauteuil à côté de son lit. •	• Chaise garde-robe
Monsieur Justin a souvent besoin d'uriner la nuit ou pendant la sieste, mais il souhaite encore pouvoir le réaliser seul sans avoir à se lever, et sans aide. •	• Rehausseur de toilettes

À retenir

Le + numérique foucherconnect.fr/22soins19
Synthèse rédigée et audio

Les matériels d'aide à l'élimination selon l'autonomie

Si → Continence → Conserver et favoriser l'autonomie → Choisir le matériel adapté

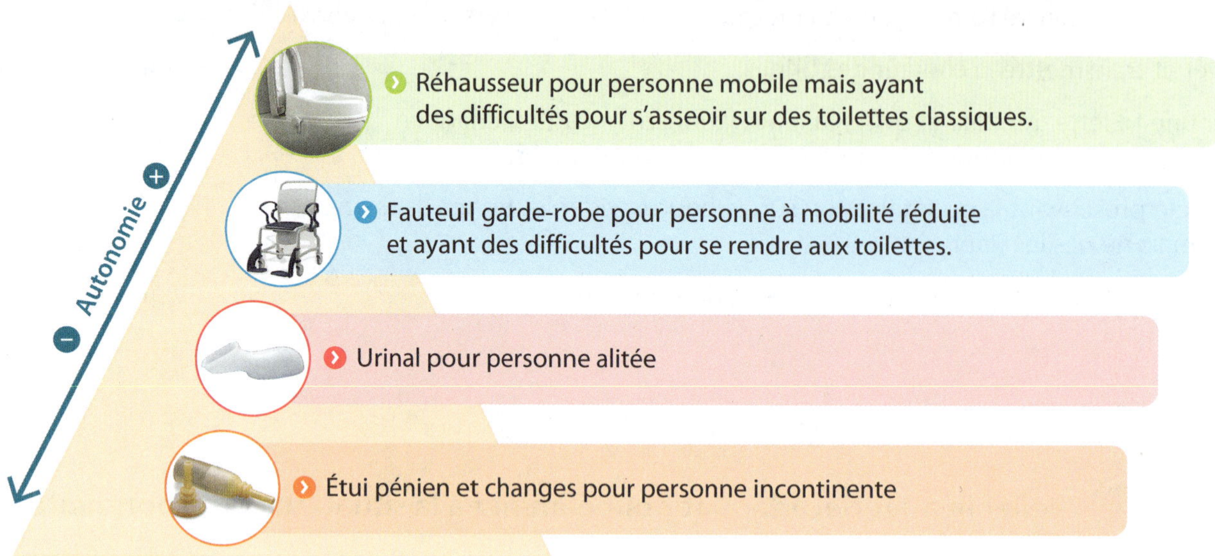

Le nettoyage du matériel d'aide à l'élimination

Bassin ou urinal utilisés pour la personne alitée

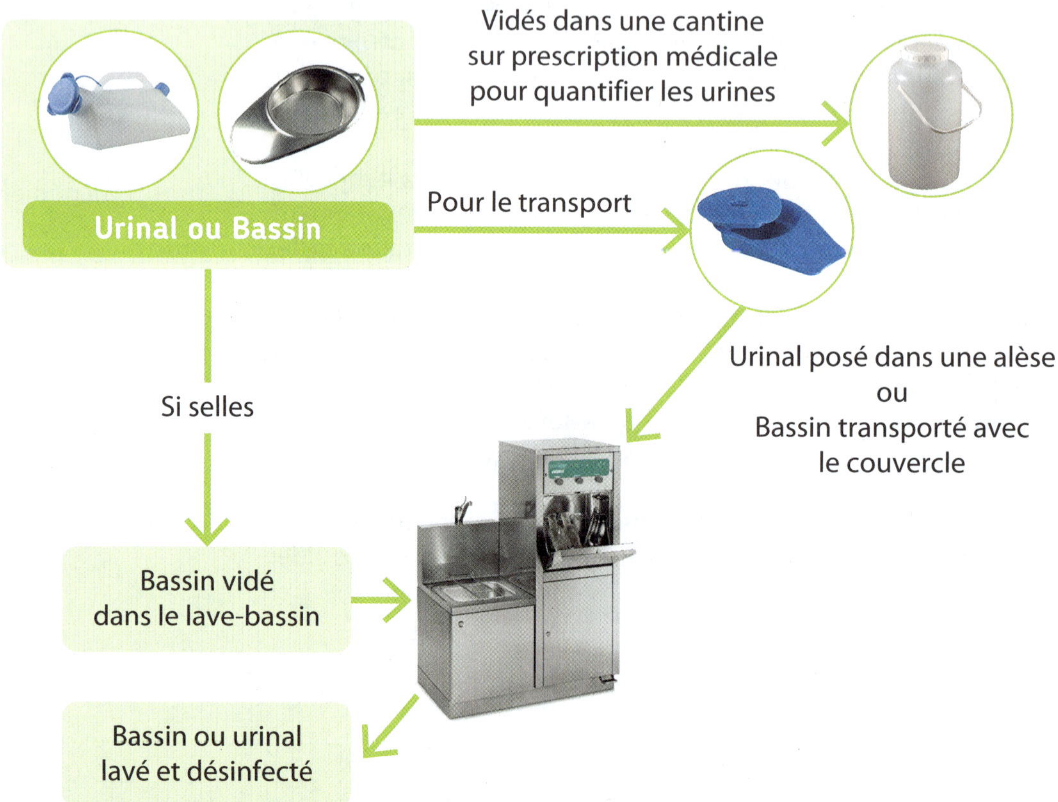

Les différents risques d'un alitement prolongé

TD 19
Bloc 2

OBJECTIFS 1. Identifier les différents risques liés à un alitement prolongé et leurs signes évocateurs 2. Justifier les moyens de prévention pour chacun de ces risques

Activité 1 Les escarres

1 Souligner les différents moyens de prévention des escarres.

DOC 1 Comment prévenir les escarres ?

L'escarre est une nécrose tissulaire due à la compression prolongée de la peau et des tissus sous-cutanés entre deux plans durs (os et supports tels que matelas, fauteuil).
La première mesure de prévention consiste à évaluer le risque d'escarre chez tout patient, ce qui permet de cibler ceux qui vont avoir besoin de soins de prévention et d'individualiser la stratégie de prévention en fonction des facteurs de risques repérés. Cette évaluation se fait à l'aide de grilles variées (*cf. foucherconnect p. 224, l'échelle de Norton*).
Les mesures de prévention mises en œuvre sont alors multiples et adaptées au cas de chaque patient : maintien de la propreté corporelle pour éviter les macérations, gestion des incontinences urinaire ou fécale, hydratation suffisante, alimentation adaptée pour prévenir la dénutrition, éventuellement régime hyperprotéiné, vérification régulière de l'état cutané des zones d'appui.
Les changements de position réguliers, les effleurages sur les zones d'appui sont aussi mis en œuvre pour les patients à risques.
L'utilisation de matériels spécifiques permet de réduire la pression sur les zones sensibles, mais ne dispense pas des autres moyens de prévention.
Quels que soient les moyens retenus, la prévention passe également par la sensibilisation de tout le personnel, du patient et de son entourage.

2 Relier par une flèche chaque matériel présenté à ses caractéristiques, entourer le mode d'action et souligner pour quel type de patient le matériel peut être utilisé.

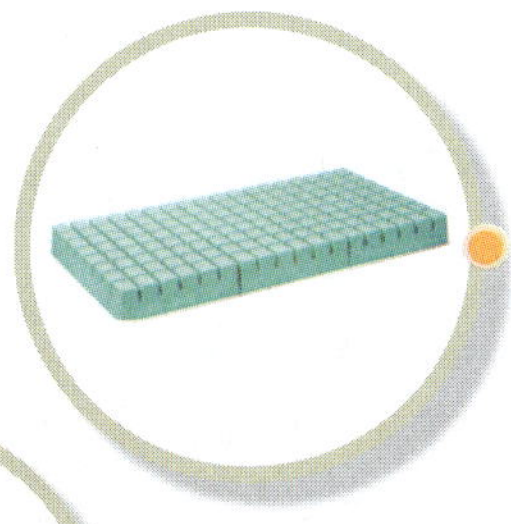

Ces coussins contiennent un gel plus ou moins fluide diminuant les pressions subies sur les zones à risques, notamment en position assise (ex. : fauteuil roulant).
Ils sont souvent utilisés de manière transitoire et pour des patients à risque d'escarres faible.

Les matelas à air alterné sont composés de poches remplies d'air. Un compresseur gonfle et dégonfle alternativement ces poches, ce qui permet de modifier ou décharger les appuis par alternance. Ces matelas sont préconisés pour les patients à risque élevé d'escarres. Il existe des surmatelas de même type.

Ces plots sont en mousse de polyuréthane, découpés en petits plots carrés à leur surface, ce qui les fait ressembler à un gaufrier. Ces plots de mousse permettent d'augmenter la surface d'appui et de mieux répartir la pression sur l'ensemble du corps. Pour conserver l'efficacité des plots, la housse et les draps ne doivent pas être bordés autour de ces matelas. Ils sont surtout utilisés pour les patients à risque moyen d'escarres.

3 Compléter le tableau et justifier vos réponses.

Affirmations	Vrai	Faux	Justification
L'effleurage doit se faire sur toutes les rougeurs, quel que soit leur stade, constatées aux zones d'appui.	☐	☐	....
L'effleurage se fait 3 ou 4 fois par jour pendant une minute.	☐	☐	....
L'effleurage avec de l'alcool de lavande, d'odeur très agréable, ou avec une pommade comme le Cetavlon® est conseillé.	☐	☐	....
L'effleurage se réalise en massant bien la peau.	☐	☐	....

DOC 2

L'effleurage

L'effleurage est un moyen utilisé pour la prévention des escarres. Il consiste à « effleurer » la peau, sur les zones à risques d'escarres, sans appuyer, pour favoriser la micro-circulation cutanée.

Il se pratique sur les zones à risques (points d'appui pour un patient donné).

L'effleurage se réalise uniquement sur les rougeurs disparaissant à la pression. Si la rougeur persiste : surtout pas d'effleurage, il s'agit d'une escarre de stade 1 qui nécessite d'autres soins.

Il se réalise, à mains nues, avec une huile hyperoxygénée (ex. : Sanyrène® qui hydrate l'épiderme et renforce la résistance cutanée). Le produit est pulvérisé sur la peau, puis on le fait pénétrer en effleurant du bout des doigts, sans gants qui pourraient irriter la peau, pendant une minute environ, cela trois à quatre fois par jour pour favoriser la micro-circulation suffisamment et régulièrement.

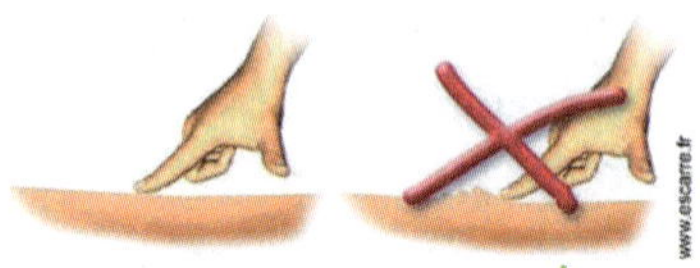

Il faut absolument éviter l'utilisation de produits alcoolisés qui dessèchent la peau et de pommades grasses qui favorisent la macération.

Activité 2 Les phlébites

4 Compléter les encadrés.

La phlébite : définition	Pourquoi l'alitement prolongé favorise-t-il les phlébites ?	Les moyens de prévention
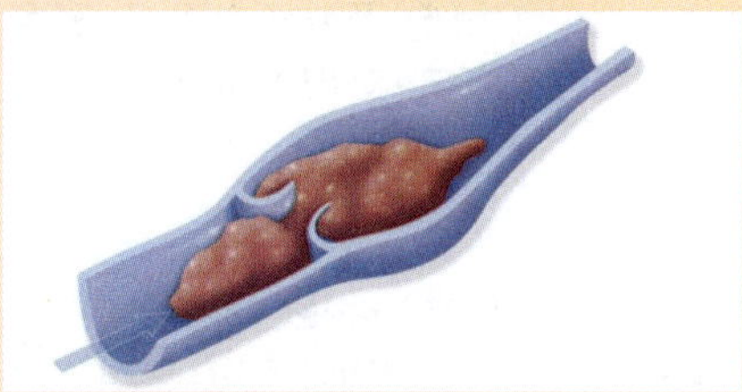	....	....

DOC 3 Les moyens de prévention des phlébites

La phlébite (formation d'un caillot sanguin dans une veine profonde) est une complication grave de l'alitement prolongé.
L'immobilisation augmente la stase[1] veineuse, créant un ralentissement du flux veineux, ce qui entraîne une augmentation de la viscosité du sang. Cette stase peut conduire à la coagulation du sang et à la formation d'un caillot : ce caillot peut se détacher et migrer pour aller obstruer l'artère pulmonaire, entraînant une embolie pulmonaire. Les phlébites surviennent essentiellement au niveau des membres inférieurs.
Le premier moyen de prévention est de limiter l'alitement prolongé par un lever précoce quand cela est possible. Une mobilisation active régulière des jambes chez les personnes alitées permet de limiter le risque.
D'autres moyens de prévention peuvent être mis en œuvre : le port d'une contention élastique veineuse (bas ou bandes 24 h/24), la surélévation du pied du lit, l'instauration d'un traitement antithrombotique. Une surveillance régulière doit être effectuée pour détecter le plus tôt possible les premiers signes de cette complication.

1. Lenteur ou arrêt de la circulation sanguine.

Activité 3 Les autres complications

5 Compléter le tableau ci-dessous.

Complications	Définition	Pourquoi l'alitement favorise-t-il cette complication ?	Prévention
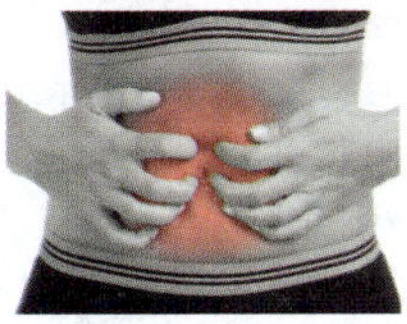			
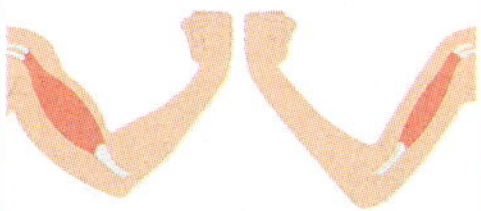			
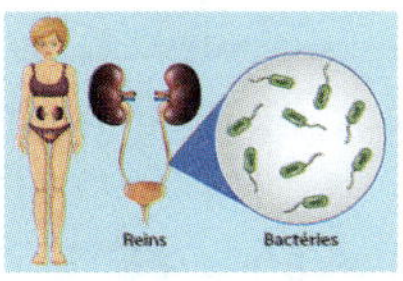	Infections de l'appareil urinaire par un agent bactérien, viral ou parasitaire.		
 medipedia.be			

DOC 4 La constipation

La constipation se définit par deux selles ou moins par semaine ou des difficultés d'évacuation intestinale. L'alitement prolongé entraîne l'inaction des muscles abdominaux, ce qui diminue le transit intestinal avec pour conséquence une stase colique et rectale. La constipation est également aggravée par la prise de certains médicaments (ex. : la morphine).
Si la constipation n'est pas dépistée à temps, il peut y avoir formation d'un fécalome[1].
Le premier moyen de prévention est de limiter l'alitement prolongé par un lever précoce quand cela est possible.

Pour prévenir la constipation, il faut veiller à un apport hydrique suffisant et à des mesures hygiéno-diététiques (consommation suffisante de fruits et légumes pour garantir l'apport en fibres, repas à heures fixes…). D'autres moyens de prévention peuvent être mis en œuvre : utilisation de laxatifs, exercices respiratoires.
La surveillance journalière du nombre de selles est importante.

1. Accumulation de matières fécales dans le rectum avec absence d'évacuation depuis plusieurs jours.

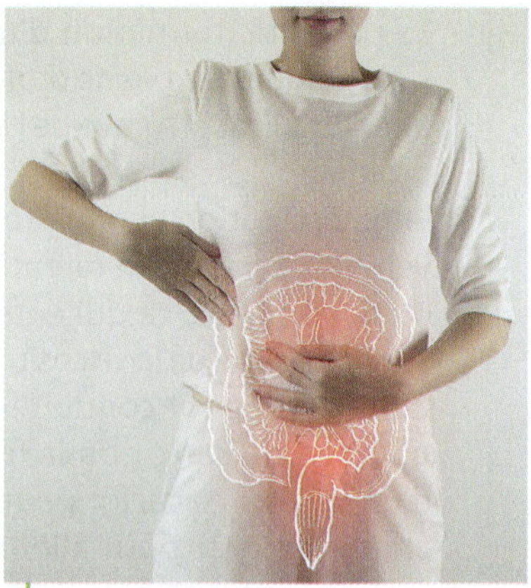

DOC 5 Les autres complications

L'atrophie musculaire ou sarcopénie est une conséquence d'un alitement prolongé. Cette fonte musculaire peut apparaitre rapidement chez certains patients après quelques jours d'immobilisation. L'absence de mouvements, donc de sollicitations de muscles, entraîne cette fonte et peut aussi réduire les capacités articulaires et conduire à un affaiblissement de la force. Des séances de kinésithérapie chez les personnes alitées peuvent être mises en place pour réaliser des mouvements, mobiliser les membres et ainsi lutter contre l'immobilité.
L'immobilisation et le décubitus engendrent des difficultés de vidange vésicale ; cette vidange est souvent incomplète. Cette stase vésicale associée à l'immobilité et au décubitus favorisent les infections urinaires. Il faut maintenir un état d'hydratation suffisant, surveiller la diurèse, veiller à une hygiène rigoureuse.
Le décubitus rend difficile l'élimination des sécrétions bronchiques et favorise leur stase car il réduit le tonus des muscles respiratoires, avec pour conséquence une ventilation moindre. Un bouchon muqueux peut alors se former, rendant difficile la respiration et favorisant les infections pulmonaires. Le personnel doit aider la personne alitée à expectorer régulièrement pour évacuer les sécrétions. Des séances de kinésithérapie permettent de désencombrer les bronches. La surélévation de la tête du lit limite la stase et facilite l'élimination des sécrétions bronchiques.

#vidéo
Danger à l'alitement (2'14")
foucherconnect.fr/22soins20

Activité 4 Le syndrome de glissement

6 Encadrer la définition du syndrome de glissement, souligner en noir les facteurs favorisants, et en bleu la prévention possible.

DOC 6 Qu'est-ce qu'un syndrome de glissement ?

On appelle **syndrome de glissement** une dégradation rapide de l'état général et des fonctions intellectuelles : la personne semble refuser inconsciemment de vivre. Le syndrome de glissement est souvent secondaire à une pathologie, à un traumatisme sévère ou à un choc psychologique important (ex. : hospitalisation avec alitement prolongé, entrée brutale en institution, isolement social suite à un décès).

Ce syndrome, fréquent chez la personne âgée et d'installation rapide, se traduit par un refus de soins, de s'alimenter, de se mouvoir. La personne se désintéresse de tout ce qui l'entoure et se replie sur elle-même. La mise en place d'actions contre la perte de mobilité et l'isolement peut permettre de prévenir le syndrome de glissement. La préparation de l'entrée en institution et l'accompagnement de la personne avec l'aide de son entourage sont également à mettre en œuvre.

Réaliser des changements de position

FICHE TECHNIQUE 17

OBJECTIF DU SOIN Prévenir les complications cutanées liées à l'alitement prolongé

Matériels
- Coussins
- Arceau
- Matelas adapté selon le niveau du risque d'escarre

Produit
- Produit hydratant, sans alcool, non coloré selon habitude du service

ÉTAPES PRÉALABLES
> Évaluer le risque d'escarre
> Proposer les moyens de prévention adaptés
> Assurer au patient une hygiène soigneuse et permanente
> Surveiller les points d'appui
> Informer le patient des mesures prises

PRINCIPES DE BASE
> Un lit propre sans corps étranger, avec des pièces de literie bien tirées, non bordées
> Un changement de position toutes les 2 ou 3 heures
> Une fiche de suivi
> Un effleurage des zones d'appui lors de chaque changement de position

1 L'installation du patient en décubitus dorsal

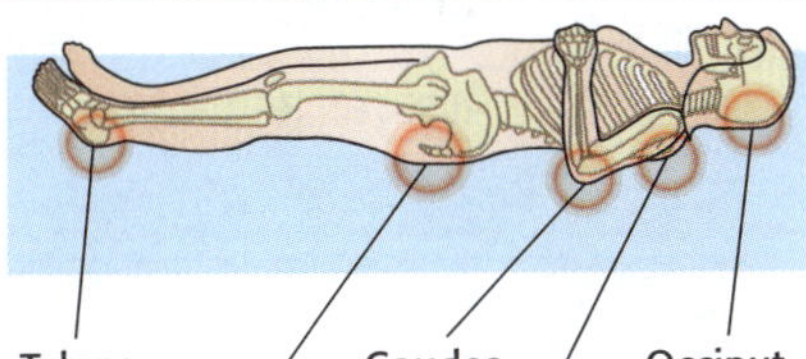	> Décubitus dorsal → **position à risque d'escarre**	> Points d'appui : occiput, omoplates, coudes, sacrum, ischions, talons très sollicités

	Techniques	Justifications
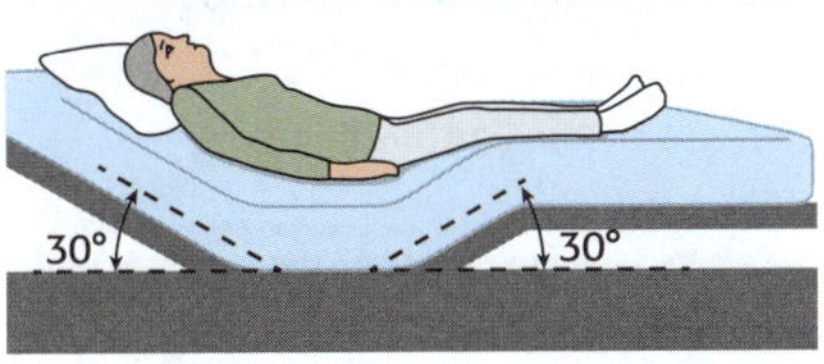	> **Relever** la tête et les pieds du lit à 30°.	> .... > Diminuer le risque de cisaillement.
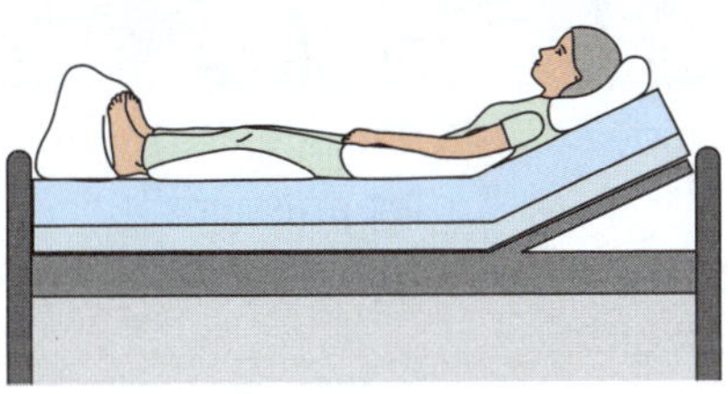	> **Placer** des coussins : – au niveau des pieds ; – sous les genoux ; – sous les bras. > **Disposer** un arceau sous les draps au pied du lit et des coussins anti équins.	> Améliorer le confort. > Diminuer les pressions aux points d'appui. > Limiter le poids des pièces de literie sur les orteils. > Éviter les positions vicieuses.

> **Assurer** les transmissions :
Date / Heure – Nom et signature du soignant
– État cutané vérifié
– Effleurement effectué
– Changement de position réalisé

#vidéo
Soins des escarres en gériatrie – Positionnement et changement de position (jusque 6'32")
foucherconnect.fr/22soins21

2 L'installation du patient en décubitus latéral oblique

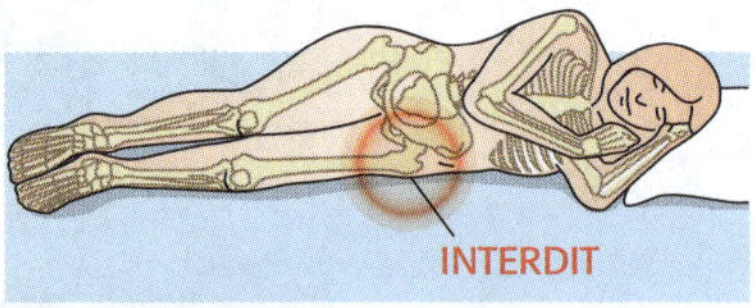	> Décubitus semi-latéral à 30° ou oblique, gauche ou droit → **position à faible risque d'escarre**	> Points d'appui : zones du sacrum, des trochanters, des ischions et des talons soulagées

	Techniques	Justifications
En décubitus latéral 30°		
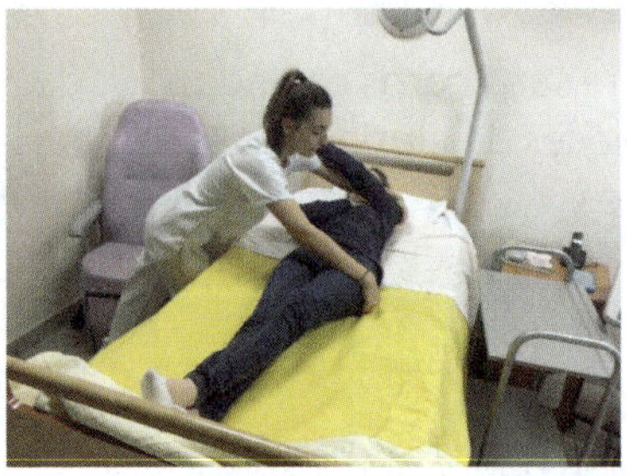	> **Rehausser** le lit à bonne hauteur. Mettre le lit à plat et se positionner jambes écartées contre le lit. > **Placer** les mains en cuillère derrière l'épaule et derrière la hanche du patient. > **Solliciter** la participation du patient qui empaume l'épaule du soignant et croise sa jambe éloignée sur la jambe la plus proche. > **Entraîner** la personne vers soi. > **Placer** le patient sur le côté à 30° par rapport au matelas.	> Solliciter le patient. > Accompagner la mobilité.
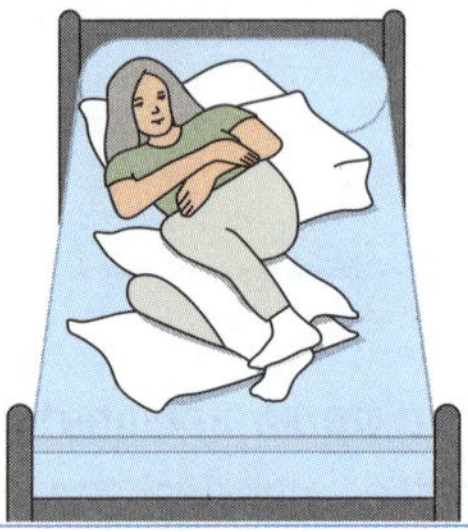	> **Vérifier** que sacrum et trochanter ne sont pas en appui. > **Fléchir** très légèrement les membres inférieurs (hanches et genoux) et poser la jambe supérieure à l'arrière de l'autre jambe. > **Caler** le patient avec un traversin placé derrière son dos. > **Séparer** les genoux et les malléoles par un coussin plat.	> .... > Éviter la surcharge d'un membre inférieur sur l'autre. > Assurer le confort.
> **Assurer** les transmissions.		

3 L'installation du patient en position demi-assise

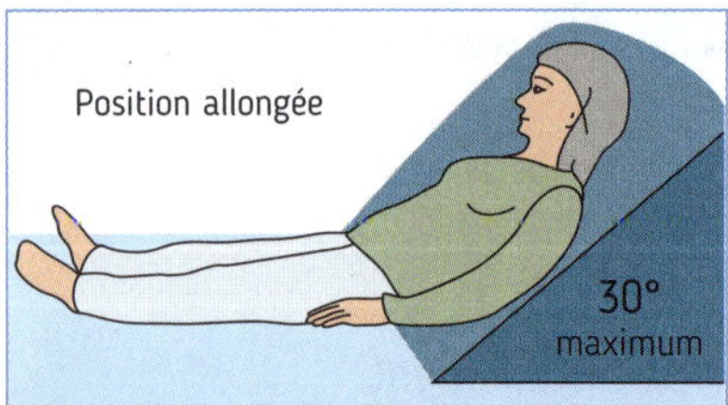	> Position demi-assise au lit avec le relève-buste incliné à 30°. → indiquée pour un patient porteur de sonde nasogastrique, insuffisant respiratoire ou cardiaque → **position à risque d'escarre**	> Points d'appui : talons et sacrum sollicités

	Techniques	Justifications
	> **Amener** la personne en position demi-assise à l'aide d'un relève-buste, ou relever la partie haute du lit (pas plus haut que 30°). Si besoin, remonter le patient dans le lit, avec son aide ou celle d'un collègue et d'un drap de glisse.	> Diminuer les pressions sur le sacrum.
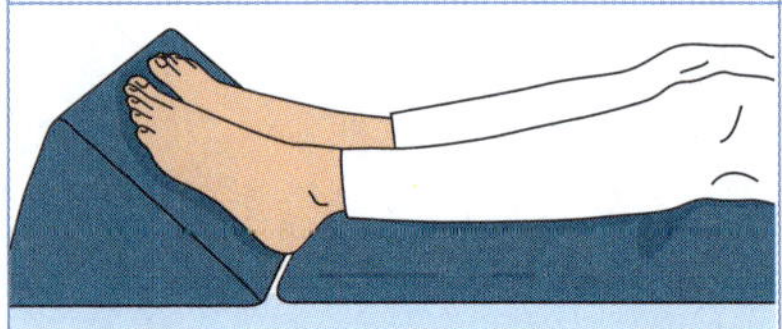	> **Placer** un coussin sous les genoux et sous les pieds.	> Assurer le confort. > Diminuer les pressions.
> **Assurer** les transmissions.		

Se tester

Le + numérique
foucherconnect.fr/22soins43
Quiz
Exercice interactif

Exercice 1 Remplir la grille à l'aide des définitions.

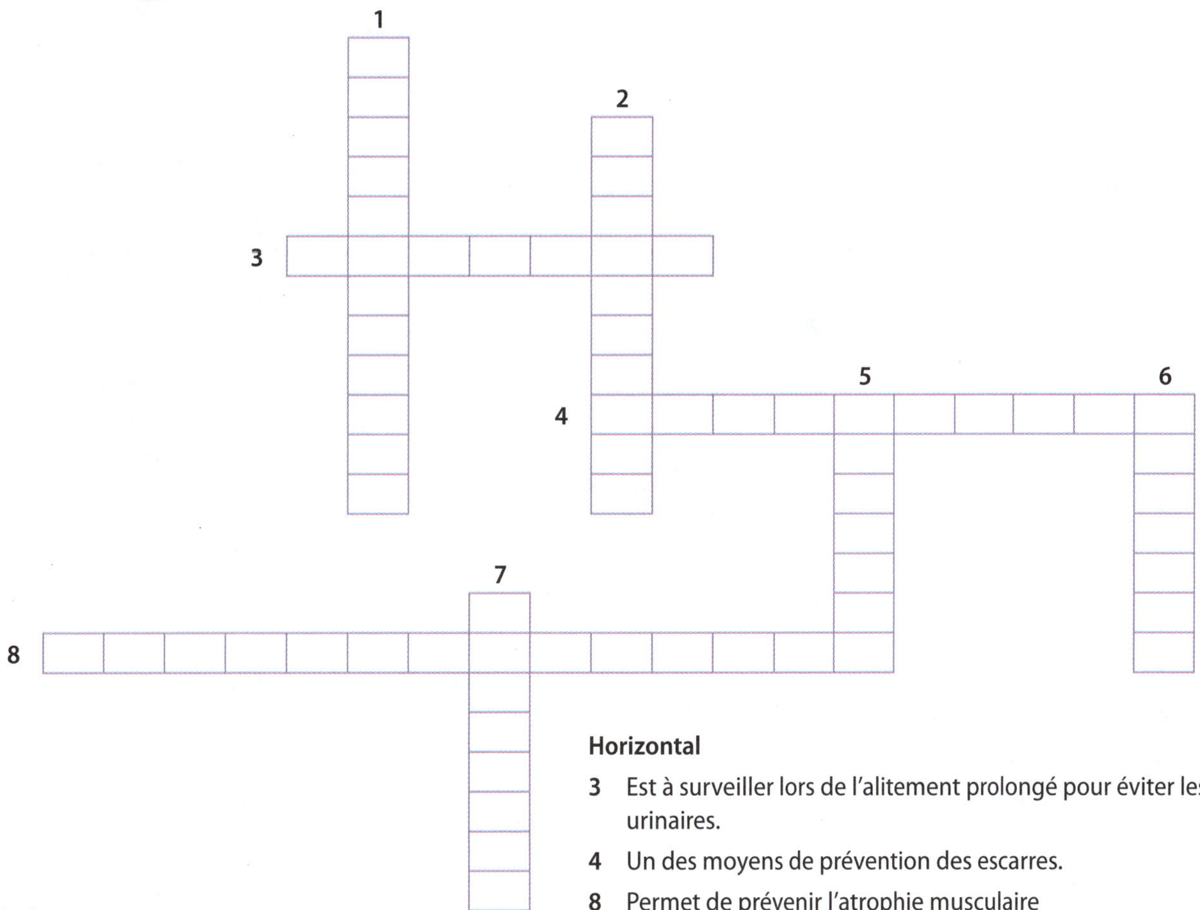

Horizontal

3 Est à surveiller lors de l'alitement prolongé pour éviter les infections urinaires.

4 Un des moyens de prévention des escarres.

8 Permet de prévenir l'atrophie musculaire

Vertical

1 Risque lié à l'inaction des muscles intestinaux et au ralentissement du transit.

2 Syndrome caractérisé par une détérioration de l'état général et des fonctions intellectuelles.

5 Nécrose tissulaire liée à la compression de la peau et des tissus entre deux plans durs.

6 Complication possible d'une phlébite.

7 Formation d'un caillot sanguin dans une veine profonde.

Exercice 2 Cocher Vrai ou Faux.

Affirmation	Vrai	Faux
Dans le cas d'un support trop mou, la pression s'applique sur une grande surface, mais se concentre sur quelques points.	☐	☐
L'intervalle de temps entre les changements de position d'un patient en cas d'escarre est au minimum de 6 heures.	☐	☐
Le décubitus dorsal est la position la mieux adaptée pour la prévention d'escarre.	☐	☐
La prévention d'escarre passe par la réduction de la pression des zones cutanées à risque.	☐	☐
Un arceau placé au pied du lit permet d'alléger le poids des couvertures sur les talons.	☐	☐
La présence de plis dans le lit augmente le risque des escarres.	☐	☐
Les coussins de décharge des talons et les arceaux n'ont aucun intérêt pour la prévention des escarres.	☐	☐
La position assise à 90° est à privilégier pour prévenir les escarres.	☐	☐

CHAPITRE 9

À retenir

Le + numérique foucherconnect.fr/22soins44

Synthèse rédigée et audio

La prévention des différents risques liés à l'alitement prolongé

Escarres
Hygiène
Alimentation
Effleurage
Utilisation de matériels
Changements de position

Atrophie musculaire
Lever précoce
Kinésithérapie

Phlébite
Lever précoce
Mobilisation des membres inférieurs
Contention veineuse
Traitement antithrombotique

Constipation
Lever précoce
Hydratation suffisante
Mesures hygiéno-diététiques

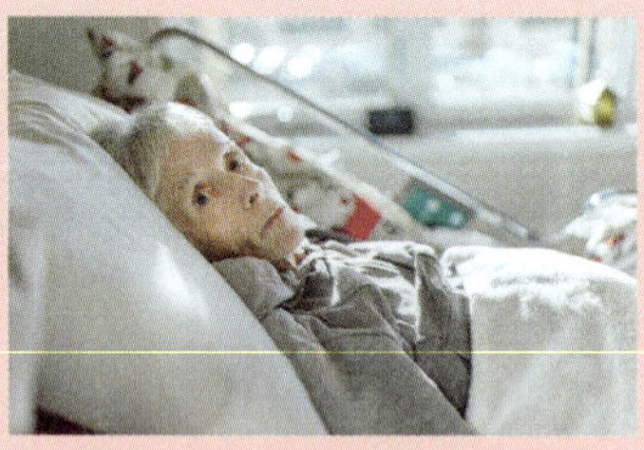

Alitement prolongé

Encombrement bronchique
Lever précoce
Expectoration régulière
Tête de lit surélevée
Kinésithérapie

Syndrome de glissement
Mise en place d'actions contre l'isolement et la perte de mobilité
Accompagnement

Infections urinaires
Hydratation suffisante
Surveillance de la diurèse
Hygiène rigoureuse

Transmission sur feuille de surveillance spécifique

Les changements de position

Changement de position toutes les 2 à 3 heures si facteurs de risques d'escarre

Décubitus latéral oblique

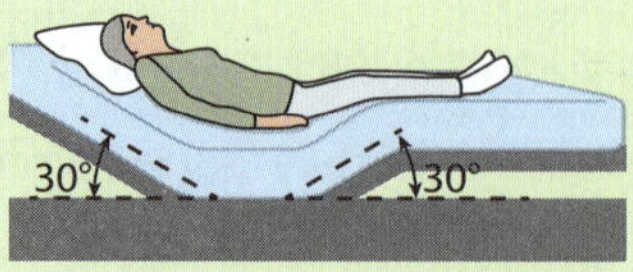

Décubitus dorsal

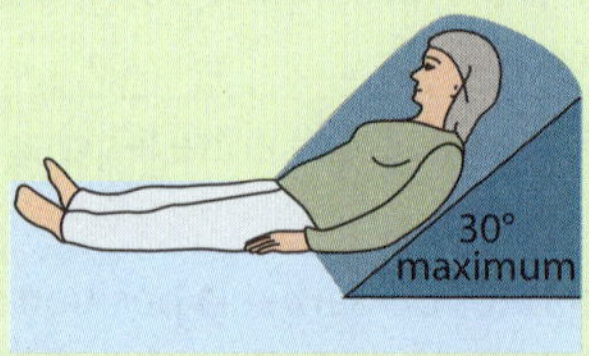

Position demi-assise

Les risques biologiques liés aux soins

TD 20
Bloc 2

OBJECTIFS 1. Énoncer les situations à risques d'accidents d'exposition au sang ou d'exposition aux autres liquides biologiques 2. Indiquer quelques moyens de prévention ou de précaution 3. Indiquer la conduite à tenir en cas d'accident

Activité 1 Les accidents d'exposition au sang ou à des liquides biologiques

#vidéo Tuto du CClin Sud-Ouest n° 5 - AES (3'14") foucherconnect.fr / 22soins22

1 Proposer une définition d'un accident d'exposition au sang (AES) ou à des liquides biologiques.

....

2 Compléter le tableau.

Accidents d'exposition au sang ou à des liquides biologiques		
Liquides biologiques	**Situation**	**Risques**
....	....	....
....	....	....
....	....	....
....	....	....

DOC 1 Les accidents d'exposition au sang

Un accident d'exposition au sang (AES) est défini comme tout contact avec du sang ou un liquide biologique contenant du sang. L'exposition survient le plus souvent après piqûre ou blessure avec un instrument souillé (aiguille de seringue, aiguille de suture, lame de bistouri…), ou même après contact avec le sang ou le liquide biologique provenant d'un patient sur une muqueuse (yeux, bouche) ou sur la peau, lorsqu'il existe une lésion cutanée préexistante. C'est un accident fréquent chez les professionnels de santé, mais il se produit également dans d'autres secteurs professionnels (traitement des déchets, entreprises de nettoyage, milieu socio-éducatif, etc.).

Les accidents survenant dans les mêmes circonstances avec d'autres liquides biologiques (pus, liquide d'ascite, salive, urines, liquide amniotique, sperme…) sont assimilés à des AES. Ils doivent être considérés comme potentiellement contaminants même s'ils ne sont pas visiblement souillés de sang comme un AES.

Le sang et les liquides biologiques peuvent véhiculer des agents infectieux divers (bactéries, virus, parasites et champignons). En pratique, trois sont à redouter : le virus VIH (virus de l'immunodéficience humaine responsable du Sida), le VHB (virus de l'hépatite B) et le VHC (virus de l'hépatite C).

Activité 2 Les moyens de prévention et les précautions

3 Nommer le moyen de prévention présenté et indiquer le principe visé.

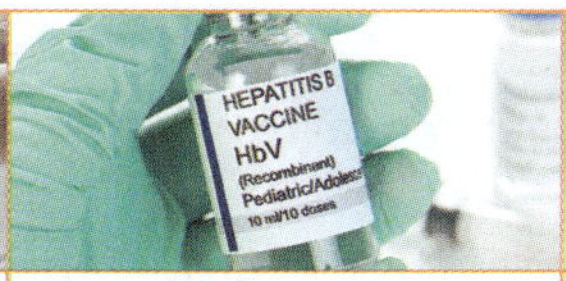

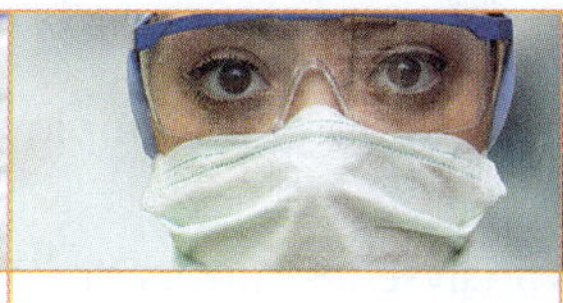

....	....	....	....	....
....	....	....	....	....
Principe	Principe	Principe	Principe	Principe ....

2 DOC La prévention des AES

Quatre grands principes guident la prévention des accidents d'exposition au sang :

1. Le statut vaccinal
La vaccination contre l'hépatite B est obligatoire pour toutes les professions de santé.

2. Le respect des précautions générales d'hygiène
Appelées « Précautions standard », elles sont énoncées dans la circulaire n° 98/249 du 20 avril 1998 relative à la prévention de la transmission d'agents infectieux véhiculés par le sang ou liquide biologique lors des soins.
Il est notamment important de respecter les règles à suivre pour l'hygiène des mains.

3. L'utilisation d'un matériel adapté et sécurisé

4. L'information et la formation des professionnels

Activité 3 La conduite à tenir en cas d'accident

4 Compléter le schéma en indiquant les principaux éléments de chaque étape de la conduite à tenir en cas d'accident.

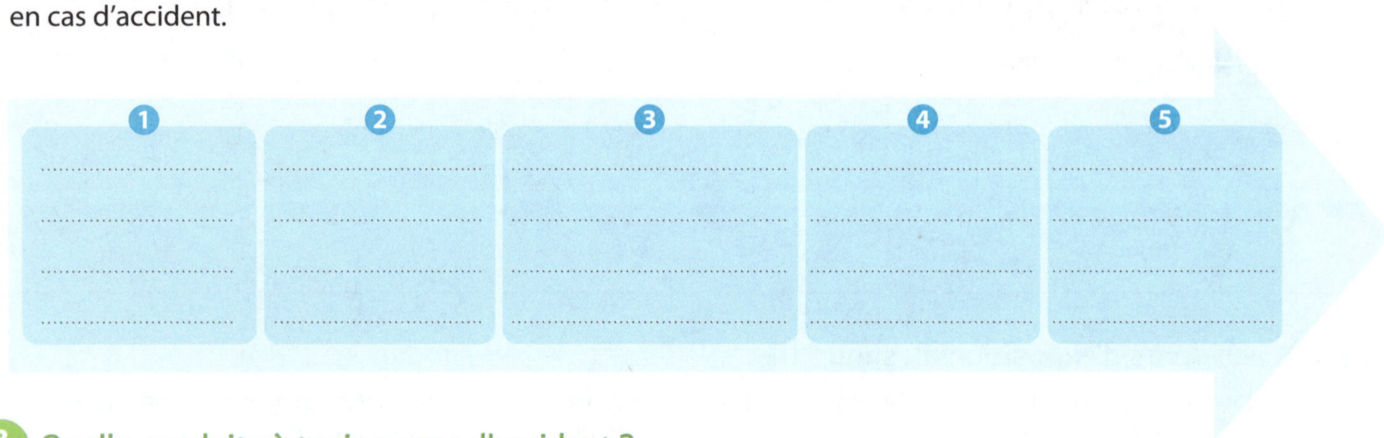

3 DOC Quelle conduite à tenir en cas d'accident ?

1. Réaliser les premiers soins en urgence
- En cas de piqûre, blessure, ou contact sur une peau lésée :
– ne pas faire saigner la plaie.
– nettoyer avec de l'eau et du savon, puis rincer abondamment.
– désinfecter pendant 5 minutes par trempage de la zone lésée avec de préférence du Dakin ou de l'eau de javel diluée à 10 %, sinon de la Bétadine dermique ou de l'alcool à 70°.
- En cas de contact direct du liquide biologique sur une peau lésée, appliquer les mêmes protocoles de nettoyage et d'antisepsie de la zone atteinte que précédemment.
- En cas de projection sur les muqueuses (œil, bouche) :
– rincer abondamment pendant 5 minutes avec de l'eau ou du sérum physiologique ;
– si lentilles de contact, les enlever.

2. Prévenir
Prévenir immédiatement le cadre de santé.

3. Prendre rapidement un avis médical pour évaluer le risque infectieux, proposer des mesures et mettre en place un suivi sérologique et médical.
Dans l'heure ou au maximum dans les 4 heures, réaliser les sérologies (VIH, VHB, VHC) de la victime et du patient source avec son accord.

4. Déclarer l'accident du travail dans les 24 heures auprès de l'employeur (modalités variables selon l'établissement).

5. Contacter le médecin du travail afin qu'il analyse les causes de l'accident pour éviter qu'il ne se reproduise.

Informations prises sur le site www.geres.org le 2 mars 2022.

L'élimination DASRI DAOM

TD 21

Bloc 2

OBJECTIFS **1.** Présenter les différentes catégories de déchets et leurs origines et en donner des exemples **2.** Énumérer les risques encourus dans le cadre des activités professionnelles et énoncer les mesures réglementaires de prévention, les précautions à prendre **3.** Présenter le tri, le conditionnement, l'organisation des circuits, de la collecte, le traitement local des déchets ; indiquer leurs différentes voies d'élimination et de valorisation

Activité 1 Les différentes catégories de déchets

1 Souligner, dans le document 1, la définition des déchets d'activités de soins et les caractéristiques des DAOM et DASRI.

2 Indiquer le risque encouru pour le personnel soignant lors d'un contact avec un DASRI.

....

3 Compléter le schéma.

DAS

- ....
  - Déchets ménagers
  - ....
- ....
  - ....
  - ....
  - Produits sanguins
  - ....

4 Placer les déchets suivants dans la colonne qui leur correspond : *agrafes, poche à urines, gants, ampoules d'injection, change à usage unique sans risque infectieux, emballage carton, lame de bistouri, pansement sur plaie infectée, sonde urinaire.*

Déchets valorisables	Déchets assimilés ordures ménagères	Piquants, coupants et tranchants	Déchets à risque infectieux
....	....	....	....
....	....	....	....
....	....	....	....

DOC 1 Les déchets d'activités de soins (DAS)

Les déchets d'activités de soins sont issus des activités de diagnostic, de suivi et de traitement préventif, curatif ou palliatif, dans les domaines de la médecine humaine et vétérinaire.

Les déchets d'activités de soins ne présentant pas de caractères dangereux sont dits « assimilés aux ordures ménagères » (DAOM).

Ils résultent des activités des services de soins et des services administratifs, hôteliers, médico techniques, d'entretien, et ne présentent aucun risque, chimique, toxique ou radioactifs.

Certains DAOM (carton, change à usage unique…) peuvent être recyclés et ainsi valorisés.

Les déchets d'activités de soins à risque infectieux (DASRI) sont des déchets présentant un risque infectieux, du fait qu'ils contiennent des micro-organismes viables ou leurs toxines, dont on sait ou dont on a de bonnes raisons de croire qu'en raison de leur nature, de leur quantité ou de leur métabolisme, ils causent la maladie chez l'homme ou chez d'autres organismes vivants.

Sont assimilés aux DASRI les déchets ne présentant pas de risque infectieux mais relevant de l'une des catégories suivantes :
– les matériels et matériaux piquants, coupants ou tranchants destinés à l'abandon, qu'ils aient été ou non en contact avec un produit biologique ;
– les produits sanguins à usage thérapeutique incomplètement utilisés ou arrivés à péremption ;
– les déchets anatomiques humains correspondant à des fragments humains non aisément identifiables.

DOC 2 Exemples de déchets d'activités de soins et stockage

DAOM	DASRI
Bouteilles plastiques alimentaires et antiseptiques Compresses et cotons non souillés Couches adultes et enfants Essuie-mains à usage unique Équipements de protection individuelle : surblouse, masque Poche à urines Sondes, lunettes et tubulures à oxygène Emballages carton et plastique	Tous les éléments piquants, tranchants et coupants : aiguilles, bistouris, rasoirs Ampoules médicamenteuses Champs opératoires Compresses, cotons, pansements souillés Crachoirs, haricots Gants à usage unique souillés de sang et/ou liquides biologiques Matériel de perfusion, tubulures Poche de sang

Activité 2 Le traitement des déchets d'activités de soins

5 Compléter le schéma.

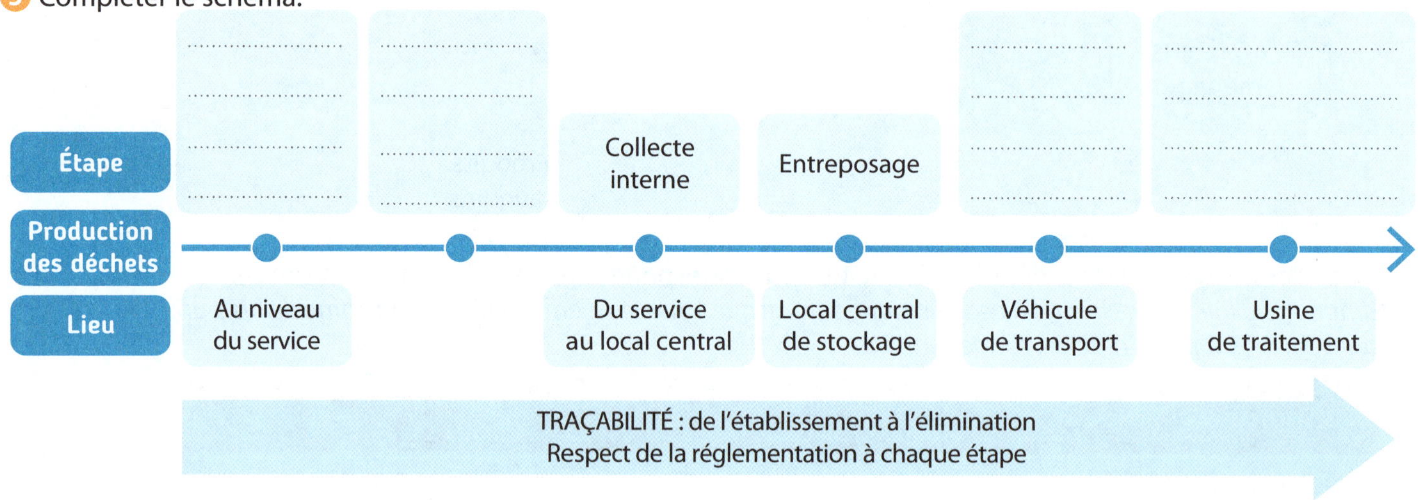

DOC 3 La gestion des DASRI

Les déchets d'activités de soins à risque infectieux doivent être éliminés dans une filière spécifique, de la collecte sur le lieu de production à l'élimination. Emballage, entreposage, traitement et traçabilité sont soumis à des règles très précises :

- les déchets doivent être triés et déposés dans des emballages répondant à des normes et des règles dès leur production dans le service ou à domicile ;
- ils doivent être entreposés dans une zone de stockage adaptée au volume de déchets produits, ventilée, d'entretien facile, avec des conteneurs spécifiques et une signalisation du risque infectieux ;
- lorsque les déchets sont récupérés par la société chargée de la collecte, ils doivent répondre aux exigences de la réglementation sur le transport de matières dangereuses ;
- une fois arrivés à l'usine de traitement, les déchets sont soit incinérés en tant que DASRI, soit prétraités pour rejoindre la filière des déchets ménagers (incinération ou stockage).

L'ensemble de ces règles et normes visent à protéger les personnels des risques de contamination de la production des déchets jusqu'à leur traitement.

#vidéo
Filière d'élimination des DASRI (4'05")
foucherconnect.fr/22soins23

CHAPITRE 10 Les risques biologiques, l'élimination des déchets

Se tester

Le + numérique
foucherconnect.fr/22soins24
Quiz
Exercice interactif

Exercice 1 Analyser la situation et répondre aux questions.

1. Souligner les facteurs de risques d'un accident d'exposition au sang dans la prise en soins de Monsieur Armand.
2. Énoncer les moyens de prévention dont dispose Marie-Ange.
3. Indiquer l'erreur commise par Antoine et comment il aurait pu éviter de se piquer.
4. Préciser la conduite à tenir après la piqûre d'Antoine.

Situation

La prise en soins de Monsieur Armand

Marie-Ange est aide-soignante dans le service des maladies infectieuses du CHU de sa ville.
Elle doit assurer la toilette de Monsieur Armand, 82 ans. Ce patient est hospitalisé, depuis la veille, pour une gastroentérite bactérienne sévère. Il est adressé par l'EHPAD voisin. Monsieur Armand est incontinent fécal. Il se déplace difficilement. Il est perfusé.
En préparant Monsieur Armand, Marie-Ange constate que son change est souillé et qu'il y a du sang dans les selles.
Après la toilette de Monsieur Armand, Antoine, l'infirmier, effectue une prise de sang et se pique le doigt en recapuchonnant l'aiguille.

Exercice 2 Indiquer dans quel contenant éliminer les déchets d'activités de soins.

		 Collecteur OPCT *	
Couche bébé	☐	☐	☐
Agrafes	☐	☐	☐
Masque chirurgical	☐	☐	☐
Ampoules d'injection	☐	☐	☐
Bocal à urines en plastique vidé	☐	☐	☐
Tubulures de perfusion	☐	☐	☐
Lames de bistouri	☐	☐	☐
Aiguille intramusculaire	☐	☐	☐
Flacons SHA	☐	☐	☐

* OPCT : objets perforants, coupants, tranchants.

À retenir

Le + numérique foucherconnect.fr/22soins25

Synthèse rédigée et audio

Les accidents d'exposition au sang (AES) et aux liquides biologiques

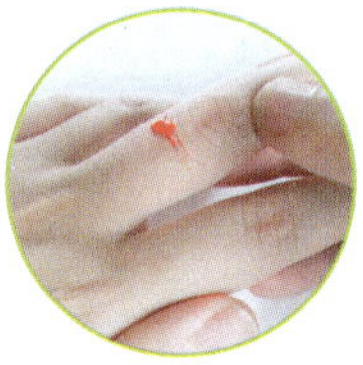

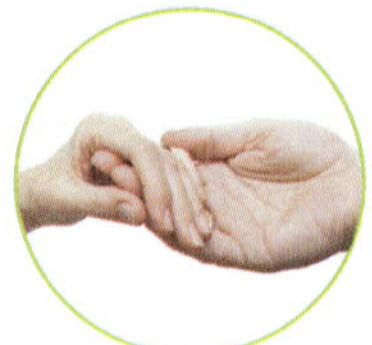

Sang

Piqûre

Projection

AES

Coupure

Contact

Liquides biologiques contenant du sang

La conduite à tenir en cas d'accident

Si coupure, piqûre, contact sur peau lésée

Ne pas faire saigner.
Nettoyer immédiatement à l'eau et au savon.
Tremper dans un antiseptique pendant 5 minutes.

Si projection sur muqueuses

Rincer abondamment pendant au moins 5 minutes, avec de l'eau ou du sérum physiologique.

Avis médical :
Contrôle sérologie VIH, VHB, VHC et mise en route d'un traitement si besoin

Informer la hiérarchie – Déclarer l'accident selon les modalités du service – Mettre en place le suivi médical – Informer le médecin du travail

Les déchets d'activités de soins

DASRI : déchets d'activités de soins à risques infectieux			DAOM : déchets assimilés aux ordures ménagères
Perforants Coupants Tranchants Tubes de sang	Pansements, compresses souillées Matériel à usage unique souillé Poches et tubulures Déchets anatomiques non identifiables	Déchets volumineux Déchets anticancéreux	Emballages Matériel à usage unique non souillé Restes de repas Couches et protections Déchets issus du nettoyage
Boîte jaune	Sac jaune	Caisse ou fût jaune	Sac noir/bac gris

La réfection d'un lit d'adulte

TD 22
Bloc 2

OBJECTIFS 1. Justifier les différents types de réfection du lit 2. Décrire les étapes en fonction de la situation 3. Préciser les modalités de participation ou de mobilité de la personne alitée

Activité 1 Les différentes réfections

1 Pour chaque situation, justifier le type de réfection réalisé.

Situation	Type de réfection
Monsieur Rousseau, tétraplégique, est très corpulent. Il attend avec impatience le moment de la toilette au lit tous les matins avant d'être installé dans son fauteuil roulant. Ce matin, ses draps sont visiblement propres mais il a beaucoup transpiré la nuit dernière.	....
Monsieur Dupuy est incontinent et porte des protections adaptées. Ce matin, ses draps sont visiblement propres.	....
Madame Lambert vit à l'EHPAD. Ce matin, l'aide-soignante constate que les draps sont propres. Tous les après-midis, Madame Lambert reçoit des proches dans sa chambre, après avoir fait sa sieste.	....
Madame Guillot vient d'être opérée et n'a pas encore le droit de se lever. Elle a pris son premier repas ce midi au lit et a renversé de la soupe dans son lit.	....

DOC 1 Les différents types de réfection du lit

La réfection d'un lit est l'action de refaire un lit. Cette réfection est dite totale lorsque l'ensemble des draps est changé et partielle lorsque les draps sont justes tirés pour enlever les plis et assurer l'esthétique, ou lorsque seule une partie du linge de lit est changée.

La réfection peut être une réfection de lit inoccupé quand la personne n'est pas dans le lit, ou une réfection de lit occupé si la personne reste couchée lorsque les soignants vont refaire son lit.

Lorsqu'une personne est dans son lit, elle bouge, transpire, peut tacher son lit en cas d'incontinence ou de plaies, y laisser tomber des résidus de repas si elle mange. C'est pourquoi le lit doit être refait au minimum quotidiennement.

En fonction du degré de salissures des draps, parfois seule l'alèse doit être changée.

Pour les personnes qui se lèvent, une réfection totale est nécessaire une à deux fois par semaine ou si les draps sont souillés ; le reste du temps, une réfection partielle une à deux fois par jour est suffisante. La réfection a généralement lieu le matin, après la toilette de la personne et avant l'entretien de la chambre.

Lorsque les personnes font une sieste, il est important de refaire le lit après afin de préserver l'esthétique de la chambre et de leur permettre de se recoucher le soir dans de bonnes conditions. Pour des personnes alitées, une réfection totale et plusieurs réfections partielles par jour sont nécessaires.

Activité 2 Les étapes de réfection d'un lit

2 Lister les étapes communes entre la réfection du lit occupé et la réfection du lit inoccupé.

....

....

....

3 Justifier les différences entre la réfection du lit occupé et la réfection du lit inoccupé.

....

....

....

DOC 2 La réfection du lit occupé et inoccupé

La réfection d'un lit est un soin important réalisé plusieurs fois par jour par les soignants.
Comme pour tout soin, il est important de s'informer préalablement et de prévenir la personne. Le soignant peut à cette occasion en profiter pour vérifier l'état de la literie et préparer son matériel en fonction des besoins afin de ne rentrer dans la chambre que le linge nécessaire. Si la personne est dans le lit, le soignant attendra la fin de la réfection avant d'aérer la chambre, sinon il pourra aérer le temps de la réfection. Ce soin demande de l'organisation afin d'éviter les contacts entre le linge et le sol, entre le linge propre et le linge sale ou entre le linge sale et la tenue, mais aussi pour éviter les pas inutiles pour le soignant. Pour des questions d'ergonomie, le lit sera monté à la hauteur des hanches de la plus petite des soignantes lors de la réfection, et redescendu en position la plus basse à la fin, afin de préserver la sécurité de la personne. Lors de la réfection du lit occupé, il est essentiel de préserver la pudeur de la personne en gardant le drap de dessus toujours sur elle. Enfin, après avoir nettoyé et rangé, il ne faut pas oublier de transmettre le soin effectué par écrit.

Activité 3 Les modalités de la participation de la personne lors de la réfection du lit

4 Justifier l'intérêt de faire participer la personne lors de la réfection du lit occupé.

- Pour la personne elle-même : ....
- Pour le soignant : ....

5 Décrire à côté de chaque image un exemple de possibilité de participation de la personne.

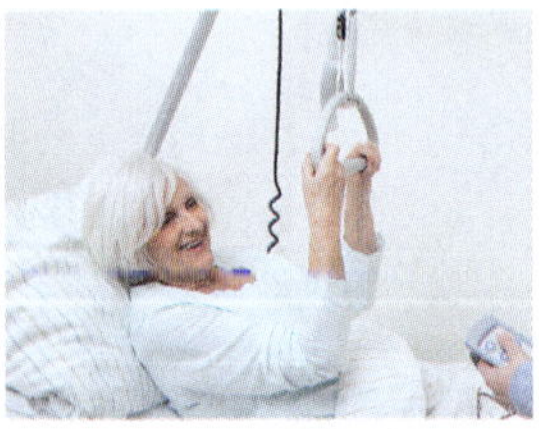

....

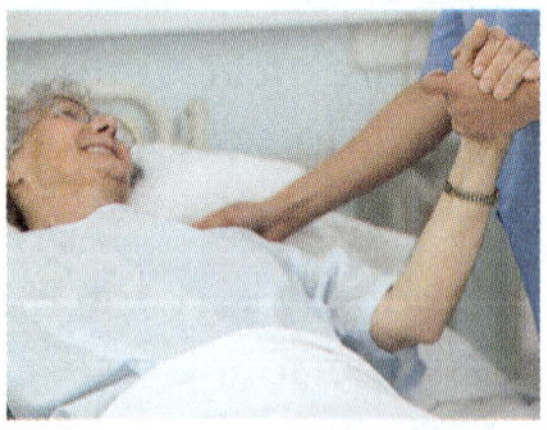

....

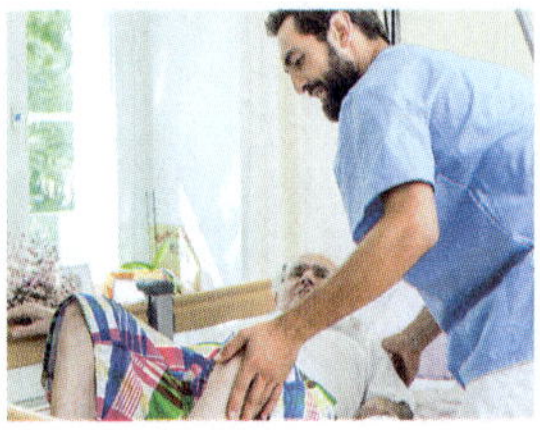

....

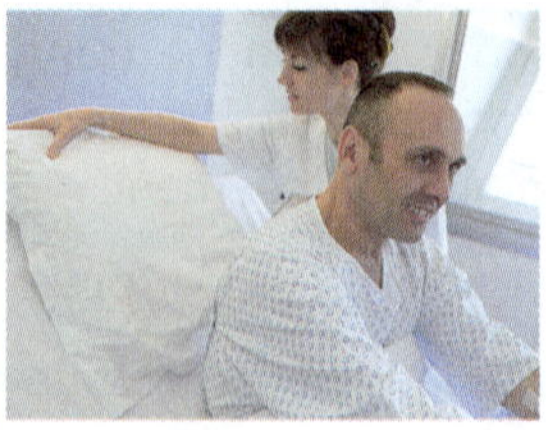

....

DOC 3 La participation de la personne alitée

Lors de la réfection du lit occupé, le soignant peut par exemple demander à la personne de se tourner, de soulever sa tête ou ses hanches. Cette participation de la personne selon ses possibilités est importante pour préserver l'ergonomie du soignant et économiser ses efforts, mais surtout pour préserver l'autonomie de la personne et lui permettre de diminuer son sentiment de dépendance.

Les différents types de lits, les accessoires

TD 23
Bloc 2

OBJECTIFS **1.** Pour chaque type de lits, présenter les caractéristiques, les conditions d'utilisation, les modalités d'entretien, les intérêts pour la personne et le personnel **2.** Pour les accessoires (potence, barrières, arceaux) : énoncer les fonctions de chacun, les conditions d'utilisation et d'entretien **3.** Énoncer les différentes pièces de linge

#vidéo
Choisir son lit médicalisé (2'02")
foucherconnect.fr/ 22soins45

Activité 1 Les différents types de lits

1 Compléter le tableau.

	Lit standard	Lit médicalisé
	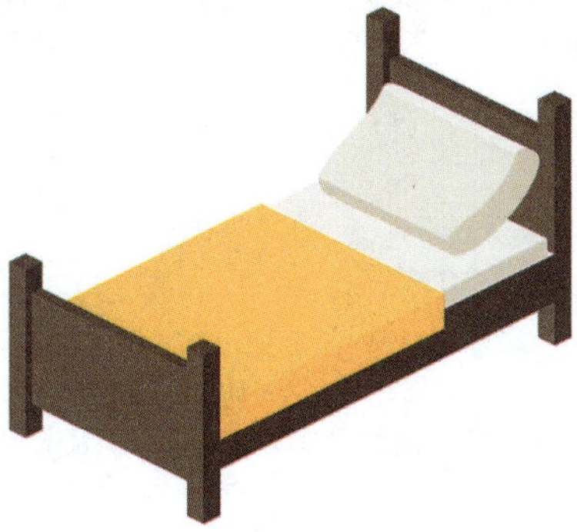	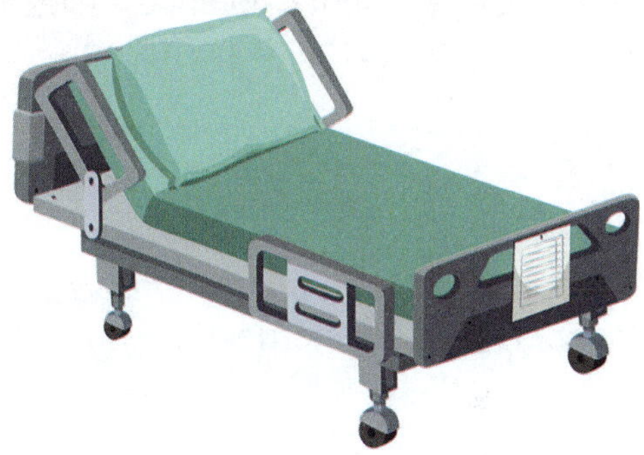
Caractéristiques		
Intérêts pour la personne		
Intérêts pour le soignant		

DOC 1 Le lit médicalisé

Un lit est un équipement mobilier destiné au repos. Il permet aux personnes de s'allonger et est généralement composé d'un cadre sur pieds équipé d'un sommier et surmonté d'un matelas recouvert de tissu.

Certains lits sont médicalisés, c'est-à-dire qu'ils correspondent à une norme européenne et sont munis de fonctionnalités adaptées aux soins, au confort et à la mobilité des patients ainsi qu'à l'ergonomie des soignants. Si la hauteur du sommier du lit standard est fixe, le lit médicalisé, très souvent électrique, est à hauteur variable. Cette fonctionnalité, utile pour la sécurité des personnes lorsque le lit est en position basse, évite aux soignants de se baisser lors des soins ou de la réfection du lit.

Une autre fonctionnalité permet de régler l'inclinaison du dossier : la personne peut ainsi s'asseoir dans son lit lors des repas, pour regarder la télévision ou recevoir des visites. Beaucoup de sommiers sont également équipés de l'option permettant de surélever les jambes. Une télécommande permet à l'usager de régler ces positions sans intervention d'une tierce personne. Contrairement au lit standard, le lit médicalisé a un piètement sur roulettes avec freins permettant de le déplacer plus aisément afin de faciliter, entre autres, l'entretien du sol. C'est également pour des raisons d'entretien que le matelas est recouvert d'une housse intégrale imperméable facilement nettoyable avec un détergent-désinfectant. Différents accessoires, comme des barrières, des barres de traction, peuvent être ajoutés. En milieu hospitalier ou dans les structures médico-sociales comme les EHPAD, la plupart des lits sont de nos jours médicalisés. Les personnes en perte d'autonomie à domicile peuvent bénéficier de ce type de lit sur prescription.

Activité 2 Les différents accessoires du lit médicalisé

2 Compléter les encadrés.

Nom : ....
Photo n° : ....
Permet de régler le lit en hauteur, de relever ou abaisser le dossier et éventuellement les pieds.

Nom : ....
Photo n° : ....
Appelée aussi trapèze, potence ou perroquet, s'adapte à la tête du lit et permet à la personne soignée de se soulever en tirant dessus avec ses bras.

Nom : ....
Photo n° : ....
Appelée également « potence », elle permet de placer une poche de perfusion.

Nom : ....
Photo n° : ....
Placés sous les couvertures afin d'éviter que celles-ci ne pèsent sur la personne.

Nom : ....
Photo n° : ....
Sur les lits non équipés d'un relève dossier, permet aux personnes de garder une position semi-assise.

Nom : ....
Photo n° : ....
Peuvent être montées pour éviter le risque de chute (sur prescription médicale).

DOC 2 Quelques accessoires

1
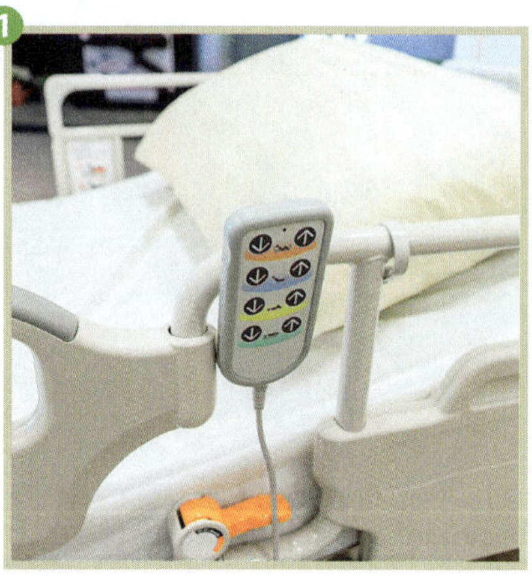

2
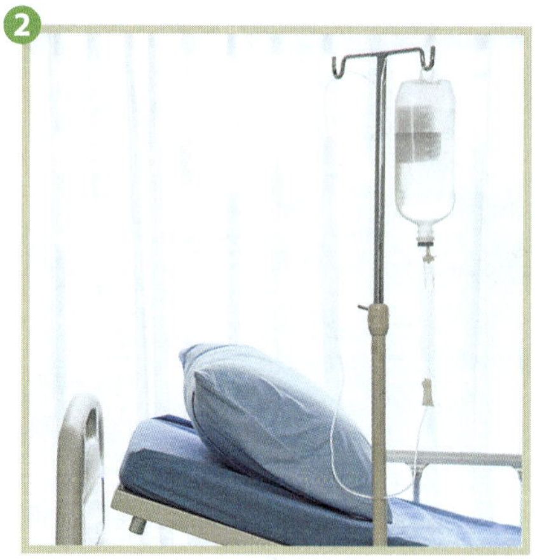

3

4

5
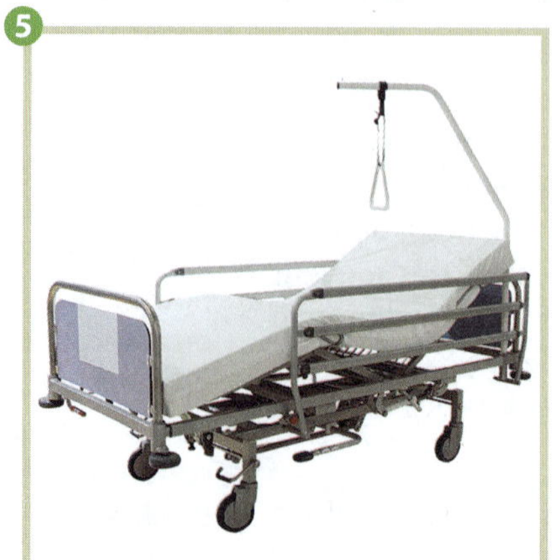

6
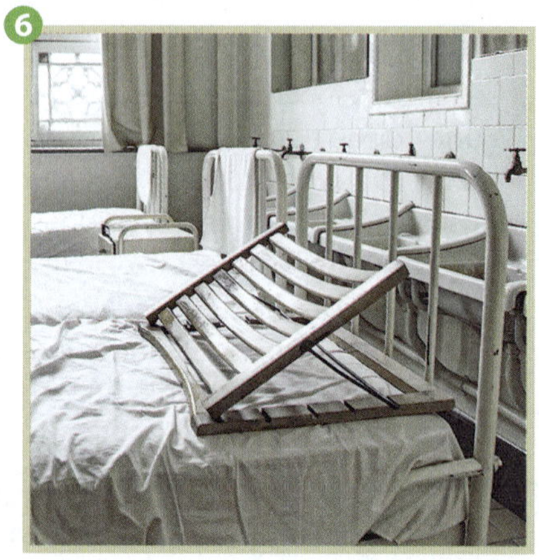

Activité 3 Le linge de lit

3 Justifier l'importance du respect de l'hygiène et de l'esthétique lors de la réfection du lit.

- Hygiène : ....

....

- Esthétique : ....

....

DOC 3 Le linge de lit et les mesures d'hygiène

Dans les structures sanitaires et médico-sociales, l'hygiène est une priorité autant pour lutter contre les infections associées aux soins (IAS) que dans l'image que le public s'attend à trouver. Le lit est le meuble principal des chambres et la façon dont il est fait – draps propres, tirés et alignés avec la couverture – est pour les visiteurs souvent synonyme de qualité des soins. Pour l'occupant, un lit mal fait peut avoir des conséquences sur sa santé (escarres, IAS).
La multiplication bactérienne dans le linge de lit est favorisée par les sécrétions biologiques (sueur, urines, selles, sécrétions...) ou les débris d'aliments lorsque la personne y prend ses repas. Le linge de lit doit donc être facile d'entretien et résistant à de nombreux lavages. La matière utilisée est majoritairement le polycoton (mélange de 50 % de coton et 50 % de polyester) et l'entretien se fait en blanchisserie par du personnel spécialisé. Le linge doit être manipulé en respectant le circuit propre-sale et en se conformant aux règles d'hygiène.

4 Lister les éléments composant le linge de lit.

....

5 Justifier les affirmations.

Affirmations	Justification
Il est préférable d'utiliser des draps plats pour les draps de dessous plutôt que des draps housses.	....
Les couvertures sont plus utilisées que les couettes.	....

DOC 4 Les différentes pièces du linge de lit

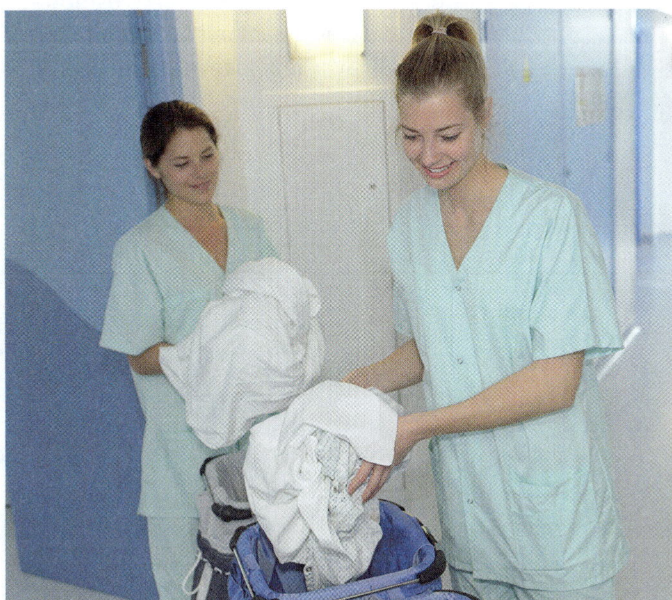

Julien vient de commencer son premier stage en EHPAD. Il est encadré par Noémie, aide-soignante, qui lui propose de l'accompagner pour la réfection des lits. Ensemble, ils préparent le chariot de soins. Après s'être frictionnés les mains à la solution hydroalcoolique, ils prennent dans l'armoire de la lingerie le linge propre arrivé sous plastique protecteur de la blanchisserie.

Noémie dispose des draps plats sur le chariot, des taies d'oreillers, des alèses, des lavettes et du détergent désinfectant. Elle précise que chaque lit nécessite, lors d'une réfection complète, deux draps plats, une alèse et une taie d'oreiller, et que pour des raisons d'hygiène, il faudra bien veiller à ne pas secouer les draps.

Julien s'étonne de ne pas voir de draps housses, ni de housses de couette. Noémie lui explique que si sur des matelas normaux, le drap de dessous de forme housse est plus facile à mettre, sur un matelas anti escarre on ne peut pas border les côtés si on ne veut pas supprimer son efficacité. Elle précise que pour des raisons de sécurité les couvertures ignifugées sont préférées aux couettes.

Elle demande ensuite à Julien de vérifier que le chariot de linge sale est bien prêt dans le couloir avec ses sacs de différentes couleurs selon la nature du linge (linge plat pour le linge de lit ou linge en forme, par exemple pour les tenues) qui une fois pleins et fermés seront envoyés en blanchisserie.

Activité 4 Les alèses

6 Relier le type d'alèse à ses avantages.

Alèse en tissu	Protège le drap de dessous des souillures
Alèse jetable	Jugée plus économique et écologique
	Permet une réfection quotidienne plus rapide
	Aide à la manutention
	Absorbante

DOC 4 L'usage unique de plus en plus utilisé

L'alèse est la pièce de linge la plus exposée aux souillures. C'est une protection supplémentaire qui protège le drap de dessous et le matelas des souillures (selles, urines, sang...), permettant ainsi, dans de nombreux services, une réfection quotidienne plus rapide, puisque seule l'alèse est changée. Les alèses en tissu sont en polycoton simple ou avec une face imperméable. Ces alèses en polycoton sont utilisées dans certains services comme aide à la manutention (rehaussement de la personne), mais leur entretien nécessite l'utilisation d'une grande quantité d'eau. De plus en plus de services utilisent donc des alèses à usage unique (généralement en ouate de cellulose), jugées plus économiques et écologiques. Plus absorbantes que les alèses en tissu, leur face imperméable est jugée moins inconfortable et ne favorisant pas la transpiration comme les alèses en tissu avec leur face imperméable.

Assurer la réfection d'un lit inoccupé

FICHE TECHNIQUE 18

OBJECTIFS DU SOIN
- Assurer l'hygiène, le confort et le repos de la personne par la remise en état du lit
- Participer à l'hygiène et la sécurité de l'environnement de la personne

Matériels

- ☑ Chariots de linge propre et sale laissés dans le couloir
- ☑ Poubelle
- ☑ Lavettes
- ☑ Gants à usage unique
- ☑ Linge de lit propre selon besoins

Produits

- ☑ Solution hydro-alcoolique (SHA)
- ☑ Détergent-désinfectant (DD)

ÉTAPES PRÉALABLES

> Assurer l'hygiène des mains FT1 et se mettre en tenue professionnelle FT2
> Préparer le chariot de linge propre, le chariot de linge sale et une poubelle si l'alèse est à usage unique
> S'informer sur le soin à réaliser, les contre-indications et consignes spécifiques, les besoins et les habitudes de la personne
> Informer la personne, si elle est présente, et lui proposer de sortir (sinon, l'installer au fauteuil et la couvrir)
> Vérifier l'organisation de l'environnement (présence, aération, vérification du lit pour prévoir le linge nécessaire, bionettoyage de l'adaptable ou de la surface où sera posé le linge propre)

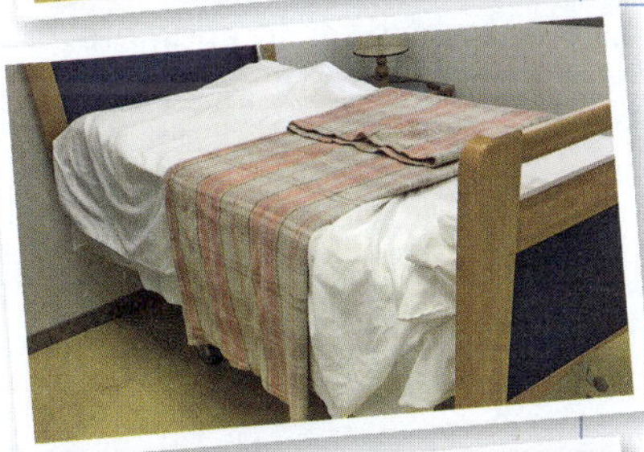

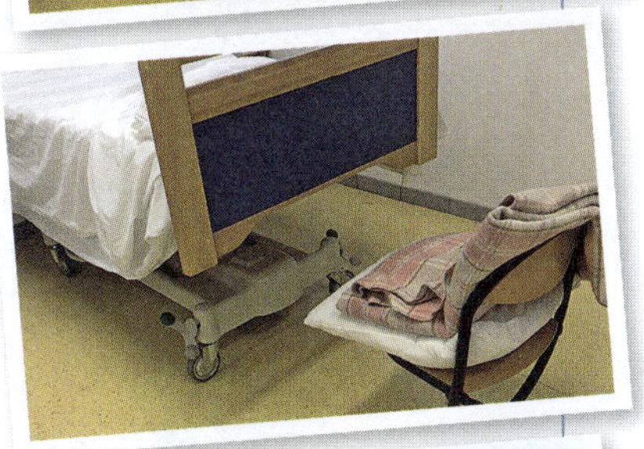

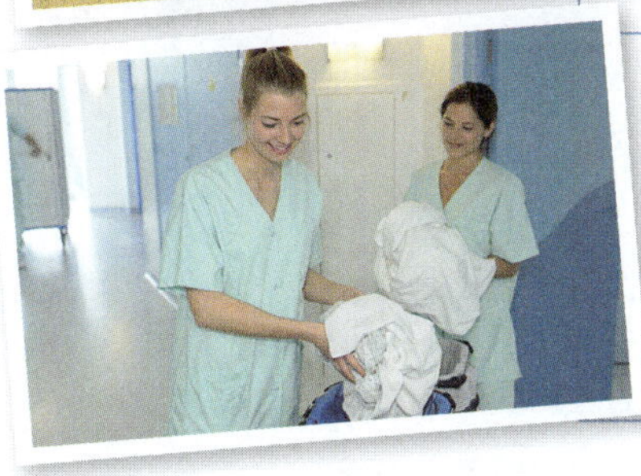

Techniques	Justifications
> **Se frictionner** les mains (SHA)	> Respecter l'hygiène.
Préparer l'environnement	
> **Poser** le linge propre sur l'adaptable.	
> **Installer** une chaise au pied du lit.	
> **Mettre** le lit à plat et le **régler** à la hauteur des hanches de la plus petite des soignantes.	> ....
Défaire le lit	> ....
> **Replier** le couvre-lit (s'il y en a un) en 3 et le **déposer** sur la chaise. **Veiller** à ce que le linge posé sur la chaise ne touche pas le sol.	
> **Enlever** la taie d'oreiller, la **laisser** sur le lit et **poser** l'oreiller sur la chaise.	
> **Déborder** entièrement le lit et **replier** en 3 la couverture et les draps qui seront réutilisés sur la chaise.	
Évacuer le linge sale	> Éviter les pas inutiles.
> **Rassembler** le linge souillé sur le lit, **l'emmener** en le tenant éloigné du corps jusqu'au chariot de linge sale et à la poubelle si l'alèse est à usage unique.	> ....
> **Se frictionner** les mains avec la SHA.	

Techniques	Justifications
Bionettoyer le lit > **Désinfecter**, lors d'une réfection totale, le matelas, le cadre et les montants du lit avec du DD, de même que les accessoires (barrière, potence…), sans oublier la télécommande.	> ....
Déplier et centrer le drap de dessous > Si c'est un drap plat, l'aligner au bord inférieur du matelas, faire un revers avec le drap, puis tirer et border. > **Border** les coins du lit au carré. Puis renouveler l'opération en haut du lit, en tirant correctement le drap. > **Border** latéralement (sauf si c'est un matelas anti-escarres).	> S'assurer que le drap soit bien centré en longueur et en largeur afin d'éviter les plis et que les draps touchent le sol d'un côté une fois le lit rabaissé. > Assurer le maintien du drap. > Obtenir un lit sans plis pour prévenir les escarres.
> **Placer** l'alèse sur le drap de dessous et la border d'un côté puis de l'autre en tirant. Si c'est une alèse à usage unique, la **placer** en la centrant.	> ....
> **Aligner** le deuxième drap (à l'envers) et la couverture au bord inférieur du matelas : – **faire** un revers, tirer et border au pied ; – **faire** des coins au carré au pied du lit ; – **faire** un revers avec le drap et la couverture sur le haut du lit. > **Prévoir** le pli d'aisance pour faciliter le couchage. > **Mettre** la taie propre sur l'oreiller et le remettre en place. > **Remettre** le couvre-lit en place si nécessaire. > **Vérifier** que les draps côté porte soient alignés.	> Drap du dessus à l'envers pour que le bord supérieur une fois replié sur la couverture apparaisse à l'endroit. > .... > .... > Le côté du lit vers la porte est la première chose que les personnes voient en rentrant dans la chambre.

PROTOCOLE DE FIN DE SOINS

- Se frictionner les mains (SHA)
- Abaisser le lit, bionettoyer la chaise et l'adaptable
- Réorganiser l'environnement selon les besoins de la personne (sonnette, adaptable, télécommande…)
- Fermer la fenêtre
- Vérifier si tout est en place pour évaluer son soin
- Éteindre la présence
- Ranger les chariots de linge propre et sale
- Transmettre le soin effectué ainsi que toutes les informations recueillies à cette occasion

Assurer la réfection d'un lit occupé

FICHE TECHNIQUE 19

OBJECTIF DU SOIN Assurer l'hygiène de la literie, dans un souci de confort et de propreté du patient

Matériels

- Chariots de linge propre et sale laissés dans le couloir
- Poubelle
- Lavettes
- Gants à usage unique
- Linge de lit propre selon besoins

Produits

- Solution hydro-alcoolique (SHA)
- Détergent-désinfectant (DD)

ÉTAPES PRÉALABLES

- Assurer l'hygiène des mains FT1 et se mettre en tenue professionnelle FT2
- Préparer le chariot de linge propre, le chariot de linge sale et une poubelle si l'alèse est à usage unique
- S'informer sur le soin à réaliser, les contre-indications et consignes spécifiques, des besoins et des habitudes de la personne et de son degré d'autonomie
- Vérifier l'organisation de l'environnement (présence, vérification du lit pour prévoir le linge nécessaire), bionettoyer l'adaptable ou la surface où sera posé le linge propre.

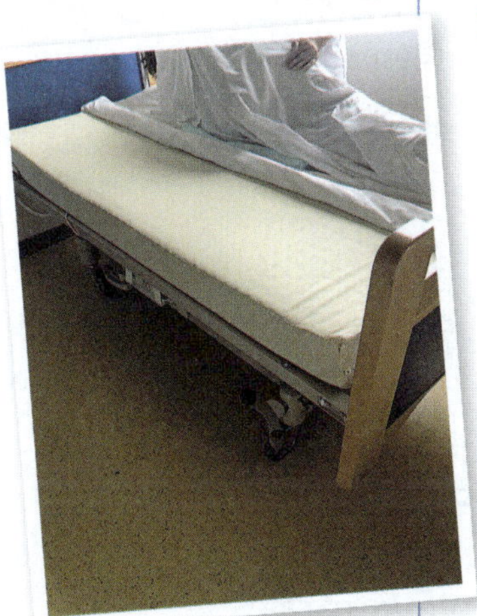

Techniques	Justifications
Préparer l'environnement	> ....
> **Se frictionner** les mains (SHA)	> ....
> **Poser** le linge propre sur l'adaptable ou la surface propre du côté du soignant qui commencera la réfection et vers lequel la personne se tournera en premier.	....
> **Installer** une chaise au pied du lit.	....
> **Prévenir** la personne, **mettre** le lit à plat et le **régler** à la hauteur des hanches de la plus petite des soignantes.	.... > ....
Défaire la première moitié du lit	
> **Replier** le couvre-lit (s'il y en a un) en 3 et le déposer sur la chaise.	
> **Déborder** entièrement le lit et replier en 3 la couverture puis la poser sur la chaise.	
> **Replier** le drap de dessus sur la personne en drap de pudeur.	> ....
> **Demander** à la personne de se tourner sur le côté (en décubitus latéral), l'aider ou la tourner, en fonction de son autonomie et en respectant les techniques de manutention des personnes, du côté opposé à l'endroit où se trouve le linge propre.	> Respecter l'ergonomie et la sécurité.
> **Retirer** l'oreiller et la taie. Poser la taie sur le drap de pudeur et l'oreiller sur la chaise.	
> **Rouler** l'alèse puis le drap contre le dos de la personne. Se frictionner les mains (SHA).	

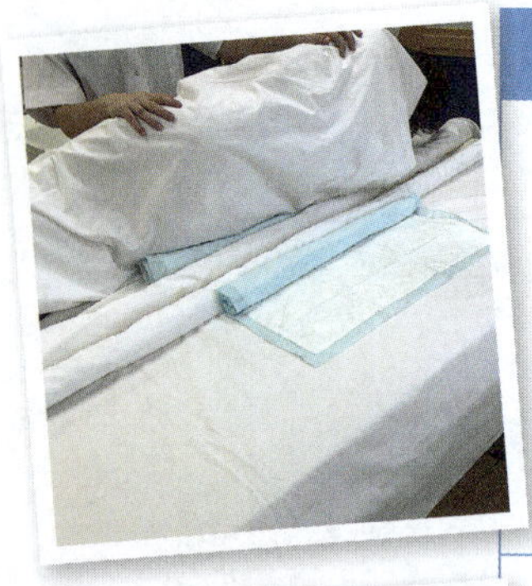

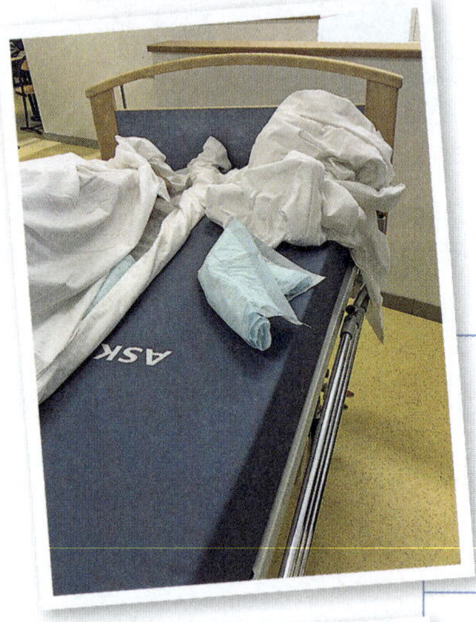

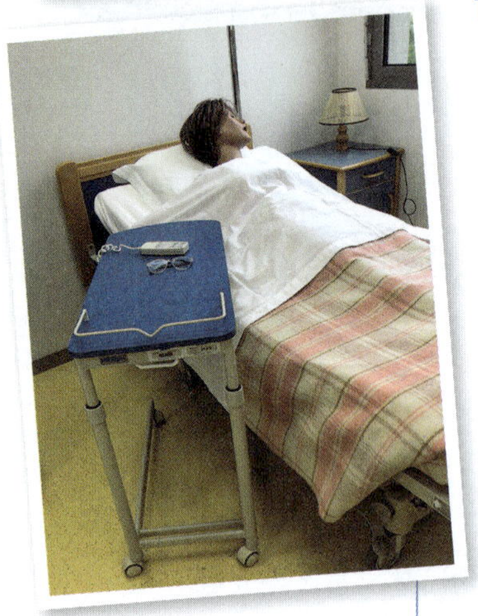

Techniques	Justifications
Refaire la première moitié du lit	
> **Déplier** le drap propre à moitié dans la longueur, le centrer, **l'aligner** aux bords du matelas, le **dérouler** vers le dos de la personne et faire de même avec l'alèse en évitant de mettre le propre contre le sale.	
> **Demander** à la personne de se tourner de l'autre côté (décubitus latéral), **l'aider** en fonction de son autonomie.	
Défaire l'autre moitié du lit	
> **Enlever** les draps sales et les rassembler au pied du lit.	
> **Dérouler** progressivement le drap propre de dessus sur la personne en enlevant le drap sale de dessus.	> ....
> **Rassembler** le linge sale et l'emmener en le tenant éloigné du corps jusqu'au chariot de linge sale.	> Économiser ses pas.
> **Se frictionner** les mains (SHA).	> ....
Refaire l'autre moitié du lit	
> **Dérouler** le drap et l'alèse propre. **Mettre** la taie et l'oreiller.	
> **Demander** à la personne de se mettre en décubitus dorsal (ou **l'aider**, ou la **tourner** en fonction de son autonomie).	
Terminer la réfection du lit	
> **Border** (selon le type de matelas) et **faire** les coins au carré.	
> **Centrer** le drap de dessus.	
> **Prendre** la couverture et la **poser** sur le drap du dessus. **Aligner** le drap et la couverture au bord inférieur du matelas.	
> **Faire** un revers, **tirer** et **border** au pied.	
> **Faire** des demi-coins au carré au pied du lit.	
> **Faire** un revers avec le drap et la couverture sur le haut du lit.	
> **Prévoir** le pli d'aisance.	
> **Remettre** le couvre-lit en place si nécessaire.	
> **Vérifier** que le côté porte soit esthétique.	
> **Remettre** le lit à la bonne hauteur et **régler** le dossier selon le souhait de la personne (sauf contre-indication médicale).	> Respecter le confort et la sécurité.
> **Déterger-désinfecter** la chaise et l'adaptable.	> Respecter l'hygiène.
> **Annoncer** à la personne que la réfection est terminée et lui demander si elle a besoin de quelque chose.	> Respecter le confort et la sécurité.

PROTOCOLE DE FIN DE SOINS

> Se frictionner les mains (SHA)
> Réorganiser l'espace en fonction des besoins et des souhaits de la personne. Veiller à ce qu'elle ait à côté d'elle tout ce dont elle a besoin (sonnette, adaptable avec boisson, télécommande, téléphone, lunettes…)
> Vérifier si tout est en place pour évaluer son soin
> Éteindre la présence
> Ranger les chariots de linge propre et sale
> Transmettre le soin effectué ainsi que toutes les informations recueillies à cette occasion

CHAPITRE 11

Se tester

La réfection du lit de l'adulte

Le + numérique
foucherconnect.fr/22soins60
Quiz
Exercice interactif

Exercice 1 Indiquer si la technique est correcte et justifier votre réponse.

Situation	Technique correcte	Technique non correcte	Justification
Monsieur Martin est alité depuis deux semaines et dispose d'un matelas anti-escarre. Ce matin, pour la réfection complète de son lit, l'aide-soignante prépare : une taie d'oreiller, une alèse, un drap housse et un drap plat.	☐	☐	....
Afin d'économiser ses pas lors de la réfection quotidienne des lits à l'EHPAD, l'aide-soignante apporte avec elle dans chaque chambre deux draps plats, une alèse et une taie d'oreiller au cas où un lit nécessiterait une réfection complète.	☐	☐	....
Madame Durand est alitée depuis plusieurs jours ; l'aide-soignante lui demande, lors de la réfection du lit, de soulever son buste à l'aide de la barre de traction pour qu'elle puisse mettre en place l'oreiller.	☐	☐	....
Madame Meyer, qui souffre de la maladie d'Alzheimer, a tendance à se coucher plusieurs fois dans la journée. L'aide-soignante laisse son lit en position haute après la réfection pour que, lors de l'arrivée des visiteurs, la chambre ne paraisse pas en désordre avec un lit défait.	☐	☐	....

Exercice 2 Relier le matériel à son utilité.

Matériel	Utilité
Barrières •	• Préserve l'ergonomie des soignants lors de la réfection du lit
Roulettes •	• Permet de limiter le poids des couvertures sur les jambes
Alèse •	• Peut être facilement nettoyée avec un détergent-désinfectant
Télécommande du lit •	• Facilitent le déplacement du lit
Sommier réglable en hauteur •	• Protège le drap de dessous des souillures
Arceau de lit •	• Permet à la personne de régler sans aide l'inclinaison du dossier
Housse de matelas imperméable •	• Sur prescription médicale, évitent les chutes

CHAPITRE 11

À retenir

Le + numérique foucherconnect.fr/22soins61
Synthèse rédigée et audio

Le lit médicalisé

- facilement déplaçable grâce à des **roulettes** munies de freins
- **sommier électrique réglable** en hauteur pour l'ergonomie des soignants avec dossier inclinable pour le confort du patient (parfois également possibilité de surélever les jambes)
- **matelas** recouvert d'une **housse imperméable** facilement nettoyable

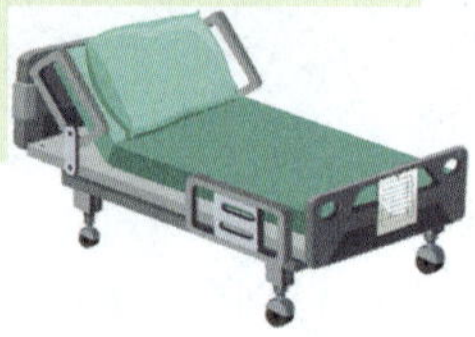

Les accessoires du lit médicalisé

- **télécommande** pour régler la hauteur du sommier et l'inclinaison du dossier
- **barre de traction** pour permettre à la personne de se soulever
- **tige porte-sérum** pour accrocher des perfusions
- **barrières latérales** pour assurer la sécurité (sur prescription)
- **arceau de lit** pour limiter le poids des couvertures

Les types de réfections et le linge de lit

- **Pour une réfection complète :** 2 draps + 1 alèse + 1 taie d'oreiller
- **Pour une réfection partielle :** 1 alèse (+ linge pour remplacer le linge souillé)

Les étapes de la réfection du lit

- s'organiser et préparer l'environnement
- monter le lit, déborder les draps, défaire le lit, poser l'oreiller et la couverture sur la chaise

Lit inoccupé

- déposer les draps dans le sac à linge sale
- se frictionner les mains (SHA)
- *bionettoyer le matelas si nécessaire*
- refaire le lit
- redescendre le lit dans la position la plus basse
- ranger et nettoyer
- se laver les mains
- transmettre

Lit occupé

- laisser le drap de dessus comme drap de pudeur
- défaire* puis refaire la première moitié du lit
- défaire* puis refaire la deuxième moitié du lit
- changer le drap de dessus
- déposer les draps sales dans le sac prévu à cet usage
- se frictionner les mains (SHA)
- terminer la réfection du lit

** bionettoyer le matelas si nécessaire avant de remettre le drap et l'alèse propres*

La réfection d'un lit d'enfant, les différents lits

TD 24

Bloc 2

OBJECTIFS **1.** Justifier la technique de réfection d'un lit d'enfant **2.** Caractériser les différents lits et linges de lits enfants

Activité 1 La réfection d'un lit d'enfant

1 Répondre par « VRAI » ou « FAUX » aux affirmations suivantes en vous aidant du document et de la Fiche technique 2.
Justifier les réponses fausses.

→ Lors de la réfection de lit, il faut laisser la fenêtre fermée afin de ne pas créer de courant d'air.

....

→ Le linge sale est évacué directement dans le bac à linge sale.

....

→ Les gants sont retirés après l'évacuation du linge sale.

....

→ Le matelas est désinfecté entièrement dans le lit.

....

→ Une friction hydro-alcoolique est faite après le retrait des gants.

....

→ Les roulettes sont désinfectées en dernier.

....

2 Citer les raisons justifiant un changement de literie.

....

....

....

....

....

....

....

DOC 1 La réfection du lit d'enfant, le change de literie

L'entretien du lit respecte :

- des règles générales d'entretien :
  - de haut en bas ;
  - du plus propre au plus sale.
- des règles d'organisation de service :
  - la réfection s'effectue le matin ;
  - les draps sont renouvelés tous les jours en milieu hospitalier, deux fois par semaine en crèche, à chaque vacances en école maternelle.

En dehors de ces périodes programmées, les draps peuvent aussi être changés lorsqu'ils sont souillés (régurgitation, selles, urines…) et/ou avant chaque nouvel utilisateur.

Activité 2 Les différents lits d'enfants

3 Citer les éléments facilitant le déplacement des lits. Relever les lits concernés par ces éléments, puis en justifier l'intérêt.

....

....

....

4 Relever la caractéristique qui facilite le lever et le coucher de l'enfant par un adulte. Nommer les lits possédant ces caractéristiques et le public qui les utilise en justifiant la réponse.

– Caractéristique : ....

– Lits concernés : ....

....

5 Relever le type de lit qui se range le plus facilement, puis justifier la réponse.

....

....

6 Relier les lits suivants avec leurs lieux d'utilisation, puis justifier la réponse.

Lits	Lieux d'utilisation	Justifications
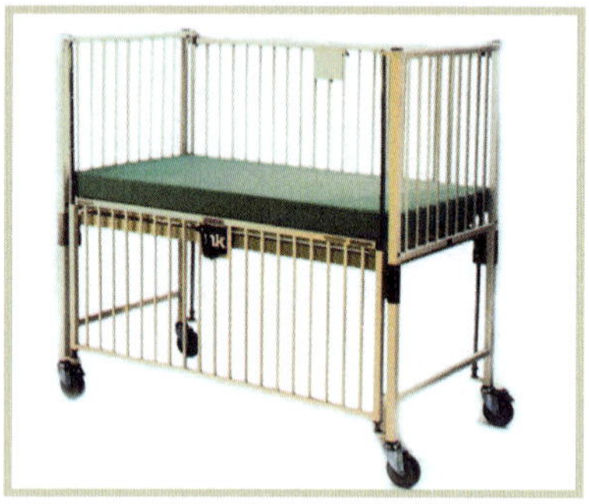	École maternelle	....
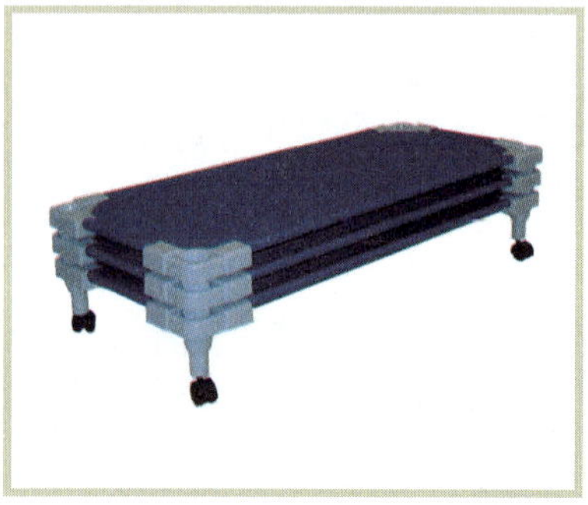	Crèche	....
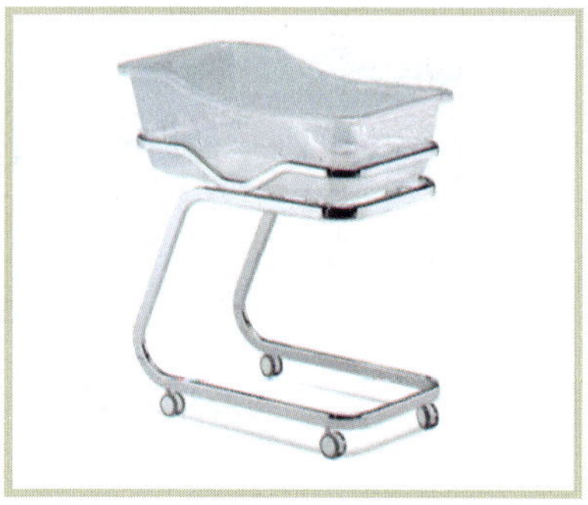	Maternité	....

7 Souligner les caractéristiques facilitant la désinfection des différents lits.

DOC 2 Les différents types de lits d'enfant

<table>
<tr><th>Types de lits</th><th>Caractéristiques</th><th>Utilisation</th><th>Intérêts</th></tr>
<tr><td>Berceau
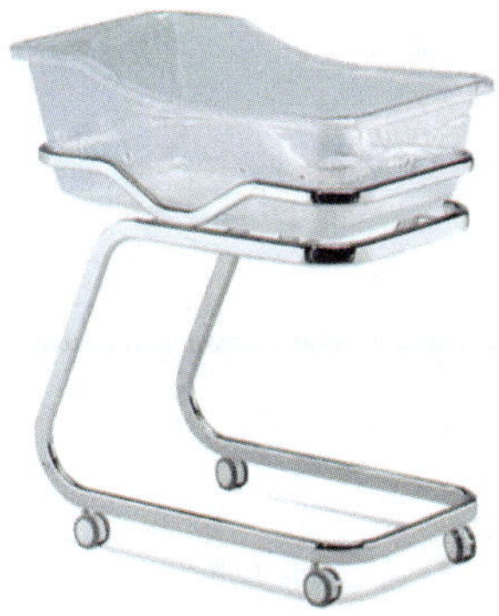</td><td>• Coque rigide
• Roulettes
• Hauteur d'environ 80 cm
• Housse de matelas plastifiée</td><td>Bébé, 0 à 3 mois :
• Maternité
• Domicile</td><td rowspan="2">• Hauteur adaptée aux adultes
• Hygiène facilitée par la coque et la housse de matelas plastique
• Déplacements facilités par les roulettes</td></tr>
<tr><td>Lit à barreaux
</td><td>• Barreaux métalliques
• Panneau de barreaux latéral amovible
• Roulettes
• Hauteur d'environ 1 m
• Housse de matelas plastifiée</td><td>Enfants, 3 mois à 2-3 ans :
• Pédiatrie
• Multi-accueil
• Crèche
• Halte-garderie</td></tr>
<tr><td>Couchette
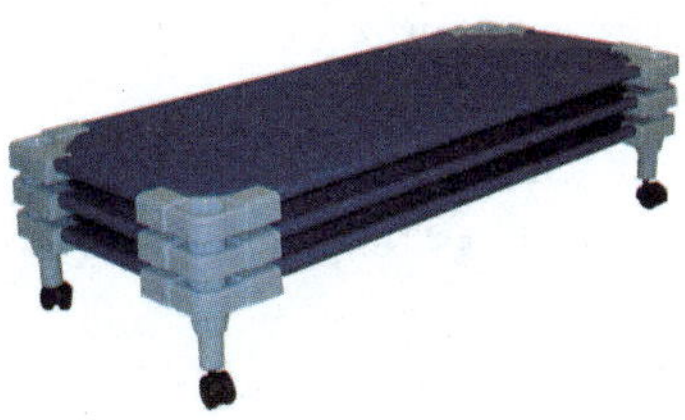</td><td>• Couchage en toile plastifiée
• Hauteur de 20 cm
• Empilable</td><td>• École
• Multi-accueil
• Crèche
• Halte-garderie</td><td>• Hauteur adaptée aux enfants
• Hygiène facilitée par la couchette plastique</td></tr>
<tr><td>Lit bas
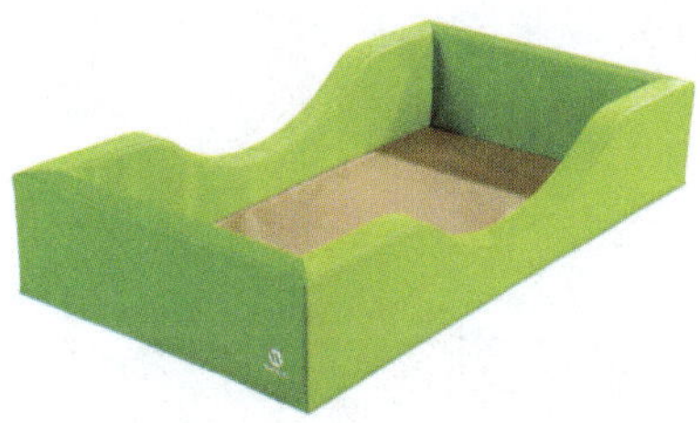</td><td>• À même le sol
• Housse de matelas plastifiée
• Bordures plastifiées surélevées</td><td>• École
• Multi-accueil
• Crèche
• Halte-garderie</td><td>• Hauteur adaptée aux enfants
• Hygiène facilitée par la couchette plastique
• Bordures surélevées pour éviter les chutes</td></tr>
</table>

Activité 3 La literie d'un lit d'enfant

8 Nommer les éléments ci-dessous.

Illustrations	Noms	Justification
	....	....
	....	....

9 Citer deux éléments de literie qui ne doivent pas être dans un lit bébé et justifier.

....

DOC 3

L'utilisation des éléments de literie d'un lit d'enfant

Quel que soit le type de lit utilisé, il ne faut laisser dans le lit aucun objet que l'enfant risquerait d'utiliser pour s'étouffer. De même, on ne mettra pas de drap plat ni de couverture qui risqueraient de se positionner sur sa bouche et son nez.

La gigoteuse ou turbulette est un accessoire pour bébé très utile. De plus, elle est fréquemment recommandée par les pédiatres pour le confort et la sécurité de bébé. Il s'agit en fait d'un mini-sac de couchage avec bretelles ou manches, qui permet au bébé de dormir en toute sécurité. Ce vêtement remplace les couvertures et l'édredon, et permet au petit d'être constamment recouvert, et ce même s'il bouge beaucoup.

L'enfant sera placé sur un matelas recouvert d'un drap-housse parfaitement adapté à la taille du matelas afin qu'il ne risque pas de se soulever et de l'étouffer.

Assurer la réfection d'un lit enfant

FICHE TECHNIQUE 20

OBJECTIF DU SOIN Assurer le confort et l'hygiène des différents lits enfants

Matériels
- Linge de lit
- Plan de travail ou plan de change
- Lavettes
- Gants de ménage

Produits
- Spray détergent désinfectant
- Gel hydro-alcoolique

ÉTAPES PRÉALABLES
- Repérer l'état du lit
- Assurer l'hygiène des mains FT1, Se mettre en tenue professionnelle FT2, Réaliser le bionettoyage du poste de change
- Organiser l'environnement
- Ouvrir la fenêtre

1 La désinfection du berceau

	Techniques	Justifications
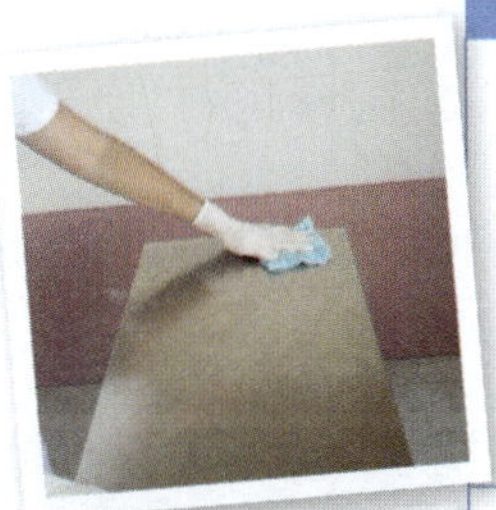	**Préparer l'environnement :** > **Ouvrir** la fenêtre. > **Mettre** les gants à usage unique. > **Désinfecter** le plan de travail.	> Aérer. > Protéger le soignant.
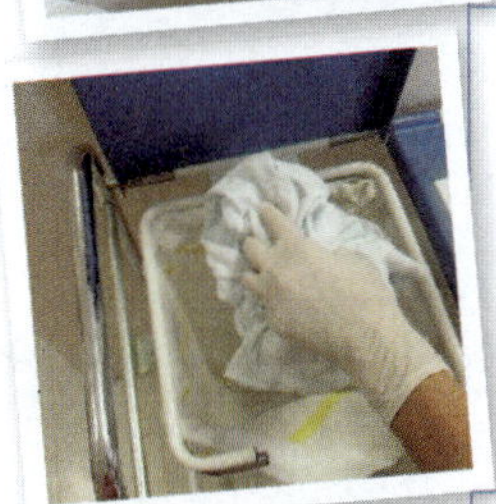	**Défaire le lit :** > **Enlever** la literie pièce par pièce et l'évacuer dans le sac à linge sale sans qu'il touche la blouse du soignant.	> Éviter la contamination croisée.
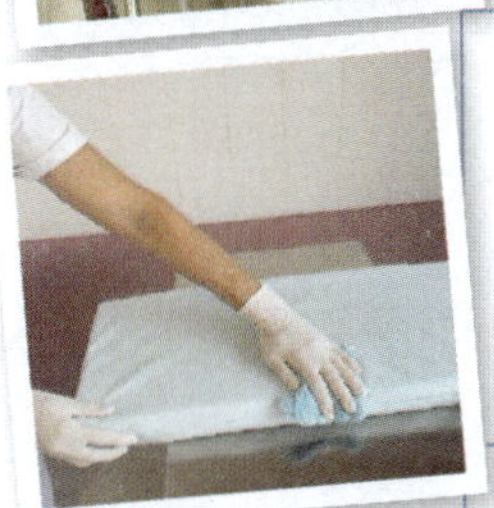	**Désinfecter le matelas :** > **Désinfecter** le dessus du matelas. > **Retourner** le matelas sur le plan de travail. > **Désinfecter** le dessous et les côtés du matelas.	> …………………………………… ……………………………………
	**Désinfecter le lit :** > **Désinfecter** l'intérieur de la coque, de haut en bas. > **Retourner** la coque sur le matelas et désinfecter l'extérieur de la coque de haut en bas. > **Désinfecter** le support du lit de haut en bas, finir par les roulettes.	

Techniques	Justifications
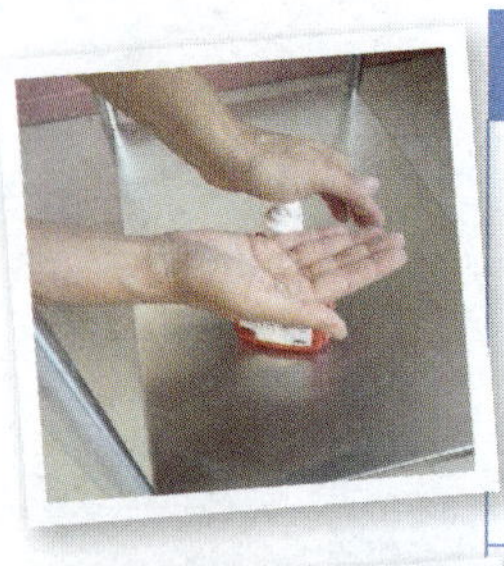 **Réaliser l'hygiène des mains :** > **Retirer** les gants. > **Faire** une friction hydro-alcoolique.	> ....
 **Faire le lit :** > **Replacer** la coque sur son support. > **Refaire** le lit avec le linge de lit propre. > **Placer** la gigoteuse dans le lit, ouverte.	> Le lit est prêt à recevoir l'enfant.

2 La désinfection du lit à barreaux

Techniques	Justifications
Préparer l'environnement : > **Procéder** comme pour la désinfection du berceau.	> Protéger le soignant.
Défaire le lit : > **Procéder** comme pour la désinfection du berceau.	> Éviter la contamination croisée.
Désinfecter le matelas : > **Procéder** comme pour la désinfection du berceau.  > **Désinfecter** les barreaux de haut en bas : détourage, puis barreau par barreau. > **Désinfecter** le sommier : détourage, puis godille. > **Désinfecter** le support du lit de haut en bas, barreau par barreau. Finir par les roulettes.	> ....
> **Réaliser** l'hygiène des mains. > **Procéder** comme pour la désinfection du berceau.	> ....
 > **Refaire** le lit avec le linge de lit propre. > **Placer** la gigoteuse dans le lit, ouverte.	> Le lit est prêt à recevoir l'enfant.

PROTOCOLE DE FIN DE SOINS

> Ranger les produits
> Nettoyer, décontaminer et ranger le matériel
> Se laver les mains
> Effectuer les transmissions (difficultés éventuelles rencontrées…).

Se tester

Le + numérique
foucherconnect.fr/22soins46
Quiz
Exercice interactif

Exercice 1 Numéroter les étapes de désinfection du lit d'enfant de 1 à 12.

Étape n° ...... Refaire le lit

Étape n° ...... Désinfecter le matelas

Étape n° ...... Mettre des gants

Étape n° ...... Ranger l'espace et le matériel et se laver les mains

Étape n° ...... Évacuer le linge sale

Étape n° ...... Aérer la chambre

Étape n° ...... Se laver les mains et préparer le matériel

Étape n° ...... Désinfecter les montants du lit et les roulettes

Étape n° ...... Retirer les gants et faire une friction des mains (SHA)

Étape n° ...... Défaire le lit

Étape n° ...... Désinfecter le haut du lit

Exercice 2 Relier les lieux d'accueil à leurs lits.

École maternelle •

Crèche / Multi-accueil •

Maternité •

Service pédiatrique d'un hôpital •

• 

• 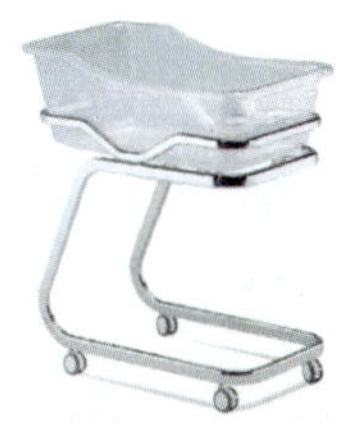

• 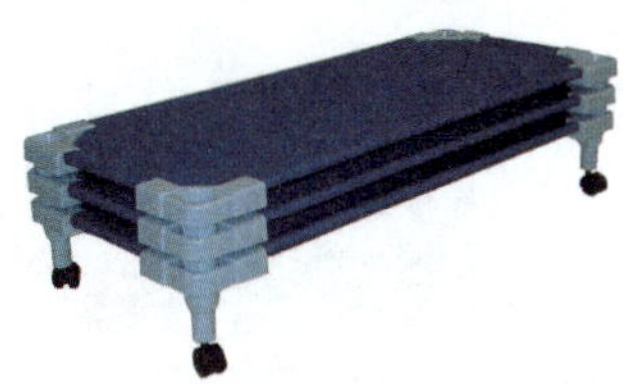

• 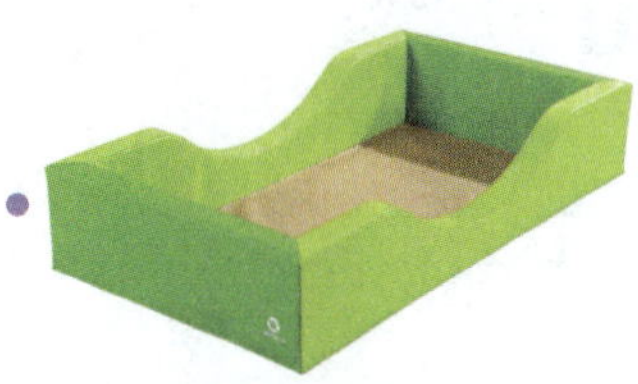

À retenir

Le + numérique foucherconnect.fr/22soins47

Synthèse rédigée et audio

Comment ?

- Matelas
- De haut en bas
- Du plus propre au plus sale

Quand ?

Réfection programmée
→ Le matin
- **En milieu hospitalier** Tous les jours
- **En crèche, multi-accueil** Deux fois par semaine
- **En école** À chaque vacances

Réfection non programmée
- Si draps ou alèse souillés
- Avant un nouvel enfant

Les lits d'enfant

Lits	Caractéristiques	Intérêts
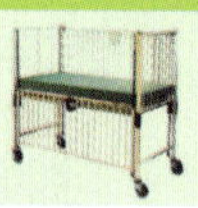 Lit à barreaux	Rebords ou barreaux	Prévient les chutes de l'enfant
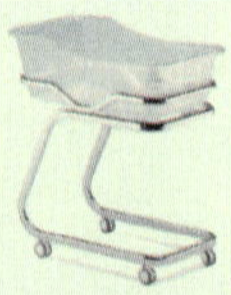 Berceau	Roulettes	Facilite les déplacements fréquents des lits
	En hauteur	Permet à l'adulte de coucher l'enfant sans se baisser et sans efforts
 Lit bas empilable	Bas	Permet à l'enfant de se coucher seul
 Couchette	Matelas plastique	Facilite la désinfection

La literie d'un lit enfant

Literie	Caractéristiques	Intérêts
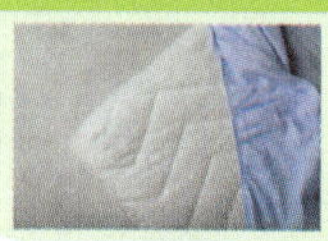 Drap housse	Angles élastiques	Confort : évite les plis Sécurité : évite le risque d'étouffement
 Gigoteuse / turbulette	Bretelles	Confort : permet d'être toujours couvert Sécurité : évite le risque d'étouffement

L'installation au fauteuil, les matériels d'aide

TD 25
Bloc 2

OBJECTIF Décrire et justifier les techniques de mobilisation et de déplacement

Activité 1 Les problèmes liés au positionnement au fauteuil

1 Entourer les objectifs d'une bonne installation de la personne au fauteuil.

2 Indiquer les conséquences d'un mauvais positionnement au fauteuil pour la personne âgée.

....

....

....

3 Présenter les solutions existantes pour limiter le « glisser-en-avant » de la personne âgée au fauteuil.

....

....

4 Préciser les indications de la contention.

....

....

5 Souligner les recommandations de l'HAS lors du recours à la contention.

DOC 1 L'installation au fauteuil de la personne âgée

- Mal installées, et parfois pendant un long moment, les personnes âgées adoptent une mauvaise position qui peut, en outre, nuire à leur confort, diminuer leurs capacités fonctionnelles et relationnelles, entraînant un sentiment de perte d'autonomie et de dégradation.

- Les problèmes les plus souvent rencontrés sont l'instabilité du tronc et le « glisser-en-avant » du bassin. Ce dernier peut être dû à un fauteuil inadapté (profondeur d'assise trop grande). Ce phénomène de « glisser-en-avant » peut alors favoriser l'apparition d'escarre sacrée, l'aggravation de la tendance à la rétropulsion, une diminution des performances respiratoires et des chutes.

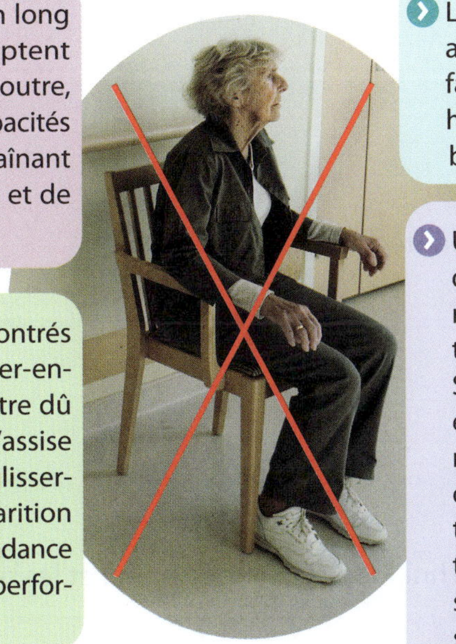

- Les objectifs recherchés dans le positionnement sont non seulement l'amélioration posturale, mais également le confort, la diminution du risque d'escarres et l'amélioration de l'autonomie physique et sociale dans les activités de la vie journalière.

- Les solutions pour limiter le « glisser-en-avant » sont multiples : incliner l'assise du fauteuil, mettre en place un coussin de rehaussement, un coussin d'assise avec une butée pelvienne.

- Une contention, sur prescription médicale, peut être utilisée pour prévenir les chutes, pour contenir l'agitation et pour limiter la déambulation. Si une contention doit être mise en place, elle le sera temporairement ou en dernier recours, et respectera les recommandations de la Haute-Autorité de santé : prescription médicale détaillée et limitée dans le temps, information éclairée du patient et de sa famille, matériel de contention adapté, surveillance précise, levée de la contention aussi souvent que possible et réévaluation toutes les 24 heures.

D'après le rapport de l'Anaes « Limiter les risques de la contention physique de la personne âgée – Octobre 2000 ».

Activité 2 La verticalisation

6 Énoncer les intérêts de la verticalisation.

DOC 2 La verticalisation

La prévention des complications de décubitus (alitement) et de la dépendance physique et psychique induites par l'immobilisation est un objectif prioritaire dans la prise en charge des patients âgés.
Sur le plan psychique, la verticalisation permet à la personne de réintégrer des activités de la vie quotidienne et une revalorisation narcissique. Sur le plan physique, la verticalisation a une action sur le métabolisme osseux, les muscles, l'appareil cardiaque, respiratoire, digestif et urinaire. Elle participe aussi à la prévention de l'altération cutanée et favorise la cicatrisation des plaies. Elle peut être passive ou activo-passive grâce au verticalisateur qui permet, tout comme en verticalisation active, le contact du pied avec le sol, primordial pour le maintien de l'équilibre.
La verticalisation contribue à une diminution de la dépendance de la personne âgée et, par conséquent, agit sur la charge de travail des soignants et l'impact financier de la structure de soins. Elle est de la responsabilité de tous les intervenants.

In Soins Gérontologie

7 Citer les deux aides techniques utilisées pour favoriser la verticalisation et expliquer brièvement le rôle de chacune.

8 Citer les limites d'utilisation de ces aides techniques.

9 Justifier l'intérêt d'utiliser ces aides techniques pour le personnel et les personnes aidées.

DOC 3 Le lève-personne

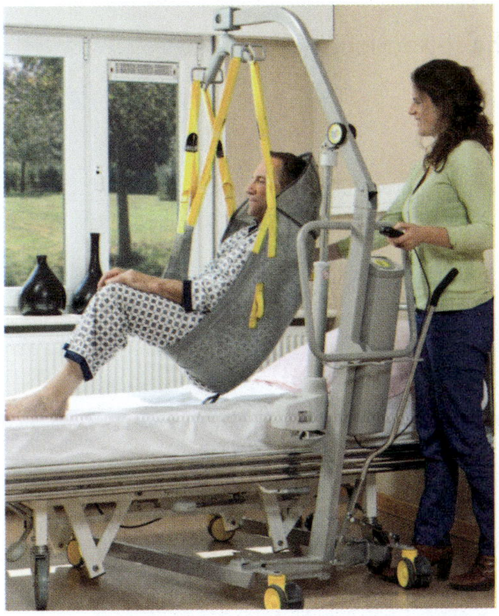

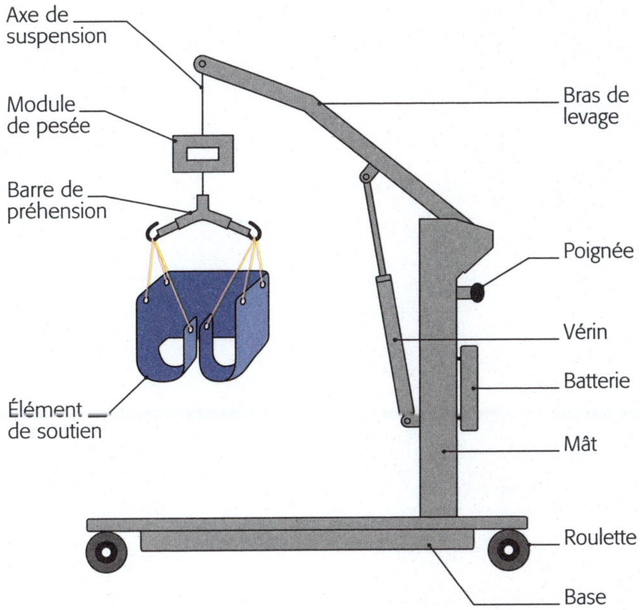

Le lève-personne est un dispositif médical qui permet de soulever, de transférer ou de déplacer une personne handicapée : grand handicapé, amputé des membres inférieurs, personne âgée souffrant de troubles de motricité, malade ou opéré récent trop faible pour se déplacer par lui-même, personne obèse, etc. Il constitue pour le personnel soignant et l'entourage de la personne un moyen permettant de transférer seul et sans efforts physiques importants une personne dans des conditions optimales de confort et de sécurité. Les lève-personnes sont utilisés dans des établissements de soins (établissements hospitaliers, EHPAD, résidences pour personnes handicapées) et à domicile pour des opérations telles que le transfert d'un lit à un fauteuil, aux toilettes, à une baignoire.

#vidéo
Le lève-personne du lit au fauteuil (6'03")
foucherconnect.fr / 22soins26

ANSM, *Mise au point sur la bonne utilisation des lève-personnes*, novembre 2015.

DOC 4 Le verticalisateur

Le verticalisateur est un moyen simple et efficace qui permet le transfert rapide d'une personne d'un endroit à un autre en passant par la position debout. Il offre aux personnes encore mobiles l'aide nécessaire pour se redresser, des exercices vers la position debout pour renforcer la musculature ainsi qu'un entraînement quotidien pour la circulation sanguine. L'habillage et le déshabillage, la toilette, le change sont facilités.

La personne verticalisée est déplacée grâce aux roulettes dont est équipé le verticalisateur. Pour ce faire :

- le patient pose ses pieds sur le socle avec ses jambes en appui sur le repose-tibias ;
- la personne est ensuite attachée au moyen de sangles de sécurité ;
- l'aidant actionne la commande du verticalisateur pour passer de la position assise à la position debout ;

le verticalisateur se déplace ensuite à un endroit donné (fauteuil, lit). Il est ensuite remis en position assise.

Il est important que le patient conserve, durant un court instant, la position debout tout en étant soutenu.

Les seules limites à l'utilisation du verticalisateur sont l'agitation, la douleur et l'absence de formation des professionnels.

#vidéo
Le verticalisateur électrique (3'32")
foucherconnect.fr / 22soins27

Activité 3 Le chariot-douche

10 Souligner les intérêts et les indications du chariot-douche pour le patient et pour les soignants.

11 Citer les six grandes étapes nécessaires pour l'utilisation du chariot-douche.

....

....

....

....

....

....

....

....

....

DOC 5 Le chariot-douche

Le chariot-douche permet de réaliser la toilette du patient tout en assurant sa sécurité. Il a été étudié pour que le patient et son/ses soignant(s) soient dans des conditions optimales (hauteur réglable) de confort pour effectuer la toilette et, si nécessaire, les soins. Le chariot-douche permet de procéder à la douche ou au bain du patient en position allongée avec la réalisation d'un shampooing. Ce type de toilette est indiqué pour les patients dépendants ou semi-dépendants qui ne sont pas verticalisables. Il est à privilégier par rapport à la toilette au lit car l'utilisation de la douche assure une meilleure élimination des salissures et un rinçage de bonne qualité permettant d'éliminer totalement le savon.

En position basse (52 cm du sol), il peut être rapproché au maximum du lit du patient, pour procéder au transfert du malade de son lit au chariot dans les meilleures conditions.

La hauteur réglable permet au personnel d'adopter une position de travail adéquate afin d'éviter les maux liés aux mauvaises postures.

Le système hydraulique permet de lever le plateau avec le patient dessus, en forçant très peu.

Ce chariot peut être utilisé par les professionnels de santé, mais aussi par les particuliers (dans une pièce aménagée à cet effet : surface adéquate, système d'évacuation de l'eau…).

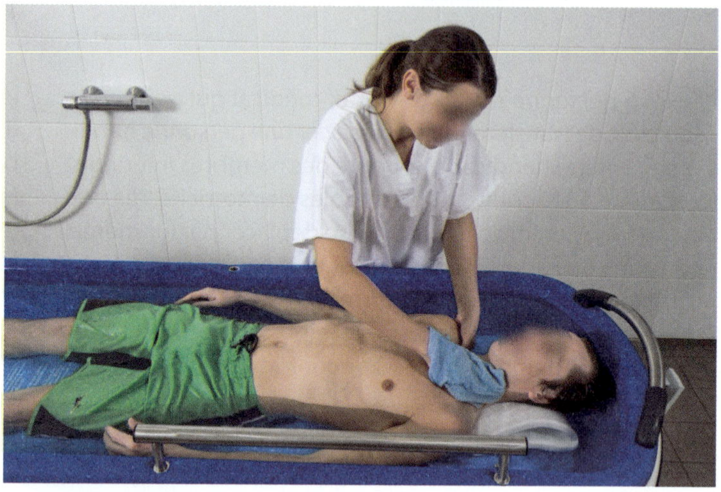

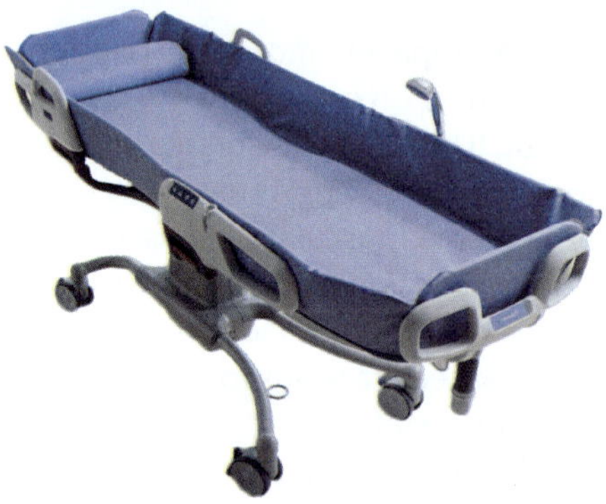

#vidéo
Le chariot bain-douche (2'13")
foucherconnect.fr/22soins28

Installer une personne au fauteuil

FICHE TECHNIQUE 21

OBJECTIFS DU SOIN • Permettre à la personne de s'installer au fauteuil confortablement en fonction de son autonomie et en respectant sa sécurité • Favoriser la mobilité • Prévenir les risques d'alitement prolongé

Matériels

- Robe de chambre ou gilet
- Chaussures ou chaussons adaptés
- Fauteuil adapté et adaptable
- Coussins ou oreillers
- Alèse si besoin
- Canne ou déambulateur si besoin

ÉTAPES PRÉALABLES

- Assurer l'hygiène des mains FT 1
- Prendre connaissance du soin à réaliser et s'informer sur les besoins, les habitudes, l'autonomie de la personne
- Informer la personne
- Préparer le fauteuil et dégager l'environnement
- Procéder à un nouveau lavage de mains simple

PRINCIPES DE BASE

- Appliquer les principes de base de sécurité physique et d'économie d'effort
- Vérifier que les freins soient actionnés lors de l'utilisation d'un fauteuil roulant
- Utiliser les mouvements naturels de la personne
- Respecter l'autonomie et le rythme de la personne
- Donner des consignes claires et précises à la personne
- Ne jamais tirer la personne par les bras lors des mouvements

Techniques

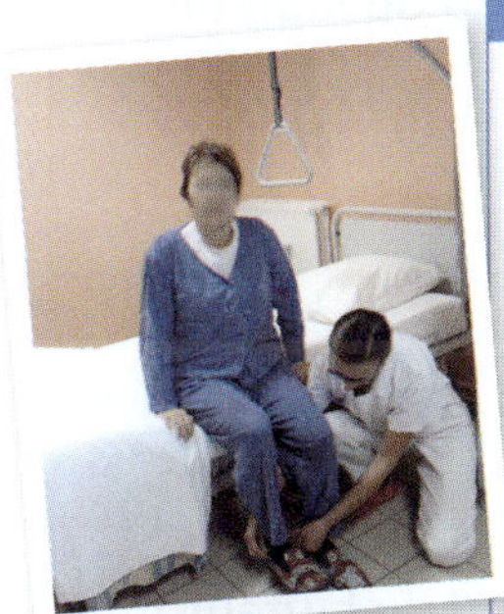

- **Faire asseoir** ou aider la personne à s'asseoir au bord du lit.
- **Baisser** le lit.
- **Lui proposer** de mettre sa robe de chambre ou son gilet.
- **L'aider** à se chausser (l'aidant se met en position de chevalier servant : un genou au sol).
- **Lui proposer** ses lunettes, ses prothèses auditives…
- **S'assurer** de l'absence d'obstacles sur le trajet.

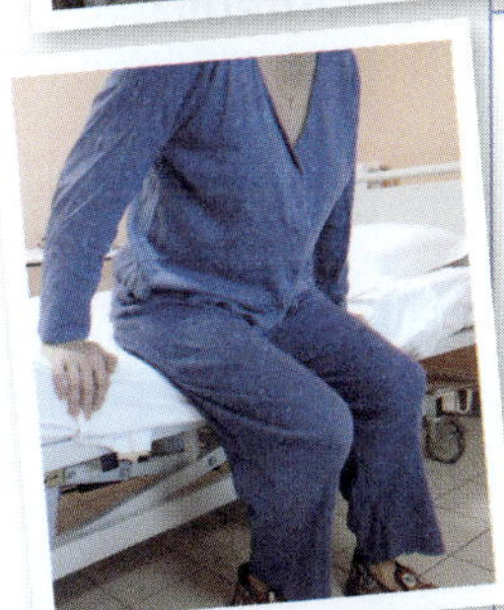

- **Aider** la personne à se lever en lui demandant :
  - d'**appuyer** les pieds au sol après les avoir décalés et reculés sous le lit ;
  - de **basculer** le tronc en avant, et avec l'aide des mains de pousser sur les cuisses afin de propulser le corps vers l'avant et le haut.

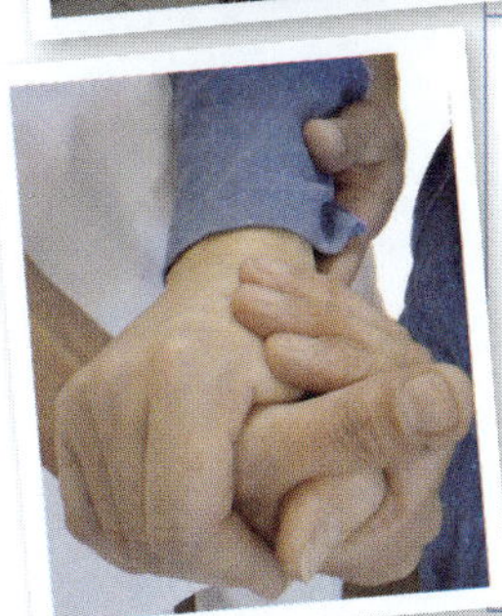

- **S'assurer** que la personne n'ait pas de vertiges.
- **Se mettre** sur le côté et proposer un appui sur le bras rapproché et une prise avec la main éloignée.

ou

- **Lui proposer** son déambulateur ou sa canne.

Techniques

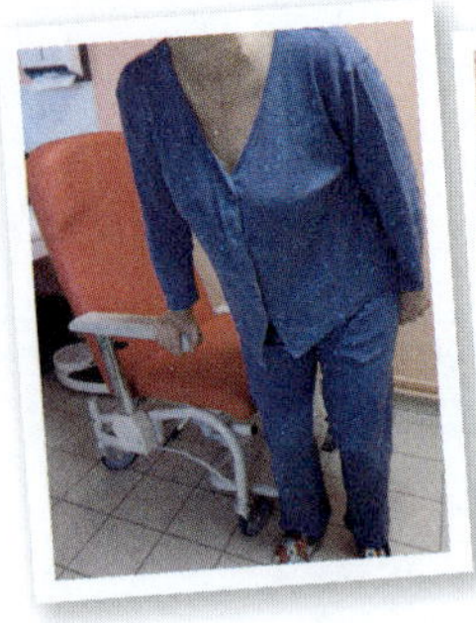
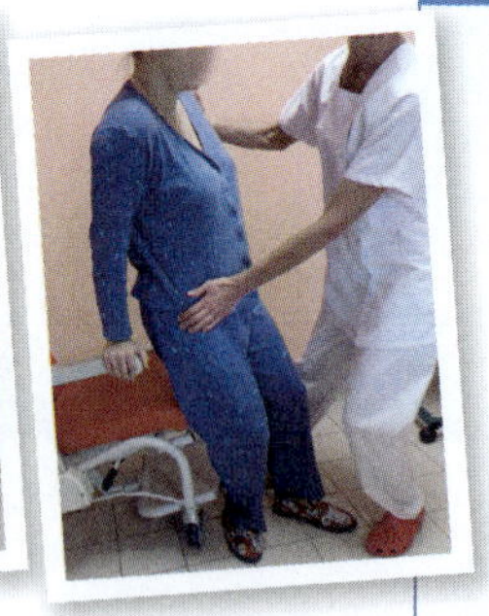

- **Accompagner** la personne jusqu'au fauteuil.
- Le fauteuil **est abordé** perpendiculairement.
- **Demander** à la personne de saisir l'accoudoir en pliant les genoux et en inclinant le tronc en avant.
- **Accompagner** la rotation de la personne, lui permettant de s'asseoir.

Rehausser la personne dans son fauteuil

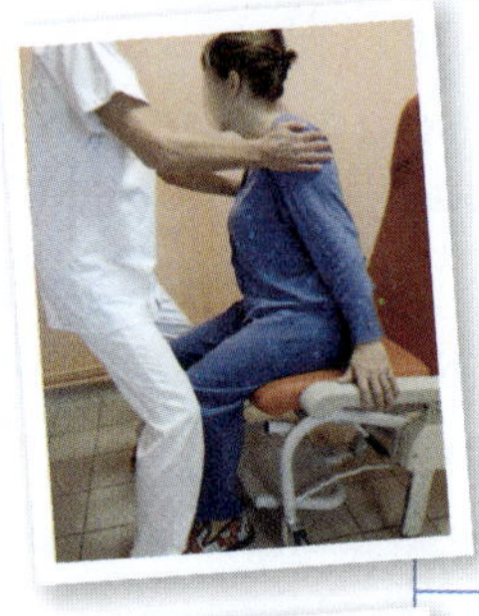

- **Se positionner** face à la personne, pieds écartés en double fente.
- Lui **faire mettre** les pieds à plat au sol et les mains sur le bord du fauteuil.
- **Mettre** les mains sur les épaules de la personne et l'aider à s'incliner sur le côté.

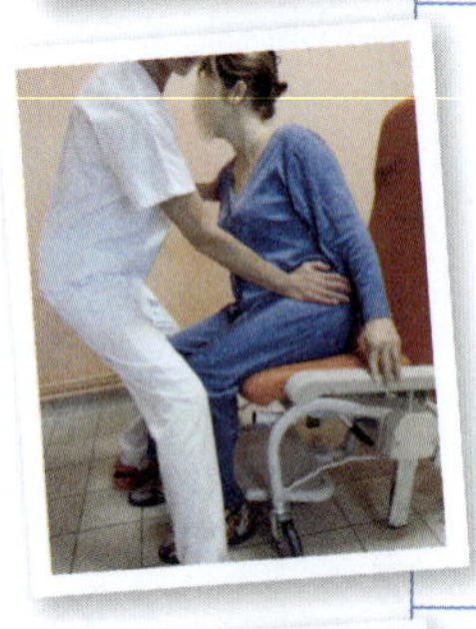

- Tout en maintenant le côté incliné, **placer** une main en poussoir sur la hanche levée.
- **Demander** à la personne de reculer la jambe tout en poussant pour faire reculer le bassin.

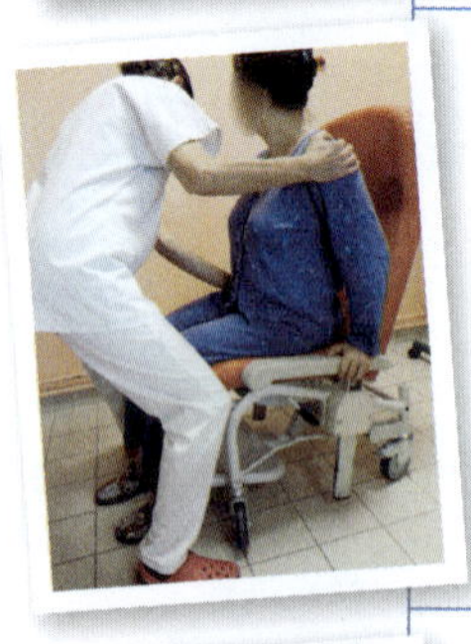

- **Incliner** la personne de l'autre côté et répéter la procédure en utilisant des fentes alternées jusqu'à ce que la personne soit assise au fond du fauteuil.

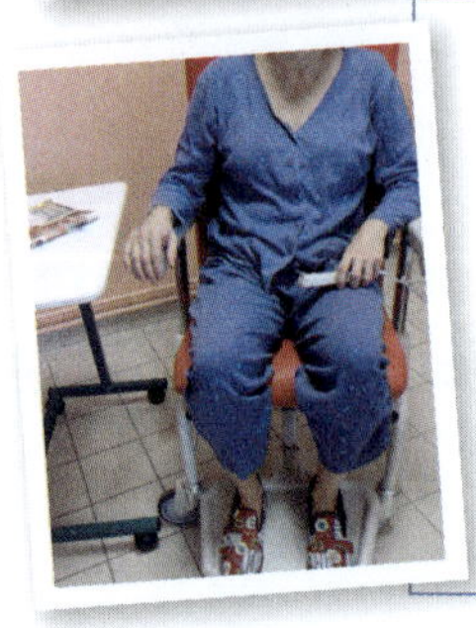

- **Lors** de l'installation et du rehaussement :
- **S'assurer** que la personne est confortablement assise au fond du fauteuil :
  - dos droit, calé au fond du fauteuil,
  - jambes et pieds à angle droit,
  - pieds à plat sur le sol ou sur le repose-pieds.

PROTOCOLE DE FIN DE SOINS

- Mettre les objets de première nécessité à portée de mains (verre d'eau, livre, sonnette, lunettes, télécommande…)
- Proposer un coussin pour le dos, la tête…
- Mettre l'aide technique à la marche à proximité
- Se laver les mains
- Faire les transmissions écrites et/ou orales

Installer une personne au lit

FICHE TECHNIQUE 22

OBJECTIFS DU SOIN • Préserver le confort • Favoriser le bien-être physique et psychologique de la personne

Matériels
- Lit médicalisé
- Accessoires de lit : potence de lit ou perroquet
- Drap de transfert

Produit
- Solution hydro-alcoolique (SHA)

ÉTAPES PRÉALABLES
> Repérer les besoins de la personne et son degré d'autonomie
> Informer la personne du soin, s'assurer de son accord
> Préparer le matériel et les produits
> Assurer l'hygiène des mains FT 1
> Se mettre en tenue professionnelle FT 2
> Assurer le bionettoyage du matériel

PRINCIPE DE BASE
> Monter le lit à hauteur de hanches

1 Les positions

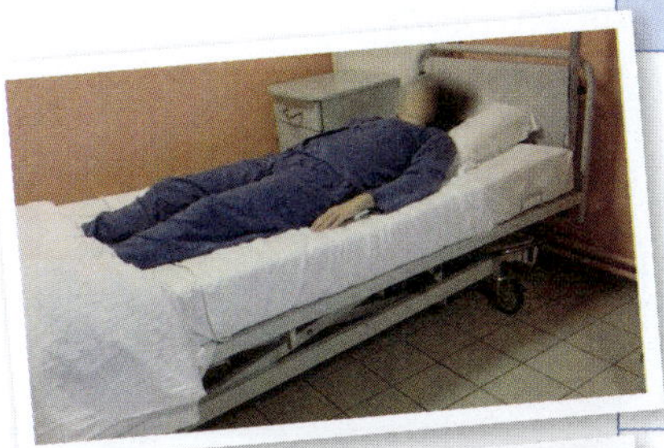

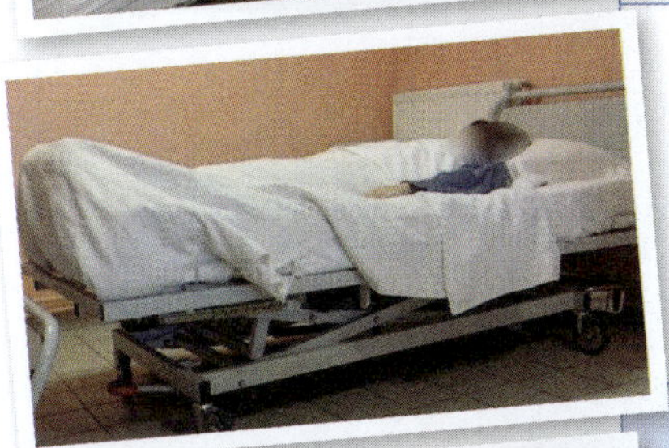

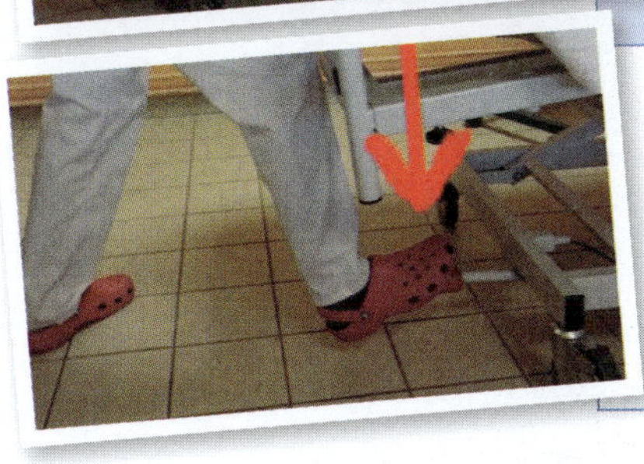

Techniques	Justifications
Installer en décubitus dorsal strict	
> La personne est sur le dos. > **L'aider** à se centrer sur le matelas. > **Mettre** le lit à plat. > **Installer** un oreiller sous la tête.	> .... > ....
> **Enlever** le panneau au pied du lit si la personne est très grande (taille > lit). > **Lever** la tête et les pieds à 30 degrés à la demande de la personne.	
Proclive ou position demi-assise	
> Personne alitée en décubitus dorsal. > **Monter** le lit au plus haut	

	Techniques	Justifications
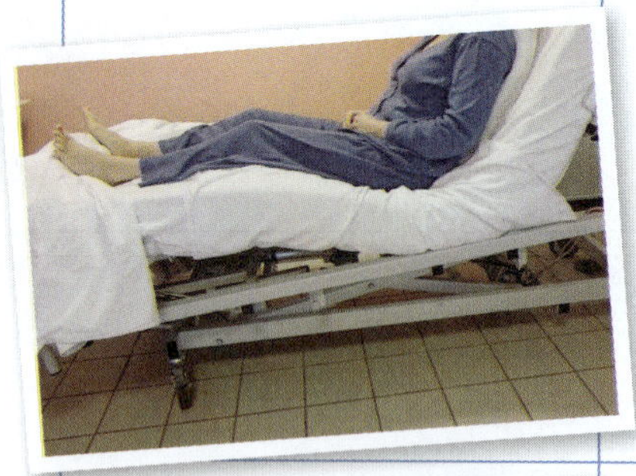	> **Relever** le buste en position assise. > **Relever** les jambes. > **Incliner** le lit, pieds vers le bas, avec la pédale ou avec la télécommande. > **Vérifier** que les genoux soient au moins au niveau du bassin.	> ....
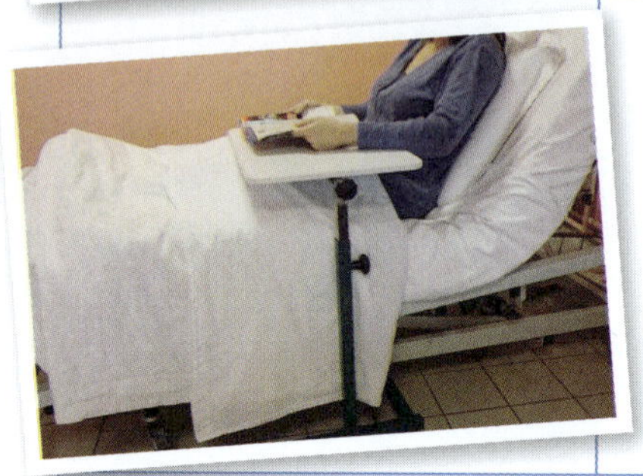	> **Vérifier** que le buste de la personne ne glisse pas sur le côté. > **Mettre** les barrières de sécurité (si prescription).	> ....

Schéma de la télécommande des lits médicalisés

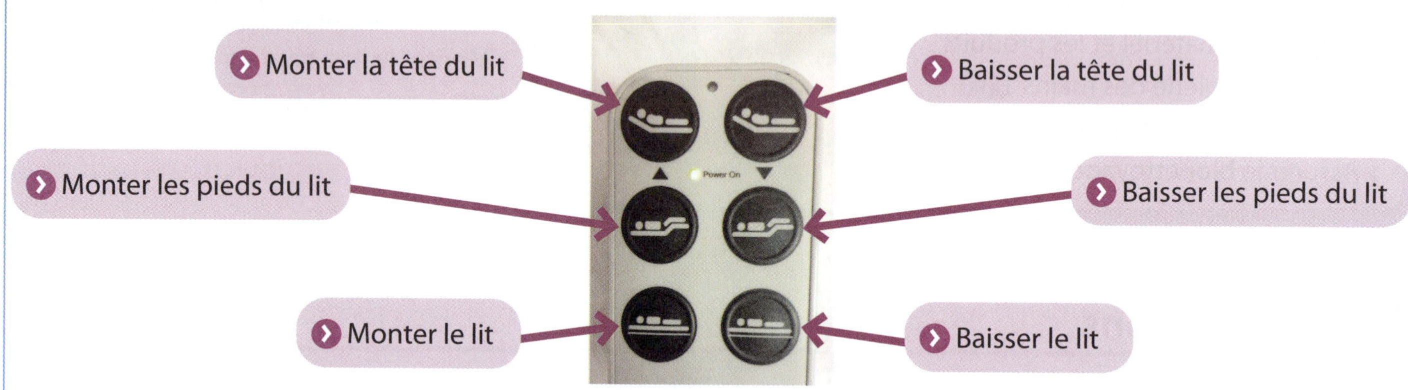

Déclive ou position pieds en l'air

	Techniques	Justifications
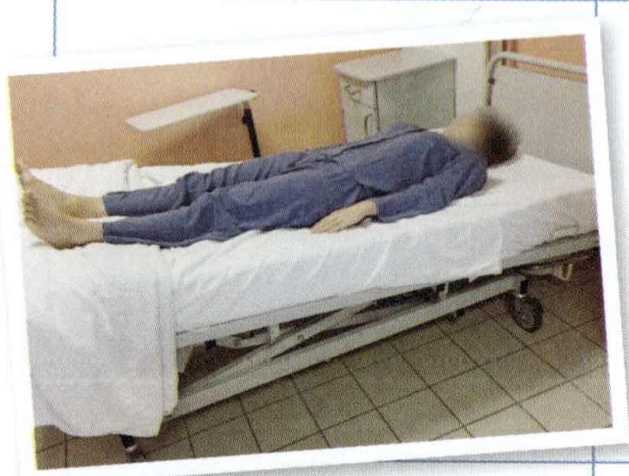	> Personne en décubitus dorsal.	
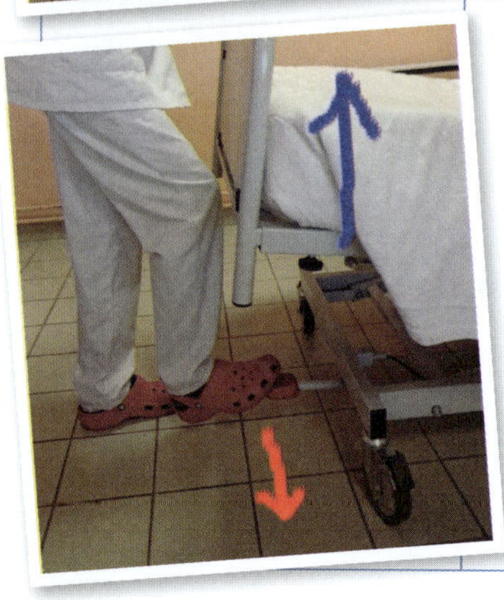	> **Incliner** le lit, pieds vers le haut, tête vers le bas, avec la pédale ou avec la télécommande. > **Ne pas conserver** cette position trop longtemps et sans surveillance.	> Faciliter la vascularisation des organes lors de collapsus cardiovasculaires. > ....

2 Remonter dans un lit

	Techniques	Justifications
	La personne se remonte seule dans le lit	
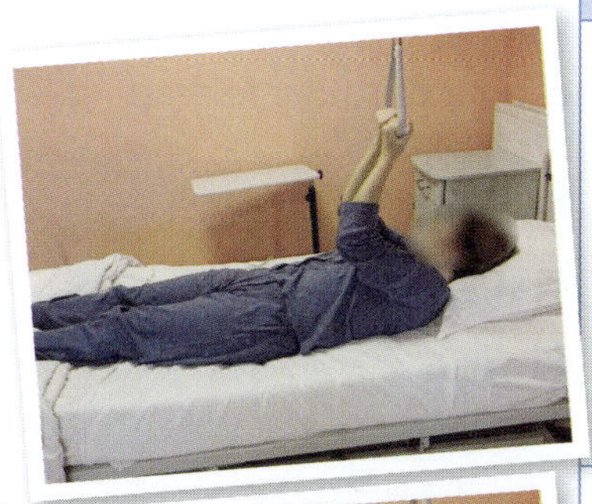	> Lit en position décubitus dorsal strict, **baisser** la tête du lit. > **Vérifier** que les épaules de la personne et que la potence soient alignées dans le plan vertical.	
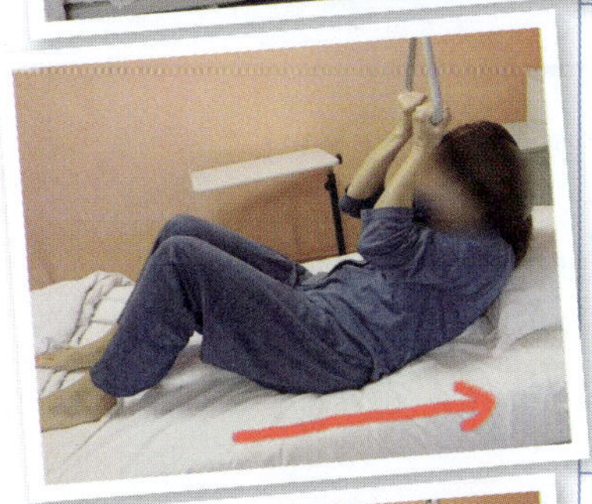	**Demander** à la personne de : > **Plier** les genoux. > **Prendre** appui sur les talons. > **Saisir** la potence en supination, paumes de mains tournées > **Redresser** la tête et regarder son ventre.	
	**Demander** à la personne de : > **Pousser** sur les talons et effectuer un mouvement vers le haut. > **Tirer** sur la poignée de traction.	
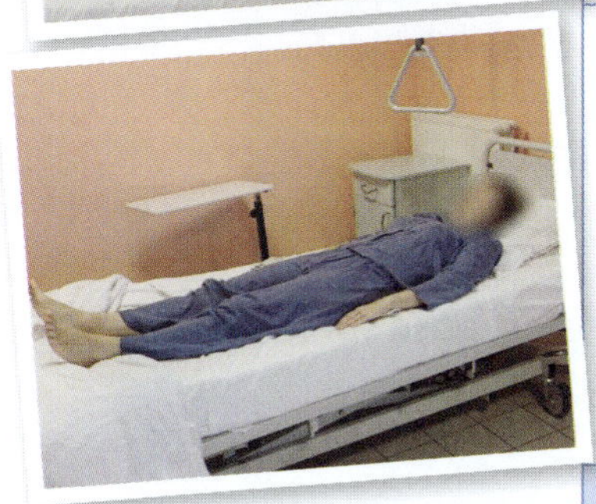	> **Remonter** dans le lit.	
	Remonter une personne dans un lit avec un drap de transfert ou de glisse	
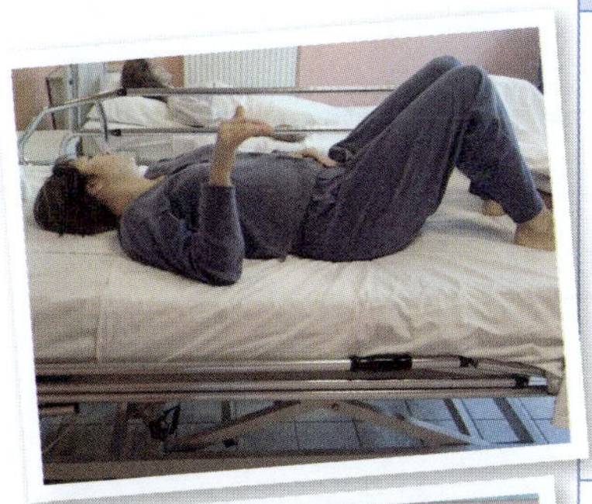	> **Personne** en décubitus dorsal. > **Enlever** l'oreiller et le mettre contre le panneau du haut du lit.	> ....
	> **Demander** à la personne de plier les genoux, d'attraper la barrière opposée et de se tourner vers celle-ci. > **Vérifier** que le drap de transfert soit positionné les 2 faces glissantes l'une contre l'autre pour assurer son efficacité.	> ....

Techniques	Justifications
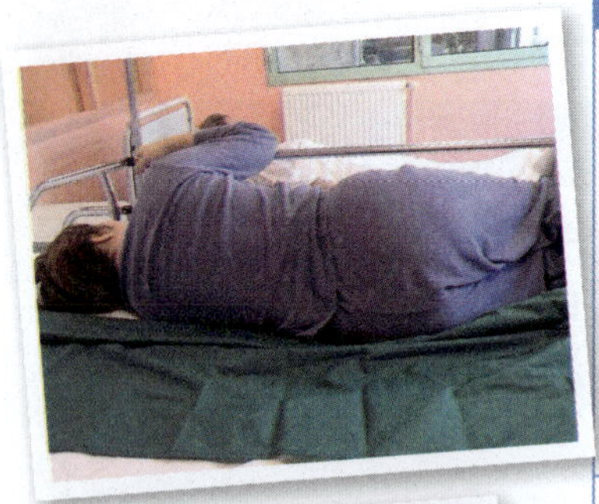 > **Poser** le drap de transfert roulé sur une moitié (idem alèse propre lors de la réfection du lit). FT19 > **Demander** à la personne de se remettre sur le dos. > **Vérifier** que seuls la tête et le fessier soient sur le drap. > **Demander** à la personne de se tourner vers le professionnel pour dérouler le drap de transfert sur la moitié restante.	
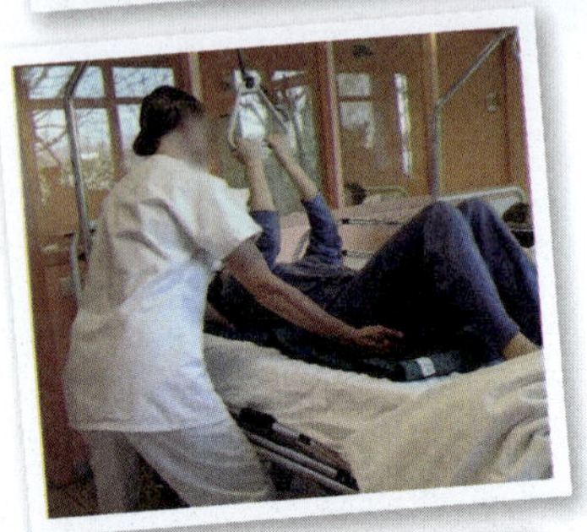 > La personne **prend** la potence en supination*, **pousse** sur ses pieds, **regarde** ses genoux pour remonter dans le lit. * Supination : mouvement de rotation de l'avant-bras pour que la main soit tournée paume vers le haut.	
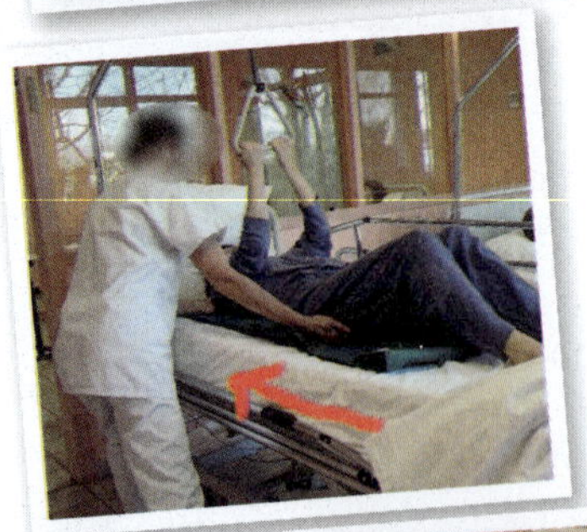 > Le professionnel **accompagne** seulement le mouvement vers le haut.	> Remonter la personne sans forcer en la faisant glisser sur le drap de transfert.
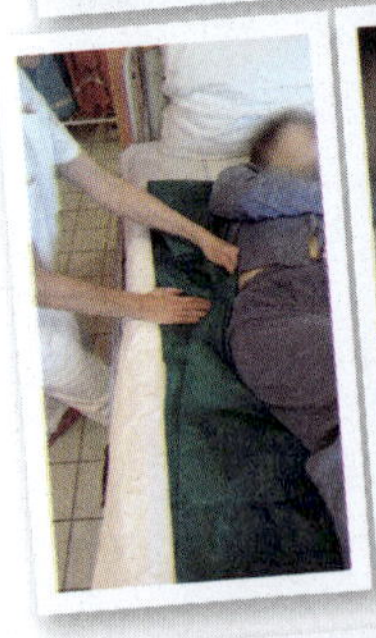 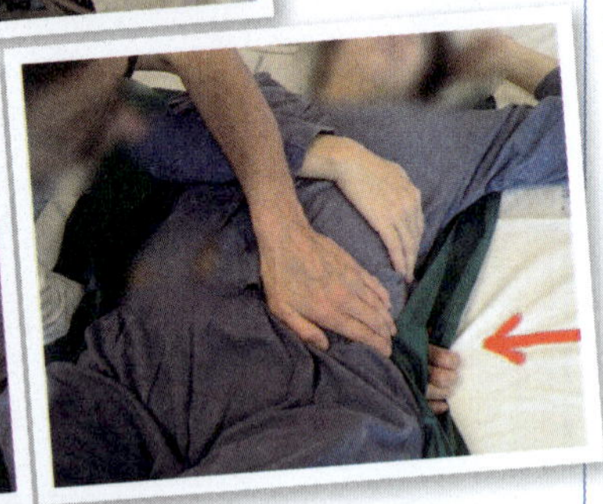 > Lorsque la personne alitée est positionnée, **enlever** le drap de transfert en passant une main entre les deux feuillets du drap sous le creux lombaire de la personne.	
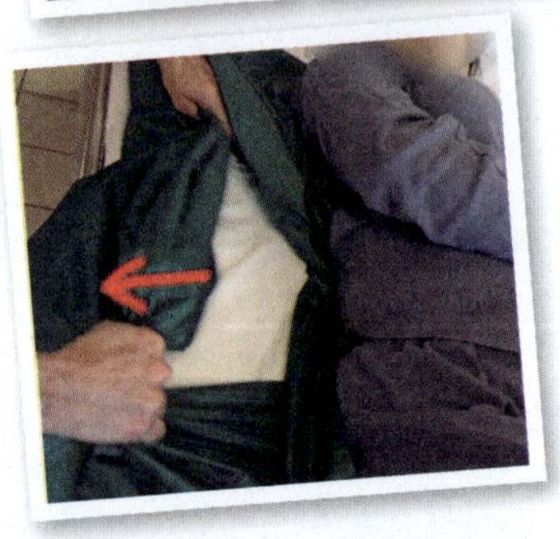 > **Faire plier** les jambes, tirer vers soi le bord du drap de transfert posé sur le drap. > **Répéter** l'action plusieurs fois jusqu'à enlever tout le drap de transfert. > **Plier** le drap de transfert et le nettoyer > **Remettre** l'oreiller.	

PROTOCOLE DE FIN DE SOINS

> Effectuer une friction hydro-alcoolique
> Vérifier l'absence de plis des draps de dessous
> Réinstaller la personne selon son désir en veillant à ce qu'il ne lui manque rien (sonnette, potence, télécommande du lit adaptable à portée de main, bassin ou urinal, livre, eau, verre…)
> Ranger les produits et le matériel après nettoyage et désinfection
> Assurer l'hygiène des mains FT1
> Effectuer les transmissions (comportement ou plainte de la personne, degré de participation, état cutané, présence ou non d'urine et/ou de selles…)

Se tester

Le + numérique
foucherconnect.fr / 22soins29
Quiz
Exercice interactif

Exercice 1 Entourer Vrai ou Faux.

a. La verticalisation permet de réintégrer les activités de la vie quotidienne.	Vrai	Faux
b. La verticalisation permet la revalorisation de l'image de soi.	Vrai	Faux
c. La verticalisation a une action bénéfique pour l'organisme.	Vrai	Faux
d. Lors de l'installation au lit, il faut préserver les capacités d'autonomie le plus possible.	Vrai	Faux
e. La contention au fauteuil peut être décidée par les soignants en cas de déambulation.	Vrai	Faux
f. L'installation au fauteuil diminue le risque d'escarre et améliore l'autonomie physique et sociale dans les activités quotidiennes.	Vrai	Faux
g. Seule la contention évite à la personne de glisser en avant.	Vrai	Faux

Exercice 2 Relier le matériel à utiliser à chaque situation.

Madame Henriette, tétraplégique depuis peu suite à un accident vasculaire cérébral, a toujours préféré la toilette à la douche à la toilette au lavabo. Elle n'apprécie pas non plus la toilette au lit : elle veut sentir l'eau couler sur sa peau, car c'est une des sensations qu'elle a conservées. •

Monsieur Justin est insuffisant moteur cérébral depuis la naissance. Il est transféré au fauteuil tous les jours, puis du fauteuil au lit, mais il n'a pas d'appui au sol et mesure 1,75 m pour 80 kilos. •

Madame Germaine a une sclérose en plaques avec des poussées intermittentes pendant lesquelles elle ne conserve que peu de mobilité. Mais elle refuse de rester alitée, surtout pour réaliser sa toilette. •

• Le lève personne

• Le verticalisateur

• Le chariot douche

À retenir

Le + numérique foucherconnect.fr/22soins30

Synthèse rédigée et audio

L'installation de l'adulte au fauteuil

Objectifs
- Améliorer le confort et la sécurité
- Diminuer le risque d'escarres
- Préserver les capacités physiques et sociales

Conséquences de la position inadaptée
- Inconfort, diminution des capacités fonctionnelles et relationnelles
- Perte d'autonomie, chutes
- Apparition d'escarre sacrée

Solutions
- Utiliser des fauteuils adaptés et adaptables
- Incliner l'assise du fauteuil
- Limiter le temps passé au fauteuil
- Utiliser des coussins de rehaussement

Contention uniquement sur prescription médicale

L'installation de l'adulte au lit

Objectifs
- Favoriser le confort
- Assurer la sécurité
- Préserver les capacités physiques et sociales
- Diminuer le risque d'escarres
- Éviter les complications de l'alitement prolongé

Conséquences de l'alitement prolongé
- Inconfort
- Diminutions des capacités fonctionnelles et relationnelles
- Perte d'autonomie
- Apparition d'escarres

Solutions
- Utiliser des matelas adaptés
- Incliner l'assise du lit
- Limiter le temps passé au lit
- Modifier régulièrement la position dans le lit
- Utiliser les aides techniques pour verticaliser : lève personne, verticalisateur

Toilette au lit ou Toilette au chariot douche

Position proclive ou Position déclive

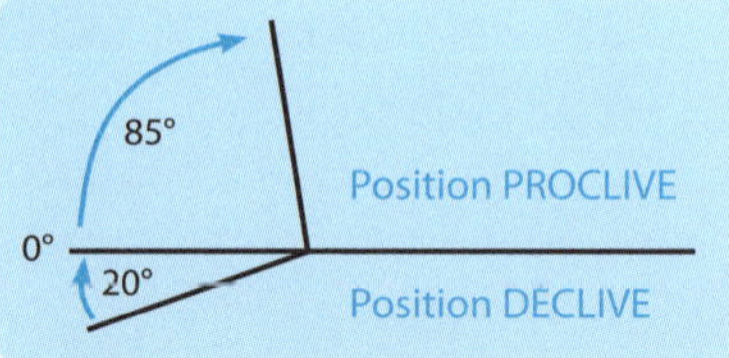

La mobilité

TD 26

Bloc 2

OBJECTIFS **1.** Énoncer l'intérêt de préserver la mobilité d'une personne **2.** Présenter l'intérêt de l'accompagnement à la mobilité pour la prévention des troubles musculosquelettiques **3.** Décrire et justifier les modalités d'accompagnement à la mobilité **4.** Analyser une situation d'accompagnement à la mobilité

Activité 1 Les intérêts de l'accompagnement à la mobilité

1 Lister les intérêts de préserver la mobilité et d'accompagner à la mobilité.

Pour la personne aidée

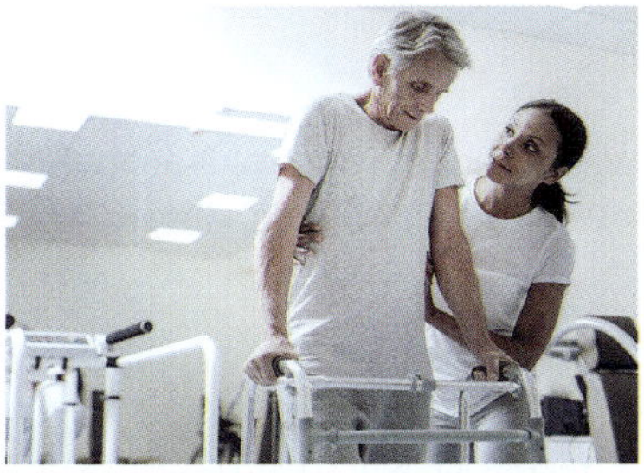

....

....

....

....

....

Pour les soignants

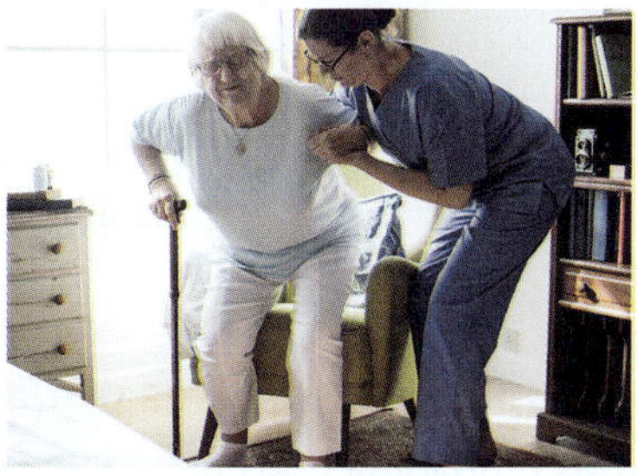

....

....

....

....

....

2 Souligner l'objectif de la démarche d'accompagnement à la mobilité.

DOC 1 La préservation de la mobilité

Certaines maladies, des accidents ou le vieillissement peuvent conduire brutalement ou progressivement à de grandes difficultés pour se mouvoir, se déplacer. Tout doit être mis en œuvre pour conserver au mieux les capacités à se mouvoir du patient afin d'éviter une progression vers une dépendance.

Le patient, la personne âgée seront donc encouragés à se déplacer, à participer, en fonction de leurs capacités résiduelles, à toute action de mobilisation, afin de prévenir ou ralentir une perte d'autonomie. Cet accompagnement a également l'intérêt de préserver les chutes en donnant confiance à la personne, en lui apprenant à faire par elle-même avec les bons gestes et les postures adaptées à ses possibilités.

DOC 2 La démarche d'accompagnement à la mobilité pour les soignants

Les troubles musculo squelettiques restent la première cause d'arrêt de travail et d'inaptitude chez les soignants. Ces troubles touchent majoritairement les membres supérieurs et le dos.

Les actions de prévention menées par les établissements et le secteur d'emploi a permis de diminuer les troubles liés aux manutentions et mobilisations des patients ou résidents.

Ces actions doivent permettre au personnel d'acquérir une véritable culture de prévention intégrée à leur démarche de soins et garantissant leur qualité : prendre soin de soi en prenant en compte les contraintes physiques, utiliser les aides matérielles à la mobilité, adapter ses gestes et postures en prenant en considération les capacités fonctionnelles de la personne aidée.

Cet accompagnement à la mobilité permet également de prévenir les chutes tant de la personne aidée que du soignant. Par exemple, la vérification que la personne aidée est en capacité ou non de porter le poids de son corps sur ses jambes lors d'un lever aide à la prise de décision : utilisation ou non d'un outil de manutention. Si la personne n'est pas en capacité de porter le poids de son corps, il est inutile d'essayer la mettre debout tant le risque de chute est important.

Activité 2 Les étapes de l'accompagnement

3 Compléter les encadrés des différentes étapes.

Le soignant connaît les différents mouvements naturels nécessaires aux déplacements et doit prendre en compte plusieurs éléments pour accompagner la mobilité

Personne aidée

....

....

....

Espace – Environnement

....

....

....

....

Aide

....

....

Le soignant croise tous ces éléments pour choisir l'accompagnement le plus adapté à la situation et à la personne en veillant au respect de sa propre sécurité.

DOC 3 Les étapes nécessaires pour un accompagnement optimal

Pour accompagner une personne à se déplacer, plusieurs étapes sont nécessaires. Il n'est pas question de faire à sa place, ni d'utiliser des gestes standardisés, répétés, quelle que soit la situation ou la personne.

La prise en compte de l'espace et de l'environnement de la personne est une première étape incontournable : quel est l'espace disponible pour le déplacement ? Cet environnement peut-il être source de difficultés (plusieurs niveaux, sol glissant…) ? Cet environnement peut-il être adapté, réagencé ?

L'évaluation des capacités de la personne aidée est également fondamentale : repérer ce que la personne peut encore faire seule, ce qu'elle n'est plus capable de faire, là où elle a besoin d'aide, etc., c'est-à-dire ses capacités fonctionnelles. Il faut également tenir compte de certains paramètres comme une douleur lors des mouvements, une désorientation…

Le soignant doit ensuite croiser l'analyse faite de l'environnement et des capacités de la personne pour déterminer l'aide qui doit être mise en place. À partir de ce croisement, il choisit l'aide à apporter pour que la mobilisation se réalise dans des conditions optimales : respect de la sécurité de la personne aidée, de son bien-être, respect de sa propre sécurité. Le choix prend en compte tous les éléments analysés : aménagement éventuel de l'environnement, choix de l'aide technique à utiliser dans cette situation, modalités d'accompagnement, guidance verbale, manuelle…

L'accompagnement retenu doit favoriser l'autonomie de la personne sans être dangereux pour le soignant qui doit connaître ses limites physiques et savoir se préserver. Cet accompagnement doit aider la personne à adapter ses gestes, stimuler ses capacités résiduelles, créer des automatismes.

4 Relier le type d'assistance à l'attitude du soignant.

- L'aide-soignante encourage Madame Dair pour l'installer au fauteuil, elle lui explique les gestes demandés, ce qu'elle fait. •
- L'aide-soignante utilise un drap de glisse pour relever Monsieur Justin dans son lit. •
- L'aide-soignante maintient le bras de Madame Royer pour l'aider à aller jusqu'au lavabo. •

- • Assistance physique
- • Assistance verbale
- • Assistance matérielle

L'aide au déplacement d'un adulte

TD 27
Bloc 2

OBJECTIF Présenter les caractéristiques, les intérêts et les conditions d'utilisation des cannes, déambulateurs et fauteuils roulants

Activité 1 Les caractéristiques des cannes et déambulateurs

1. Souligner dans le texte les définitions des cannes et déambulateurs.

2. Compléter le tableau.

	Cannes	Déambulateurs
Fonction commune		
Fonctions spécifiques		

DOC 1 Définitions et fonctions des cannes et déambulateurs

Les cannes et déambulateurs sont des aides techniques à la marche. Ces aides permettent de compenser la limitation de déplacement rencontrée par une personne ; elles favorisent une certaine autonomie dans les déplacements et préviennent les risques de chute.

Les cannes permettent à la personne un meilleur équilibre en élargissant leur base de sustentation, en reportant une partie ou la totalité du poids du corps sur l'un ou l'autre membre supérieur, en aidant à la propulsion (permettre à la personne à aller de l'avant).

Les cannes compensent les déficiences de l'appareil locomoteur (lors de fractures, de douleurs arthrosiques ou d'hémiplégie) et limitent les troubles de l'équilibre.

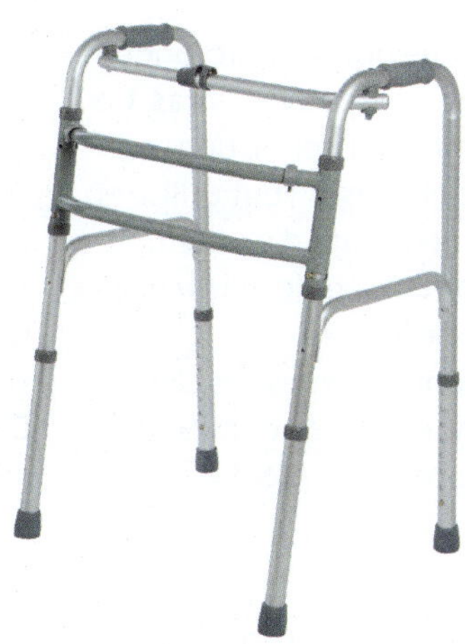

Les cadres de marche ou déambulateurs apportent plus de stabilité que les cannes en augmentant davantage la base de sustentation que les cannes ; ils permettent de se déplacer sans l'aide d'un tiers.

Leur fonction principale est de permettre la déambulation. Ils améliorent l'équilibre, la propulsion et favorisent la décharge (les membres supérieurs retirent une partie du poids du corps habituellement portée par les membres inférieurs).

3 Nommer les images et compléter les encadrés ci-dessous.

Description

Utilisation/Intérêt

Description

Utilisation/Intérêt

Description

Utilisation/Intérêt

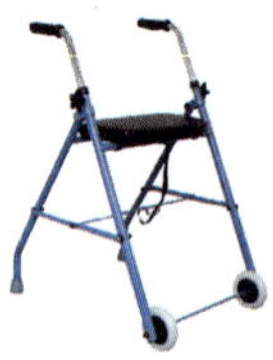

Description

Utilisation/Intérêt

DOC 2 Les différents types de cannes et déambulateurs

Les cannes simples sont simplement composées d'une poignée courbe ou en T, d'une tige et d'un embout antidérapant. Elles peuvent être en matériaux variés (bois, métal). Elles offrent un soutien modéré à la marche et nécessitent un poignet stable.

Les cannes tripodes comportent une poignée, une tige et trois pieds avec embouts antidérapants. La base est plus ou moins large. Elles sont plus stables que les autres cannes et sont à préférer sur les sols irréguliers.

Les cannes anglaises ont une poignée prolongée par un contre-appui à l'arrière de l'avant-bras. Ce double appui (main et avant-bras) donne une meilleure stabilité. Les cannes anglaises sont utilisées pour une décharge plus importante d'un membre inférieur. Elles sont souvent utilisées lors de rééducation pendant une période limitée.

Depuis quelques années sont apparues des cannes connectées. Celles-ci sont équipées d'un boîtier permettant de pouvoir appeler un proche en cas d'urgence, ou d'informer directement en cas de chute.

Les cadres de marche sont constitués d'un cadre métallique avec deux poignées sur le dessus et quatre pieds avec embouts antidérapants.

Les cadres sans roues nécessitent une bonne coordination pour être soulevés à chaque pas ainsi que de bonnes fonctions musculaires et articulaires des membres supérieurs. Ils sont utilisés le plus souvent en intérieur.

Les déambulateurs avec des roues sont composés de deux poignées et de deux à quatre roues selon les modèles. Ils permettent des déplacements en intérieur et extérieur selon l'autonomie de la personne.

Avec leurs quatre points d'appui, ces différents modèles offrent un meilleur équilibre mais nécessitent des surfaces dégagées.

Certains déambulateurs se plient, ce qui facilite leur transport et leur rangement.

Activité 2 L'utilisation d'une canne, d'un déambulateur

4 Énoncer et justifier la première étape à mettre en œuvre avant d'utiliser une aide technique, à l'aide du document 3.

5 Compléter le tableau ci-dessous.

	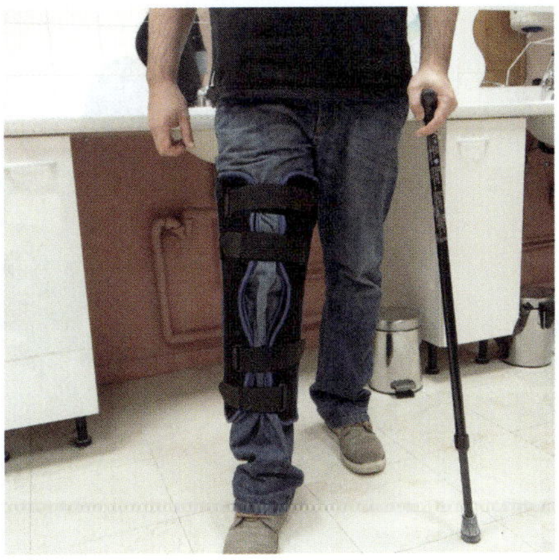	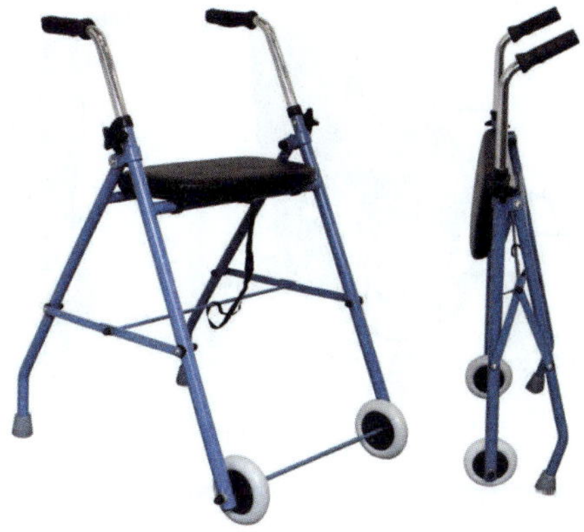
Réglage		
Utilisation		

DOC 3 Comment utiliser une canne, un déambulateur ?

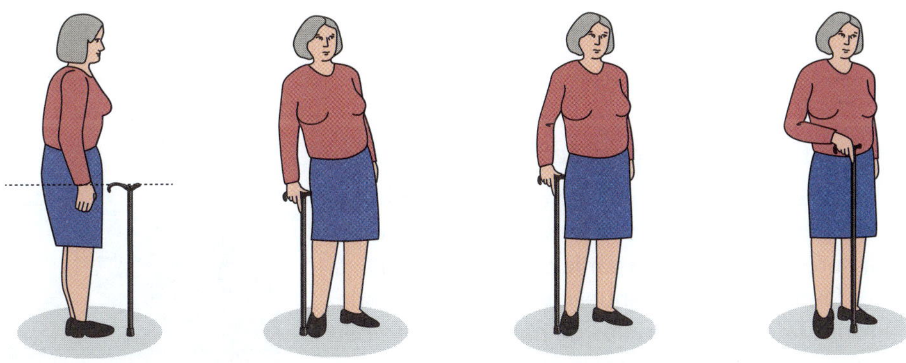

Bon niveau — Trop court — Correct — Trop long

Quel que soit le matériel adopté, la première étape avant toute utilisation est de vérifier son état afin d'éviter les chutes.

Les embouts antidérapants ne doivent pas être usés ou arrachés : en bon état, ils permettent l'adhérence au sol et évitent les glissades. Ils doivent donc être changés dès qu'ils sont abîmés ou usés.

En structures, les aides techniques feront l'objet d'un bionettoyage systématique quand elles sont utilisées par des patients différents.

Lors de la première utilisation, la hauteur de la canne doit être réglée : la poignée de la canne doit arriver au niveau du trochanter. Le coude doit former un angle de 30 degrés, le dos de la personne ne doit pas être voûté lors de l'utilisation de cette aide technique.

Lors de ce réglage en hauteur, il faut vérifier que le verrouillage est bien en place : les « boutons pression » doivent dépasser des trous de réglage pour éviter des abaissements impromptus de la canne lors de l'appui.

La canne doit toujours être tenue du côté où la personne a le plus de force, du côté sain, pour diminuer la pression de la jambe qui fait souffrir. La canne et la jambe opposée (jambe faible) sont avancées en même temps.

L'utilisation d'un cadre de marche ou d'un déambulateur nécessite également un réglage en hauteur et relève des mêmes précautions que pour les cannes. Les poignées doivent se trouver à la hauteur du pli des poignets. Il faut veiller à ce que toutes les tiges soient bien réglées à la même hauteur. Pour se déplacer avec un cadre de marche, il faut prendre appui sur ce cadre, le soulever des deux mains pour le poser légèrement plus loin devant.

Pour le déambulateur à deux roues, il faut le soulever légèrement à l'arrière pour le faire rouler.

Activité 3 Les fauteuils roulants

6 Compléter le tableau ci-dessous.

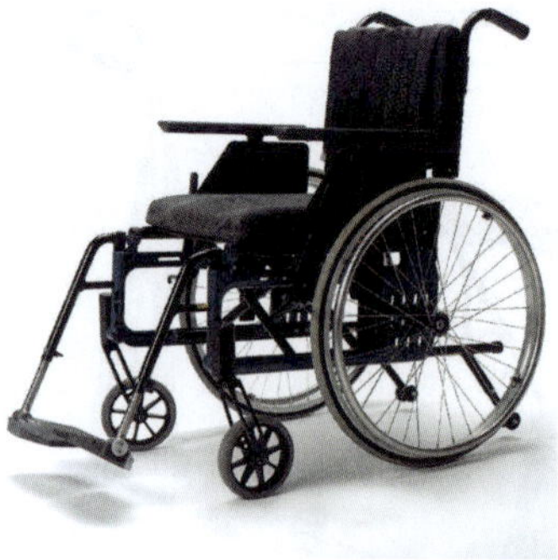 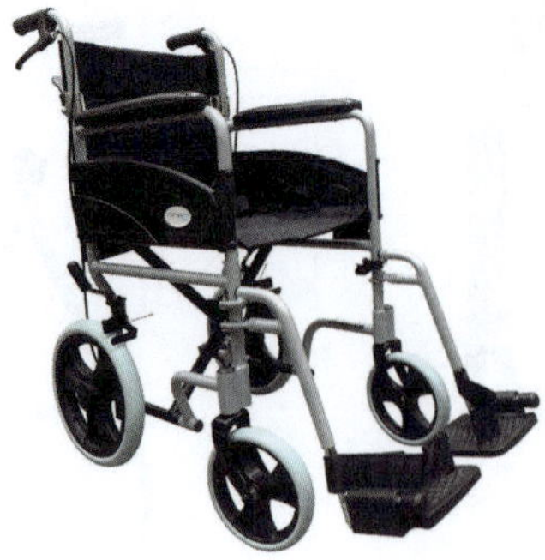	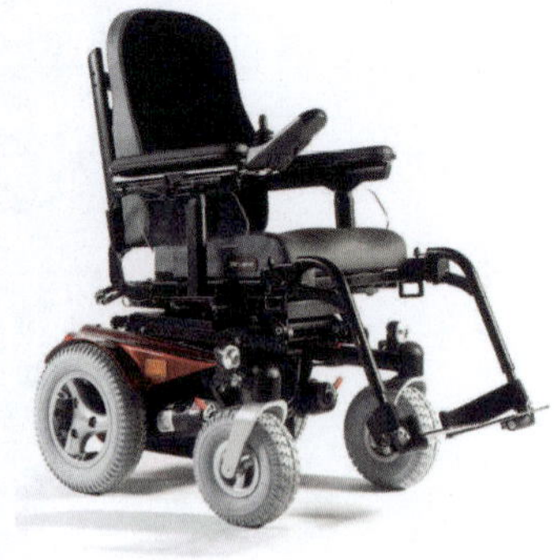
Nom :	Nom : ....
Description :	
Spécificité et utilisation :	Spécificité et utilisation : ....

DOC 4 Les différents types de fauteuils roulants

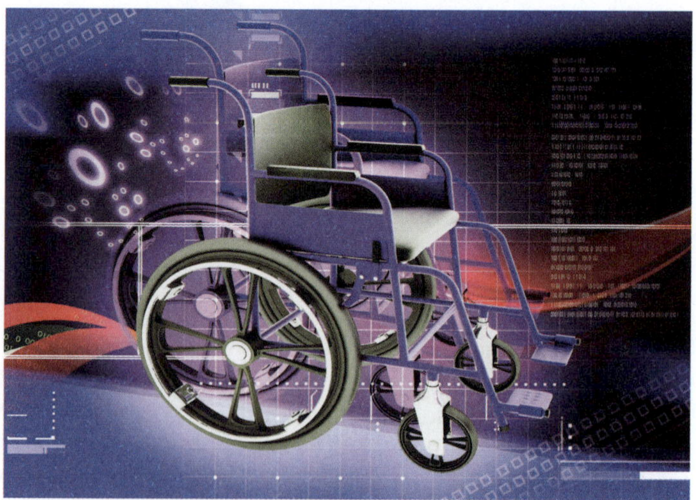

Le fauteuil roulant est une aide technique essentielle qui permet les déplacements, que ceux-ci soient assurés par un tiers ou par le patient lui-même.
Le fauteuil roulant manuel comprend de grandes roues latérales pourvues de main courante permettant la propulsion par la personne elle-même.
Le fauteuil électrique, beaucoup plus onéreux, permet des déplacements en autonomie y compris pour les personnes qui ne peuvent utiliser leurs membres supérieurs ; différentes modalités de commandes existent (ex. : commande au menton).
Quel que soit le type de fauteuil roulant, de nombreuses options sont possibles : dossier inclinable, appuie-tête, relève-jambes, repose-pieds escamotables, accoudoirs…
Un fauteuil roulant doit permettre une qualité de confort, car l'utilisateur peut y passer de très longues heures, il doit être léger et robuste, adapté au handicap de la personne. Son utilisation nécessite en outre un environnement adapté : surfaces dégagées pour les déplacements et rotations, meubles dégagés en dessous pour les rendre accessibles (robinetterie, évier…).

Aider au déplacement d'un adulte

FICHE TECHNIQUE 23

OBJECTIF DU SOIN Accompagner et aider la personne dans les divers déplacements de la vie quotidienne

Matériels

- Matériel d'aide aux déplacements : canne, déambulateur, fauteuil roulant

Produit

- Solution hydro-alcoolique (SHA)

ÉTAPES PRÉALABLES

Repérer les besoins de la personne

> Informer la personne du déplacement
> Assurer l'hygiène des mains FT1 Se mettre en tenue professionnelle FT2 Réaliser le bionettoyage du poste de change
> Vérifier l'organisation de l'environnement (lieu de réception du déplacement disponible, espace de déplacement libéré…)

Techniques	Justifications
Aide, accompagnement à la marche : placement latéral	
> **Dégager** l'environnement et **préparer** le siège pour la réception de la personne. > **Se placer** latéralement, du côté le plus fort de la personne.	> Éviter les chutes.
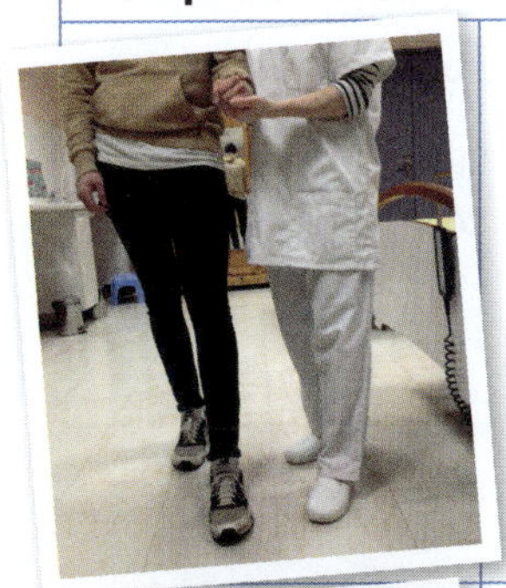 > Lui **donner** le bras le plus proche et lui **proposer** la main la plus éloignée afin de s'en servir comme d'une canne.	> Ne pas provoquer de douleur. > Aider la personne à soutenir son poids.
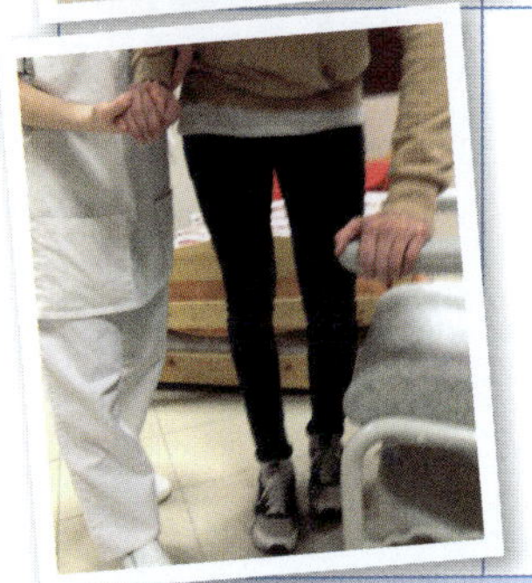 > **Demander** à la personne si elle est prête, puis **commencer** à marcher avec le même pied qu'elle. > **Aider** la personne à s'asseoir (comme dans le fauteuil roulant).	> Faciliter le déplacement.
Aide, accompagnement à la marche : placement frontal	
> **Dégager** l'environnement et préparer le siège pour la réception de la personne.	> Éviter les chutes.

Techniques	Justifications
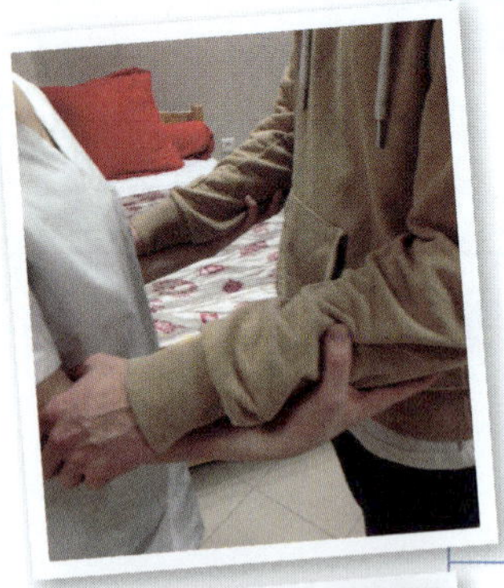 > **Se placer** face à la personne. > Lui **donner** un bras en appui, puis l'autre.	> Pour une personne qui a besoin de deux appuis pour se stabiliser.
 > **Demander** à la personne si elle est prête, puis commencer à marcher : **reculer** en même temps que la personne avance, avec le pied qui fait face à celui avancé par la personne.	> Faciliter le déplacement, maintenir l'équilibre.
> **Aider** la personne à s'asseoir (comme dans le fauteuil roulant).	
Aide à l'utilisation d'une canne	
> **Choisir** une canne adaptée (canne, canne anglaise, canne tripode), avec : – une poignée facile à tenir (en T, en équerre, arrondie) ; – une tige réglable ; – un embout antidérapant. > **Régler** la hauteur de la canne : la poignée de la canne doit arriver à la hauteur du poignet (lorsque la personne est debout, bras le long du corps, et portant ses chaussures habituelles).	> Canne : pratique, légère. > Canne anglaise (béquille) : double appui (poignet et avant-bras). > Canne tripode : plus stable mais lourde et encombrante. > Position ergonomique.
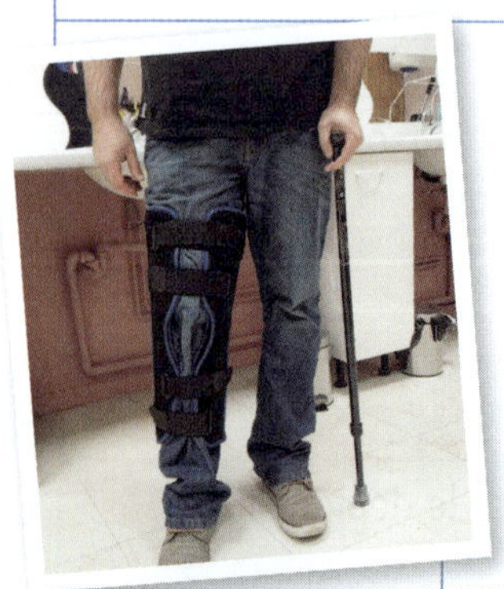 > **Prendre** la canne dans la main opposée à la jambe douloureuse, ou du côté possédant le plus de force.	> Faire basculer une partie du poids du côté le plus fort.
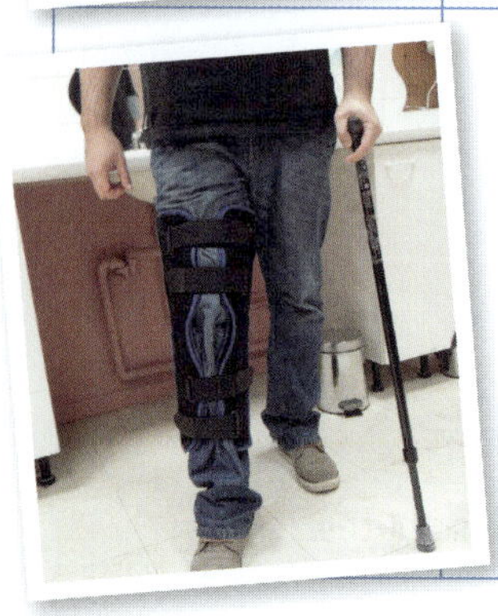 > **Marcher** en avançant simultanément la jambe qui pose problème et la canne en gardant le coude proche du corps.	

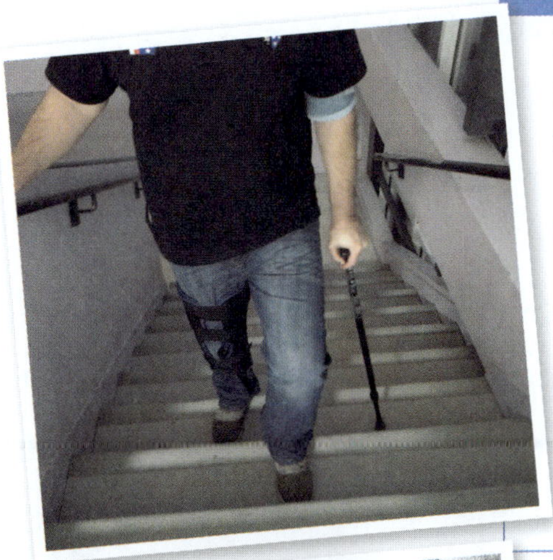

Techniques	Justifications
LES ESCALIERS : **Pour monter :** > **Placer** la jambe saine sur la première marche. > D'un même mouvement, **se pencher** en avant et **amener** simultanément la canne et la jambe malade sur la première marche.	> Décomposer le mouvement permet de limiter les déséquilibres.
Pour descendre : > **Placer** la canne sur la première marche. > **Amener** la jambe faible sur la même marche. > **Placer** ensuite la jambe saine.	

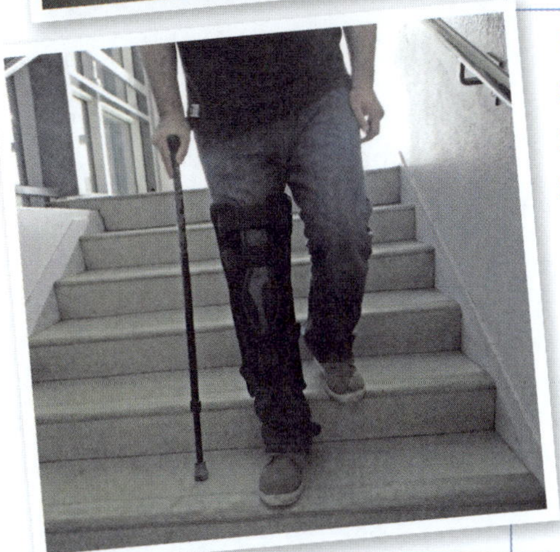

Aide à l'utilisation d'un déambulateur	
> **Se placer** debout face au déambulateur, et **prendre** appui sur le cadre. > **Positionner** le déambulateur devant la personne, pour qu'elle le **pousse** sur une courte distance.	> Trouver l'équilibre. > Ne pas mettre la personne en déséquilibre.
> **Avancer** la jambe faible jusqu'à ce que l'arrière du pied repose au niveau de l'arrière du déambulateur. > **S'appuyer** sur le déambulateur, et **faire** un pas en avançant l'autre jambe.	> Faire basculer une partie du poids du côté le plus fort.
S'asseoir : > **Reculer** avec le déambulateur vers le siège jusqu'à ce que l'arrière des jambes le touche.	
> Si le siège a des accoudoirs, **placer** une des mains dessus avant de s'asseoir. > **S'asseoir** lentement sans se laisser tomber.	> Avoir un point d'appui pour l'équilibre.

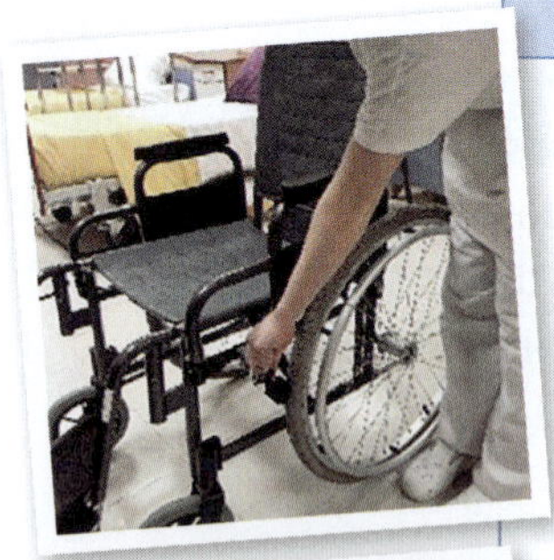

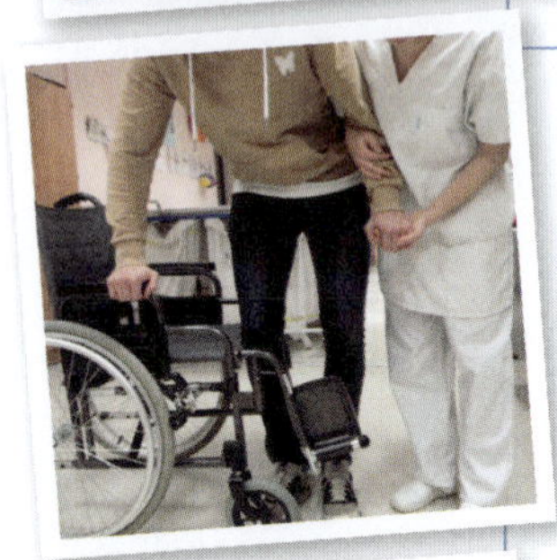

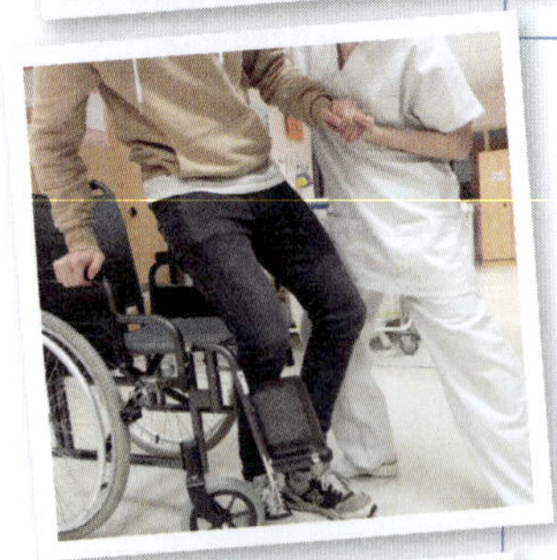

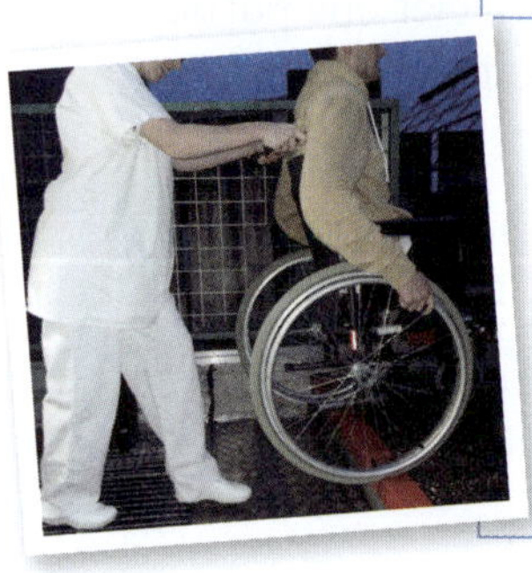

Techniques	Justifications
Aide à l'utilisation d'un fauteuil roulant	
> **Bloquer** les freins du fauteuil. > **Expliquer** à la personne ce qu'on va faire et ce que l'on attend d'elle.	
> **Amener** la personne à la perpendiculaire du fauteuil. > Lui **demander** de s'appuyer sur l'accoudoir le plus éloigné.	> Avoir un point d'appui pour l'équilibre.
> **Aider** la personne à pivoter pour venir sur l'assise du fauteuil. > **Aider** la personne à s'installer le dos le plus droit possible avec les fesses au fond du fauteuil. > **Installer** les pieds à plat sur les repose-pieds. > **Débloquer** les freins. > **Éviter** de faire des mouvements brusques.	> Placer la personne de façon confortable.
Pour monter une marche > **S'approcher** de la marche. > **Demander** à la personne de se pencher vers l'arrière du fauteuil. > **Incliner** le siège vers l'arrière en mettant le pied sur la barre d'inclinaison. > **Placer** les deux roues avant sur le dessus de la marche.	> Répartir le poids pour faciliter les déplacements.
> **Faire** ensuite **monter** les roues arrière en tirant sur les poignées vers le haut.	
Pour descendre une marche > **Faire descendre** le fauteuil à reculons.	> Éviter que la personne ne puisse tomber en avant.

PROTOCOLE DE FIN DE SOINS

> Ranger les éventuelles aides techniques
> Assurer l'hygiène des mains
> Effectuer les transmissions (comportement ou plainte de la personne, difficultés, douleurs…)

L'aide à la mobilisation

TD 28
Bloc 2

OBJECTIFS
1. Caractériser les matériels d'aide à la mobilisation (lève-malade, planche de transfert, poignée de traction)
2. Préciser leurs intérêts et leurs conditions d'utilisation

Activité 1 Le lève-personne, le lève-malade, le soulève-malade

1 Souligner, dans le document, l'objectif d'un lève-personne.

2 Mentionner les personnes concernées par l'utilisation d'un lève-personne et justifiez votre réponse.

....

....

DOC 1 Les modalités d'utilisation du lève-personne

Le lève-personne est utilisé pour transférer une personne totalement dépendante d'un point A à un point B en la soulevant sans qu'elle n'ait besoin d'aider à son transfert. Le choix du type de lève-personne dépend de l'environnement dans lequel il va être utilisé et des types de transferts attendus (lit/fauteuil, ramassage au sol d'une personne ayant chuté, transfert aux toilettes…). Le bon choix doit permettre de ne solliciter qu'un seul aidant tout en le préservant. Le confort du patient, ses douleurs, ses dispositifs (sonde, perfusion…) seront des éléments auxquels il faudra prêter attention durant le transfert.

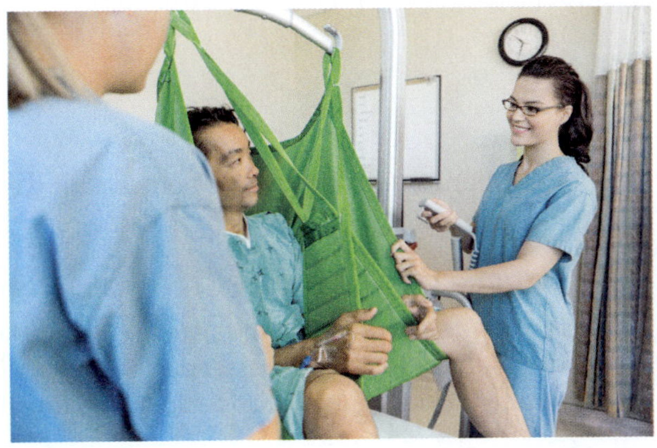

DOC 2 Le contrat de location d'un lève-personne, d'un soulève-malade

Les lève-personnes peuvent être proposés en location ou en vente, mais il faut savoir que seule la location peut être prise en charge par l'assurance maladie.

Location à la semaine d'un soulève-malade

Description du produit : Fléau habillé mousse polyuréthane – Poignée de conduite – Bloc batterie escamotable et interchangeable – Roues arrière à freins, 4 double galets à l'avant – Hauteur de passage sous le lit : 8,5 cm – Piétement à écartement variable.
Location : à partir de 17,50 € la semaine
Frais de livraison : à partir de 17,50 €

Conditions de la location d'un soulève-malade

- Sur simple appel téléphonique, nous livrons et installons le soulève-malade à votre domicile.
- Vous devez faire établir une prescription par votre médecin pour la location et pour l'achat de la sangle (payée par la Sécurité sociale et votre mutuelle).
- Vous n'avez rien à payer, nous faisons le tiers-payant auprès de la Sécurité sociale et de votre mutuelle si vous n'êtes pas pris en charge à 100 %.

3 Relier les éléments suivants.

Lève-personne	●	●	Achat
Sangles	●	●	Location

4 Indiquer la condition nécessaire à la prise en charge de la location d'un lève-personne.

....

....

Activité 2 Les planches de transfert

5 Entourer les images correspondant à une planche de transfert et justifier sous chaque image.

Illustrations	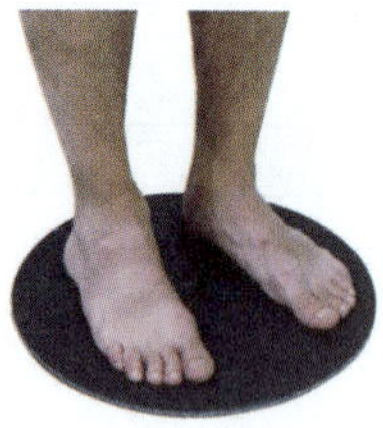	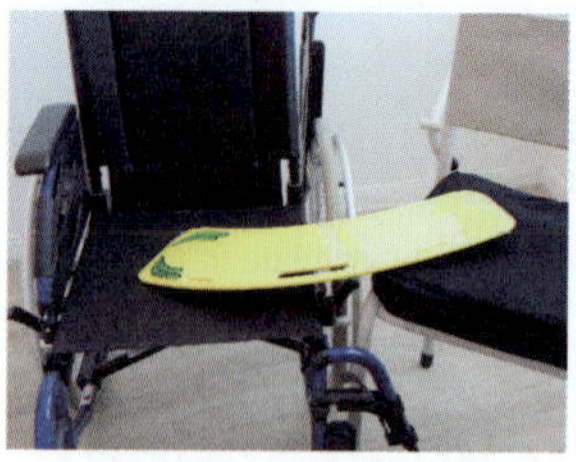	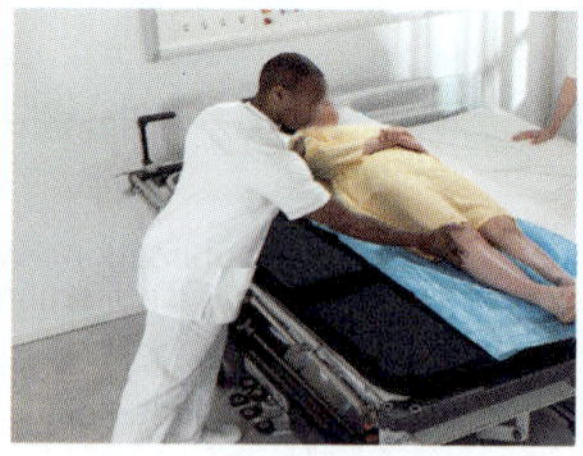	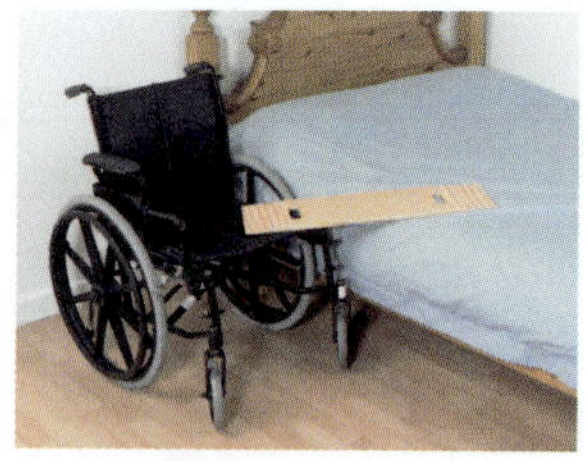
Justifications	....	....	....	....

6 Indiquer l'intérêt des planches de transfert.

....

....

7 Souligner l'élément de la planche permettant d'éviter les chutes.

DOC 3 La planche de transfert et son utilisation

La planche de transfert est une planche permettant les transferts latéraux assis sans passer par la position debout, avec ou sans l'aide d'une tierce personne en fonction de l'autonomie de la personne transférée.
Exemple : lit - fauteuil roulant ou fauteuil roulant - voiture.

Utilisation	
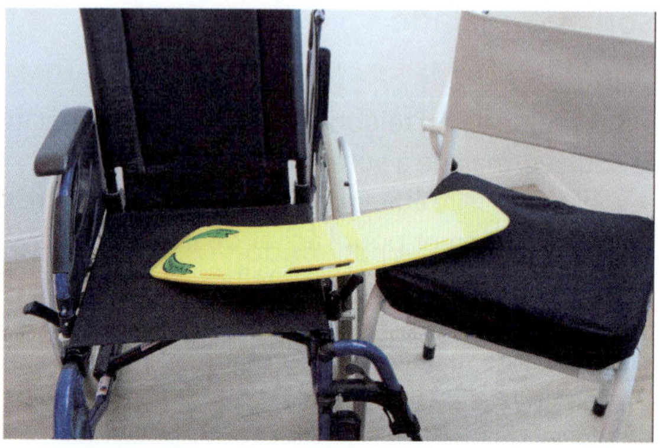	**Sécuriser le transfert :** • Mettre le lieu de départ et le lieu d'arrivée au même niveau. • Positionner la surface glissante sur le dessus, la surface antidérapante dessous. • Stabiliser les deux extrémités de la planche.
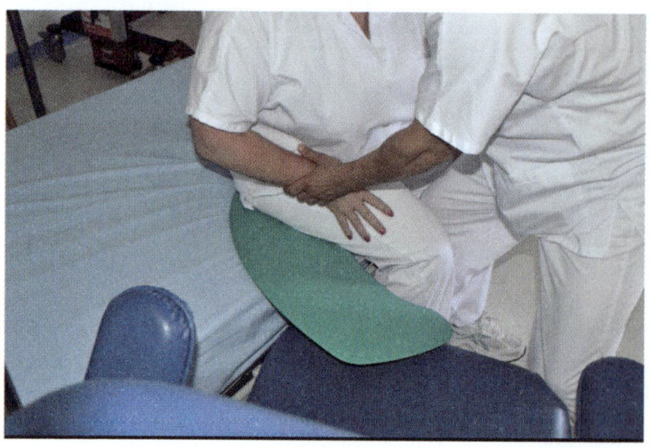	• L'utilisateur s'assoit sur une extrémité de la planche, puis glisse à la force des bras (ou avec l'aide d'une tierce personne).

Activité 3 La poignée de traction

8 Annoter le schéma du lit.

Noms		Intérêts
....	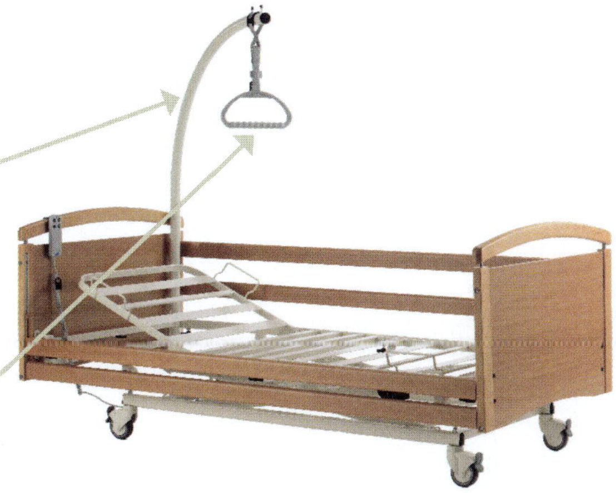	....
....		....

9 Compléter les points importants de l'utilisation de la poignée de traction sur le document 4.

10 Souligner les objectifs de l'utilisation de la poignée de traction.

DOC 4 La poignée de traction

....
....
....
....

....
....
....
....

Objectif

La poignée de traction (aussi appelée « perroquet ») est un accessoire utilisé autour du lit. Elle a pour objectif de permettre au patient en position allongée de se remonter dans le lit, de se redresser seul dans le lit ou de s'asseoir au bord du lit depuis la position allongée, et inversement. Si le patient n'a pas la force suffisante pour utiliser seul la poignée de traction, il peut cependant s'en servir pour faciliter, accompagner le transfert réalisé par l'aidant.

Structure

Manette souvent triangulaire, réglable en hauteur, reliée à un bras métallique (la potence) généralement fixé au niveau de la tête du lit médicalisé.

Mise en œuvre

La poignée de traction s'utilise préférentiellement avec les deux mains. Le patient doit réaliser un mouvement d'élévation des deux membres supérieurs pour attraper et maintenir la manette sur laquelle il exerce une traction. Selon le transfert réalisé, le patient peut coupler sa traction sur la poignée à des mouvements des membres inférieurs (s'aider en pliant les jambes et en poussant sur les talons). La poignée de traction n'est pas facile à utiliser pour une personne hémiplégique (poids du côté atteint difficile à mobiliser, il peut se créer un déséquilibre).

#vidéo
Se remonter dans le lit (0'37")
foucherconnect.fr / 22soins31

Activité 4 Les draps de transfert

11 Souligner, dans le document, comment le drap de glisse facilite les transferts.

12 Relever les caractéristiques des draps de transfert puis indiquer leurs intérêts.

Caractéristiques des draps de transfert	Intérêt des éléments
Tube	
Textile	
Imperméable	
Élastique	

DOC 5 Le drap de transfert ou drap de glisse

Les draps de transfert ou draps de glisse permettent d'aider à la manutention du patient pour les transferts latéraux et les rehaussements. L'effet de glisse facilite le travail du personnel soignant en réduisant les frottements dus au poids du patient pendant les manipulations. Le drap de glisse est composé d'un tube, afin que les deux couches en contact coulissent les unes sur les autres, en textile (tissu) polyester, pour le confort, avec enduction de polyuréthane, matériau imperméable pour faciliter l'entretien et élastique pour en faciliter l'utilisation.

#vidéo
Drap de transfert (3'28")
foucherconnect.fr/22soins32

13 Indiquer la mobilisation nécessitant une aide de l'usager. Justifier.

14 Nommer la technique, utilisant un drap de glisse, permettant de sortir ou aller dans un lit.

DOC 6 Quand utiliser un drap de transfert ?

Rehaussement à deux aidants	Rehaussement à un aidant	Transfert latéral
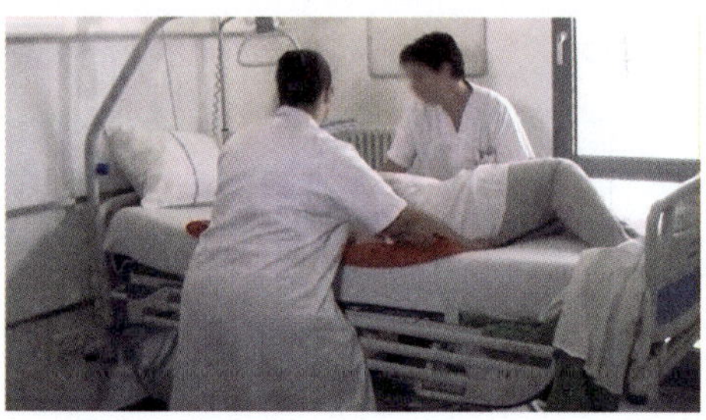	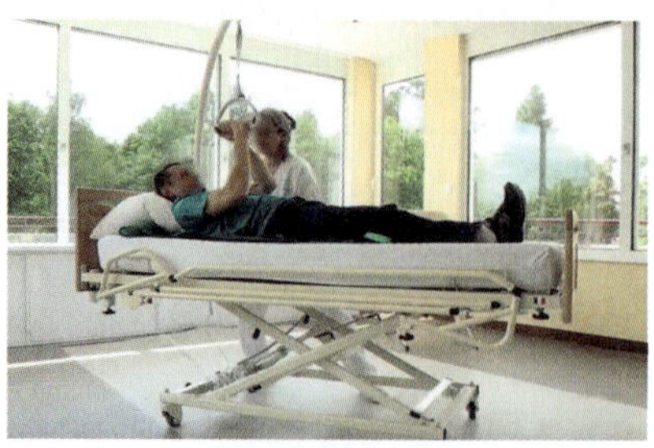	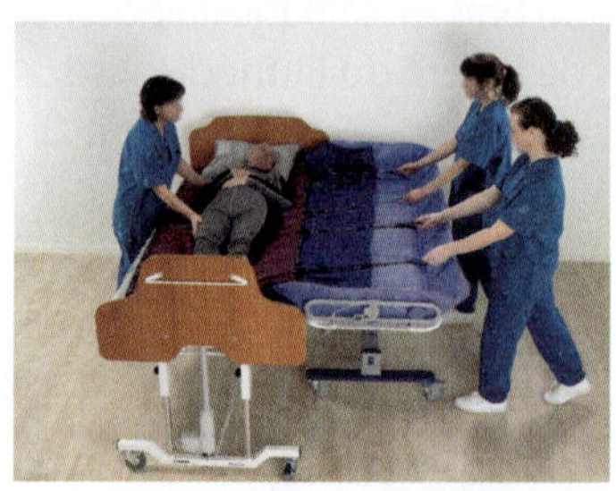

Se tester

Le + numérique
foucherconnect.fr/22soins33
Quiz
Exercice interactif

Exercice 1 Compléter le tableau et justifier les affirmations fausses.

Affirmations	Vrai	Faux	Justification
L'accompagnement à la mobilité prend uniquement en compte le confort et la sécurité de la personne aidée.	☐	☐	....
L'accompagnement à la mobilité doit s'appuyer sur les capacités résiduelles de la personne aidée.	☐	☐	....
La planche de transfert permet le passage de la position assise à la position debout.	☐	☐	....
Le lève-malade permet le transfert de personnes totalement dépendantes.	☐	☐	....
La vérification de l'état du matériel avant toute utilisation est indispensable.	☐	☐	....
La hauteur de la canne doit être réglée de telle manière que sa poignée arrive au niveau des côtes de la personne.	☐	☐	....
Le fauteuil roulant n'est pas adapté aux déplacements d'une personne tétraplégique.	☐	☐	....

Exercice 2 Relier chaque situation à l'aide technique la plus adaptée.

Monsieur David, 84 ans, vient d'être amputé au-dessus du genou gauche à la suite d'une artérite. Il a très peu de force dans les membres supérieurs. •

Madame Guinot, 75 ans, vient de se faire poser une prothèse de hanche. Elle était jusqu'à présent très autonome mais elle appréhende désormais de perdre l'équilibre. Elle souhaite disposer d'une aide technique rassurante, temporaire et peu encombrante. •

Monsieur Bastid, 78 ans, vient de rentrer à son domicile après une intervention chirurgicale. Il rencontre encore des difficultés pour passer de la position allongée à assise, notamment dans son lit. •

• Poignée de traction

• Fauteuil roulant (de préférence électrique)

• Canne

À retenir

Le + numérique foucherconnect.fr/22soins34

Synthèse rédigée et audio

L'accompagnement à la mobilité

Les aspects de l'accompagnement à la mobilité

- Respecter le confort et la sécurité de la personne et du professionnel
- Évaluer les capacités de la personne et l'environnement
- Proposer des équipements adaptés
- Stimuler et valoriser la personne en fonction de ses capacités résiduelles
- Aider la personne à adapter ses gestes, à développer des automatismes

Les équipements pour les aides au déplacement et à la mobilisation

Pour les déplacements

Cannes
Simples, tripodes ou anglaises
Meilleur équilibre car élargissement de la base de sustentation

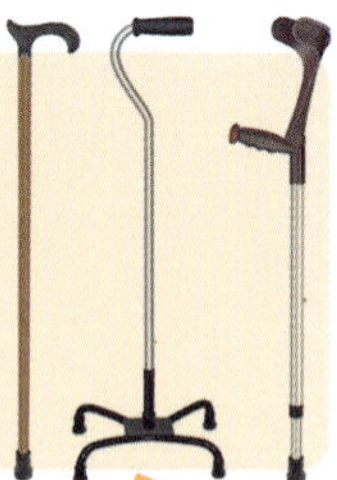

Déambulateur ou cadre de marche
Stabilité, meilleur équilibre, décharge des membres inférieurs

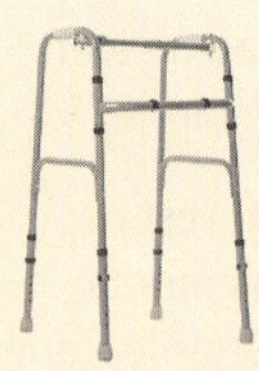

Fauteuils roulants
(manuels ou électriques)

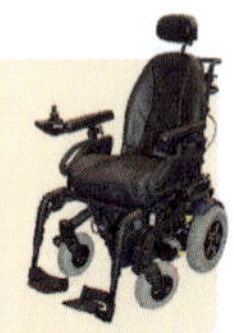

Pour la mobilisation

Lève personne
Permet le transfert d'une personne totalement dépendante d'un point A à un point B

Planche de transfert
Permet les déplacements latéraux assis sans passer par la position debout

Poignée de traction
Permet à la personne allongée de se redresser seule dans le lit

Drap de transfert ou drap de glisse
Permet les transferts latéraux ou le redressement d'une personne

⚠ Quel que soit le matériel utilisé, il doit être réglé à la bonne hauteur (cannes et déambulateur), son état doit être vérifié avant chaque utilisation.

Le port d'un enfant

TD 29
Bloc 2

OBJECTIFS **1.** Énoncer les différents ports de l'enfant et leurs intérêts **2.** Justifier les principes de sécurité pour le personnel lors du port d'un enfant

Activité 1 Le port d'un enfant

1 Souligner trois intérêts à porter un enfant.

DOC 1 Les bienfaits du port chez l'enfant

« En portant votre bébé, vous lui transmettez ce qu'aucune chambre d'enfant installée avec amour, aucun berceau ni aucune poussette ultra-confortable ne peuvent transmettre : le sentiment de bien-être, de sécurité, de chaleur, le mouvement, la vie. »

Felix Stauffer, biologiste.

2 Nommer les ports illustrés, puis les relier à leurs intérêts.

....

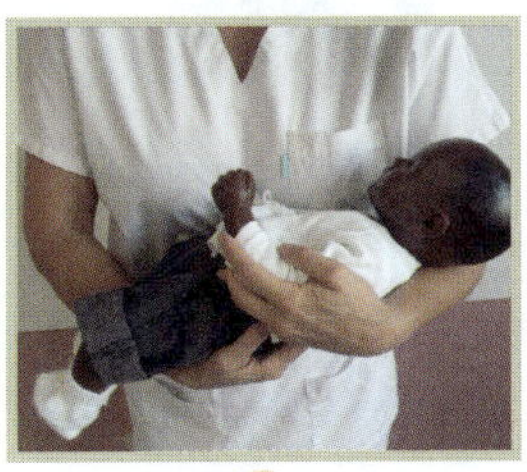
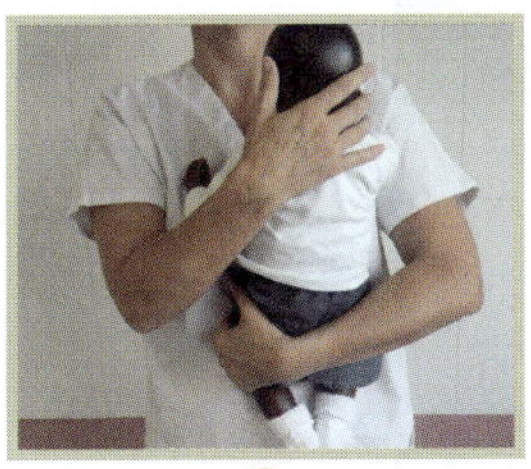

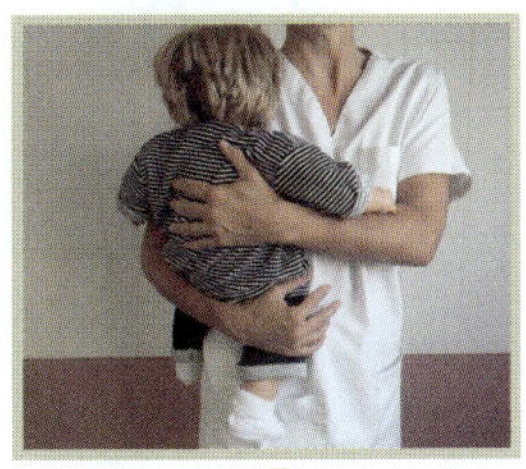
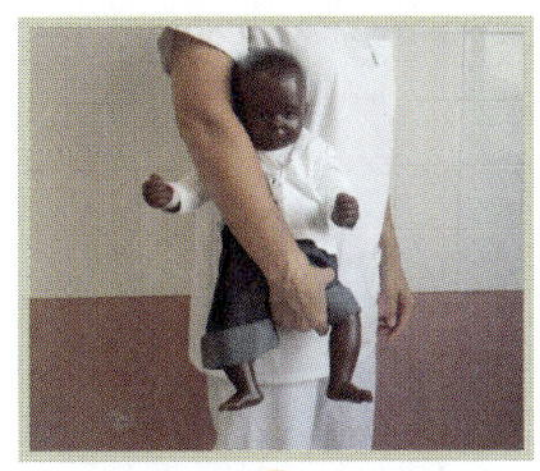

• Rassurer l'enfant. • Faire faire son rot à l'enfant.	• Favoriser les échanges entre l'adulte et l'enfant. • Donner à boire.	• Offrir au grand enfant une autonomie de mouvement.	• Rassurer l'enfant. • Libérer les mains de l'adulte.	• Faire découvrir l'environnement l'enfant.

DOC 2 Les différents ports de l'enfant

En berceau : l'enfant est couché dans nos bras, il nous regarde et peut prendre son biberon.

Relevé contre soi : l'enfant est redressé face à nous. Cette position favorise les éructations.

Portage : l'enfant est enveloppé dans une écharpe. Il peut donc rester contre l'adulte même lorsque celui-ci vaque à ses occupations.

Sur la hanche : plus confortable pour le grand enfant. Il se sent plus libre. Meilleure répartition du poids pour l'adulte.

Sur le ventre : l'enfant est couché dans nos bras, tourné vers le sol. Nos mains sur son ventre peuvent soulager les coliques.

Position de sécurité : l'enfant est redressé et maintenu tourné vers l'extérieur par un de nos bras qui le sécurise tout en lui permettant de voir autour de lui.

3 Justifier les éléments précédant le port d'un enfant.

....

....

DOC 3 Les étapes préalables à la prise en charge d'un enfant

Ne t'inquiète pas, je me lave les mains parce que je viens de changer ta sœur, et je viens t'aider à te lever.

Activité 2 Installer ou prendre un enfant

4 Barrer les techniques ne respectant pas les principes de sécurité corporelle et justifier les images barrées.

Techniques	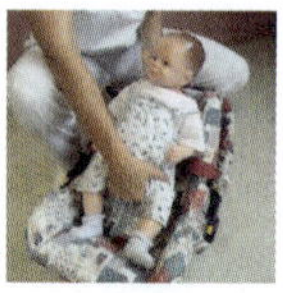	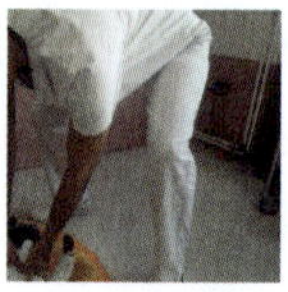	
Justifications	....	....	....
Techniques	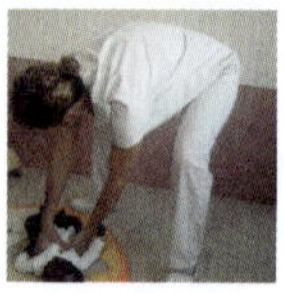	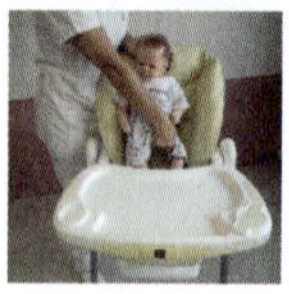	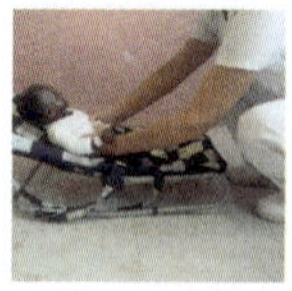
Justification	....	....	....
Techniques			
Justification	....	....	....

DOC 4 Les principes de sécurité corporelle

Les principes de base de la sécurité corporelle permettent de protéger notre corps (en particulier le dos) lors des différents mouvements :

- se rapprocher de la charge ;
- écarter les pieds pour être en équilibre ;
- garder le dos droit ;
- utiliser la force des cuisses ;
- utiliser les capacités de l'enfant et les aides techniques disponibles.

L'installation d'un enfant

TD 30
Bloc 2

OBJECTIF Installer ou aider à mobiliser un enfant pour le repos, les déplacements, des activités

Activité 1 L'installation d'un enfant pour le repos

1 Souligner les éléments gênant l'enfant dans sa mise au repos.

DOC 1 Les difficultés d'endormissement

Le sommeil est une activité indispensable à la santé de l'enfant ; il permet au corps de reprendre des forces pour les activités des temps d'éveil.
Mais la mise au repos est souvent source de difficultés, car l'enfant peut vouloir tester les limites de l'adulte, sortir d'une activité intense et sentir un trop-plein d'excitation pour s'endormir, le moment du coucher ne correspondant peut-être pas à son rythme biologique.
L'angoisse est souvent présente au moment du coucher, pour des raisons variées comme la peur du noir, des monstres… de même, se retrouver sans la présence sécurisante de l'adulte est source d'appréhension.
L'environnement matériel peut ne pas être favorable : trop de luminosité, trop chaud, trop froid, trop de bruit…

2 Lister les éléments favorisant l'endormissement de l'enfant.

....

....

....

....

....

DOC 2 Les conditions favorables à l'endormissement

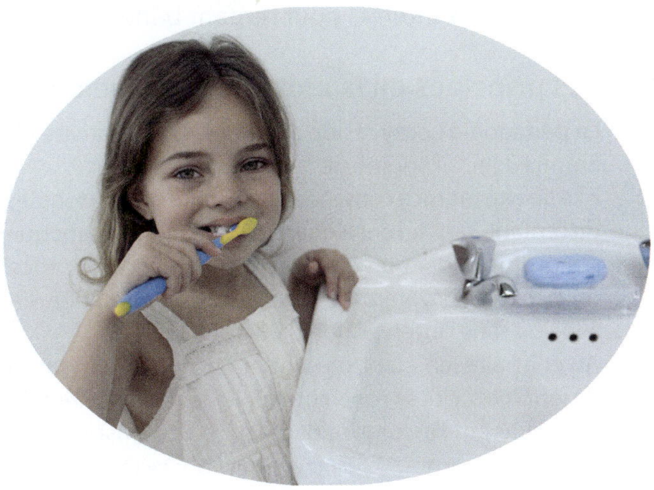

❸ Compléter les éléments de prévention de la mort inattendue du nourrisson (*cf.* : SMS « MIN »).

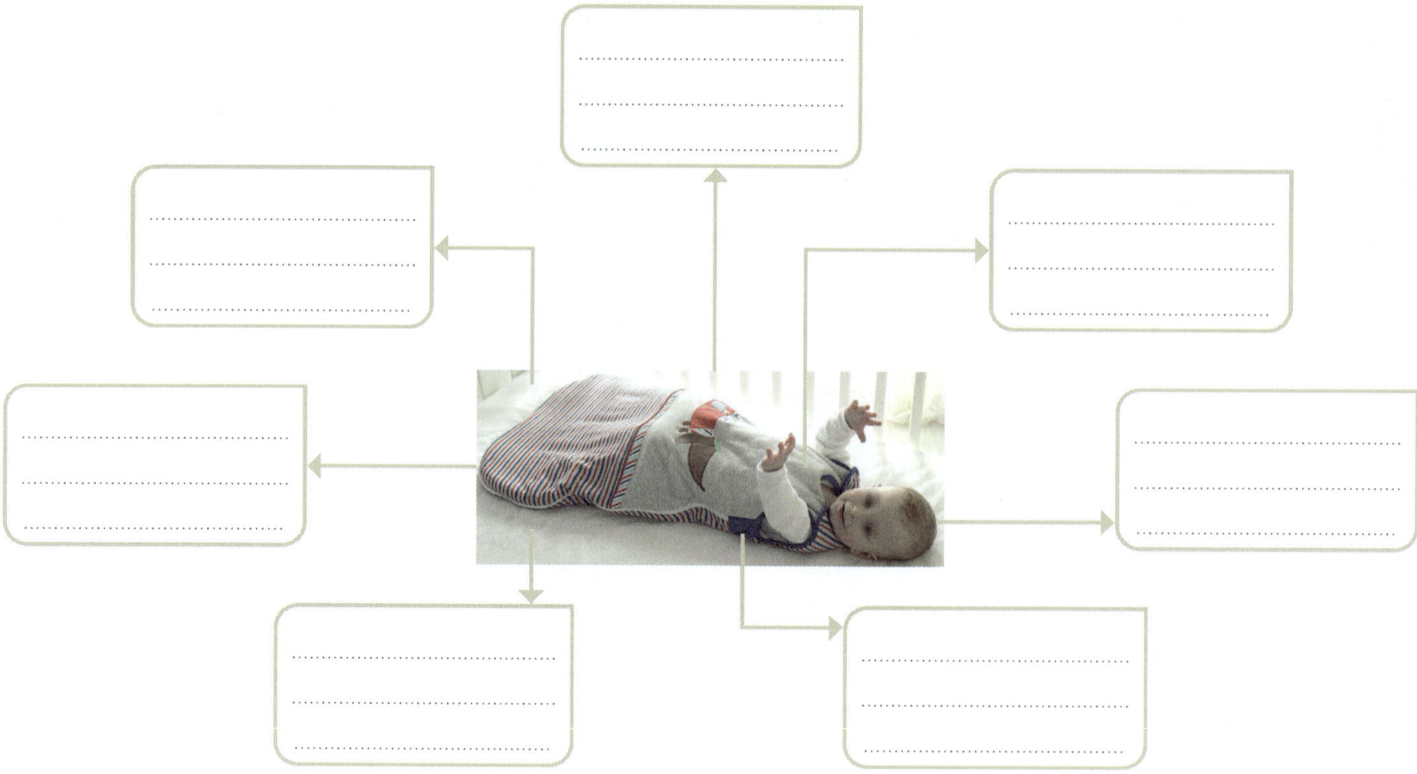

DOC 3 La prévention de la mort inattendue du nourrisson

Dès la naissance, je dors uniquement sur le dos tant que je ne me retourne pas tout seul :
- Jamais sur le ventre (risque d'asphyxie) ni sur le côté (risque de basculer sur le ventre), bien à plat dans une turbulette (gigoteuse) à ma taille et adaptée à la saison.

Je dors dans mon lit de bébé, rigide à barreaux :
- Sur un matelas ferme, aux dimensions du lit, sans tour de lit, pour ne pas risquer de m'étouffer.
- Si je dors dans un lit parapluie, de façon occasionnelle, ne jamais ajouter de matelas, car je risque de me coincer.

Je dors seul dans mon lit :
- Jamais dans le lit de mes parents, même quand je suis malade (risque d'étouffement).
- Je dors dans la même pièce que mes parents pendant mes 6 premiers mois.

Je suis en sécurité : sans cale-tête, cale-bébé, oreiller, coussin, cocon, peluches, couverture, chaîne, collier d'ambre ou autre objet (risque de gêner ma respiration).

L'hiver, je dors dans une pièce entre 18 °C et 20 °C. Quand il fait chaud, on me découvre.

Activité 2 L'installation d'un enfant pour une activité

❹ Souligner deux intérêts pour l'enfant bénéficiant de la pédagogie Loczy.

DOC 4 Les principes de la motricité libre selon Loczy

La pédagogie Loczy réside dans la notion d'activité libre et autonome. D'après Emmi Pikler, à l'origine de la pédagogie Loczy :
« La liberté motrice consiste à laisser libre cours à tous les mouvements spontanés de l'enfant, sans lui enseigner quelque mouvement que ce soit, sans contraindre ses positions par un siège, des coussins… car le processus de développement du bébé est programmé et se déroule spontanément, dans un ordre donné, avec ou sans l'intervention d'un adulte.
Au contraire, en étant présent et encourageant, sans intervenir, cette maîtrise de leur motricité se répercute sur le développement de toute leur personnalité ; ils acquièrent l'assurance dans leur corps ainsi que la prudence. »

E. Pikler, S. Szanto et M. Geffré, *Se mouvoir en liberté dès le premier âge*, 1979 © PUF.

5 Nommer les matériels et rechercher leurs intérêts ou inconvénients d'un point de vue psychomoteur. Souligner, dans la dernière colonne, les inconvénients.

Fonctions	Matériels	Intérêts ou inconvénients
Repas Activités manuelles pour les enfants entre 8 et 15 mois	 Nom :	
Activités d'éveil et psychomotrices, repos, pour les bébés et jusqu'à environ 15-18 mois	 Nom :	
Activités d'éveil pour les bébés ne se tenant pas assis	 Nom :	
Activités d'éveil et psychomotrices pour les bébés jusqu'à environ 12-15 mois Mise en sécurité jusqu'à environ 2 ans	 Nom :	
Promenade en extérieur	 Nom :	
Déplacement des enfants ne sachant pas encore marcher	 Nom :	
Activités d'éveil pour les bébés ne se tenant pas assis	 Nom :	

6 Indiquer le matériel le plus adapté au développement psychomoteur du petit enfant.

....

DOC 5 Les matériels adaptés aux différentes activités de l'enfant

Dans un transat, l'enfant est maintenu dans une position qu'il ne maîtrise pas, c'est-à-dire une position plus ou moins assise. De plus, son champ de vision est considérablement réduit et sa liberté de mouvement est très limitée.
Pour les mêmes raisons, la chaise haute est fortement déconseillée tant que l'enfant ne tient pas assis.
Le trotteur permet à l'enfant de faire une petite expérience du déplacement. Malheureusement, si la pratique est régulière, elle entraîne un mauvais positionnement des appuis de l'enfant. Il ne permet pas non plus l'apprentissage des précautions liées à la marche, ce qui rendra son expérience de la marche plus dangereuse.
Les tables et chaises d'activités, de repas sont choisies pour que les pieds des enfants touchent au sol, et les lavabos sont assez bas pour qu'ils se lavent les mains directement sous l'eau. On souhaite développer l'autonomie des enfants : s'installer et se lever de table, se laver les mains, etc.
De façon générale, l'ensemble des matériels limitant les mouvements qui peuvent se révéler pratiques seront à réduire, afin de favoriser la motricité libre de l'enfant.
Le tapis d'éveil est l'endroit idéal où poser bébé pour qu'il découvre son corps et son environnement, pour qu'il expérimente librement, sans gêne ni contrainte, sa motricité.

Activité 3 L'objet transitionnel

7 Répondre par « Vrai » ou « Faux » aux affirmations suivantes.

- À la crèche, l'objet transitionnel doit être sorti uniquement pour la sieste. ....
- L'objet transitionnel permet à l'enfant d'imaginer, de créer. ....
- L'objet transitionnel doit permettre de rassurer l'enfant dans toutes les situations. ....
- L'objet transitionnel permet à l'enfant de mieux supporter l'absence de sa mère. ....
- On ne doit pas punir un enfant en lui ôtant son doudou. ....

DOC 6 Le rôle de l'objet transitionnel

L'objet transitionnel (souvent appelé le « doudou ») sert à rassurer le bébé lorsque ses parents, notamment sa mère, ne sont pas là ; il lui permet un espace intermédiaire pour créer, penser, imaginer. Son odeur est très importante, car elle rappelle au bébé de bons moments dans son environnement sécurisant.
L'objet transitionnel fait son apparition entre 3 et 8 mois.
Si l'objet transitionnel permet de supporter l'absence, proposé comme solution à toute situation (la peur, la faim, la douleur, la fatigue…), il perd cette fonction, et devient « fétiche », déniant l'absence et le manque. L'enfant en devient totalement « dépendant », et aura du mal à s'en dégager. Le « doudou » ne doit pas non plus se substituer au réconfort par l'adulte.
Le « doudou » joue un rôle de premier plan à la crèche et doit donc être mis à disposition de l'enfant. Il lui permet de faire le passage entre la maison et la crèche et à se détacher petit à petit de sa mère. Il ne faut jamais menacer un enfant de lui retirer son doudou, car cela revient à le menacer de lui ôter un prolongement de sa mère et de lui-même.

P. Jonquères d'Oriola, *Le doudou : son rôle en tant qu'objet transitionnel*, © lesprosdelapetiteenfance.fr.

Porter un enfant

FICHE TECHNIQUE 24

OBJECTIF DU SOIN Assurer confort, réconfort et déplacement de l'enfant en sécurité

Matériels

- Éventuellement : siège, lit, tapis… pour déposer l'enfant

Produit

- Solution hydro-alcoolique (SHA)

ÉTAPES PRÉALABLES

> Repérer les besoins de l'enfant
> Prévenir l'enfant
> Assurer l'hygiène des mains FT 1
> Se mettre en tenue professionnelle FT 2
> Effectuer le bionettoyage des équipements de soin
> Vérifier l'organisation de l'environnement (siège accessible, plan de change propre…)

1 Les différents ports

Adapter le geste à l'enfant et à la situation

	Techniques	Justifications
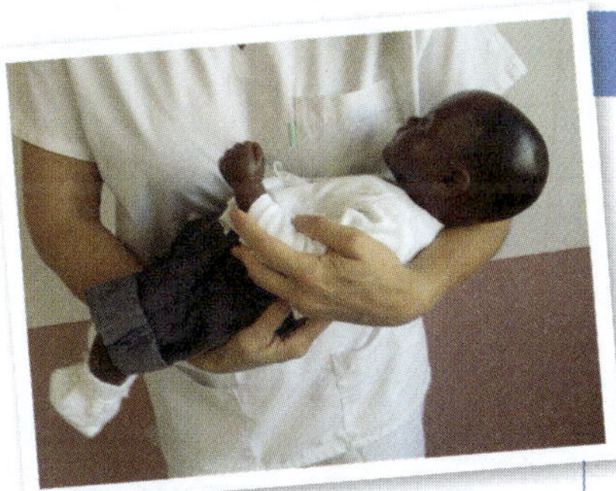 Porté en berceau. Enfant de 0 à 5-6 mois.	> **Prendre** l'enfant allongé dans vos deux bras, dont l'un passe au niveau de son entrejambe et remonte vers son dos. > Sa tête **repose** au creux du coude de votre deuxième bras, visage vers le haut. > Cette technique ne peut plus être utilisée quand l'enfant devient lourd et commence à vouloir se redresser en position assise.	> Favorise les échanges. > Permet de donner le biberon.
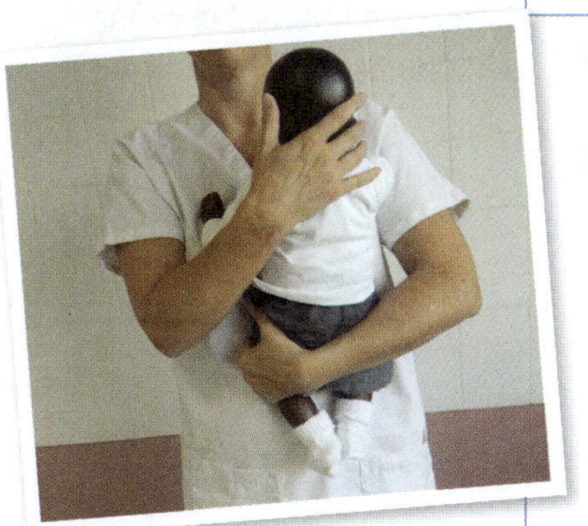 Porté relevé contre soi. Enfant de tout âge.	> **Prendre** l'enfant redressé contre son torse, face à soi. > Un bras **maintient** son dos (et sa nuque, si besoin), l'autre bras sert d'assise sous ses fesses.	> ……………………………… ……………………………… > ……………………………… ……………………………… ………………………………

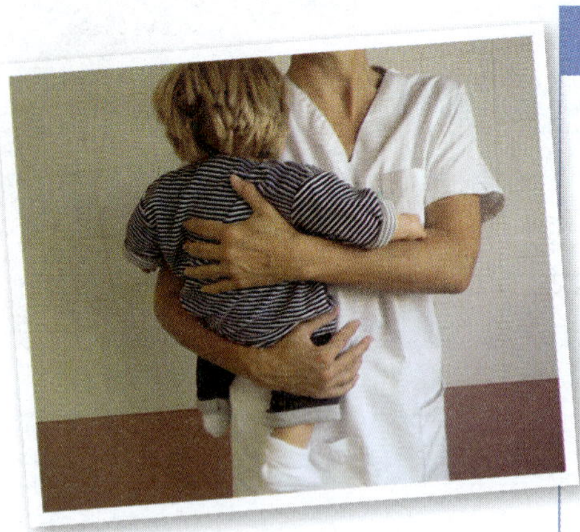

Porté sur une hanche.
Enfant de 6-7 mois, jusqu'à ce qu'il soit trop lourd.

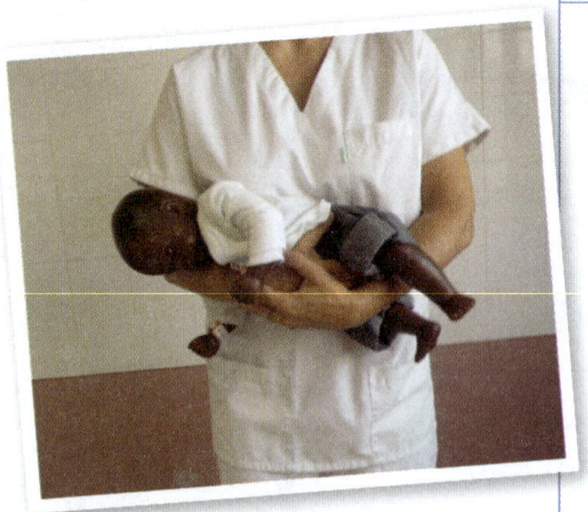

Porté sur le ventre.
Enfant de 0 à 6 mois.

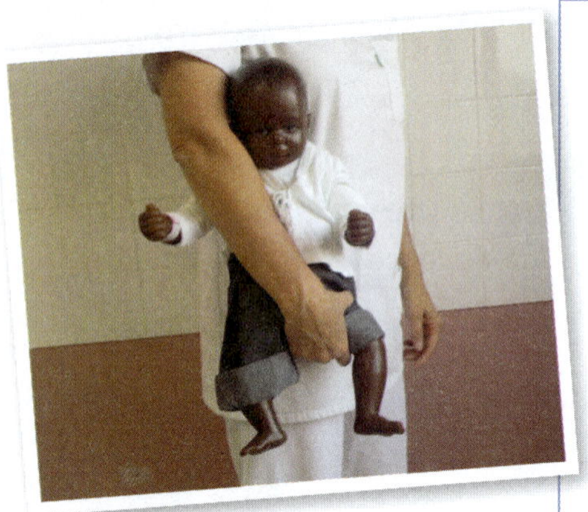

Porté en position de sécurité.
Enfant de tout âge.

En portage.
De la naissance jusqu'à ce qu'il soit trop lourd.

Techniques	Justifications
> **Poser** l'enfant assis sur une hanche, face à son épaule. > Un bras maintient l'enfant dans le dos.	> ....
> **Prendre** l'enfant allongé dans ses deux bras passés sous son ventre. Un des bras passe au niveau de son entrejambe et remonte vers son torse. > Sa tête ressort au niveau du coude, visage vers le sol.	> Permet à l'enfant de profiter de la position à plat ventre. > ....
> **Prendre** l'enfant redressé, son dos contre la hanche, tourné vers l'extérieur. > La base du bras se place devant l'enfant comme une ceinture de sécurité, la main passe au niveau de son entrejambe et maintient en pince sa cuisse.	> .... > Évite à l'adulte de se faire mal au dos et permet d'avoir une main libre.
> **Placer** l'écharpe de portage.	> Permet de libérer les mains de l'adulte. > .... > ....

2 Prendre l'enfant sur un tapis de change, le déposer sur un tapis de change

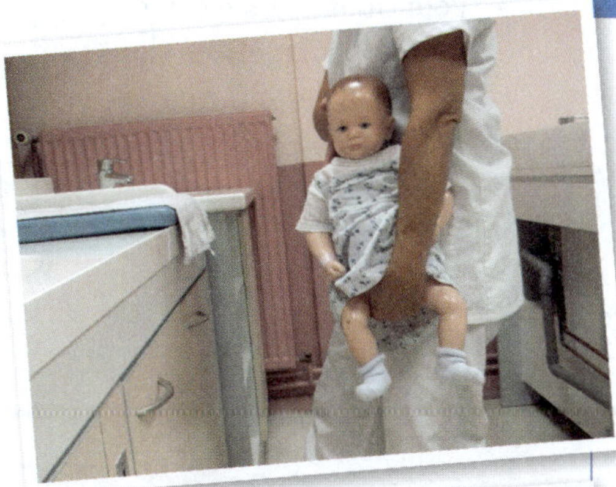

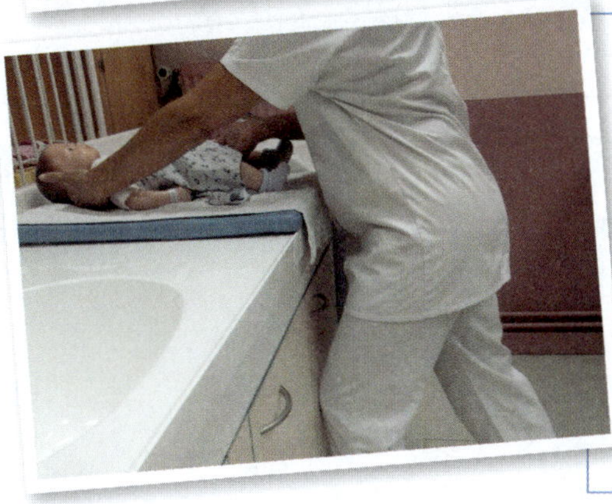

Techniques	Justifications
> **Se mettre** en fente arrière devant le tapis.	> ....
> **Déposer** l'enfant en le faisant pivoter et en transformant la fente arrière en fente avant.	> Déposer l'enfant en limitant les manipulations.

3 L'adaptation de la technique au maxi-cosy et à la chaise haute

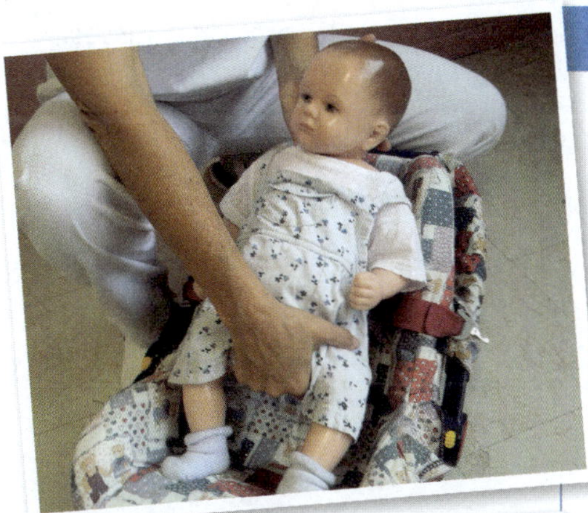

Techniques	Justifications
> **S'accroupir** en encadrant le maxi-cosy, sur le côté supérieur. > **Déposer** ou prendre l'enfant pour un porté en position de sécurité. > **Attacher** l'enfant.	> ....
> **Se placer** à l'arrière de la chaise. > **Aider** l'enfant à se redresser/déposer l'enfant debout sur l'assise, puis l'aider à s'asseoir. > Si besoin : **attacher** l'enfant.	

4 Prendre l'enfant sur un tapis de jeux, le déposer sur un tapis de jeux

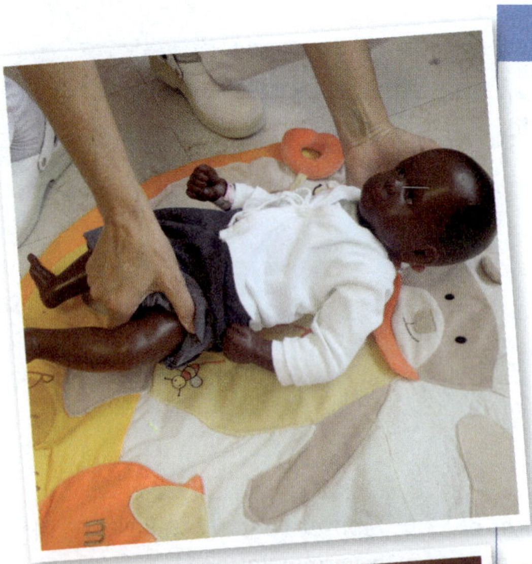

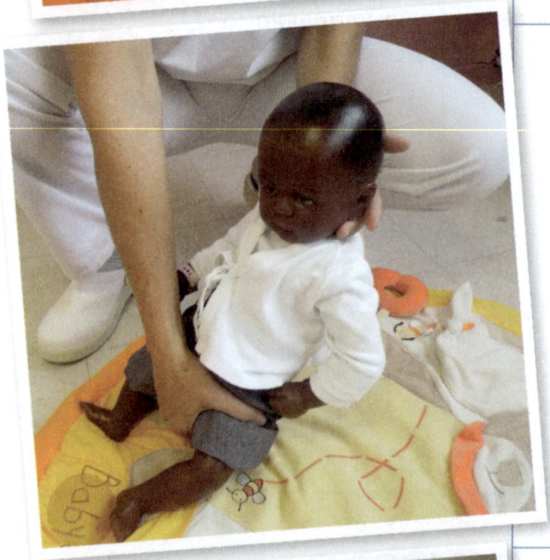

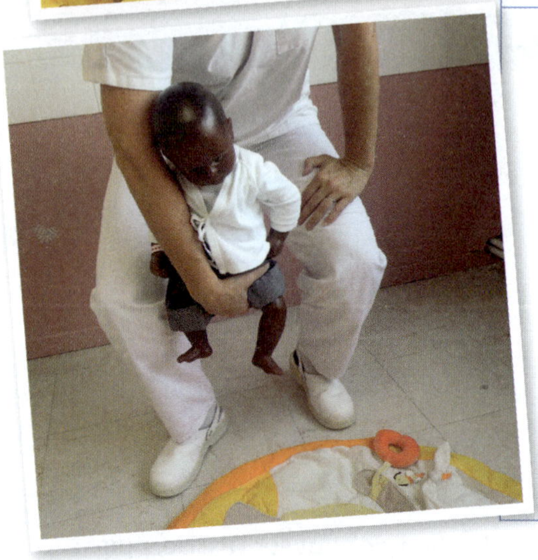

Techniques	Justifications
> **Se placer** autour du tapis, près de l'enfant.	> Pour utiliser ses membres afin de soulager son dos et respecter les principes de sécurité corporelle.
> **Prendre** l'enfant en gardant les bras tendus, le dos droit et les genoux pliés.	
> **Le remonter** contre soi, en s'aidant de sa main et de la force des cuisses.	

PROTOCOLE DE FIN DE SOINS

- > Ranger les produits
- > Nettoyer, décontaminer et ranger le matériel
- > Assurer l'hygiène des mains
- > Effectuer les transmissions (comportement de l'enfant, difficultés rencontrées…)

CHAPITRE 15 Le portage et la mobilisation de l'enfant

Se tester

Le + numérique
foucherconnect.fr / 22soins35
Quiz
Exercice interactif

Exercice 1 Relier le matériel d'éveil à son rôle.

Matériels		Rôles
	Tapis d'éveil •	• Activités d'éveil et siège auto
	Maxy cosy •	• Sorties en extérieur
	Trotteur •	• Découverte de la sensation de marche
	Transat •	• Activités d'éveil avec liberté de mouvements
	Poussette •	• Activités d'éveil avec mouvements limités

Exercice 2 Analyser la situation et répondre aux questions.

Situation

Manon a 8 mois. Elle tient assise et commence à marcher à quatre pattes. Elle va à la crèche depuis deux mois, car ses parents ont repris le travail. Elle prend ses repas de midi à la crèche : purée de légumes et yaourt.

1. Indiquer le type de port à favoriser pour Manon.

....

....

2. Indiquer dans quel siège vous installez Manon pour son repas de midi et justifier votre réponse.

....

....

À retenir

Le + numérique foucherconnect.fr/ 22soins36

Synthèse rédigée et audio

Porter, installer l'enfant pour le repos ou une activité La sécurité corporelle, la prévention de la MIN, l'objet transitionnel

Porter

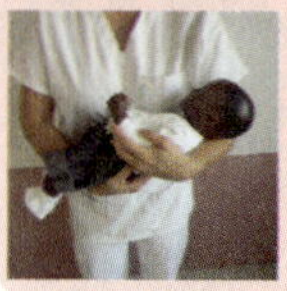

En berceau, pour donner le biberon

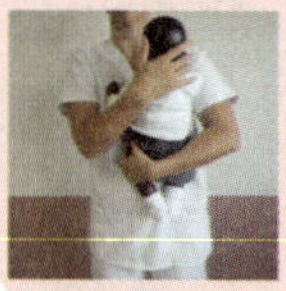

Relevé contre soi, pour faire faire le rot

Sur la hanche, pour répartir le poids des plus grands

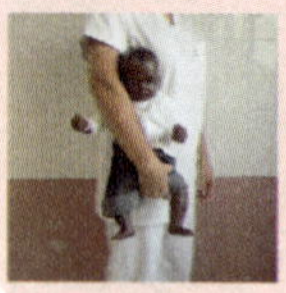

En position de sécurité, pour plus de liberté

Avec écharpe de portage, pour libérer les mains de l'adulte

↑

Avec les principes de sécurité corporelle

Installer pour le repos

Objectif : rassurer, par des rituels et du calme

3
1 2
Jeu calme sans écran

Se LAVER les DENTS

Aller aux TOILETTES (se laver les mains)

AU LIT avec une jolie histoire partagée

↑

Prévention de la mort inattendue du nourrisson

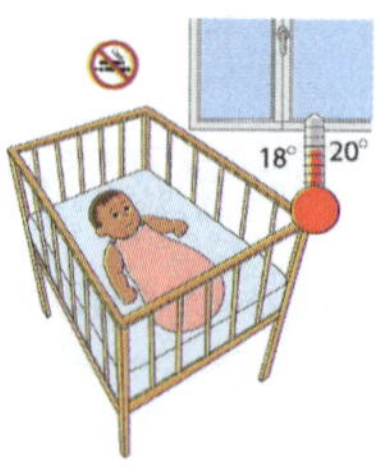

Installer pour les activités

Tapis d'éveil, pour les activités d'éveil avec liberté de mouvements

Transat, pour manger avant de tenir assis ou jouer avec des mouvements limités

Trotteur, pour découvrir la marche

Chaise haute, pour manger lorsque l'enfant tient assis seul

Poussette, pour les sorties

L'objet transitionnel

← Rassurer l'enfant en l'absence de ses parents

La prise de la pression artérielle

TD 31

Bloc 2

OBJECTIFS 1. Indiquer les valeurs normales de la pression artérielle 2. Énoncer les intérêts de la mesure de la pression artérielle 3. Utiliser des relevés de mesure de pression artérielle

Activité 1 Les intérêts de la mesure de la pression artérielle

1 Définir la pression artérielle.

2 Énoncer les intérêts de la mesure de la pression artérielle.

DOC 1 Les objectifs de la mesure de la pression artérielle

Le cœur, en propulsant le sang, crée une pression sur les artères ; c'est ce que l'on appelle la pression artérielle.
La pression artérielle, comme d'autres paramètres vitaux (pulsations, température, fréquence respiratoire…), reflète l'état clinique d'une personne. Sa mesure permet de surveiller l'état de santé de la personne.
Elle peut aussi avoir pour intérêt, pour le médecin, d'aider à poser un diagnostic ; par exemple, la pression artérielle est effondrée lors d'un collapsus cardio-vasculaire.
Le contrôle régulier, par le médecin, de la pression artérielle permet de dépister des pathologies comme l'hypotension ou l'hypertension. Ce dépistage précoce permet de démarrer rapidement le traitement nécessaire. Sa mesure permet également de surveiller l'efficacité d'un traitement, notamment d'un traitement antihypertenseur et d'en déceler d'éventuels effets secondaires (chute de tension, par exemple).

Activité 2 Les valeurs normales de la pression artérielle

3 Compléter les encadrés à l'aide du document 2.

Chiffres normaux de la pression artérielle

Variations physiologiques de la pression artérielle

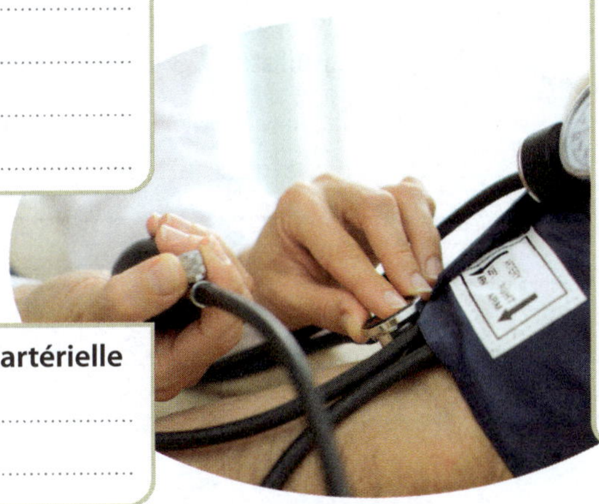

Unité de mesure de la pression artérielle

DOC 2 Les chiffres de la pression artérielle

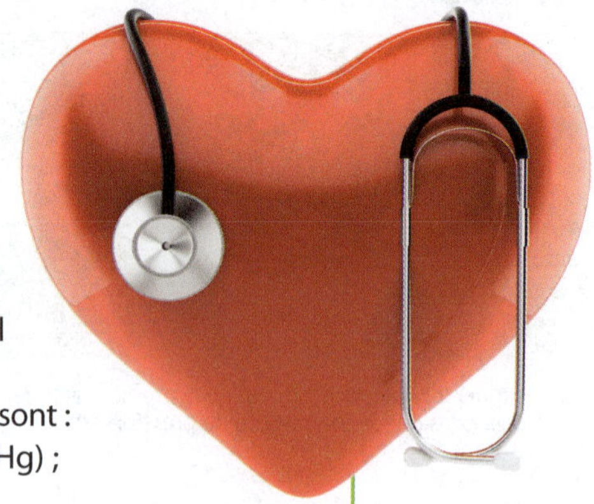

La pression artérielle s'exprime en millimètres ou en centimètres de mercure (mm Hg ou cm Hg).
La mesure donne deux chiffres :

- le chiffre le plus élevé traduit la pression maximale au moment où le cœur se contracte pour envoyer le sang dans les artères. C'est la pression systolique (PAS) ;
- le chiffre le plus bas traduit la pression minimale, au moment où il y a un « relâchement » du cœur, c'est la pression diastolique (PAD).

Selon l'OMS, pour un adulte les chiffres normaux de la pression artérielle sont :

- pression systolique ou maxima : de 120 à 140 mm Hg (12 à 14 cm Hg) ;
- pression diastolique ou minima : de 60 à 90 mm Hg (6 à 9 cm Hg).

Cette pression artérielle présente des variations physiologiques normales. Elle est plus basse pendant le sommeil, le matin que le soir. Les chiffres augmentent pendant un effort physique, lors d'un stress, lors d'une exposition au froid, d'un épisode douloureux. Ces chiffres varient également en fonction de l'âge : la pression artérielle est plus basse chez le jeune enfant, elle augmente avec l'âge en raison de la rigidité des parois des artères.

Activité 3 Les relevés de mesure de la pression artérielle

4 Préciser la codification utilisée dans ce service pour transcrire les mesures de pression artérielle. Transcrire les chiffres pour le 24 juillet : matin 130/80 et soir 120/70.

....

....

5 La pression artérielle de Madame Antoine est-elle toujours dans les valeurs normales ? Justifier votre réponse.

....

....

....

....

DOC 3 Les relevés de mesures de la pression artérielle de Madame Antoine

CENTRE HOSPITALIER X	
Service : Médecine	**Médecin traitant :** LECONTE Christophe

Nom et prénom du malade : ANTOINE Nicole	**Âge :** 52 ans	**Chambre :** 203	**Date d'entrée :** Jeudi 19 juillet N

	Jeudi 19 juillet		Vendredi 20 juillet		Samedi 21 juillet		Dimanche 22 juillet		Lundi 23 juillet		Mardi 24 juillet	
	M	S	M	S	M	S	M	S	M	S	M	S

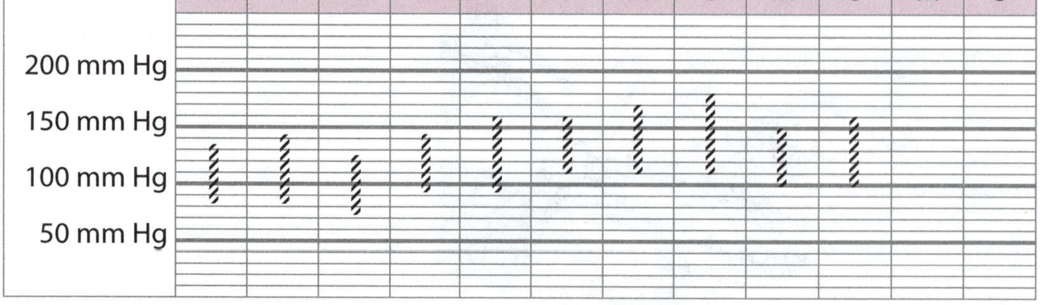

Mesurer la pression artérielle

FICHE TECHNIQUE 25

OBJECTIF DU SOIN • Surveiller l'état de santé d'une personne

Matériels

- Un tensiomètre manuel (brassard, poire avec valve et manomètre) et un stéthoscope
- Ou un appareil électronique
- Stylo de couleur

Produit

- Solution hydro-alcoolique (SHA)
- Lingette et détergent désinfectant adapté ou autre, selon protocole du service pour entretien du matériel

ÉTAPES PRÉALABLES

> Informer la personne du soin, prendre connaissance des derniers chiffres de sa pression artérielle
> Assurer l'hygiène des mains FT 1
> Se mettre en tenue professionnelle FT 2

1 La mesure de la pression artérielle avec un tensiomètre manuel

(tensiomètre de Vaquez-Laubry)

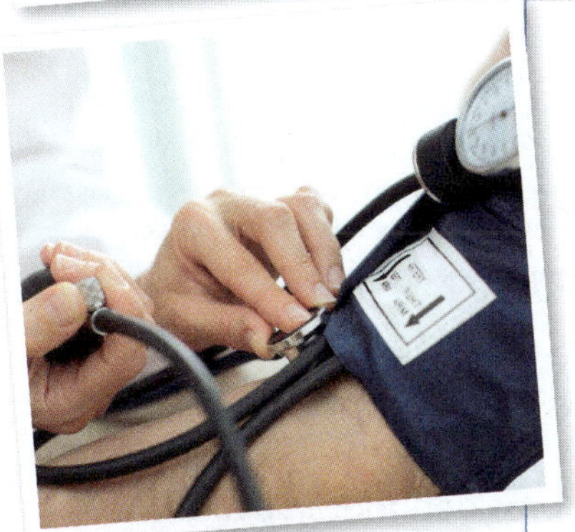

Techniques	Justifications
> **Prévenir** le patient. Le patient doit être : – confortablement installé : assis, demi-assis ou allongé ; – au repos depuis au moins cinq minutes.	> La mesure doit être effectuée à distance d'événements « stressants » ou ayant une influence sur la pression artérielle (activité physique, par exemple).
> **Mettre** en place le brassard et le stéthoscope. La largeur du brassard doit être adaptée à la circonférence du bras. > **Positionner** le brassard sur le bras nu, à environ 2 ou 3 cm au-dessus du pli du coude (veiller à ce que la manche relevée ne serre pas le bras). > **Serrer** le brassard et le fixer avec le Velcro. > **Vérifier** que le manomètre est en position 0. > **Positionner** le stéthoscope au creux du coude sur le trajet de l'artère humérale. > **Mettre** les deux branches du stéthoscope dans les oreilles du professionnel en positionnant les embouts vers l'extérieur.	
> **Fermer** la vis de la poire, gonfler le brassard en appuyant sur la poire : – si la précédente pression est connue, gonfler le brassard 30 mm Hg au-delà du chiffre précédent ; – si la pression n'est pas connue, gonfler le brassard jusqu'à environ 200 mm Hg – lecture sur le manomètre.	> L'artère doit être comprimée, le sang ne circule plus, aucun bruit n'est audible.

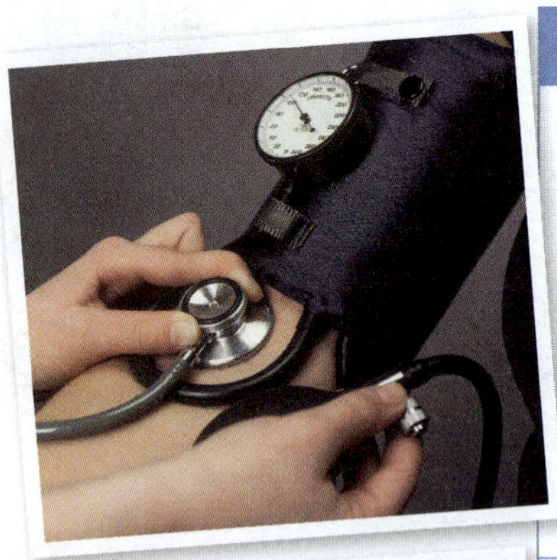

Techniques

- **Dégonfler** lentement le brassard à l'aide de la vis située sur la poire.
- **Repérer** le chiffre sur le manomètre à la perception du premier son (correspond au passage du sang dans l'artère) : c'est la pression maximum ou pression systolique.
- **Continuer** de dégonfler le brassard lentement : repérer sur le manomètre le chiffre dès lors que le son n'est plus du tout perçu (l'artère a retrouvé son calibre normal) : c'est la pression minimum ou pression diastolique.
- **Refaire** une seconde mesure s'il y a un doute sur les chiffres.

- **Assurer** l'hygiène des mains FT1.

Transcrire la mesure

- **Inscrire** les relevés sur la feuille de surveillance selon les usages du service.
- **Alerter**, selon les procédures en vigueur dans le service ou la structure, en cas d'anomalie.

- **Réinstaller** la personne si nécessaire. Elle doit être réinstallée confortablement et en sécurité.

- **Effectuer** l'entretien du matériel selon le protocole du service.
- **Ranger** le matériel.

PRINCIPES DE BASE

- La pression artérielle ne doit pas être prise sur un bras perfusé, un bras avec une plaie, un bras côté hémiplégie, un bras où il y a eu une ablation des ganglions après un cancer du sein.

2 La mesure de la pression artérielle avec un appareil électronique

(au bras)

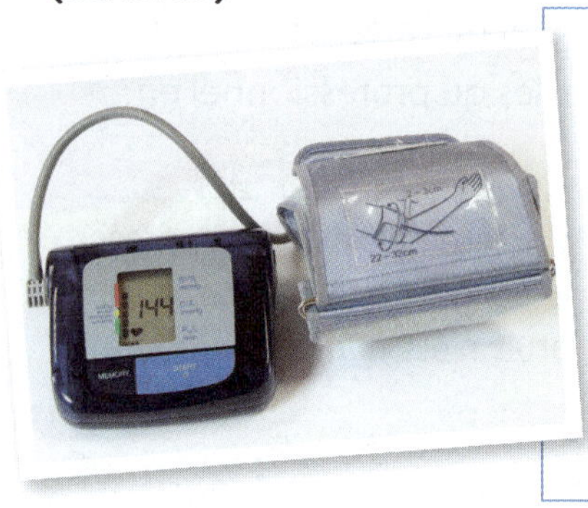

- Les conditions de mesure restent identiques en ce qui concerne le patient (confortablement installé, au repos depuis au moins cinq minutes).
- Le positionnement du brassard se fait également sur bras dénudé, à environ 2 ou 3 cm au-dessus du pli du coude.
- Une fois le brassard en place, il suffit d'appuyer sur le bouton de « pression » pour que l'appareil se mette en fonctionnement.
- La lecture des chiffres (pression systolique et diastolique) se fait directement sur le cadran de l'appareil.

Il existe également des appareils pour prise au poignet : ces appareils sont peu utilisés dans le secteur professionnel, car moins fiables.

La prise de la température

TD 32
Bloc 2

OBJECTIFS 1. Indiquer les valeurs normales de la température corporelle 2. Caractériser les différentes modalités de la prise de température

Activité 1 La température corporelle

1 Énoncer les valeurs normales de la température corporelle.

....

2 Souligner, dans le texte, les facteurs qui font varier la température corporelle.

3 Citer les deux variations pathologiques de la température.

....

....

4 Définir la fièvre et expliciter ce qui peut faire sa dangerosité.

....

....

....

5 Surligner la fréquence d'une prise de température.

DOC 1 Les valeurs de la température corporelle

La température corporelle s'exprime en degrés Celsius (°C). Sa mesure permet de surveiller l'état de santé d'une personne. L'être humain est homéotherme : sa température centrale est maintenue stable en permanence, quelle que soit la température extérieure, grâce à l'hypothalamus. La température centrale normale se situe autour de 37 °C +/– 0,5 °C. La température corporelle centrale varie légèrement selon le sexe (chez la femme, cette température est plus élevée de 0,2 °C et change selon les périodes du cycle menstruel), selon l'âge (température irrégulière chez le nouveau-né, légèrement inférieure à la normale chez la personne âgée), en fonction du rythme circadien (la température augmente d'environ 0,5 °C entre 6 h et 15 h), de l'exercice physique, du stress (augmentation de la température dans ces deux dernières situations).

La température corporelle peut subir des variations pathologiques. L'hypothermie est caractérisée par une température inférieure à 35 °C ; elle a des causes variées : exposition prolongée au froid extérieur, dysfonctionnement des centres de la thermorégulation lié à des infections, empoisonnement, hémorragies… Il s'agit d'une urgence, une prise en charge rapide s'impose. L'hyperthermie se caractérise par une température supérieure à 38 °C.

La fièvre est l'élévation de la température centrale au-dessus de 38 °C en l'absence d'une activité physique intense. Elle est un symptôme, une réaction de l'organisme en réponse à une pathologie (infection, inflammation). La fièvre n'est pas dangereuse en soi, ce sont ses complications qui sont à redouter (déshydratation, convulsions), surtout chez les enfants de moins de 5 ans.

Quand la prise de température est nécessaire, elle s'effectue à heures régulières, deux fois par jour. Dans certaines situations pathologiques, la surveillance de la température se fait à intervalles réguliers pour surveiller une évolution : par exemple, toutes les trois heures.

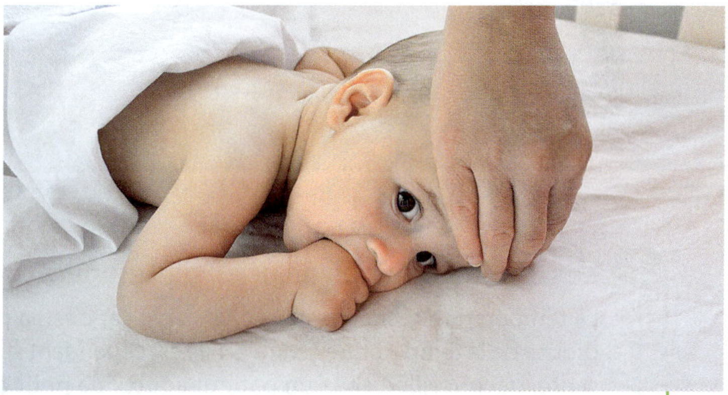

#vidéo
Quelle est la température du corps humain ?
foucherconnect.fr/22soins37

Activité 2 Les modalités de prise de la température corporelle

6 Compléter le tableau.

Mode de prise de température	Intérêts	Inconvénients/Limites Mise en œuvre
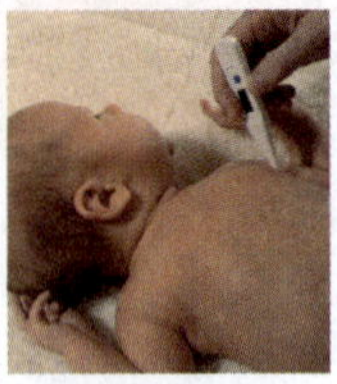		
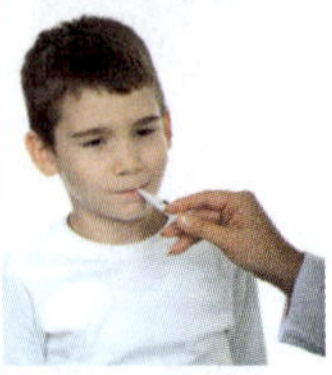		

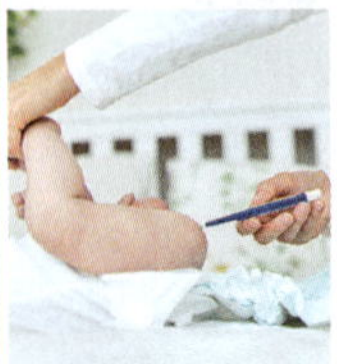		
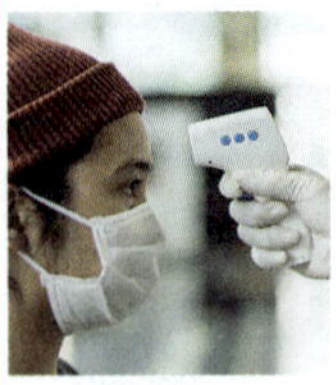		

DOC 2 Les différents sites de prise de température

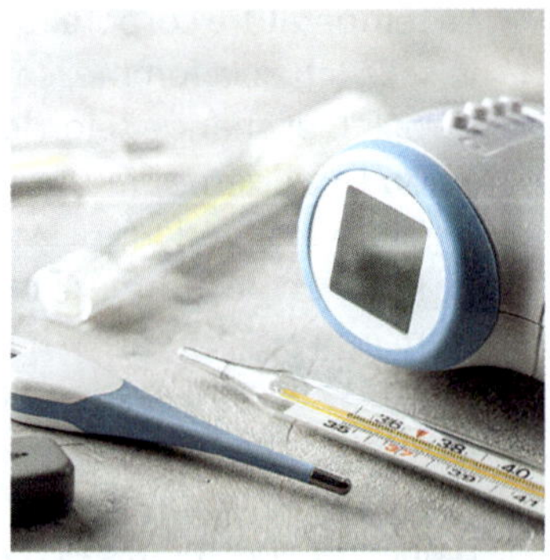

La température rectale reste la plus fiable car c'est la plus proche de la température centrale. Elle est cependant stressante, déconseillée chez un patient agité. Elle peut être source de contaminations par des micro-organismes fécaux. Elle est de moins en moins utilisée, hormis dans certaines situations hospitalières.

La température axillaire n'est pas invasive et est très facile à mettre en place, mais elle nécessite de bien positionner le thermomètre. Elle peut être influencée par la température ambiante. Dans certaines structures, il est appliqué au résultat une correction de + 0,5 °C.

La température tympanique ou auriculaire est elle aussi non invasive, rapide à réaliser. Ce type de prise est contre-indiqué en cas d'otite ou de bouchon de cérumen.

La température buccale, peu invasive, nécessite de respecter des conditions particulières : pas d'ingestion d'aliments chauds ou froids, de prise de cigarettes dans les minutes qui précèdent. Ce mode de prise est déconseillé chez les personnes inconscientes, agitées, les nourrissons et les très jeunes enfants.

La température frontale se mesure avec un thermomètre à infrarouges spécifique, sans contact. Elle est très facile à mettre en œuvre et ce type de prise limite les risques de contaminations puisqu'il n'y a pas de contact entre le matériel et le patient. Cette modalité a connu un regain d'utilisation lors de la pandémie de Covid, notamment dans les aéroports et à l'entrée de certains lieux. Cette méthode est cependant nettement moins fiable que les méthodes précédentes ; elle ne permet pas toujours de détecter les fièvres très modérées et reste dépendante de la température ambiante.

Le matériel doit être adapté au mode de prise retenu.

Prendre la température corporelle

FICHE TECHNIQUE 26

OBJECTIFS DU SOIN • Surveiller l'état de santé • Détecter les anomalies de la température corporelle

Matériels

- Thermomètre + éventuellement un embout à usage unique
- Stylo pour la transmission

Produit

- Solution hydro-alcoolique (SHA)
- Produit pour décontamination du thermomètre selon le protocole du service

ÉTAPES PRÉALABLES

> Informer la personne du soin
> Assurer l'hygiène des mains FT1

1 La prise de température axillaire

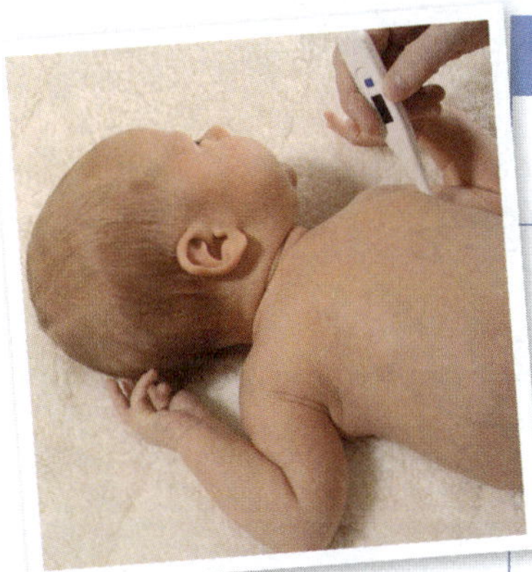

Réaliser la mesure

Techniques	Justification
> **Vérifier** que le creux de l'aisselle est sec.	> Pour assurer une mesure juste de la température.
> **Soulever** le bras du patient, de l'enfant. Placer l'embout du thermomètre dans le creux de l'aisselle (thermomètre éventuellement muni d'une protection à usage unique). > **Baisser** le bras et le maintenir plié sur l'abdomen ou le long du corps pour tenir le thermomètre. > **Attendre** 2 minutes (ou le signal sonore si le thermomètre en est équipé). > **Retirer** le thermomètre. **Lire** le résultat. Si le protecteur est à usage unique, le jeter.	

2 La prise de température buccale

Réaliser la mesure

Techniques	Justification
> **S'assurer** que la personne ne vient pas de consommer des aliments (ou boissons) chauds ou froids.	> Pour éviter de fausser la température.
> **Placer** la sonde du thermomètre sous la langue, à côté de la base de la langue. Faire refermer doucement la bouche. > **Laisser** le thermomètre en place 45 à 90 secondes ou jusqu'au signal sonore si le thermomètre en est équipé. > **Retirer** le thermomètre. **Lire** le résultat. Si le protecteur est à usage unique, le jeter.	

3 La prise de la température tympanique

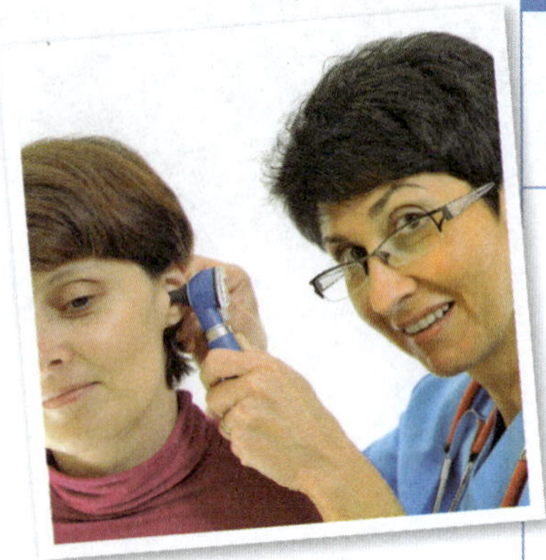

Réaliser la mesure

Techniques
> **Vérifier** que le conduit auditif est propre (sans bouchon de cérumen). > **Enlever,** le cas échéant la prothèse auditive.
> **Mettre** une protection à usage unique sur l'extrémité du thermomètre tympanique. > **Exercer** un léger étirement du pavillon de l'oreille vers l'arrière pour permettre une bonne pénétration de la sonde dans le conduit auditif. **Introduire** doucement l'extrémité du thermomètre. > **Appuyer** sur le bouton de démarrage du thermomètre, attendre le bip sonore. > **Retirer** le thermomètre. **Lire** le résultat. Jeter l'embout à usage unique.

4 La prise de température frontale

Cette prise s'effectue avec un thermomètre à infrarouges spécifique au niveau du front ou de la tempe.

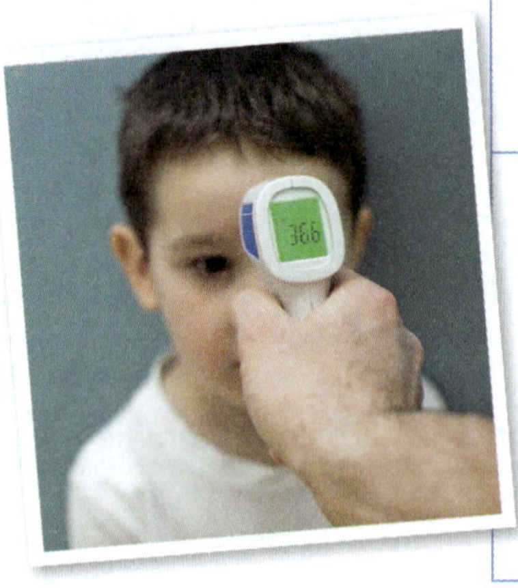

Techniques	Justification
> **Dégager** les cheveux, essuyer la peau si celle-ci transpire.	> Pour éviter de fausser la température.
> **Positionner** le thermomètre au milieu du front ou au niveau de la tempe, dans le prolongement du sourcil, à environ 2/3 cm de la peau (vérifier cette distance sur la notice de l'appareil). Le thermomètre ne doit pas être en contact avec la peau. > **Appuyer** sur le bouton de commande et **maintenir** le thermomètre dans cette position jusqu'au « bip » sonore. > **Lire** la température indiquée par l'appareil.	

ENTRETIEN DES THERMOMÈTRES

Utilisation et entretien des thermomètres médicaux

> Les thermomètres doivent être nettoyés et désinfectés après chaque utilisation.

> Appliquer le protocole en vigueur dans la structure ou le service lorsqu'il existe.

Si le protocole n'existe pas

> Pour les thermomètres immergeables : nettoyage/désinfection par trempage dans une solution détergente désinfectante pour instruments médicaux

> Pour les thermomètres non immergeables (par exemple les thermomètres tympaniques) : entretien avec une lingette et une solution détergente désinfectante adaptée

PROTOCOLE DE FIN DE SOINS

> Assurer l'hygiène des mains FT 1

> Transcrire la température sur la feuille de surveillance selon les usages du service (code couleur…)

> Pour la température axillaire, ajouter 5/10e (si cela répond aux habitudes du service)

> Nettoyer/désinfecter le thermomètre afin d'éviter les bio-contaminations

> Toujours alerter en présence d'anomalies selon les procédures en vigueur dans le service

Les paramètres de surveillance

TD 33
Bloc 2

OBJECTIFS
1. Définir les principaux paramètres vitaux et de surveillance de l'état de santé et indiquer leur valeur normale, en fonction de l'âge de la personne (fréquence cardiaque, fréquence respiratoire, saturation en oxygène, volume urinaire, données biologiques urinaires par lecture instantanée de bandelettes réactives, mensurations, calcul de l'indice de masse corporelle)
2. Justifier le contrôle des paramètres et la fréquence de ce contrôle, dans la limite de ses compétences

Activité 1 Les paramètres vitaux et de surveillance

1 Indiquer les paramètres de surveillance correspondant à chaque appareil et reporter les valeurs normales pour un adulte.

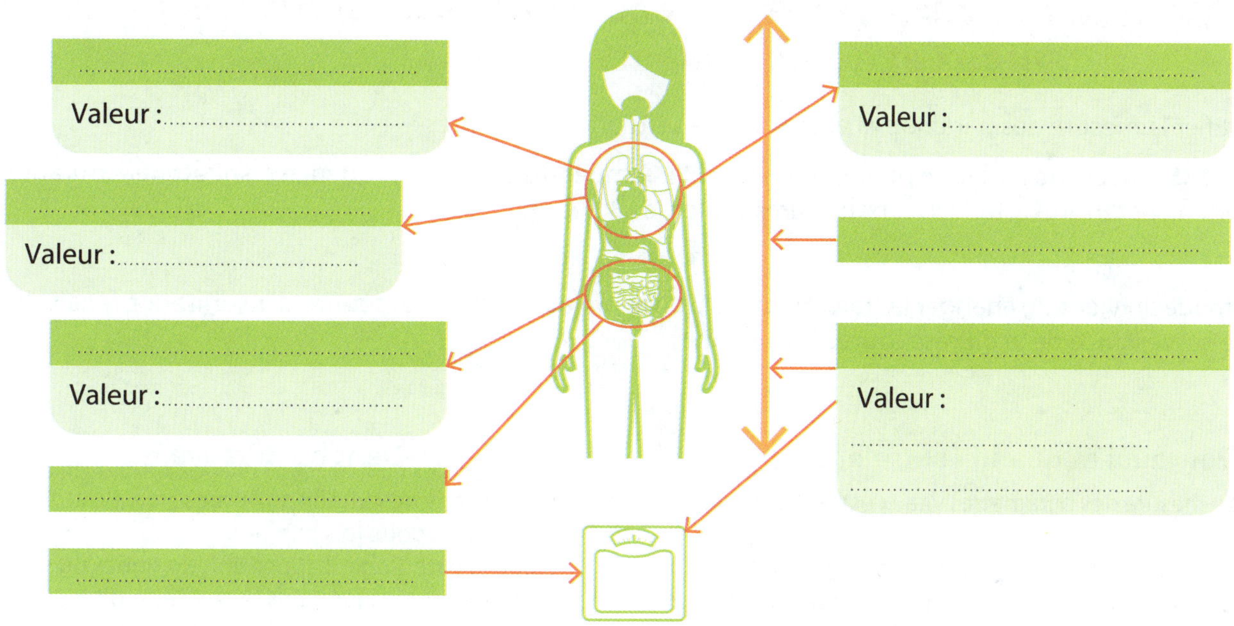

DOC 1 La surveillance de l'état de santé

Les pulsations cardiaques, la pression artérielle, la saturation en oxygène, la fréquence respiratoire, la température, sont des paramètres vitaux qui permettent d'évaluer l'état des fonctions vitales du corps. D'autres paramètres tels que la diurèse, les bandelettes urinaires ou encore les mensurations complètent cette évaluation. Ils peuvent varier en fonction de certaines activités physiologiques (âge, sexe, climat, efforts, émotions…) mais aussi lors des états pathologiques.

Les paramètres vitaux		
Paramètres	**Définitions**	**Valeurs normales (moyennes)**
Le pouls	Nombre de pulsations (ou battements) ressenties pendant une minute en palpant une artère. Chaque battement perçu reflète une contraction du ventricule gauche répercutée sur la paroi des artères.	Nouveau-né : 140 battements par minute (bpm) Enfant d'1 à 2 ans : 80 bpm Adulte : 60 à 80 bpm Personne âgée : 60 à 70 bpm
La saturation pulsée en oxygène (SpO2)	Méthode de mesure non invasive permettant de quantifier la saturation en oxygène de l'hémoglobine au niveau des capillaires sanguins.	Entre 95 et 100 %. En dessous de 93 %, le patient est en hypoxémie.
La fréquence respiratoire	Nombre de mouvements de soulèvement du thorax pendant 1 minute, soit le nombre d'inspirations/minute.	Nouveau-né : 40 à 45 mouvements par minute (mvt/min) Adulte : 12 à 20 mvt/min Personne âgée : 12 à 16 mvt/min

Les autres paramètres de surveillance		
Paramètres	**Définitions**	**Valeurs normales**
Diurèse	Mesure de la quantité d'urines émises sur 24 h. Observation : couleur, aspect, odeur des urines	1 à 2 litres par jour chez l'adulte
Bandelettes urinaires	Analyse d'urines au moyen de bandelettes urinaires comportant des réactifs. Elles permettent le dépistage et la prévention de diverses pathologies	Paramètres recherchés : Glucose - Acétone ou corps cétonique - Nitrites - Leucocytes - Protéines - Sang – pH…
Poids	Mesure de la masse corporelle en kg	Homme : 77,4 kg / 175,6 cm Femme : 62,4 kg / 162,5 cm
Taille	Hauteur du corps humain du sol jusqu'au sommet du crâne, en m ou cm	
Indice de masse corporelle	Permet d'évaluer la masse graisseuse IMC = P/T^2 (P = poids en kg ; T = taille en cm)	Homme : 21 à 25 Femme : 19 à 23,5

Activité 2 Les objectifs et la fréquence des mesures des paramètres vitaux et de surveillance

2 Justifier la mesure des paramètres vitaux dans les situations suivantes :

Elina, 35 ans, est hospitalisée pour pneumopathie. Température, pouls, fréquence respiratoire, saturation en oxygène et tension artérielle sont mesurés toutes les 3 heures.

....

Le médecin vient de changer le traitement de Monsieur Paul, 64 ans, qui souffre d'insuffisance rénale. Il demande une surveillance de la diurèse toutes les 4 heures.

....

DOC 2 Pourquoi et quand contrôler les paramètres vitaux d'un patient hospitalisé ?

La mesure des paramètres vitaux est facile et non invasive.
Elle permet :
- d'évaluer l'état de santé du patient ;
- de suivre l'évolution de l'état de santé du patient ;
- de vérifier l'efficacité des traitements ;
- de collaborer au diagnostic médical.

Les paramètres vitaux sont mesurés, pour tout patient hospitalisé, deux fois par jour.
Selon la pathologie, l'apparition de signes ou symptômes, le traitement, ils peuvent faire l'objet d'une surveillance spécifique et seront alors pris plus de deux fois par jour ou avant un acte particulier (premier lever, transfusions…).

Activité 3 Les anomalies des paramètres vitaux et de surveillance

3 Retrouver le paramètre correspondant au résultat et indiquer l'anomalie constatée.

Résultat	Paramètre	Anomalie
30 mvt/min	....	....
100 ml/24 h	....	....

Résultat	Paramètre	Anomalie
28	....	....
42 bpm	....	....

DOC 3 Les paramètres et leurs anomalies chez l'adulte

Anomalies du pouls	Anomalies de la fréquence respiratoire	Anomalies de l'IMC	Anomalies de la diurèse
Tachycardie : >100 bpm **Bradycardie** : < 60 bpm **Arythmie** : troubles du rythme cardiaque	**Tachypnée** : > 20 mvt/min **Bradypnée** : < 12 mvt/min **Apnée** : arrêt respiratoire **Polypnée** : respiration rapide et superficielle **Dyspnée** : gêne respiratoire	**Maigreur** : < 18,5 **Surpoids** : > 25 **Obésité** : > 30	**Polyurie** : > 3 l/24 h **Oligurie** : 200-300 ml/24 h **Anurie** : < 200 ml/24 h

Mesurer certaines constantes

FICHE TECHNIQUE 27

OBJECTIFS DU SOIN • Surveiller, mesurer et transcrire les paramètres vitaux (pouls, saturation pulsée en oxygène et fréquence respiratoire) • Surveiller, mesurer et transcrire certains paramètres de surveillance

1 La mesure du pouls (mesure manuelle)

Objectif : contrôler de manière régulière la rapidité (fréquence), l'intensité (amplitude) et la régularité (rythme) des contractions cardiaques de la personne.

Matériel

- Montre avec trotteuse ou chronomètre
(oxymètre de pouls ou moniteur de signes vitaux pour mesure automatique)
Le moniteur de signes vitaux permet de mesurer le pouls, la fréquence respiratoire, la saturation en oxygène, la tension artérielle.

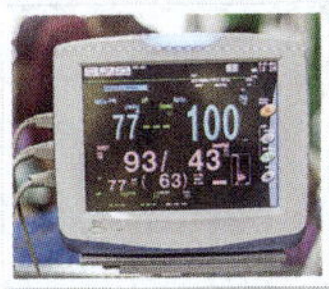

Produit

- Solution hydro-alcoolique (SHA)

ÉTAPES PRÉALABLES

> Effectuer un lavage des mains ou une friction avec une SHA FT 1
> Prévenir la personne, l'installer en position demi-assise ou allongée 15 minutes avant la mesure pour éviter les variations physiologiques

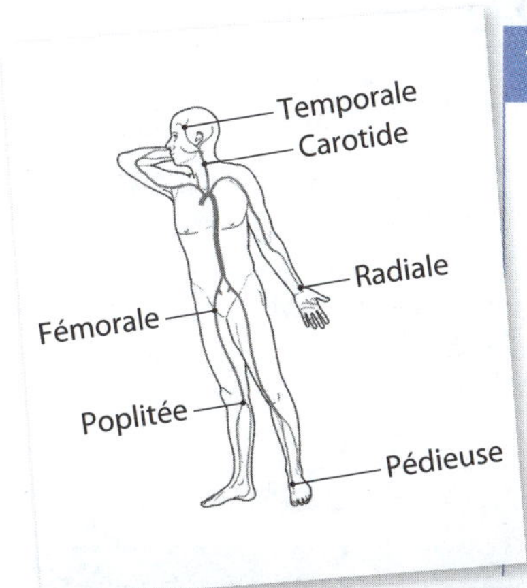

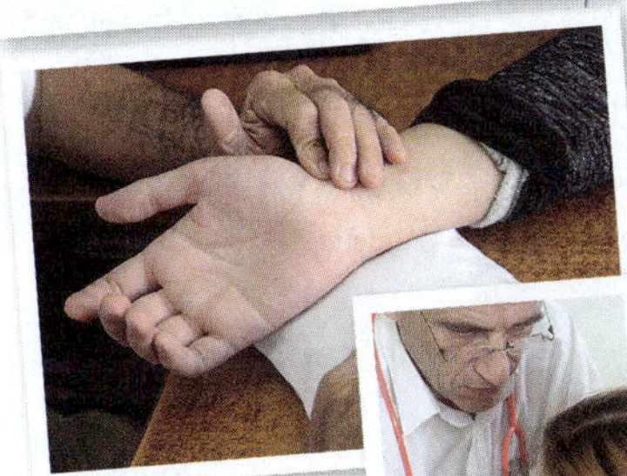

Le pouls radial

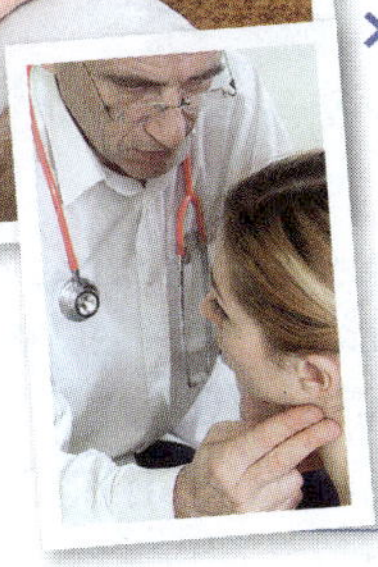

Le pouls carotidien

Technique : mesure du pouls

> **Repérer** une artère. La plus souvent utilisée est l'artère radiale, au niveau du poignet, ou l'artère carotidienne, au niveau du cou.
> **Poser** la pulpe de l'index et du majeur sur l'artère pour percevoir les pulsations.
> Ne pas **utiliser** le pouce, afin d'éviter de percevoir son propre pouls.
> **Déclencher** le chronomètre et **compter** pendant une minute le nombre de pulsations.
> **Apprécier** en même temps le rythme (régulier ou non) et la force des pulsations (bien frappé, filant).
> **Réinstaller** la personne selon ses désirs.
> **Se frictionner** les mains avec une SHA.
> **Reporter** la fréquence et le rythme cardiaque dans le dossier de soins du patient (feuille de soins ou dossier patient informatisé).
> **Prévenir** l'infirmier en cas d'anomalie.

2 La mesure de la fréquence respiratoire

Objectif : contrôler de manière régulière la rapidité (fréquence), l'intensité (amplitude) et la régularité (rythme) de la respiration d'un patient.

Matériel

- Montre avec trotteuse ou chronomètre

Produit

- Solution hydro-alcoolique (SHA)

ÉTAPES PRÉALABLES

> Effectuer un lavage des mains ou une friction avec une SHA
> Installer en position demi-assise ou allongée, 15 minutes avant la mesure
> Ne pas prévenir la personne
> Si possible, procéder à la mesure pendant un autre acte (prise de température, par exemple)

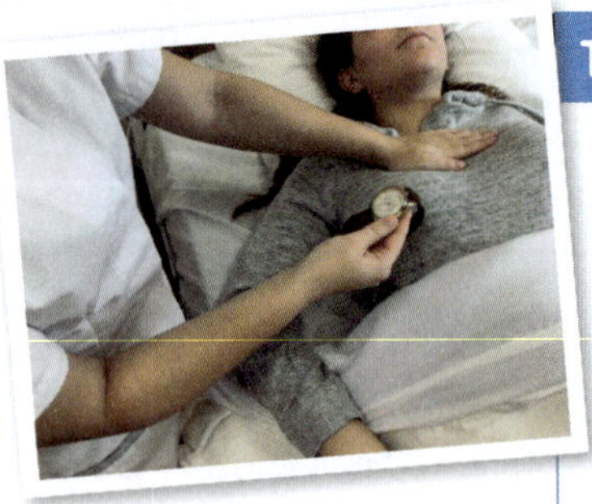

Technique : mesure de la fréquence respiratoire

> **Demander** à la personne de poser sa main sur son thorax et compter le nombre de fois où sa main se soulève sur une minute entière, ou poser sa main sur le thorax de la personne et compter le nombre de soulèvements pendant une minute.
> Pour un enfant, l'**allonger** et **compter** le nombre de fois où son abdomen se soulève pendant une minute.
> **Observer** l'amplitude et la régularité de la respiration.

⚠ *un mouvement respiratoire = une inspiration + une expiration*

> **Réinstaller** la personne selon ses désirs. **Se frictionner** les mains avec une SHA.
> **Reporter** la fréquence respiratoire, l'amplitude et la régularité dans le dossier de soins du patient (feuille de soins ou dossier patient informatisé).
> **Prévenir** l'infirmier en cas d'anomalie.

3 La mesure de la saturation pulsée en oxygène (SpO2)

Objectif : surveiller les patients qui ont une détresse respiratoire ou qui sont sous supports ventilatoires (oxygénothérapie).

Matériel

- Oxymètre de pouls

Produits

- Solution hydro-alcoolique (SHA)
- Alcool modifié à 70°

ÉTAPES PRÉALABLES

> Effectuer un lavage des mains ou une friction avec une SHA
> Vérifier que les ongles du patient ne sont pas vernis

Technique : mesure de la saturation pulsée en oxygène (SpO2)

> **Placer** le capteur, en forme de pince, sur le bout d'un doigt (index, majeur ou annulaire) ou parfois sur le lobe d'oreille, au bout du nez, à un orteil, sous la plante des pieds. Chez le nouveau-né, l'oxymètre est placé au niveau du membre supérieur.
L'écran de l'oxymètre indique alors la saturation d'oxygène dans le sang en pourcentage et le pouls en battements par minute.
> **Réinstaller** la personne selon ses désirs. **Se frictionner** les mains avec une SHA.
Après chaque utilisation, **nettoyer** le boîtier et la surface intérieure de l'oxymètre de pouls avec un chiffon doux imbibé d'alcool modifié à 70°.
> **Reporter** la saturation en oxygène dans le dossier de soins du patient (feuille de soins ou dossier patient informatisé). **Prévenir** l'infirmier en cas d'anomalie.

4 La mesure de la diurèse

Objectifs : explorer le fonctionnement des reins en mesurant le volume d'urines excrétées par les reins, par jour – Analyser et surveiller la qualité des urines (couleur, odeur, aspect) – Réaliser des prélèvements.

Matériels

- Bocal à urines gradué
- Gants à usage unique, non stériles
- Feuille de surveillance si besoin
- Pistolet ou bassin
- Compresses stériles
- Verre à pied

Produit

- Solution hydro-alcoolique (SHA)

ÉTAPES PRÉALABLES

> Étiqueter avec nom, prénom du patient, date et horaire de début de la diurèse
> Déposer le bocal à urines dans la salle de bain
> Informer le patient sur le recueil de ses urines, le protocole et l'intérêt
> Déposer le pistolet ou le bassin à proximité
> Effectuer un lavage des mains ou une friction avec une SHA

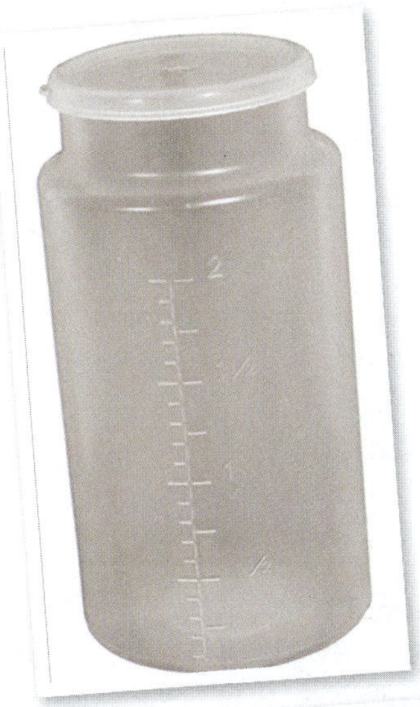

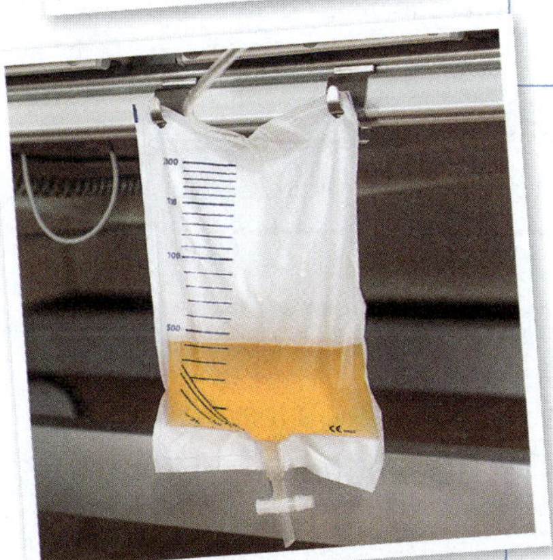

Technique : mesure de la diurèse

> **Fixer** l'heure du début de recueil et de fin.

Au début du recueil, **faire uriner** et **jeter** les premières urines.

À chaque miction, **verser** et **garder** les urines dans le bocal pendant 24 heures après avoir effectué un lavage des mains ou une friction avec une SHA et avoir enfilé des gants.

> **Laver** le pistolet ou le bassin après chaque miction. Jeter les gants et effectuer un lavage des mains ou une friction avec une SHA.
> En fin de diurèse, **relever** le volume de la diurèse sur les graduations du bocal, observer la couleur, l'aspect des urines.
> **Effectuer** un lavage des mains ou une friction avec une SHA et enfiler des gants jetables.
> **Vider** le bocal, sauf avis contraire (anomalie, prescription particulière…).
> **Retirer** les gants et effectuer un lavage des mains ou une friction avec une SHA.

Chez un patient sondé

> **Commencer** la diurèse sur poche à urines vide.

À chaque vidange de la poche :

- **effectuer** un lavage des mains ou une friction avec une SHA, enfiler des gants ;
- **ouvrir** le système de vidange avec une compresse stérile imbibée d'alcool ;
- **recueillir** les urines dans un verre à pied et les verser dans le bocal à urines étiqueté ;
- **noter** la quantité d'urines émises au bout de 24 heures.

> **Nettoyer**, **désinfecter** et **ranger** le matériel utilisé.
> **Reporter** le volume urinaire, la couleur, l'aspect et l'odeur des urines dans le dossier de soins du patient (feuille de soins ou dossier patient informatisé).
> **Prévenir** l'infirmier en cas d'anomalie.

5 L'analyse des urines par bandelette urinaire

Objectif : réaliser une analyse d'urines sur un prélèvement d'urines fraîches pour le dépistage et la prévention de certaines pathologies.

Matériels

- Récipient propre (verre à pied ou flacon à urines)
- Gants non stériles
- Une trotteuse
- Flacon bandelettes

ÉTAPES PRÉALABLES

- Effectuer un lavage des mains ou une friction avec un SHA
- Enfiler des gants
- Pratiquer ou faire pratiquer une toilette génitale

Produit

- Solution hydro-alcoolique (SHA)

Technique : analyse des urines

- **Demander** au patient de recueillir ou recueillir les urines au milieu de la miction dans le verre à pied ou le flacon.
- **Sortir** la bandelette du flacon sans toucher les zones réactives.
- **Plonger** la bandelette dans l'urine ; la **retirer** immédiatement et éliminer l'excès d'urine.
- **Tenir** la bandelette horizontalement pour empêcher tout mélange des réactifs.
- **Tenir** la bandelette près de l'échelle colorimétrique.
- **Comparer** soigneusement les résultats.
- **Respecter** le temps de lecture indiqué sur le flacon.
- **Noter** aussitôt le résultat dans le dossier de soins.
- **Transmettre** oralement à l'infirmier en cas d'anomalie.

6 La mesure du poids et de la taille

Objectif : connaître la masse et la taille de la personne.

Matériels

- Pèse-personne ou balance, selon l'âge et l'autonomie de la personne
- Toise (modèle selon l'âge de la personne)

ÉTAPES PRÉALABLES

- Effectuer un lavage des mains ou une friction avec un SHA
- Informer la personne des mesures
- Effectuer la pesée le matin à jeun, la vessie vide
- Effectuer la mesure de la taille le matin

Produit

- Solution hydro-alcoolique (SHA)

Technique : mesure du poids

- **Utiliser** toujours le même pèse-personne et vérifier qu'il est correctement calibré et sur 0.
- **Peser** la personne en sous-vêtements ou le nourrisson nu
- **Veiller** à ce que la personne ne bouge pas, ne s'appuie pas sur un meuble ou contre un mur.
- **Attendre** que le poids s'affiche et se stabilise.

Technique : mesure de la taille

- **Faire retirer** ou **retirer** les chaussures ou les chaussons.
- **Installer** la personne debout ou le nourrisson allongé contre la toise, pieds joints, talons contre la toise, tronc et tête droits.
- **Ramener** la partie mobile de la toise sur le sommet de la tête ou, pour un nourrisson, la plante des pieds.

- **Réinstaller** la personne.
- **Nettoyer** et ranger le matériel.
- **Effectuer** un lavage des mains ou une friction avec un SHA.
- **Noter** les mesures sur la feuille de surveillance ou dans le dossier de soins.

Se tester

Le + numérique
foucherconnect.fr/22soins48
Quiz
Exercice interactif

Exercice 1 Compléter la grille à l'aide des définitions.

Horizontalement

A Se compte en bpm

B Rapport entre le poids et la taille

C Peut être cardiaque ou respiratoire

D Bien frappé ou filant

E De la tête au pied

F Son unité est le kg

Verticalement

1 Respiration rapide

2 Telles certaines bandelettes

3 Exprime le taux d'oxygène dans le sang

4 Volume d'urines par 24 h

5 Absence d'urine

6 Présence de sucre dans les urines

Exercice 2 Analyser la situation et répondre aux questions.

Situation

L'hospitalisation de Madame George

Madame George, 85 ans, est hospitalisée depuis plusieurs jours, à la suite d'une fracture du col du fémur. Il a été nécessaire de lui poser une prothèse. Sa pression artérielle et sa température sont régulièrement surveillées. Voici les chiffres relevés ce jour :

	7 h 30	12 h	19 h
Température corporelle	38 °C	38,5 °C	39,5 °C
Pression artérielle	120/60 mm Hg	125/60 mm Hg	120/65 mm Hg

1. Préciser si ces chiffres sont normaux et justifier la réponse.

....

....

....

....

2. Énoncer l'intérêt de la surveillance de ces deux paramètres chez Madame George.

....

....

....

CHAPITRE 16

À retenir

Le + numérique foucherconnect.fr/22soins49

Synthèse rédigée et audio

La pression artérielle et la température corporelle

Pression artérielle

Valeurs normales chez l'adulte :
120 à 140 mm Hg pour la pression systolique
60 à 90 mm Hg pour la diastolique

Variations selon :
le rythme circadien, l'âge, l'activité physique, le stress ou l'émotion, les conditions ambiantes

Prise avec :
un tensiomètre et stéthoscope
ou un appareil électronique
ou un moniteur électronique

Température corporelle

Valeurs normales :
autour de 37°C +/– 0,5°C

Variations selon :
le rythme circadien, le sexe, l'âge, l'activité physique, le stress

Les différents sites de prise
prise buccale, axillaire, tympanique, rectale, frontale

Les autres paramètres vitaux et paramètres de surveillance

Connaissance et surveillance de l'état de santé d'une personne

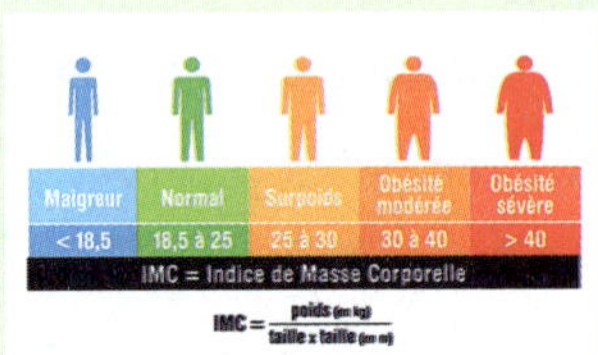

Taille et poids

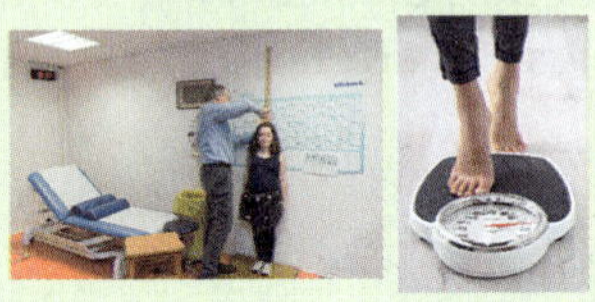

Pouls

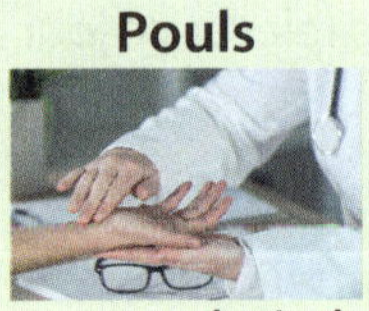

Valeur normale (adulte) : 60 à 80 battements par minute

Bandelettes urinaires

Fréquence respiratoire

Fréquence, amplitude, rythme
Valeur normale (adulte) : 16 à 20 mvt/min.

Diurèse

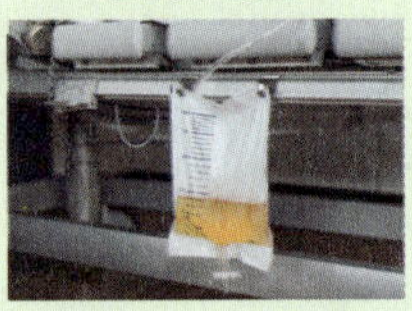

Valeur normale (adulte) : 1 à 2 litres par jour

La saturation pulsée en oxygène

Les signes cliniques

TD 34
Bloc 2

OBJECTIFS Énoncer les signes cliniques et justifier l'intérêt de leur repérage pour la mise en œuvre de la démarche clinique

Activité 1 La définition des signes cliniques

1 Entourer les termes se rapportant à un signe clinique.

Plainte Observable Ressenti Toux Diagnostic Fatigue Évaluable Maladie

DOC 1 La différence entre signe clinique et symptôme

- Un signe clinique est une caractéristique d'une maladie ou d'un trouble, que cherche le médecin et qui peut être vu ou évalué (rougeur ou souffle cardiaque, par exemple).
- Un symptôme est un phénomène que le patient ressent ou dont il se plaint (fatigue ou douleur, par exemple). Les symptômes ne peuvent pas être observés de façon directe. Les signes cliniques et les symptômes permettent de préciser le diagnostic.

2 Compléter le tableau en indiquant pour chaque pathologie les signes cliniques et les symptômes.

Pathologie	Signes cliniques	Symptômes
La gastro-entérite aiguë	....	....
La varicelle	....	....
L'asthme	....	....

DOC 2 Les signes cliniques et symptômes de trois maladies

La **gastro-entérite aiguë** est une inflammation de la muqueuse du tube digestif responsable de diarrhée, de douleurs abdominales, de vomissements, de perte d'appétit.
La **varicelle** provoque une fièvre modérée jusqu'à 38 °C, avec parfois des maux de tête, des rougeurs surélevées de la peau se transformant rapidement en vésicules, des démangeaisons cutanées importantes (prurit).
L'**asthme** se manifeste par une respiration bruyante et sifflante, surtout à l'expiration, la sensation de ne pas respirer à fond avec oppression thoracique, un souffle court et quelquefois de la toux.

Activité 2 Le repérage des signes cliniques

3 Indiquer l'intérêt du repérage des signes cliniques.

....
....
....
....
....
....

DOC 3 L'observation de la personne

L'observation de la personne est une opération importante dans l'activité quotidienne d'un soignant. Observer et identifier les principaux signes cliniques et symptômes présentés par le patient permet de proposer des soins adaptés à la personne dans le cadre de la démarche clinique, et d'être à l'écoute des demandes du patient, dans le respect de ses compétences. Le fait d'observer participe à la continuité des soins et à leur réajustement.

Activité 3 Les différents types de signes cliniques

4 Classer les signes cliniques de la coqueluche selon leur type.

Signes cutanés	Signes respiratoires	Signes musculaires	Signes digestifs	Signes généraux
....	....	....	....	....
....	....	....	....	....
....	....	....	....	....

5 Indiquer et décrire le signe clinique spécifique de la coqueluche.

....

DOC 4 Les signes cliniques généraux et spécifiques : l'exemple de la coqueluche

Les signes cliniques peuvent être communs à de nombreuses pathologies (fièvre) ou spécifiques d'une maladie.

Ainsi, la coqueluche se manifeste d'abord par une **rhinite** (écoulement nasal) associée parfois à une **fièvre** très faible. Après une dizaine de jours, une toux apparaît, d'abord modérée, puis évoluant en quintes.

Les accès de toux sont soudains, violents et répétés. Ils provoquent des **spasmes** (secousses musculaires) et une **dyspnée** (respiration difficile). Le visage devient bouffi, **rouge** ou **cyanosé.** Les petits vaisseaux autour des yeux peuvent éclater, formant alors de petites étoiles rouges appelées « **pétéchies** ». La quinte de toux se termine par une profonde et longue inspiration, accompagnée d'un son aigu appelé « chant du coq ». Elle est suivie par l'émission d'une **expectoration** (crachat) et souvent de **vomissements**.

Activité 4 La peau : reflet de l'état de santé

6 Indiquer le signe cutané correspondant à chaque situation en utilisant les mots ci-après et indiquer l'intérêt de leur repérage : *Érythème – Sueurs – Cyanose*

Situation	Anna présente une fièvre à 39,5°C.	Samuel, 8 mois, présente des rougeurs au niveau du siège.	Roland est atteint de BPCO*. Il présente une dyspnée sévère. Sa bouche et ses extrémités sont bleues.
Signes cutanés	....	....	....
Intérêt du repérage	....	....	....

** Bronchopneumopathie chronique obstructive*

DOC 5 Les signes cliniques cutanés

La pâleur de la peau peut signifier un stress, une hémorragie, une anémie, un malaise.

Sa couleur jaune ou ictère évoque des troubles hépatiques.

La rougeur ou érythème s'installe en cas de fièvre, d'inflammation cutanée locale, de maladies éruptives (rougeole, varicelle, rubéole…).

La cyanose (couleur bleue) au niveau des lèvres et/ou des extrémités peut être liée à une détresse respiratoire ou une hypothermie.

La moiteur (sueurs) peut évoquer une fièvre, une anxiété ou encore une hypoglycémie.

La peau peut présenter, quand on la pince, un pli cutané persistant et on évoque alors une déshydratation.

La douleur

TD 35

Bloc 2

OBJECTIFS **1.** Donner une définition de la douleur **2.** À partir d'exemples, repérer différentes causes de la douleur **3.** Énoncer les moyens d'évaluation de la douleur et sa prise en charge

Activité 1 La définition de la douleur

1 Souligner la définition de la douleur.

2 Indiquer le rôle de la douleur dans l'organisme.

....

....

....

3 Justifier la phrase en gras.

....

....

....

....

....

....

DOC 1 La définition de la douleur

Selon la définition officielle de l'association internationale pour l'étude de la douleur, « la douleur est une expérience sensorielle et émotionnelle désagréable associée à une lésion tissulaire réelle ou potentielle ou décrite dans ces termes ».

La douleur est personnelle et subjective : chacun la ressent différemment, bien que les mécanismes de la douleur soient identiques pour tous. Elle participe aux défenses de l'organisme et constitue un signal d'alarme pour faire réagir la personne.

La sensation varie en fonction de la cause de la douleur : une brûlure et une fracture ne provoquent pas la même sensation. La douleur varie également en fonction des émotions, de l'état mental, du stress, de l'éducation et de la culture de la personne.

Toute douleur doit être signalée et soulagée rapidement, pour éviter qu'elle ne s'installe et ne devienne chronique.

Activité 2 Les causes de la douleur

4 Reporter le numéro de la cause de la douleur correspondant à chacun des troubles suivants.

Allodynie* .... **Hernie discale** .... **Brûlure** ....

** L'allodynie rend douloureuse une sensation banale telle que le toucher.*

DOC 2 Les origines de la douleur

La douleur

1. Neuropathique, due à :
- des lésions cérébrales ;
- un dysfonctionnement du cerveau ou de la moelle épinière (système nerveux central) ;
- des nerfs (système nerveux périphérique).

2. Nociceptive, due à la stimulation des récepteurs de la douleur lors d'une lésion tissulaire

3. Centralisée, due à une perturbation du traitement de la douleur par le système nerveux central qui amplifie une douleur ou provoque une douleur diffuse en réponse à des stimuli normalement non douloureux

Activité 3 L'évaluation de la douleur

▷ #vidéo
Identifier et évaluer la douleur de la personne âgée non communicante (2'51")
foucherconnect.fr/22soins50

5 Indiquer, pour chaque situation, le moyen d'évaluation de la douleur le plus approprié, puis justifier.

Situation	Moyen d'évaluation de la douleur	Justification
Madame Lovel, 82 ans, est atteinte de démence sénile. Elle est hospitalisée en service de soins palliatifs en raison d'un cancer en phase terminale. L'équipe soignante évalue régulièrement sa douleur, notamment avant les soins d'hygiène.	....	....
Sofia, aide-soignante, demande à Monsieur Romain d'évaluer sa douleur à son retour du bloc opératoire.	....	....
Florian, 5 ans, est amené aux urgences pour une fracture du tibia. L'aide-soignante qui l'accueille lui demande d'évaluer sa douleur.	....	....

DOC 3 Des exemples d'outils d'évaluation de la douleur

1. EVA : Échelle visuelle analogique

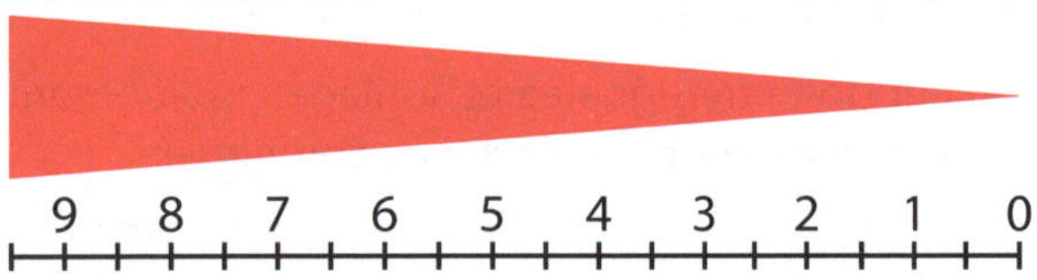

2. Échelle des visages

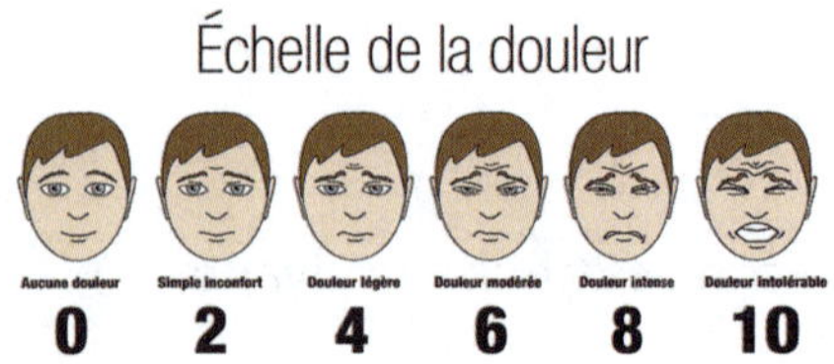

3. Échelle comportementale d'évaluation de la douleur chez la personne âgée non communicante

ECPA : Observation de la personne âgée non communicante 8 items avec chacun 5 réponses possibles notées de 0 à 4 (score sur 32)	
Avant le soin	Après le soin
Expression du visage : regard et mimiques Position spontanée au repos Mobilité du patient Relation à autrui	Anticipation anxieuse aux soins Réactions pendant la mobilisation Réactions pendant les soins des zones douloureuses Plaintes exprimées pendant le soin

Activité 4 La prise en charge de la douleur : quelques pistes

6 Associer actions et justification.

....

Action
1 Effectuer les pansements quand l'aide-soignante fait la toilette
2 Décaler un soin si le patient dort
3 Expliquer ce que l'on fait
4 Accorder du temps et rassurer
5 Distraire l'attention du patient pendant le soin, avoir des gestes doux
6 Installer le patient de manière à privilégier son confort, à éviter les escarres et les chutes

Justification
A Prévenir la douleur
B Faire du soin un moment privilégié
C Éviter une deuxième manipulation douloureuse
D Prendre en compte la douleur provoquée par les gestes et les soins
E Rassurer le patient
F Respecter les moments de repos

L'observation du comportement

TD 36
Bloc 2

OBJECTIFS **1.** Repérer dans l'environnement de la personne des facteurs pouvant induire des modifications de son comportement social et relationnel **2.** Identifier des modifications du comportement ou des attitudes pouvant exprimer un mal être ou les signes d'une pathologie débutante

Activité 1 L'observation

1 Indiquer l'intérêt d'observer la personne au niveau de son comportement.

....

....

....

2 Justifier la mobilisation des sens pour observer le comportement d'une personne.

....

3 Proposer une situation particulièrement adaptée à l'observation de la personne.

....

....

DOC 1 L'observation, cela s'apprend !

Observer, c'est mobiliser ses sens et apprendre à regarder, écouter, sentir, toucher afin de pouvoir décoder et repérer des signes d'alerte. L'observation est menée dans le temps, dans différentes situations, au quotidien afin de mieux comprendre, de rechercher des réponses adaptées, d'entrer en relation, de personnaliser la prise en soins et de repérer les modifications de l'état général et du comportement de l'usager (agitation, agressivité, refus de soins, cris…).

#vidéo
Les troubles du comportement – Dr Kalfa
(10'33'')
foucherconnect.fr/22soins51

Activité 2 Les signes révélateurs

4 Souligner, pour chacune des situations, les signes révélateurs d'un changement de comportement et préciser dans quelles catégories se situent ces signes.

Ce matin, vous retrouvez Madame Julia prostrée dans son lit. Son visage est triste et elle fuit votre regard.	....
Depuis deux jours, Monsieur Martin déambule dans le couloir, il ne retrouve pas sa chambre. Quand l'aide-soignante veut l'aider, il la repousse.	....
Madame Sallah vous accueille avec le sourire. Vous remarquez une nouvelle photographie sur son chevet. « Ma petite fille est née hier ! »	....

DOC 2 Qu'observe-t-on ?

L'aspect général		L'orientation et la mémoire
Le langage corporel	Le langage verbal	Orientation dans le temps Orientation dans l'espace Mémoire des événements anciens Mémoire des événements récents
Expressions faciales Installation Gestes d'auto-contact Mouvements Apparence physique. Contact visuel	Capacité à s'exprimer. Contenu des paroles	
L'humeur et le comportement		**Environnement**
Expression de sentiments ou d'émotions Attitude confiante, opposante, agitée, agressive…		Présence d'objets personnels Présence d'accessoires de lit

Activité 3 Les signes du mal-être

5 Souligner la définition du mal-être.

6 Proposer deux facteurs pouvant induire un mal-être.

....

....

7 Compléter le schéma avec au moins deux manifestations du mal-être.

Au niveau psychologique	Au niveau de l'attitude	Au niveau physique
....	....	....
....		....

→ **Manifestations du mal-être** ←

DOC 3 Le mal-être

Le mal-être est un sentiment général de malaise, qui peut s'exprimer de différentes façons en fonction de chacun. Il se définit comme un vécu douloureux, qui dure et qui empêche de mener sa vie comme on l'entend. Il est parfois appelé « détresse ».

À l'origine du mal-être, on retrouve des difficultés, des événements graves de la vie, mais aussi parfois aucune raison apparente.

Quels sont les signes du mal-être ?
Le mal-être peut se manifester à différents niveaux physique (troubles du sommeil, fatigue, manque de concentration, perte ou augmentation de l'appétit…), psychologique (angoisse, perte d'estime de soi, agressivité, irritabilité, idées noires, sentiment d'échec…) ou comportemental (repli sur soi, addiction au tabac, à l'alcool, aux drogues, recherche de sensations fortes).

Activité 4 Des signes révélateurs d'une pathologie débutante

8 Identifier les signes qui amènent Madame Jeanne à consulter.

....

....

....

DOC 4 Les signes pathologiques de Madame Jeanne

Madame Jeanne est âgée de 70 ans. Ancienne secrétaire de direction, elle s'est investie dans une association dont elle assure le secrétariat depuis sa retraite. Depuis quelques temps, elle rencontre des difficultés à se souvenir de l'emplacement de certaines touches de son clavier d'ordinateur. Elle en parle à son médecin, qui l'oriente vers une consultation mémoire ne révélant pas de signes inquiétants.

Quelques mois plus tard, ses défauts de mémoire se sont aggravés au point de l'embarrasser. Son mari constate qu'elle est plus irritable et nerveuse. Elle, qui était si active, reste des heures dans son fauteuil puis se lève subitement et entreprend un grand ménage dans la maison sans se souvenir que l'aide à domicile l'a fait le matin même. Madame Jeanne pose plusieurs fois les mêmes questions à son mari. Une nouvelle consultation est programmée, qui établira un diagnostic de maladie d'Alzheimer précoce.

Se tester

Le + numérique
foucherconnect.fr/22soins54
Quiz
Exercice interactif

Exercice 1 Analyser la situation et répondre aux questions.

1. Repérer les signes révélateurs du changement de comportement de Madame Durand.
   - Au niveau physique : ....
   - Au niveau des attitudes : ....
   - Au niveau de l'environnement : ....
2. Préciser le changement survenu dans la vie de Madame Durand.

....

3. Indiquer deux risques que génère ce changement.

....

Situation

L'accompagnement de Madame Durand

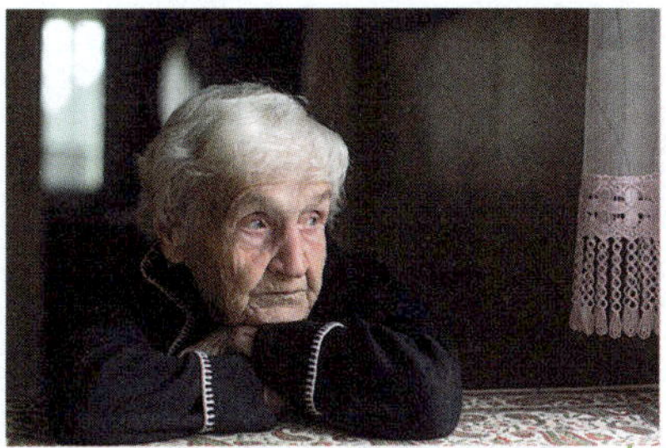

Madame Durand, 80 ans, vit seule chez elle. Son fils vient la voir tous les mardis pour lui apporter quelques courses et passer un moment avec elle.
Le vendredi, Sophie, aide à domicile, l'accompagne au marché et l'aide à préparer quelques plats.
Aujourd'hui, Sophie constate que Madame Durand est triste. Elle lui paraît fatiguée et amaigrie. Elle n'a pas envie d'aller au marché. Le réfrigérateur est vide.
Sophie lui demande ce qui se passe. Madame Durand lui répond qu'elle n'a pas vu son fils depuis deux semaines car il a changé de lieu de travail.
Sophie signale ces changements à sa responsable. En accord avec Madame Durand et son fils, des solutions sont mises en place.

Exercice 2 Donner deux exemples de signes cliniques pour chaque catégorie.

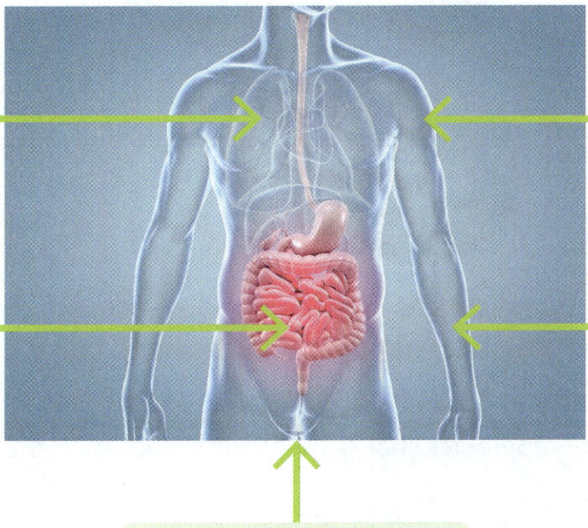

Signes respiratoires
....
....

Signes digestifs
....
....

Signes cutanés
....
....

Signes musculaires
....
....

Signes généraux
....
....

CHAPITRE 17

À retenir

Le + numérique foucherconnect.fr/22soins55

Synthèse rédigée et audio

Les signes cliniques

Signe clinique = caractéristique d'une maladie ou d'un trouble, qui peut être vue ou évaluée ⇒ aide à la pose du diagnostic par le médecin

- Signes cutanés → Cyanose, érythèmes, vésicules, pétéchies, marbrures…
- Signes respiratoires → Dyspnée, bradypnée, toux, expectorations…
- Signes digestifs → Vomissements, diarrhée, constipation, douleurs abdominales…
- Signes musculaires → Hypertonie, hypotonie, spasmes…
- Signes généraux → Fièvre, céphalées, fourmillements…

La douleur

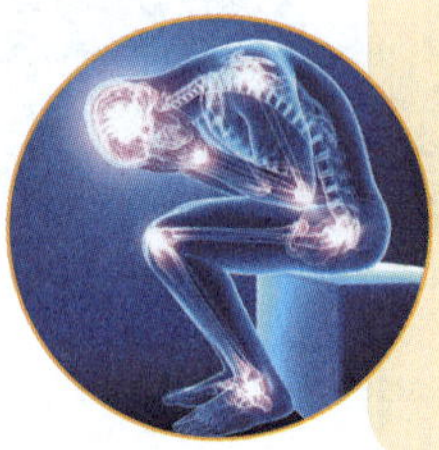

« La douleur est une expérience sensorielle et émotionnelle désagréable associée à une lésion tissulaire réelle ou potentielle ou décrite dans ces termes. »
(définition officielle de l'Association internationale pour l'étude de la douleur)

- Ressentie différemment selon les individus
- Mécanismes de la douleur identiques
- Participe aux défenses de l'organisme

L'observation du comportement relationnel et social

La position
L'état de conscience
Les traits du visage

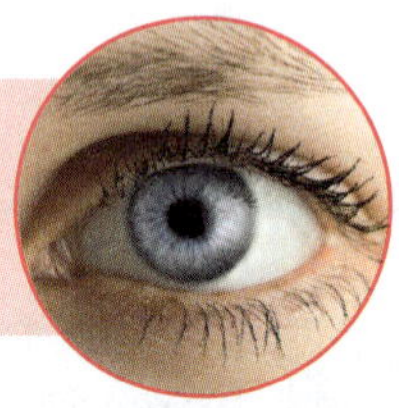

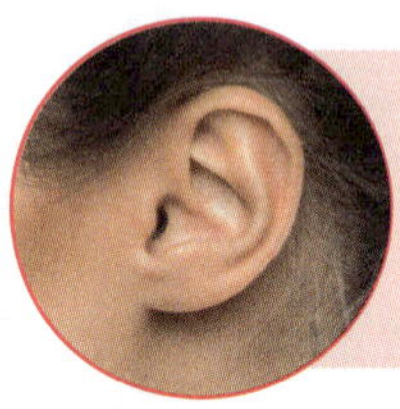

Les plaintes
Les rires
Les pleurs
Les paroles

La transpiration
La raideur

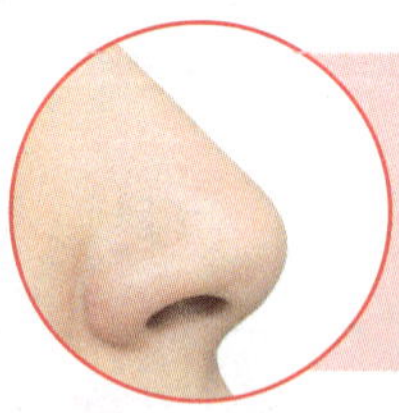

Odeur d'urine, de selles, de transpiration, de sang
Odeur alimentaire, de renfermé
Odeur de parfum, d'alcool

Observer avec ses sens

↓

Pour repérer les changements de comportement → Au niveau psychologique ; Au niveau physique

↓

Au niveau de l'attitude

⇨ DÉBUT DE PATHOLOGIE OU MAL-ÊTRE

La définition, les formes galéniques, les voies d'administration

TD 37 Bloc 2

OBJECTIFS 1. Définir les termes « médicaments », « principe actif », « posologie » et « excipient » 2. Énoncer les différentes formes galéniques et leurs voies d'administration 3. Définir la notion de iatrogénie

Activité 1 Les notions de médicament, principe actif et excipient

1 Cocher les produits qui correspondent à la définition du médicament.

	Fond de teint	☐		Savon dermatologique	☐
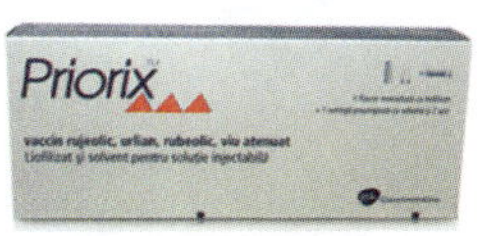	Vaccin ROR	☐	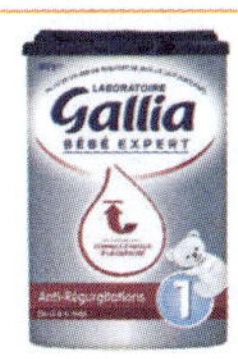	Aliment lacté diététique infantile	☐
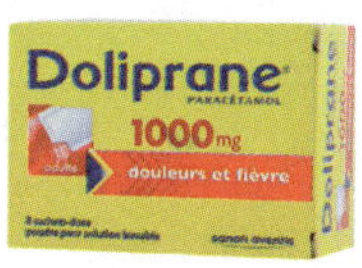	Comprimés de paracétamol vendus sans ordonnance	☐	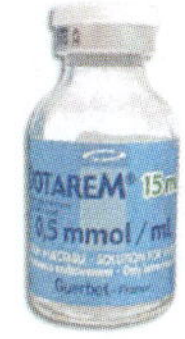	Produit de contraste pour scanner	☐

2 Relier chaque terme à sa définition.

- Excipient
- Posologie
- Principe actif
- Latrogénie

- Substance qui donne au médicament son action thérapeutique.
- Substance inactive sur le plan thérapeutique mais qui facilite la préparation et l'emploi du médicament. Cette substance peut jouer un rôle en améliorant l'efficacité ou la diffusion du médicament. infantile
- Dose thérapeutique d'un médicament à administrer à un malade et modalités d'administration.
- Ensemble d'effets indésirables, troubles plus ou moins graves provoqués par la prise de médicaments.

DOC 1 Art. L5111-1 du Code de la santé publique

On entend par « médicament » toute substance ou composition présentée comme possédant des propriétés curatives ou préventives à l'égard des maladies humaines ou animales, ainsi que toute substance ou composition pouvant être utilisée chez l'homme ou chez l'animal ou pouvant leur être administrée, en vue d'établir un diagnostic médical ou de restaurer, corriger ou modifier leurs fonctions physiologiques en exerçant une action pharmacologique, immunologique ou métabolique.

Sont notamment considérés comme des médicaments, les produits diététiques qui renferment dans leur composition des substances chimiques ou biologiques ne constituant pas elles-mêmes des aliments, mais dont la présence confère à ces produits, soit des propriétés spéciales recherchées en thérapeutique diététique, soit des propriétés de repas d'épreuve. Les produits utilisés pour la désinfection des locaux et pour la prothèse dentaire ne sont pas considérés comme des médicaments. […]

3 Souligner le (ou les) principe(s) actif(s) en rouge ; le (ou les) excipient(s) en vert, la posologie en bleu.

DOC 2 Un extrait de la notice d'utilisation

Exomuc®

Acétylcystéine 200 mg
Acétylcystéine 200 mg pour un sachet
Aspartam, béta-carotène, sorbitol, arôme orange
Adultes et enfants de plus de 7 ans : un sachet 3 fois par jour
Enfants de 2 à 7 ans : un sachet 2 fois par jour

Activité 2 Les formes galéniques des médicaments

4 Mentionner, pour chaque médicament ci-dessous, sa forme galénique (présentation).

 ……………………	 ……………………	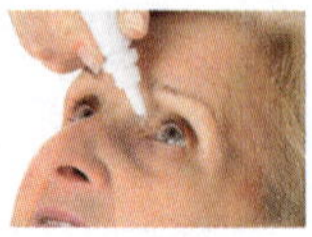 ……………………	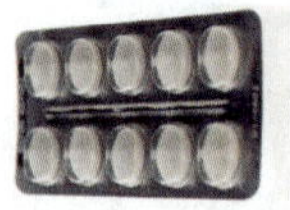 ……………………
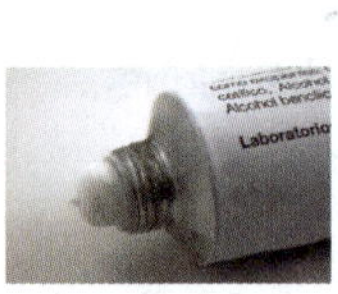 ……………………	 ……………………	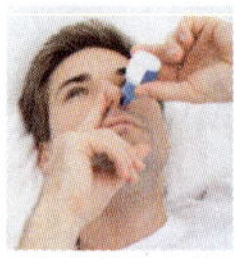 ……………………	 ……………………

5 Citer au moins deux autres formes galéniques non représentées ci-dessus.

……………………………………………………………………………………………

Activité 3 Les différentes voies d'administration

6 Inscrire sur le schéma ci-dessous les principales voies d'administration et proposer un exemple de médicaments pour chaque voie.

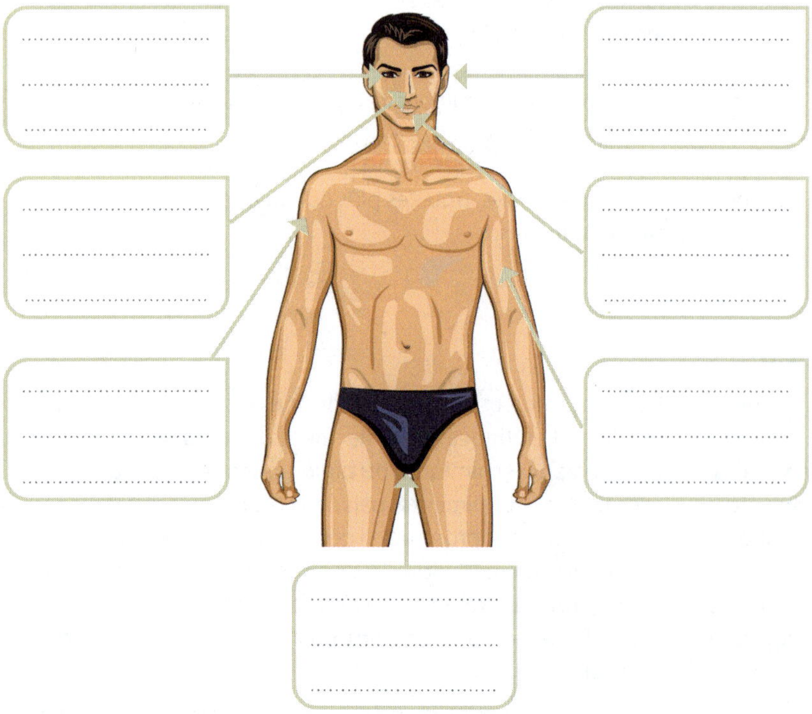

DOC 3 Les voies d'administration

La voie orale est la plus répandue, elle concerne environ 80 % des médicaments. Non traumatisante, elle est simple à utiliser.
La voie parentérale permet d'injecter le produit (ex. : soluté injectable, vaccin antigrippal) à travers la peau à l'aide d'un dispositif médical : le produit est injecté directement dans la circulation sanguine (intraveineux, parfois intra-artériel), dans le muscle (intramusculaire) ou dans les tissus sous-cutanés. Cette voie permet un effet rapide.
La voie cutanée ou transcutanée permet la diffusion du médicament à travers la peau.
La voie transmuqueuse (rectale, oculaire, nasale, auriculaire, sublinguale) permet la diffusion du médicament à travers une muqueuse, pour une action localisée ou le passage dans la circulation générale.

Les conditions de délivrance et de conservation, l'aide à la prise

TD 38
Bloc 2

OBJECTIFS 1. Préciser les conditions de délivrance des médicaments 2. Énoncer les conditions de conservation et de stockage 3. Présenter les modalités d'aide à la prise de médicaments

Activité 1 Les conditions de délivrance

1 Compléter le tableau.

	Vrai	Faux	Justification
Tous les médicaments sont délivrables sur ordonnance.	☐	☐	....
Certains médicaments peuvent être achetés en grande surface.	☐	☐	....
Toutes les ordonnances sont renouvelables par le pharmacien.	☐	☐	....

DOC 1 Les conditions de délivrance des différentes catégories de médicaments

Les spécialités pharmaceutiques à prescription obligatoire ne peuvent être délivrées que sur prescription médicale : le patient doit présenter une ordonnance de moins de trois mois, avec une durée de traitement ne pouvant excéder un an. Ces médicaments sont conditionnés dans des boîtes avec la mention « uniquement sur ordonnance ». Des encadrés sur la boite permettent de repérer à quelle liste appartiennent ces spécialités : un encadré rouge (pour les médicaments de la liste I) ou vert (pour les médicaments de la liste II).

Le renouvellement de ces spécialités par le pharmacien est possible sous certaines conditions. La délivrance d'un médicament relevant de la liste I ne peut être renouvelée que si le prescripteur le mentionne sur l'ordonnance en précisant le nombre de renouvellements ou la durée du traitement. La délivrance d'un médicament relevant de la liste II peut être renouvelée si le prescripteur ne l'a pas expressément interdit.

Les stupéfiants et produits apparentés sont obligatoirement prescrits sur des ordonnances sécurisées.

Les médicaments à prescription médicale facultative peuvent être achetés avec une ordonnance, sur les conseils du pharmacien ou directement par le patient dans le cadre de l'automédication. Certains de ces médicaments sont d'ailleurs accessibles librement pour le patient dans l'officine. Parmi ces médicaments accessibles sans ordonnance on trouve certains antalgiques comme le paracétamol, des anti-inflammatoires, des anti-diarrhéiques…

En France, le pharmacien a le monopole de la délivrance des médicaments.

Activité 2 La conservation et le stockage

2 Relever les conditions de conservation des médicaments.

....
....
....
....
....

DOC 2 Les règles de conservation

Les médicaments doivent être conservés dans leur conditionnement d'origine, bien séparés des produits alimentaires et d'entretien, hors de portée des enfants : dans un endroit inaccessible, en hauteur, fermé à clé. Le stockage doit respecter les pictogrammes figurant sur la boîte, qui indiquent les conditions de stockage : à l'abri de la lumière, de l'humidité, de la chaleur…

Activité 3 L'aide à la prise de médicaments

3 Encadrer dans le texte les conditions à respecter pour une aide à la prise de médicaments dans un établissement médico-social.

DOC 3 Code de l'action sociale et des familles – art. L313-26

Au sein des établissements et services mentionnés à l'article L. 312-1, lorsque les personnes ne disposent pas d'une autonomie suffisante pour prendre seules le traitement prescrit par un médecin à l'exclusion de tout autre, l'aide à la prise de ce traitement constitue une modalité d'accompagnement de la personne dans les actes de sa vie courante.
L'aide à la prise des médicaments peut, à ce titre, être assurée par toute personne chargée de l'aide aux actes de la vie courante dès lors que, compte tenu de la nature du médicament, le mode de prise ne présente ni difficulté d'administration ni d'apprentissage particulier.
Le libellé de la prescription médicale permet, selon qu'il est fait ou non référence à la nécessité de l'intervention d'auxiliaires médicaux, de distinguer s'il s'agit ou non d'un acte de la vie courante. […]

4 Compléter le schéma ci-dessous.

Conditions requises des personnels pouvant administrer des soins ou des traitements médicaux dans un mode d'accueil du jeune enfant

....	....	....	....

5 Souligner en vert les conditions à respecter en amont de l'administration, en rouge les conditions à respecter après la délivrance.

DOC 4 Code de la santé publique – art. R2111-1

I - Le professionnel d'un mode d'accueil du jeune enfant mentionné à l'article L. 2111-3-1, pouvant administrer des soins ou des traitements médicaux à un enfant qu'il prend en charge, à la demande du ou des titulaires de l'autorité parentale ou représentants légaux, est, selon le mode d'accueil du jeune enfant :

1° Un professionnel d'établissement d'accueil du jeune enfant ayant l'une des qualifications mentionnées aux articles R. 2324-34, R. 2324-35 et R. 2324-42 ;

2° Un assistant maternel agréé accueillant l'enfant dans le cadre d'un contrat d'accueil ;

3° Un professionnel de la garde d'enfant à domicile mentionné au 3° du I de l'article L. 214-1-1 du code de l'action sociale et des familles auquel est confié l'enfant dans le cadre d'un contrat de travail.
Le professionnel administrant le traitement maîtrise la langue française.
Le professionnel de l'accueil du jeune enfant administrant des soins ou des traitements médicaux à la demande du ou des titulaires de l'autorité parentale ou représentants légaux se conforme aux modalités de délivrance de soins spécifiques, occasionnels ou réguliers, précisées dans le protocole écrit. […]

II - Avant d'administrer les soins ou les traitements médicaux, le professionnel de l'accueil du jeune enfant procède aux vérifications suivantes :

1° Le médecin n'a pas expressément prescrit l'intervention d'un auxiliaire médical ;

2° Le ou les titulaires de l'autorité parentale ou représentants légaux de l'enfant ont expressément autorisé par écrit ces soins ou traitements médicaux ;

3° Le médicament ou le matériel nécessaire a été fourni par le ou les titulaires de l'autorité parentale ou représentants légaux de l'enfant ;

4° Le professionnel de l'accueil du jeune enfant réalisant les soins ou traitements médicaux dispose de l'ordonnance médicale prescrivant les soins ou traitements ou d'une copie de celle-ci et se conforme à cette prescription ;

5° Le ou les titulaires de l'autorité parentale ou représentants légaux de l'enfant […] ont préalablement expliqué au professionnel de l'accueil du jeune enfant le geste qu'il lui est demandé de réaliser.

III.- Chaque geste fait l'objet d'une inscription immédiate dans un registre dédié précisant :

1° Le nom de l'enfant ;

2° La date et l'heure de l'acte ;

3° Le nom du professionnel de l'accueil du jeune enfant l'ayant réalisé ainsi que, le cas échéant, le nom du médicament administré et la posologie.

Se tester

Le + numérique
foucherconnect.fr/22soins38
Quiz
Exercice interactif

Exercice 1 Compléter la grille.

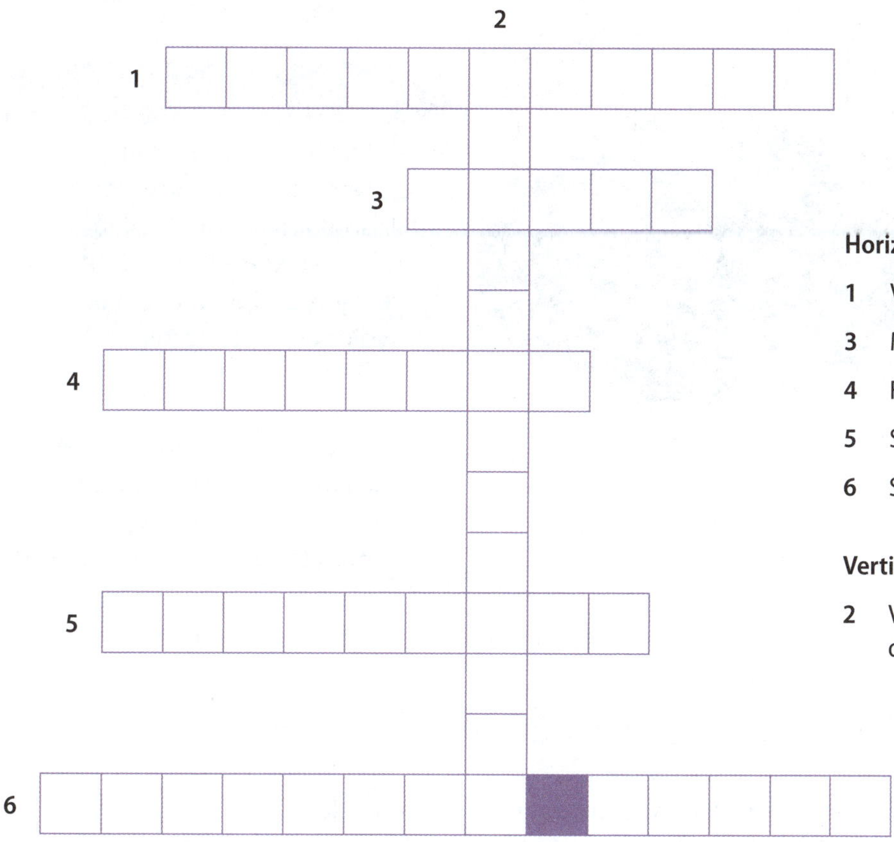

Horizontal

1 Voie d'administration par injection

3 Médicament se diffusant par voie cutanée

4 Forme galénique destinée à la voie orale

5 Substance inactive sur le plan thérapeutique

6 Substance qui donne l'action thérapeutique

Vertical

2 Voie d'administration par diffusion au travers d'une muqueuse

Exercice 2 Observer l'étiquette et répondre aux questions.

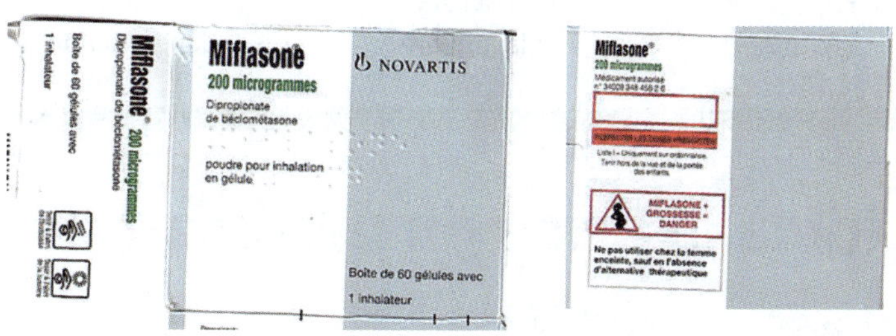

1 Énoncer les conditions de délivrance et de renouvellement de ce médicament.

....

....

....

2 Préciser les conditions de conservation.

....

....

CHAPITRE 18

À retenir

Le + numérique foucherconnect.fr/22soins39

Synthèse rédigée et audio

Des notions sur le médicament

LES MÉDICAMENTS SONT COMPOSÉS

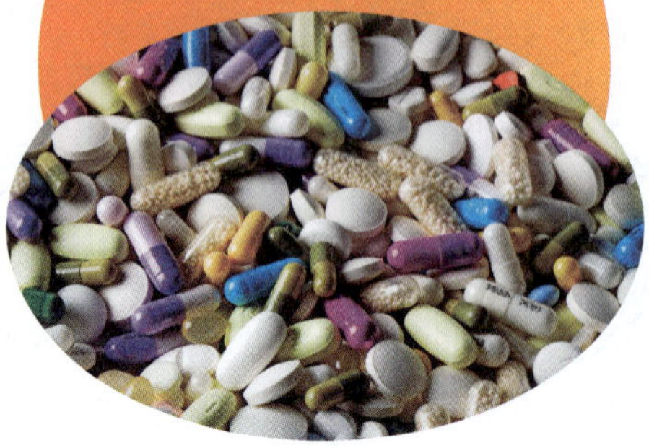

d'un ou de plusieurs principes actifs

- Ils confèrent au médicament son action thérapeutique.

Formes galéniques variées : comprimés, gélules, patch, sirop, gel, soluté injectable…

d'un ou de plusieurs excipients

- Ils facilitent la préparation et l'emploi du médicament. Ils sont inactifs sur le plan thérapeutique. Cependant certains excipients peuvent avoir des effets notoires.

Voies d'administration variées : Voie cutanée ou transcutanée, voie orale (ou per os), voie parentérale, voie transmuqueuse

La délivrance et le stockage

Les médicaments sont exclusivement délivrés par les pharmaciens.
À tenir hors de portée des enfants, dans le respect des indications fournies sur la boîte.

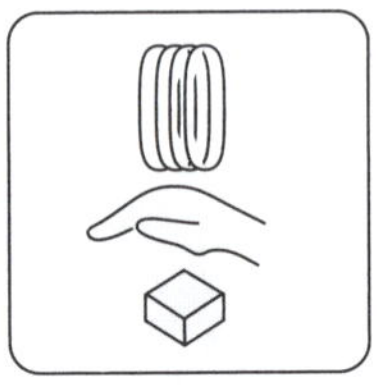

Tenir à l'abri de la chaleur

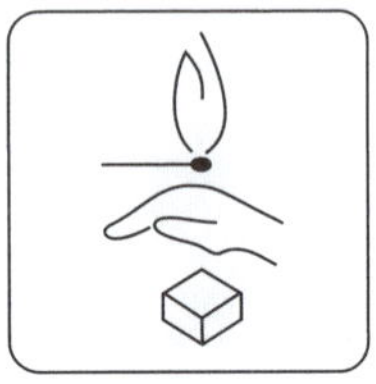

Tenir à l'abri d'une flamme

Tenir à l'abri de la lumière

Tenir à l'abri de l'humidité

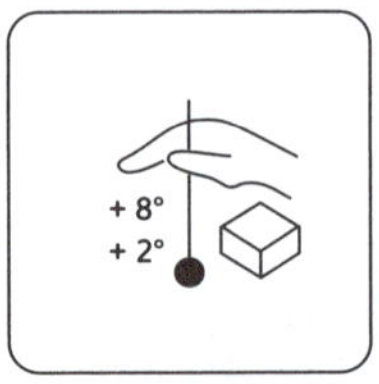

Conserver entre + 2 °C et + 8 °C au réfrigérateur

L'aide à la prise de médicaments

En structures et services médico-sociaux quand :

- la personne n'a pas l'autonomie de le faire ;
- la prise se fait sans difficulté d'administration ou d'apprentissage ;
- la prescription permet de distinguer s'il s'agit d'un acte de la vie quotidienne.

En accueil du jeune enfant :

- par des professionnels ayant certaines qualifications et maîtrisant la langue française, par les assistants maternels ;
- sous autorisation des parents ou des représentants légaux ;
- sous ordonnance ;
- avec des protocoles précis à respecter.

SE PRÉPARER À LA SOUS-ÉPREUVE E 32

Unité U32

Soins d'hygiène, de confort et de sécurité
Candidats évalués par contrôle en cours de formation

Cette sous-épreuve permet d'évaluer les **compétences** mises en œuvre lors de **soins d'hygiène, de confort et de sécurité** auprès de personnes **adultes non autonomes**, de **distribution de repas ou de collations, d'accompagnement**.

1 Les modalités de la sous-épreuve

Pour les candidats évalués par contrôle en cours de formation, l'évaluation a lieu au cours d'une période de formation en milieu professionnel, d'une durée d'au moins quatre semaines.

Auprès de quels publics ?

Obligatoirement auprès d'adultes non autonomes

Où doit avoir lieu la PFMP ?

Établissements sanitaires (hôpitaux, cliniques…)
Établissements médico-sociaux (Ehpad, MAS…)
Services d'hospitalisation à domicile
Services de soins infirmiers à domicile

Quand doit avoir lieu la PFMP ?

La PFMP, support de l'évaluation, doit avoir lieu au cours de la classe de terminale

Pour l'évaluation de cette sous-épreuve, il n'est pas possible de faire sa période de formation en milieu professionnel auprès d'enfants (ex. : crèches, écoles maternelles ou élémentaires, IME…), auprès d'adultes autonomes, ou dans un service d'aide à domicile (seules les hospitalisations à domicile ou les services de soins infirmiers à domicile peuvent être retenus).

À la fin de la PFMP, le tuteur et un professeur réalisent, en votre présence, un bilan de l'ensemble des activités réalisées pendant cette PFMP.

Ce bilan est complété par deux temps d'interrogation orale :

La présentation orale d'un raisonnement clinique pendant 10 minutes

Une interrogation orale de 10 minutes sur des savoirs associés liés au bloc 2

Ces trois temps (bilan sur la PFMP, raisonnement clinique et interrogation sur les savoirs associés) permettent au tuteur et au professeur de proposer conjointement une note pour cette sous-épreuve.

2. Les compétences évaluées

La sous-épreuve porte sur tout ou partie des compétences du bloc 2 « Intervenir auprès de la personne lors des soins d'hygiène, de confort et de sécurité, dans les activités de la vie quotidienne ».

Compétences	Exemples d'activités *(exemples non exhaustifs)*
Réaliser les activités liées à l'hygiène, au confort de la personne et à la sécurisation	Réfection d'un lit occupé, non occupé Toilette d'une personne : aide à la toilette, toilette complète au lit, au lavabo Installation d'une personne au lit, au fauteuil… Aide au déplacement avec ou sans aides techniques
Surveiller l'état de santé de la personne et intervenir en conséquence	Observation de la personne : conscience, respiration, état cutané, douleur, comportement… Mesures de paramètres vitaux : pouls, fréquence respiratoire, température, diurèse, pression artérielle, saturation oxygène Réalisation des transmissions
Assurer l'hygiène de l'environnement proche de la personne et veiller au bon état de fonctionnement du lit, des aides techniques, des dispositifs médicaux dans l'environnement de la personne	Entretien des locaux collectifs Entretien de l'environnement proche de la personne pendant son séjour, après son départ Entretien et décontamination de la chambre après le départ d'un patient infecté Tri du linge et des déchets Entretien des équipements et dispositifs médicaux
Distribuer des repas équilibrés conformes aux besoins de la personne, installer la personne et accompagner la prise des repas	Maintien, remise en température des préparations alimentaires Organisation et distribution des repas Installation d'une personne pour le repas Aide à la prise des repas

La sous-épreuve s'appuie également sur l'ensemble des savoirs associés relevant du bloc 2 (*voir page 3 de cet ouvrage*).

3. L'évaluation des semaines de PFMP

L'évaluation est **réalisée par le tuteur** sur **l'ensemble de la période de formation en milieu professionnel.**

Elle ne porte pas sur une ou deux mises en situation mais bien sur la **totalité de la PFMP**, sur les activités liées aux compétences du bloc 2 :
- soins d'hygiène et de confort auprès **d'une personne adulte non autonome** ;
- accompagnement à la mobilité ;
- service de collations et de distribution des repas ;
- surveillance de l'état de santé ;
- maintien de l'hygiène de l'environnement de la personne.

Cette évaluation se fait par le tuteur, qui peut également prendre appui sur les membres de l'équipe avec lesquels vous aurez travaillé. Cette évaluation se réalise avec une grille d'évaluation fournie au tuteur par vos professeurs.

Vous devez donc maitriser les techniques professionnelles liées aux compétences mises en œuvre tout en prenant connaissance des protocoles du service et en respectant les consignes données par les professionnels qui vous encadrent.

Outre cette maîtrise, il convient d'avoir une attitude adaptée tout au long de la PFMP :

Tenue professionnelle FT2

Porter la tenue professionnelle exigée par le service : blouse ou tunique/pantalon en parfait état de propreté, cheveux attachés, chaussures adaptées, pas de vernis, pas de chewing-gum…

Hygiène rigoureuse

Hygiène corporelle, hygiène des mains selon le protocole du service FT1

Pas de téléphone portable pendant les activités

Pas de retard, respect des horaires qui vous sont donnés

Respect des règles déontologiques

Vous devez respecter le secret professionnel et le secret partagé : en aucun cas, vous ne devez divulguer les informations recueillies durant votre PFMP (nom des patients, leurs pathologies…) auprès de vos camarades, dans votre famille, sur les réseaux sociaux…

Posture professionnelle

Toutes vos activités sont réalisées dans un souci constant de bientraitance des personnes.

4. La présentation du raisonnement clinique

Après le bilan de la PFMP effectué par votre tuteur et l'un de vos professeurs, vous devez **présenter, sur une durée de 10 minutes, un raisonnement clinique** concernant une personne dont vous avez pris soin durant la PFMP.

Il est nécessaire de préparer ce travail en amont en prenant appui sur la démarche du raisonnement clinique (TD5 et TD6 de cet ouvrage).

Lors de la présentation de ce raisonnement clinique, vous devez :
- **présenter** la personne prise en soin ;
- **expliquer les modalités de recueil** des besoins que vous avez utilisées ;
- **développer l'analyse** réalisée à partir de ce recueil ;
- **présenter l'identification** effectuée, à partir des premières étapes, **des problèmes de santé**, **des potentiels de la personne**…
- **proposer et justifier les actions retenues**, les activités découlant de toutes ces analyses.

Vous devez donc vous exercer en amont à cette présentation orale du raisonnement clinique :
- rédiger celui-ci ;
- le relire plusieurs fois afin de vous détacher de vos notes lors de sa présentation ;
- vérifier, en vous exerçant, par exemple à voix haute, que vous respectez le temps imparti (10 minutes).

5. L'interrogation sur les savoirs associés

Les consignes

Cette interrogation orale, d'une durée de 10 minutes, concerne les savoirs associés liés au bloc 2 qui ont été utilisés dans la prise en charge de la personne.

Le professeur et le tuteur, en fonction de la personne prise en soins, peuvent vous poser des questions de techniques professionnelles, de nutrition-alimentation, de sciences médico-sociales, de biologie-physiopathologie.

Vous devez donc maitriser l'ensemble des savoirs associés de ce bloc.

Quelques exemples

Exemple 1	
Lieu de la période de formation en milieu professionnel EHPAD	**Personne prise en soins** Madame Bojart, 90 ans, est dépendante, alitée avec un fort risque d'escarres, souffre d'incontinence urinaire, est dénutrie et a de grandes difficultés de mastication.
Savoirs associés : exemples de questions qui pourraient être posées	
Techniques professionnelles	Définir et mettre en relation raisonnement clinique, démarche clinique et démarche de soins. Énoncer les principaux risques de l'alitement prolongé. Pour deux de ces risques, présenter les moyens de prévention. Justifier la technique et les précautions à prendre lors de la prise des repas. Décrire et justifier les étapes de réalisation de la toilette complète de Madame Bojart.
Nutrition	Il est donné à Madame Bojart des compléments alimentaires. Justifier l'utilisation de ces compléments alimentaires. Énoncer et justifier la texture des plats adaptée à Madame Bojart.
Sciences médico-sociales	Présenter des modifications morphologiques et physiologiques liées au vieillissement.
Biologie-physiopathologie	Définir l'incontinence urinaire, indiquer ses principaux traitements.

Exemple 2	
Lieu de la période de formation en milieu professionnel Centre hospitalier, service de cardiologie	**Personne prise en soins** Monsieur Médion, 60 ans, vient de subir un triple pontage coronarien. Il souffre d'hypertension, d'anomalies du rythme cardiaque, d'hypercholestérolémie et de diabète de type 2.
Savoirs associés : exemples de questions qui pourraient être posées	
Techniques professionnelles	Présenter et justifier le protocole de tri du linge dans le service. Expliquer le principe de l'entretien de l'environnement proche de ce patient et justifier les étapes. Justifier le contrôle de la pression artérielle et de la fréquence cardiaque. Préciser leurs modalités de prise. Présenter les objectifs des transmissions ciblées, justifier leur intérêt. Énoncer deux autres paramètres de surveillance de l'état de santé et les détailler. Définir la notion de douleur, énoncer les moyens d'évaluation de la douleur et sa prise en charge.
Nutrition	Monsieur Médion a un régime hypo sodé et hypo lipidique : caractériser et justifier ces deux régimes.
Sciences médico-sociales	Présenter le lieu de la PFMP : missions, organisation et fonctionnement. Citer un autre établissement de santé. Présenter l'organigramme du service. Énoncer les principes des missions de service public d'un centre hospitalier.
Biologie-Physiopathologie	Expliquer les différentes phases de la contraction cardiaque. Caractériser l'hypertension artérielle, justifier les moyens de prévention et les principaux traitements. Présenter les différentes anomalies du rythme cardiaque. Énoncer le principe d'un électrocardiogramme et en indiquer son utilité. Énoncer les intérêts des analyses sanguines pour le suivi du diabète de type 2 et l'hypercholestérolémie.

Exemple 3	
Lieu de la période de formation en milieu professionnel Centre hospitalier, service de cancérologie	**Personne prise en soins** M Dedon, 40 ans, est hospitalisé depuis plusieurs semaines pour un ostéosarcome en phase terminale. Il souffre d'infections urinaires à répétition. Il reste alité la plupart du temps, n'a plus d'appétit et a de grandes difficultés à prendre des aliments solides. Il bénéficie d'un accompagnement dans le cadre de soins palliatifs.
Savoirs associés : exemples de questions qui pourraient être posées	
Techniques professionnelles	Préciser les objectifs des précautions standard et complémentaires, citer et justifier les précautions mises en place dans cette situation. Déterminer les critères de qualité attendus lors du service des repas. Énoncer les signes cliniques observables et préciser leurs intérêts.
Nutrition	Présenter les éléments intervenant dans l'appétit. Indiquer des critères de qualité organoleptique. Caractériser les principales textures et justifier celle adaptée à Monsieur Dedon.
Sciences médico-sociales	Présenter les réactions possibles de l'entourage face à la mort. Justifier les droits de la personne en fin de vie. Définir la notion de soins palliatifs et énoncer leurs objectifs.
Biologie-Physiopathologie	Présenter les principales fonctions de l'organisme en mettant en relation les différents appareils ou systèmes. Définir l'infection urinaire, justifier les facteurs favorisants, énoncer les signes cliniques, justifier les moyens de prévention et indiquer les principaux traitements. Énoncer le principe de l'ECBU et indiquer son utilité.

Le + numérique
retrouvez un exemple supplémentaire sur foucherconnect.fr/22soins52

6. Conseils pour les deux temps d'interrogation orale

Écouter les questions

Ne pas couper la parole aux évaluateurs, les regarder, les laisser finir leurs questions.

Faire preuve d'écoute.

Garder son calme.

Faire reformuler les questions si vous ne les avez pas comprises.

Répondre aux questions

Utiliser un vocabulaire et un langage professionnels.

Éviter les « Euh », « Ben »…

Être précis et synthétique dans les réponses.

Projet de soins individualisés

CHAMBRE N°	NOM :	PRÉNOM :	DATE DE NAISSANCE :	DATE :	Nom de l'établissement :

Éléments concernant l'hygiène

TOILETTE	Au lit	☐	**PRÉVENTION DES ESCARRES**	☐ Effleurage ☐ Changements de position ☐ Soins infirmiers	
	Au lavabo	☐ Seul ☐ Aide partielle ☐ Aide totale	**HYGIÈNE DENTAIRE**	☐ Appareil dentaire ☐ Haut ☐ Bas	Brossage ☐ Seul ☐ Avec aide
	Douche	☐ Seul ☐ Aide partielle ☐ Aide totale	**APPAREILS AUDITIFS**	☐ Oui ☐ Non	☐ Seul ☐ Avec aide
ÉLIMINATION	Continence	☐ Seul ☐ Aide partielle ☐ Aide totale	Incontinence	☐ Selles ☐ Urines	☐ Protections jour ☐ Protections nuit ☐ Seul

HABILLAGE	HAUT	☐ Seul ☐ Aide partielle ☐ Aide totale
	MOYEN	☐ Seul ☐ Aide partielle ☐ Aide totale
	BAS	☐ Seul ☐ Aide partielle ☐ Aide totale
		☐ Aide totale ☐ Aide partielle

Éléments concernant les déplacements et les transferts

DÉPLACEMENTS	☐ Canne ☐ Déambulateur ☐ Fauteuil roulant	☐ Seul ☐ Aide partielle ☐ Aide totale	**TRANSFERTS**	☐ Seul ☐ Aide partielle ☐ Aide totale	☐ Verticalisateur ☐ Lève-malade

Soins infirmiers

Nature :
☐ Surveillance des constantes ☐ Traitement
☐ Pansement ☐ Autre

Éléments concernant l'alimentation, l'hydratation

PRÉSENTATION	☐ Normal ☐ Coupé ☐ Haché ☐ Mixé	**RÉGIME**	☐ Sans sucre ☐ Sans sel strict ☐ Hyper protéiné ☐ Autre :	**LIEU**	☐ Salle à manger ☐ Chambre ☐ Salle à manger	☐ Seul ☐ Stimulation ☐ Aide partielle ☐ Aide totale	

PETIT DÉJEUNER ☐ Au lit ☐ Fauteuil ☐ Salle à manger ☐ Chambre ☐ Seul ☐ Stimulation ☐ Aide partielle ☐ Aide totale

HYDRATATION ☐ Fiche d'hydratation ☐ Eau gélifiée

Éléments concernant la sieste et le coucher

SIESTE ☐ Au lit ☐ Au fauteuil ☐ Chambre ☐ Salon

COUCHER ☐ Seul ☐ Aide partielle ☐ Aide totale Heure :

DÉSHABILLAGE ☐ Seul ☐ Aide partielle ☐ Aide totale

Éléments concernant la contention (toujours sur prescription médicale)

Barrières de lit : ☐ Des deux côtés ☐ Un seul côté

Ceinture de maintien au fauteuil : ☐ Oui ☐ Non

Autre :

Intervenants

KINÉSITHÉRAPEUTE :	Nom : Fréquence :	**ORTHOPHONISTE :**	Nom : Fréquence :	**PSYCHOLOGUE :**	Nom : Fréquence :

Animations - Visites et sorties

Visites de la famille ou de proches : ☐ Jamais ☐ Occasionnel ☐ Régulier

Sorties : ☐ Seul ☐ Jamais ☐ Accompagné ☐ Occasionnel ☐ Régulier

Participation aux animations : ☐ Oui ☐ Non ☐ Toujours ☐ Occasionnellement

Ateliers préférés

Les besoins de Virginia Henderson

Besoins	Nécessité pour chaque personne de…	Exemples pour analyser le besoin
Respirer 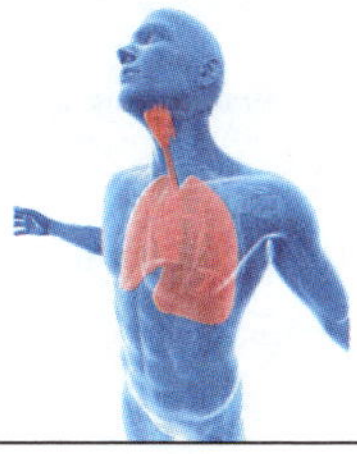	Capter le dioxygène pour le fonctionnement cellulaire et rejeter le dioxyde de carbone.	Respire sans gêne Dyspnée Aide technique (aérosol) Sous ventilation assistée
Boire et manger 	Absorber des aliments et boissons pour assurer la croissance, l'entretien des tissus, et maintenir une énergie indispensable au fonctionnement du corps.	Mange seul A besoin d'être stimulé, installé Aide partielle Aide totale Régime
Éliminer 	Éliminer les déchets qui proviennent du fonctionnement de son corps.	Continence Besoin d'aide (W.-C., urinal, bassin) Incontinence jour, nuit Transit normal Constipation, diarrhée
Se mouvoir et maintenir une bonne posture 	Etre en mouvement, mobiliser toutes les parties de son corps et les maintenir en position anatomique.	Déplacement seul Déplacement avec une aide technique Déplacement avec une, deux personnes Alité
Dormir et se reposer 	Prendre du sommeil et du repos dans de bonnes conditions, en quantité suffisante pour une réparation du corps.	Dort naturellement Dort avec aide (médicament) Insomnies fréquentes Réveils fréquents
Se vêtir et se dévêtir 	Porter des vêtements adéquats selon les circonstances, les activités.	S'habille et se déshabille seul Aide partielle nécessaire Aide totale

Besoins	Nécessité pour chaque personne de...	Exemples pour analyser le besoin
Maintenir la température corporelle 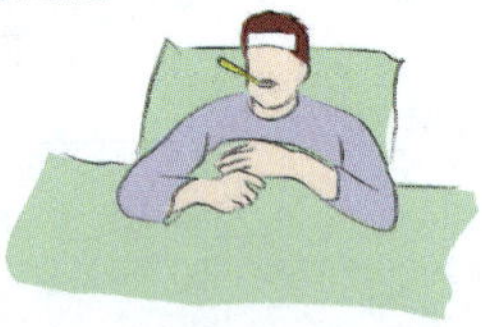	Maintenir la température du corps constante.	Adapte ses vêtements à la température ambiante Incapable d'adapter ses vêtements à la température ambiante Hyperthermie Hypothermie
Être propre, soigné et protéger ses téguments 	Garder son corps propre, une apparence soignée afin de maintenir l'intégrité des téguments pour se protéger.	Toilette seul Doit être stimulé Aide partielle (pour une partie du corps) Aide totale
Éviter les dangers 	Se protéger de différentes agressions pour maintenir son intégrité physique et psychologique	Lucide Confus, désorienté de manière épisodique, en permanence
Communiquer 	Échanger avec ses semblables (sentiments, avis, expériences...).	S'exprime sans difficulté S'exprime avec difficulté A besoin d'une aide pour communiquer (ex. : ardoise, interprète) Ne s'exprime pas : aphasie, ne veut plus s'exprimer
Agir selon ses croyances et ses valeurs 	Agir dans les actes quotidiens conformément à sa notion personnelle du bien et du mal, de la justice, des valeurs.	Autonome Doit être accompagné pour sa pratique religieuse… Ne parvient pas à réaliser des actes qui correspondent à sa manière de vivre, d'être et de penser
S'occuper en vue de se réaliser 	Accomplir des activités permettant de développer son sens créateur, de satisfaire des rôles sociaux, familiaux ou d'être utile aux autres.	Autonome Triste, anxieux Manque de motivation Angoissé, opposant Négation de soi
Se recréer 	Avoir des occupations agréables dans le but d'obtenir une détente physique et psychologique.	Autonome Se désintéresse d'activités récréatives, les refuse Difficultés à accomplir des activités récréatives
Apprendre 	Acquérir des connaissances, des attitudes et des habiletés en adéquation avec sa santé.	Se prend en charge Besoin de stimulation Apathique Refus

Fiche d'observation et de transmission

• Nom et prénom :

• Service :

DATE	OBSERVATIONS	SIGNATURE SOIGNANT

Échelle de Norton
Évaluation du risque d'escarres

- **Nom et prénom :**
- **Année :**
- **Service :**

Présence d'escarres au début de la prise en charge			**OUI** ☐	**NON** ☐
État général	État mental	Activité – autonomie	Mobilité	Incontinence
Bon 4	Bon 4	Sans aide 4	Total 4	Aucune 4
Moyen 3	Apathique 3	Marche avec aide 3	Diminué 3	Occasionnelle 3
Mauvais 2	Confus 2	Assis au fauteuil 2	Très limité 2	Urinaire ou fécale 2
Très mauvais 1	Inconscient 1	Totalement alité 1	Immobile 1	Urinaire et fécale 1
Score ≤ 16 Risque élevé		**Score > 16 Risque bas**		
Date : **Score :**			**TOTAL :**	
Date : **Score :**			**TOTAL :**	
Date : **Score :**			**TOTAL :**	

FOUCHER s'engage pour l'environnement en réduisant l'empreinte carbone de ses livres. Celle de cet exemplaire est de :
2 kg éq. CO_2
Rendez-vous sur www.editions-foucher-durable.fr

PAPIER À BASE DE FIBRES CERTIFIÉES

NB-SB-CB/VO

Achevé d'imprimer par Grafica Veneta à Trebaseleghe - Italie
Dépôt légal : 16585-8/02 - Septembre 2022